清华版·高等院校旅游与饭店管理专业规划教材

旅游财务管理理论与实务

（第二版）

段九利　刘方乐　主编
白秀峰　王　卉　环绍军　副主编

清华大学出版社
北京

内 容 简 介

本书系教育部实施旅游管理专业教育改革工程的配套教材。在第一版的基础上,本版加大了对旅游行业财务管理特殊性的研究,本着务实、求新、开拓和借鉴的精神,力求反映与总结我国目前旅游行业的发展现状及规律,利用相对成熟的财务管理理论成果,做到理论与实践相结合。本书以资金运动为主线,分为十一章,分别阐述了旅游企业财务管理的基础知识、短期及长期资金筹划与决策、资产管理、投资管理、证券市场投资决策、成本及收益管理、财务分析和国际财务管理等内容。

本书脉络清晰,体例新颖,案例丰富,信息量大。理论表述与实务相结合,注重用案例诠释财务理论。语言通俗易懂,适应性强。

本书既可作为旅游企业财务管理的培训教材,也适合作为旅游企业管理人员的参考用书。

本书封面贴有清华大学出版社防伪标签,无标签者不得销售。
版权所有,侵权必究。举报: 010-62782989,beiqinquan@tup.tsinghua.edu.cn。

图书在版编目(CIP)数据

旅游财务管理理论与实务/段九利,刘方乐主编;白秀峰,王卉,环绍军副主编. --2版. --北京:清华大学出版社,2011.7(2024.1重印)
(清华版·高等院校旅游与饭店管理专业规划教材)
ISBN 978-7-302-25921-3

Ⅰ.①旅… Ⅱ.①段… ②刘… ③白… ④王… ⑤环… Ⅲ.①旅游业—企业管理:财务管理—高等学校—教材 Ⅳ.①F590.66

中国版本图书馆 CIP 数据核字(2011)第 115737 号

责任编辑:温 洁
封面设计:常学影
版式设计:北京东方人华科技有限公司
责任校对:周剑云
责任印制:杨 艳

出版发行:清华大学出版社
网　　址:https://www.tup.com.cn, https://www.wqxuetang.com
地　　址:北京清华大学学研大厦A座　　邮　编:100084
社 总 机:010-83470000　　邮　购:010-62786544
投稿与读者服务:010-62776969, c-service@tup.tsinghua.edu.cn
质量反馈:010-62772015, zhiliang@tup.tsinghua.edu.cn

印 装 者:三河市君旺印务有限公司
经　　销:全国新华书店
开　　本:185mm×260mm　　印 张:20.5　　字 数:494千字
版　　次:2011年7月第2版　　印 次:2024年1月第13次印刷
定　　价:56.00元

产品编号:039485-05

教育部面向21世纪
旅游管理专业教育教学改革工程项目配套教材
清华版·高等院校旅游与饭店管理专业规划教材

编 委 会

总 主 编　马　勇　田　里

副总主编　郑向敏　罗兹柏　高　峻

主编委员（按姓氏笔画排序）

马　波	马　勇	王　琳	王远水
王远坤	田　里	叶　红	叶晓辉
龙京红	吕宛青	刘　纯	刘大可
刘爱服	牟　红	冯冬明	朱承强
肖　星	李　丽	李　昕	李　晴
李亚利	李肇荣	杜文才	陈福义
陈绍友	张文建	张德成	杨　敏
杨振之	郑向敏	郑耀星	赵　丽
赵　毅	罗兹柏	罗有贤	修月桢
高　峻	徐启明	曹华盛	韩玉灵
魏　卫			

丛 书 序

进入21世纪以来，随着中国社会经济的飞跃发展，综合国力的不断增强，国民生活水平的显著提高，中国旅游业迅速发展起来，并且保持着持续发展的活力。根据世界旅游组织的预测，2020年中国将成为世界第一大旅游目的地国，并成为世界主要旅游客源国之一。在21世纪的起始阶段，中国旅游业的发展将本着"大力发展入境游，积极发展国内游，规范发展出境游"的方针，逐步发展成为出入境旅游并举的旅游客源输出大国和旅游目的地大国。

中国能够快速发展成为全球最主要的旅游市场之一，首先需要大量优秀的专业人才做支撑。旅游产业的发展运行需要管理、策划、营销、服务等多方面和多层次的专业人才体系来支撑，涉及面包括了从旅游资源的规划与开发到旅游产品的策划与设计，从旅游活动的组织创意到旅游线路的营销推介，从旅游企业的管理运营到旅游项目的筹划运作以及到各种旅游服务的实际提供与操作等等；同时，随着现代旅游产业发展呈现出的多元化、国际化趋势，旅游节庆、旅游会展、旅游地产、旅游电子商务等新型旅游产业迅速发展起来，对现代旅游从业人员提出了新的要求，也是对当前旅游管理专业的高等教育提出了新的挑战。

当前，我国旅游管理专业教学建设已有了一定的发展基础，在中国步入"十一五"新的发展时期，中国旅游专业人才的培养需要一套具有新理念、新思维、高水平的精品教材，以培养出一批符合未来中国旅游产业发展需求的合格人才。为此，清华大学出版社策划组织了国内一流旅游院校中的部分院系著名专家教授和学科带头人参与编写了这套能够适应中国旅游业发展需要的高等院校系列教材。本套教材是教育部面向21世纪旅游管理专业教育教学改革工程项目的系列配套教材，由清华大学出版社组织出版。本套教材的宗旨是进一步完善全国旅游管理专业的高等教学体系，总结中国旅游产业发展的理论成果和实践经验，推进中国旅游管理专业的理论发展和学科建设，并希望有助于提高中国现代旅游从业人员的专业素养和理论功底。

在编制本套教材的过程中，我们力求系统地、完整地和准确地介绍旅游管理专业的基本理论和知识，并体现资料全、观点新和体系完整的特色，尽可能地将当前国内外旅游产业发展的前沿理论和热点、焦点问题收纳进来。本套教材既可作为全国高等院校旅游管理专业教育教学的专业教材，也可作为旅游企业专业人才培训的参考用书。本套教材由教育部工商管理教学委员会委员马勇教授和田里教授担任总主编，由华侨大学郑向敏教授、重庆师范大学罗兹柏教授和上海师范大学高峻教授担任副总主编。

本套系列教材将于2006年秋季陆续出版发行，其中刘纯教授的《现代饭店督导管理》、郑向敏教授的《现代饭店经营管理》已评为教育部国家级"十一五"规划教材。在教材的编制过程中，清华大学出版社特别邀请了全国旅游教育界和企业界的知名教授和专家学者进行了严格的审定，借此机会对支持和参与本套教材编、审工作的专家、学者表示衷心的感谢。

欢迎全国旅游高等院校师生和旅游专业人士的选用，并提出宝贵意见，以利于今后本套系列教材的修订与完善。

编委会
2006年7月

前　言

随着我国旅游产业的蓬勃发展，对旅游人才培养的要求越来越高，我们必须承认，旅游高等教育的发展需要有质量上的提高，旅游专业的教材建设任重道远。此次，本版教材在第一版的基础上，写作更注重发掘旅游企业财务管理的特殊性，避免当前旅游财务类教材的"通病"，即只有"旅游"其名，而无"旅游"其质。记得谢彦君教授在一次教材会议上曾讲过这样一句话，"如果不能将旅游现象的特殊性抓住，这些学科的存在就没有意义。"

理论需要积累，实践需要提炼，一本好的教材需要处理好理论与实践的关系问题。财务管理学科理论已相对成熟，在完整理论框架的基础上，编者以为旅游财务管理仅仅需要抓住旅游行业的财务特殊性，将财务管理理论纳入旅游行业的新动向、新发展中去。旅游专业财务课程得以存在的本质，也就是本版教材的写作宗旨。

本书可作为高等学校旅游专业的教科书，同时也可作为旅游企业财务管理的培训教材，以及从事企业实际管理工作人员的参考用书。全书分为十一章，主要内容包括旅游企业财务管理导论，财务管理价值观念，资金成本与资本结构，长、短期资金筹划，资产管理，投资管理，证券市场投资决策，成本及收益管理，财务分析和国际财务管理等内容。

本书编写分工如下：段九利负责全书总体框架设计、初稿修改以及最后总撰定稿；第一章至第五章由段九利编写；第六章、第九章和第十章由白秀峰编写；第七章由环绍军编写；第八章由王卉编写；第十一章由刘方乐编写。

本书在成书过程中得到了清华大学出版社的大力支持和帮助，在此对提供帮助的各位前辈、同人及朋友、学生谨致以诚挚的谢意！

由于旅游企业财务管理具有较强的行业特点，加之时间仓促，作者水平有限，书中疏漏和不当之处在所难免，恳请专家、学者和广大师生批评指正。

编　者

目　　录

第一章　导论 ... 1
第一节　旅游企业及其组织形式 ... 2
一、企业的概念及组织形式 ... 2
二、旅游企业的分类及经营特点 ... 4
三、旅游企业财务管理机构 ... 5
第二节　财务管理的概念与发展 ... 6
一、财务管理的概念 ... 7
二、旅游企业财务管理的特征 ... 7
三、财务管理的产生与发展 ... 9
第三节　旅游企业财务管理的对象及内容 ... 12
一、旅游企业财务管理的对象 ... 12
二、旅游企业资金循环的特点 ... 12
三、旅游企业财务管理的内容 ... 13
四、旅游企业财务关系 ... 14
第四节　旅游财务管理目标 ... 15
一、企业目标 ... 15
二、企业目标对财务管理的要求 ... 16
三、一般财务管理目标 ... 17
四、财务管理的具体目标 ... 18
第五节　旅游财务管理的环境 ... 19
一、宏观环境 ... 19
二、微观环境 ... 22
练习与思考题 ... 23
复习自测题 ... 23

第二章　旅游企业财务管理的价值观念 ... 27
第一节　货币的时间价值 ... 28
一、货币时间价值的概念 ... 28
二、货币时间价值的计算 ... 28
第二节　投资的风险价值 ... 37
一、投资风险价值的概念 ... 38
二、风险价值的计算 ... 38
三、投资组合的风险价值 ... 42
第三节　利率与通货膨胀 ... 45
一、利率 ... 45
二、通货膨胀 ... 47
第四节　价值评估 ... 48
一、价值内涵 ... 49
二、价值评估的理论方法 ... 49
案例与点评 ... 51
练习与思考题 ... 52
复习自测题 ... 52

第三章　资金成本与资本结构 ... 55
第一节　资金成本 ... 56
一、资金成本的概念与意义 ... 56
二、资金成本的计算 ... 57
第二节　杠杆效应 ... 62
一、杠杆效应的含义 ... 62
二、成本习性及相关概念 ... 63
三、经营杠杆 ... 64
四、财务杠杆 ... 65
五、总杠杆 ... 68
第三节　资本结构决策 ... 69
一、资本结构概述 ... 69
二、资本结构的理论 ... 71
三、资本结构决策的方法 ... 74
案例与点评 ... 76
练习与思考题 ... 79
复习自测题 ... 79

第四章　旅游企业短期资金筹资管理 ... 81
第一节　旅游企业筹资概述 ... 82
一、筹资的动机与要求 ... 82
二、筹资的类型与原则 ... 83
三、筹资渠道与筹资方式 ... 86

第二节 短期资金筹集概述 87
　一、短期资金筹集的特点 87
　二、短期资金的筹集策略 88
第三节 商业信用 88
　一、商业信用的形式及应用 89
　二、商业信用筹资的优缺点 91
第四节 短期借款 92
　一、短期借款的种类 92
　二、短期借款的信用条件 93
　三、银行借款利息的支付方式 94
　四、短期借款成本 94
　五、银行借款筹资的优缺点 95
第五节 短期融资券 95
　一、短期融资券的种类及发行条件 95
　二、短期融资券的风险 96
　三、短期融资券筹资的优缺点 96
案例与点评 97
练习与思考题 98
复习自测题 98

第五章　旅游企业长期资本筹集 101

第一节 股权资本筹集管理 102
　一、资本金制度 102
　二、吸取直接投资 105
　三、发行普通股票 108
　四、优先股筹资 113
　五、留用利润筹资 115
　六、认股权证融资 116
第二节 债权资本筹资管理 118
　一、长期银行借款 118
　二、发行债券 121
　三、可转换债券 127
第三节 融资租赁 129
　一、租赁的种类 130
　二、融资性租赁与经营租赁的区别 131
　三、融资租赁的程序 132
　四、融资租赁租金的计算 132

　五、租金的确定 133
　六、租赁筹资方式的评价 134
案例与点评 136
练习与思考题 136
复习自测题 137

第六章　旅游企业资产管理 139

第一节 旅游企业资产管理概述 140
　一、旅游企业流动资产概述 140
　二、长期资产管理概述 141
第二节 现金管理 142
　一、占用现金的原因 142
　二、现金管理的目的 143
　三、现金管理的方法 143
第三节 应收账款管理 148
　一、应收账款的功能与成本 149
　二、信用政策 149
　三、应收账款的日常管理 151
第四节 存货管理 155
　一、存货的概念 155
　二、存货的功能与成本 155
　三、存货管理的目的 157
　四、存货管理模型 157
　五、存货的日常控制 161
第五节 固定资产管理 163
　一、固定资产的分类 163
　二、固定资产折旧政策 164
　三、固定资产日常管理 165
第六节 无形资产管理及其他 165
　一、无形资产 165
　二、其他长期资产的管理 168
案例与点评 169
练习与思考题 169
复习自测题 170

第七章　旅游企业投资管理 173

第一节 现金流量 174
　一、现金流量的概念 174
　二、现金流量的计算 177

　　第二节　投资决策评价指标 ……………178
　　　　一、非贴现现金流量指标 ……………178
　　　　二、贴现现金流量指标 ………………181
　　第三节　项目投资决策评价指标的
　　　　　　应用 …………………………………186
　　　　一、单一投资方案的可行性
　　　　　　评价 …………………………………186
　　　　二、多个互斥方案的比较与
　　　　　　优选 …………………………………186
　　案例与点评 ……………………………………189
　　练习与思考题 …………………………………190
　　复习自测题 ……………………………………191

第八章　旅游企业证券市场投资决策 ……193

　　第一节　证券投资概述 ………………………194
　　　　一、证券投资的概念 …………………194
　　　　二、证券投资交易程序 ………………195
　　第二节　证券投资分类 ………………………197
　　　　一、债券投资 …………………………197
　　　　二、股票投资 …………………………200
　　　　三、证券投资基金 ……………………204
　　　　四、期权投资 …………………………207
　　　　五、期货投资 …………………………209
　　第三节　证券投资策略 ………………………212
　　　　一、证券投资分析 ……………………212
　　　　二、证券投资的灵活操作方法 ……215
　　案例与点评 ……………………………………218
　　练习与思考题 …………………………………219

第九章　旅游企业成本及收益管理 …………221

　　第一节　旅游企业成本控制 …………………222
　　　　一、旅游企业成本费用控制
　　　　　　原则 …………………………………222
　　　　二、旅游企业成本费用的
　　　　　　内容及分类 …………………………223
　　　　三、成本费用控制的基本方法 ……224
　　　　四、旅游企业成本费用的
　　　　　　日常控制 ……………………………228
　　第二节　旅游企业收入管理 …………………232

　　　　一、旅游企业营业收入概述 …………232
　　　　二、旅游企业营业收入的构成 ……232
　　　　三、旅游企业营业收入的管理 ……233
　　　　四、旅游企业商品价格管理 …………235
　　第三节　旅游企业利润管理 …………………236
　　　　一、旅游企业利润管理概述 …………236
　　　　二、利润分配的基本程序 ……………237
　　　　三、股利政策 …………………………238
　　案例与点评 ……………………………………244
　　练习与思考题 …………………………………245

第十章　旅游企业财务分析 …………………247

　　第一节　旅游企业财务分析概述 ……………248
　　　　一、财务分析的意义 …………………248
　　　　二、财务分析的目的 …………………248
　　　　三、财务报表 …………………………250
　　　　四、财务分析的内容 …………………254
　　第二节　财务分析方法 ………………………255
　　　　一、趋势分析法 ………………………255
　　　　二、比率分析法 ………………………256
　　　　三、因素分析法 ………………………257
　　第三节　财务分析指标 ………………………259
　　　　一、偿债能力分析 ……………………259
　　　　二、营运能力分析 ……………………263
　　　　三、盈利能力分析 ……………………265
　　　　四、发展能力分析 ……………………267
　　第四节　杜邦分析体系简介 …………………269
　　案例与点评 ……………………………………271
　　练习与思考题 …………………………………277
　　复习自测题 ……………………………………277

第十一章　旅游企业国际财务管理 …………283

　　第一节　国际财务管理概述 …………………284
　　　　一、国际财务管理的概念 ……………284
　　　　二、国际财务管理的特点 ……………284
　　　　三、国际财务管理的内容 ……………285
　　第二节　国际筹资管理 ………………………286
　　　　一、国际筹资渠道 ……………………286
　　　　二、国际筹资方式 ……………………286

第三节　国际投资管理 288
　　　一、国际投资环境 288
　　　二、国际投资方式 289
　　　三、国际投资风险 290
　　第四节　国际企业纳税管理 291
　　　一、国际纳税概述 291
　　　二、避免双重纳税 293
　　　三、国际避税与反避税 295
　　第五节　外汇风险管理 298
　　　一、外汇与外汇交易 298
　　　二、外汇风险的种类 300
　　　三、外汇风险的控制 301
　　案例与点评 301
　　练习与思考题 302
　　复习自测题 302

附录 305

参考文献 314

第一章　导　　论

【本章导读】

本章首先说明了什么是旅游企业，然后阐述了旅游企业的组织形式与结构、旅游企业生产经营过程的资金运动、旅游财务管理的目标，以及财务管理的法律、经济和金融市场三个外部环境。通过本章的学习，可以从轮廓上了解旅游财务管理的内涵。

【关键词】

旅游企业　独资企业　合伙企业　有限责任公司　股份有限公司　利润最大化　财富最大化　社会责任　筹资管理　投资管理　利润分配管理　经济环境　法律环境
金融环境化

【知识要点】

1. 熟悉旅游企业的组织形式。
2. 熟悉旅游财务管理的目标。
3. 熟悉旅游财务管理的内容。
4. 了解旅游财务管理的环境。

财富故事

哥伦布立鸡蛋

很早以前看过一则故事，说的是立鸡蛋的事，故事的主人翁很多，最有名的就是哥伦布。说有一天，意大利航海家哥伦布(约 1451—1506 年)在一个西班牙人家里吃晚饭。有几个客人妒忌他的荣誉，千方百计贬低他的功绩。他们说："发现美洲不是件十分困难的事，只要动动脑筋就可以办到。" 哥伦布没有回答，拿起一个鸡蛋，便对西班牙人说："你们中间谁能够使鸡蛋直立起来？"

他们每个人都试了试，但是谁也没有成功。这时，哥伦布拿起鸡蛋在盘子里轻轻地敲了几下，蛋壳一敲碎了，于是鸡蛋稳稳地直立在桌子上。"这太容易啦！"大家叫了起来。哥伦布笑着对大家说："完全正确，只要动动脑筋就可以办到。"

投资理财需要发现，财富从来不会无中生有，只要留心生活，换个思维，机会就在你眼前。(资料来源：编者根据相关材料整理而成)

第一节　旅游企业及其组织形式

一、企业的概念及组织形式

1. 企业的概念及特征

企业是在一定社会生产方式下，采取一定的组织形式，以营利为目的并实行独立核算，从事生产经营或服务活动，向社会提供商品或劳务的经济组织。其特征如下。

(1) 必须拥有基本的生产经营要素，包括劳动力、生产资料和信息等。
(2) 必须以自己的名义独立从事经济活动。
(3) 必须能够独立核算，自负盈亏。
(4) 一般具有企业法人资格。

2. 西方企业的组织形式

企业是依法设立，以营利为目的社会经济组织。现代旅游企业的组织形式，主要由西方工业国家历经几百年的实践演变而成。西方企业的主要组织形式有三种，即独资企业(又称个体企业)、合伙企业和公司。

独资企业是一个人投资经营的企业，投资者对企业债务承担无限责任，其组织结构简单、容易开办、利润独享，经营限制少，但筹资相对困难。

合伙企业是指由两个或两个以上合伙人共同出资、合伙经营、共享收益、共担风险，并对合伙企业债务承担无限连带责任的企业。合伙企业的合伙人必须具备完全民事行为能力，依法承担无限责任。合伙企业必须订立书面合伙协议，合伙人按合伙协议约定享有权利，同时承担责任。

独资企业、合伙企业都是由个人或少数人出资并控制的简单的企业组织形式，规模小，注册程序简便，注册资本低，适合小型企业，是目前西方国家企业的主要形式。

其共同的特点如下。

(1) 从法律角度看,这两类企业都不是法律实体,不具有对外承担独立民事责任的法律地位,由其所有者承担全部民事责任,包括对企业债务负有无限清偿责任。

(2) 从会计角度看,两类企业都是经营实体,全部利润归所有者。

(3) 从纳税角度看,独资企业和合伙企业本身都不纳税,由所有者交纳个人所得税。

公司是依据一国公司法设立,由若干法人或自然人出资组成,能够独立从事民事活动,独立承担民事责任和享有民事权利的企业组织形式。"公司是企业法人,有独立的法人财产,享有法人财产权。公司以其全部财产对公司的债务承担责任。"①公司具有法律虚拟创制和认可的独立人格,是一种"人格化"的经济组织。公司股东作为出资者按出资份额享有财产收益、经营决策等权利,并以出资额或所持股份为限对公司承担有限责任。董事长是公司法人代表,公司作为法人实体,具有完整意义上的法人财产权。其特点如下。

(1) 出资者所有权与公司法人财产权相分离,法人财产权和公司经营权结合。

(2) 公司以独立法人的资格依法自主经营,自负盈亏,依法缴纳税款。

(3) 股东责任有限,股东的投资风险仅限于投资额本身,一般对个人财产并无追索权。

(4) 公司具有无限生命的可能,除非公司破产、被兼并或依公司章程自动终结。

(5) 所有权的流动性,公司所有权的转移可以通过股票或股份的转让实现。

公司制组织形式也有如下缺陷。

(1) 双重税负。公司作为法人要缴纳公司所得税,股东从公司取得的收益,要缴纳个人所得税,存在双重课税。

(2) 内部人控制。由于公司所有权与经营权分离,公司内部管理人员可能会为自身利益而在某种程度上牺牲股东的利益。

3. 我国企业的组织形式

在我国,企业的组织形式有不同的划分,如按照所有制形式不同可分为国有企业、集体企业、私有企业和混合所有制企业。随着现代企业制度的建立,我国企业组织形式按照资本金组成标准划分为独资企业、股份制企业、合资企业和合作企业等组织形式。

独资企业是指资本金属于某一所有者的企业。按照所有者的不同又可分为国有独资企业、集体独资企业和私人独资企业。其所有者享有企业最终资产收益权,并对企业债务负有全部偿还的义务与责任。

股份制企业是指资本金属于若干所有者的企业。我国的股份制企业主要包括有限责任公司、股份有限公司和股份合作企业。在我国《公司法》中,公司是指有限责任公司和股份有限公司。有限责任公司的股东以其认缴的出资额为限对公司承担责任,股份

---

① 《中华人民共和国公司法》,第一章第三条,2005年10月27日修订。

有限公司的股东以其认购的股份为限对公司承担责任。[①]股份合作企业是指股东投资和投入劳动力,并将二者折合为股份的一种特殊的责任有限的股份制企业,目前多存在于乡镇企业。

合资企业是指资本金属于多个所有者的股权企业。合资者按出资额的多少取得股权证,并承担有限责任和享有净资产权益。股权不能任意转让,如要转让需经其他合资者同意,并先在内部转让。合资企业可分为中外合资企业和国内合资企业两种,企业集团是国内合资企业的重要形式。

合作企业是指资本金属于多个所有者的契约型企业。合作者可以资金、技术、场地等不同生产要素投入企业,按合作契约规定享有权益和承担责任。合作企业不能采用发行股票方式筹资。合作者的退出将导致企业的解体和重组。

综上所述,企业组织形式对企业财务有重要的影响:①企业注册资本的筹集和结构受其影响;②不同组织形式影响出资者承担企业债务的责任;③不同组织形式影响企业收益的分配形式。

二、旅游企业的分类及经营特点

1. 旅游企业的分类

旅游企业是顺应旅游业的发展,为满足人们的旅游需求,以营利为目的,专门从事旅游相关的生产经营或服务活动的独立核算的经济组织。

旅游企业通过提供旅游产品来满足旅游者的多重需要,包括从离家外出直至返回定居地这一期间,旅游者的食、住、行、游、购、娱等多方面的旅游需求。因此,旅游企业的类型也多种多样,有旅行社、旅游饭店、交通运输企业、旅游商店和旅游景区等。

由于旅游业具有综合性的特点,所以,人们对旅游企业的构成存在着不同的看法。一般认为,根据联合国的《国际产业划分标准》,旅游业主要由三部分构成,即旅行社、交通运输部门和以旅馆为代表的住宿业部门,它们被称为旅游业的"三大支柱",而属于这三个部门的企业亦相应被划分为三种类型的旅游企业。

另外,有观点认为从旅游者需求的角度来看,旅游企业应划分为以下五种类型。

(1) 旅游观赏娱乐类企业,指向旅游者提供观赏娱乐产品的企业,如旅游风景区(点)、主题公园和博物馆等。

(2) 旅游餐饮住宿类企业,指向旅游者提供餐饮和住宿的企业,如饭店、餐馆、度假村等。

(3) 旅行社类企业,是旅行业务的组织部门,指为旅游者提供旅游产品组合、信息、导游、陪同和预订等中介服务的企业,如旅游公司、旅游咨询公司和旅行社等。

(4) 旅游交通类企业,是旅游者完成旅游活动的先决条件,解决了旅游者往来于不同地点的空间距离问题,如航空公司、海运公司、铁路公司和长途汽车公司等。

(5) 旅游购物品类企业,指向旅游者提供旅游工艺品、纪念品、文物古玩及其复制品、土特产品等旅游商品的生产和经营企业,如旅游工艺品公司、旅游商店等。

---

① 《中华人民共和国公司法》,第一章第二、三条,2005年10月27日修订。

2. 旅游企业的经营特点

旅游业是以提供旅游资源和服务设施为条件,通过组织旅行游览活动向旅客出售服务的行业,是典型的劳动密集型行业之一,其主要业务是招揽组织和引导游客,通过组织游览从中获得报酬,具有投资少、收效快、利润较高的特点,被称为无烟工业。它一般有以下经营特点。

1) 经营形式多样

旅游业是一个关联性很强的产业,旅游企业的形式多种多样,有旅行社、旅游饭店类企业、旅游车船公司、旅游景区景点企业、旅游娱乐企业、旅游(集体)总公司以及饭店管理公司等。各类型旅游企业必须相互协调配合,才能完成一次旅游者期望的旅游活动,也才能使该地旅游业兴旺发达,各个旅游企业互惠共赢。

2) 经营项目繁多

旅游企业,特别是旅游饭店类企业是综合性服务企业,经营业务包括住宿、餐饮、购物、娱乐、健身、社交、洗衣、美容美发、邮政通信等多种业务。

3) 季节性和时间性强

旅游是一项季节性很强的活动,从而使旅游企业受季节性影响较大。旅游淡季,旅客流量减少,企业收入不佳,各饭店入住率大幅下降,景区游览人数不多,旅游企业资源形成闲置,效益下滑。而在旅游旺季,游人如织,旅游企业又供不应求,企业效益上升。

另外,我国调整了休假制度,形成了"春节"和"十一"两个国内旅游的"黄金周",旅游时间相对集中,从而也加剧了旅游企业经营的波动性。

所以,旅游企业往往采用价格手段或变化服务方式来有效调节淡、旺季之间的经营,平衡企业经营风险。

4) 创汇能力强

国际旅游赋予了旅游企业涉外性的特点,其旅游收汇与贸易收汇相比,具有以下优点。

(1) 旅游收汇属于"风景就地出口",提供的是服务产品,不需要直接输出宝贵的物质产品,不需要进行多环节的远距离运输。

(2) 即时买卖,现汇收入,旅游者一入境,就要进行货币兑换,资金周转快。

(3) 资源消耗少,可持续利用(自然、人文、社会景观都如此)。

(4) 一般不受贸易壁垒的干扰和出口配额的限制。

(5) 换汇成本低。

三、旅游企业财务管理机构

财务管理在旅游企业整个经营管理活动中居于核心地位,在企业内部,财务管理组织机构的设置以及财务专业人员的配置,对企业财务管理的职能与工作效率起着关键作用。

财务机构和岗位的设置应当与组织规模和结构相适应。针对小型企业,财务机构与会计机构可以合并设置,财务人员兼做会计;而对于较大企业而言,会计与财务应各自分设机构。

在现代企业发展过程中，财务管理人员扮演的角色越来越重要。在企业中，财务工作的主要负责人是财务副总经理或财务总监(chief finance officer，CFO)，其在企业中的地位和作用至关重要。财务总监直接对总经理负责，主要职责包括：维护企业财务管理组织制度；组织会计核算工作；组织筹资、投资和分配工作，协调企业资金运营；组织预算与成本控制工作；协调各部门涉及资金管理事宜。

公司的财务组织机构图如图1-1所示。

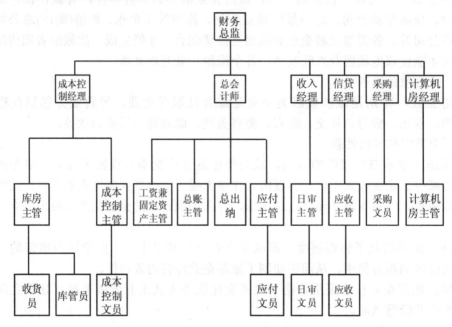

图1-1　公司财务组织机构图

中外酒店财务管理组织结构设置

国外和国内的酒店财务部在设置上有很大差异，主要体现在国外的酒店财务部中设有以下国内没有的职位：①成本总监。他直属财务总监领导，对于整个酒店的成本控制、毛利率的调整、成本核算、合理库存量的调整等起到决定性的作用。成本总监又管辖食品控制员，饮料、烟酒控制员，物料用品控制员，使他们对自己分管的项目各司其职，各负其责，形成层层把关，有利于酒店总成本的控制。②采购部直属财务部。其优点是有利于酒店成本控制，有利于调控成本率，避免部门分散扯皮情况发生。③稽核员。④夜间审核员。(资料来源：http://news.bjhotel.cn/)

第二节　财务管理的概念与发展

财务管理是企业管理的一个重要组成部分，是企业开展筹资活动、投资活动以及利润分配活动、处理与各方面财务关系的一项经济管理工作。

一、财务管理的概念

财务管理,又称公司理财,英文为 finance,在会计领域通常译作财务。而财务管理有两种解释:一是公司理财(corporate finance),二是财务管理(finance management)。

那么,什么是财务呢?张先治在《财务学概论》(2006)中对财务作了如下界定:"财务与价值紧密相关,这种价值具体表现为资金或资本;财务表现为财务活动,即资金或资本的筹集、使用与分配;财务活动体现出财务关系,包括所有者、债权人、政府等的关系。"

财务管理就是对财务的管理,是企业组织财务活动、处理财务关系的一项经济管理工作,其目的是实现资金或资本的运筹效率和效果。

财务管理的特征表现为以下内容。

1. 财务管理是价值管理

从财务管理的对象上看,财务管理的对象是企业的资金运动,而资金运动的过程实质上就是资金价值的取得、形成和分配的过程。从财务管理指标体系上看,企业主要是利用收入、成本、利润等价值指标进行财务分析和控制。从财务关系上看,企业外部或内部相关单位和个人之间经济利益关系的核心就是价值的分配及再分配。因此,财务管理的基本属性是价值管理。

2. 财务管理是综合性管理

企业管理在实行分工、分权的过程中形成了一系列专业管理,有的侧重于使用价值的管理,有的侧重于价值的管理,有的侧重于劳动要素的管理,有的侧重于信息的管理。而在企业各方面的管理中,大都可以通过资金运动来反映各项管理的质量和效果。因此,财务管理关系到企业管理的方方面面,是一项综合性的管理工作。

3. 财务管理控制功能较强

企业经营活动一方面是物质商品运动的过程,另一方面是资金运动的过程。企业的任何商品运动都必然与资金运动存在一定的关系,通过资金管理可以对商品的运动过程(即经营过程)进行有效控制,这正是财务管理控制功能得以形成的基础。另外,因为财务管理是一种价值管理和综合管理,更有利于确定企业内部各部门、各环节以及个人的经济责任,强化责任控制功能。

4. 财务管理的内容广泛

企业财务管理的内容主要包括资金筹集、资金投放管理、资产管理、成本管理、收入管理、分配管理等。此外,还包括企业设立、合并、分立、改组、解散、破产的财务处理。这些均是资金运动在企业的不同体现,共同构成企业财务管理的完整体系。

二、旅游企业财务管理的特征

1. 旅游餐饮住宿类企业财务管理的特征

(1) 经营范围宽,营业项目多。许多旅游饭店类企业都是综合性服务企业,业务内容包括住宿、餐饮、购物、娱乐、健身、社交、洗衣、美容美发、邮政通信等。

(2) 固定资产投资标准高,需要资金量大,回收期长。现代饭店的建造需要大量的投资,主要是由土地费用和建筑物的投资造成的,投资的大部分在固定资产上,内部装修和家具设施也需要大量的资金。旅游饭店类企业的资金筹集工作是财务管理的重点之一。另外,饭店类企业的中期翻新改造时间平均为 3~7 年。对于多数饭店来说,投资回收期在 10~12 年。

(3) 资金结构具有高固定成本、低变动成本的特点。固定成本主要包括资本性费用和管理费用,半固定成本包括水电费等,二者合计占总成本的 80%左右。变动成本主要包括食品类和客房消耗品的成本,一般占总成本的 20%左右。

(4) 提供的产品具有时间性和季节性。旅游饭店类企业向客人提供食宿服务,主要是房间和餐座的使用权,房间以时间为计算单位。房间和餐座的最高使用额是固定的,其使用权具有不可储存性。对于饭店来说,没有被使用就是价值的浪费。

2. 旅行社类企业财务管理的特征

(1) 旅行社对旅游者来说,提供的是方便的服务。由于信息匮乏和交易的不确定性,旅游者自行安排旅游活动和购买旅游产品可能无法实现或成本过高,其他旅游企业自行销售旅游产品也存在类似问题,所以旅游者选择旅行社代其安排旅游交易,可以提高交易效率,降低交易成本,并享受优惠或折扣,这样,旅游者、其他旅游供给企业和旅行社均能获益。因此,旅行社具有双重的代理关系,是旅游者与旅游供给企业的中介者。

(2) 占用流动资金少。旅行社不用为经营活动储备物资。组团社一般要向国外旅行社收取一定数量的预付款,而且旅行团入境后,旅行团所需费用应立即汇到。所以,组团社不仅不需垫付资金,而且从收到旅行团费用到向接团社拨付费用的时间差中,能收到为数可观的存款利息。

(3) 旅行社资金投入少,结算工作多。旅行社作为中介者,不需要很多的固定资产投资和存货投资,其交易具有次数多和交易伙伴多的特点,接待旅游团体要与旅游者和其他旅游供给企业进行许多复杂的结算,结算周期长,资金量大。因此,结算资金管理是旅行社财务管理的重点之一。

3. 旅游观赏娱乐类企业财务管理的特征

(1) 旅游景区是提供人们休闲、娱乐、观光游览的场所,其消费特征不同于一般物质产品的消费,文化性是旅游景区的根本所在。因此,在财务管理上也应体现出旅游景区的文化内涵。

(2) 投资管理是维持旅游景区生存、发展的重要保证,制定正确的景区投资战略是增强旅游景区竞争实力的关键因素。因此,在投资和维持景区正常经营之间的资金的有效管理是此类企业财务管理的重要课题。

4. 旅游购物品类企业财务管理的特征

(1) 旅游商店的经营活动波动性较大。旅游商店主要依赖于旅游者,游客量的大小直接影响它的经营活动。而游客量的大小则受多种因素的影响,缺少长期性和稳定性的特点。

(2) 旅游商店有一定的外汇收支业务。会计核算要按外汇管理条例和外汇兑换管理办法办理外汇业务，计算汇兑损益。

5. 旅游交通类企业财务管理的特征

(1) 具有相对独立的生产过程。旅游车船公司通过改变旅游者的位置，提供交通服务，达到安全、及时、经济、方便、舒适的质量要求，是旅游活动中的一个相对独立的过程，但又影响整个旅游活动的质量。

(2) 生产经营活动的灵活性强。旅游车船公司的生产和消费活动须同时进行。在经营活动中，旅游车船公司的地点、旅游目的地的地点和旅游者的地点都是分散的，提供交通服务的时间也是灵活机动的。因此，灵活调动，合理控制，是提供优质旅游交通服务的基本要求。

三、财务管理的产生与发展

企业财务管理大约起源于 15 世纪末 16 世纪初，当时西方社会正处于资本主义萌芽时期，企业的筹资活动仅仅附属于商业经营管理，并没有形成独立的财务管理职业，这种情况一直持续到 19 世纪末 20 世纪初。

1. 筹资财务管理时期

19 世纪末 20 世纪初，工业革命的成功促进了企业规模的不断扩大、生产技术的重大改进和工商活动的进一步发展，股份公司迅速发展起来，并逐渐成为占主导地位的企业组织形式。股份公司的发展不仅引起了资本需求量的扩大，而且也使筹资的渠道和方式发生了重大变化，企业筹资活动得到进一步强化，如何筹集资本扩大经营，成为大多数企业关注的焦点。于是，许多公司纷纷建立了一个新的管理部门——财务管理部门，财务管理开始从企业管理中分离出来，成为一种独立的管理职业。当时公司财务管理的职能主要是预计资金需要量和筹措公司所需资金，融资是当时公司财务管理理论研究的根本任务。因此，这一时期称为"融资财务管理时期"或"筹资财务管理时期"。

这一时期的研究重点是筹资，主要财务研究成果有：1897 年，美国财务学者格林(Green)出版了《公司财务》，详细阐述了公司资本的筹集问题，该书被认为是最早的财务著作之一；1910 年，米德(Meade)出版了《公司财务》，主要研究企业如何能最有效地筹集资本，该书为现代财务理论奠定了基础。

2. 法规财务管理时期

1929 年爆发的世界性经济危机和 20 世纪 30 年代西方经济整体的不景气，造成众多企业破产，投资者损失严重。为保护投资人利益，西方各国政府加强了证券市场的法制管理，如美国 1933 年和 1934 年出台了《联邦证券法》和《证券交易法》，对公司证券融资作出严格的法律规定。此时财务管理面临的突出问题是金融市场制度与相关法律规定等问题。财务管理首先研究和解释各种法律法规，指导企业按照法律规定的要求，组建和合并公司，发行证券以筹集资本。因此，西方财务学家将这一时期称为"守法财务管理时期"或"法规描述时期(Deive Legalistic Period)"。

这一时期的研究重点是法律法规和企业内部控制，主要财务研究成果有：美国洛弗(W.H.Lough)的《企业财务》，首先提出了企业财务除筹措资本外，还要对资本周转进行有效的管理；英国罗斯(T.G.Rose)的《企业内部财务论》，特别强调企业内部财务管理的重要性，认为资本的有效运用是财务研究的重心。20世纪30年代后，财务管理的重点开始从扩张性的外部融资向防御性的内部资金控制转移，各种财务目标和预算的确定、债务重组、资产评估、保持偿债能力等问题，开始成为这一时期财务管理研究的重要内容。

3. 资产财务管理时期

20世纪50年代以后，面对激烈的市场竞争和买方市场趋势的出现，财务经理普遍认识到，单纯靠扩大融资规模、增加产品产量已无法适应新的形势发展需要，财务经理的主要任务应是解决资金利用效率问题。公司内部的财务决策上升为最重要的问题，西方财务学家将这一时期称为"内部决策时期(Internal Decision-Making Period)"。在此期间，资金的时间价值引起了财务经理的普遍关注，以固定资产投资决策为研究对象的资本预算方法日益成熟，财务管理的重心由重视外部融资转向注重资金在公司内部的合理配置，使公司财务管理发生了质的飞跃。由于这一时期资产管理成为财务管理的重中之重，因此称之为"资产财务管理时期"。

20世纪50年代后期，对公司整体价值的重视和研究，是财务管理理论的另一显著发展。实践中，投资者和债权人往往根据公司的盈利能力、资本结构、股利政策、经营风险等一系列因素来决定公司股票和债券的价值，因此，资本结构和股利政策的研究受到高度重视。这一时期主要财务研究成果有：1951年，美国财务学家迪安(J. Dean)出版了最早研究投资财务理论的著作《资本预算》，对财务管理由融资财务管理向资产财务管理的飞跃发展发挥了决定性影响；1952年，马克维茨(H.M.Markowitz)发表论文《资产组合选择》，认为在若干合理的假设条件下，投资收益率的方差是衡量投资风险的有效方法，从这一基本观点出发，1959年，马克维茨出版了专著《组合选择》，从收益与风险的计量入手，研究各种资产之间的组合问题，马克维茨也被公认为资产组合理论流派的创始人；1958年，弗兰科·莫迪格莱尼(Franco Modigliani)和米勒(M. H.Miller)在《美国经济评论》上发表《资本成本、公司财务和投资理论》一文，提出了著名的MM理论，因此，莫迪格莱尼和米勒因为在研究资本结构理论上的突出成就，分别在1985年和1990年获得了诺贝尔经济学奖；1964年，夏普(W. Sharpe)、林特纳(J. Lintner)等在马克维茨理论的基础上，提出了著名的资本资产定价模型(CAPM)，资本资产定价模型使资产组合理论发生了革命性变革，夏普因此与马克维茨一起共享第22届诺贝尔经济学奖的荣誉。

总之，在这一时期，以研究财务决策为主要内容的"新财务论"已经形成，其实质是注重财务管理的事先控制，强调将公司与其所处的经济环境密切联系，以资产管理决策为中心，将财务管理理论向前推进了一大步。

4. 投资财务管理时期

第二次世界大战结束以来，科学技术迅速发展，产品更新换代速度加快，国际市场迅速扩大，跨国公司增多，金融市场繁荣，市场环境更加复杂，投资风险日益增加，企业必须更加注重投资效益，规避投资风险，这对已有的财务管理提出了更高要求。20

世纪60年代中期以后，财务管理的重点转移到投资问题上，因此称为"投资财务管理时期"。

20世纪70年代后，金融工具的推陈出新使公司与金融市场的联系日益加强。认股权证、金融期货等广泛应用于公司筹资与对外投资活动，推动财务管理理论日益发展和完善。20世纪70年代中期，布莱克(F.Black)等人创立了期权定价模型(Option Pricing Molde1，OPM)；斯蒂芬·罗斯提出了套利定价理论(Arbitrage Pricing Theory)。在此时期，现代管理方法使投资管理理论日益成熟，主要表现在：建立了合理的投资决策程序，形成了完善的投资决策指标体系，建立了科学的风险投资决策方法。

一般认为，20世纪70年代是西方财务管理理论走向成熟的时期。由于吸收自然科学和社会科学的丰富成果，财务管理进一步发展成为集财务预测、财务决策、财务计划、财务控制和财务分析于一身，以筹资管理、投资管理、营运资金管理和利润分配管理为主要内容的管理活动，并在企业管理中居于核心地位。1972年，法玛(Fama)和米勒(M.H.Miller)出版了《财务管理》一书，这部集西方财务管理理论之大成的著作，标志着西方财务管理理论已经发展成熟。

5. 财务管理深化发展的新时期

20世纪70年代末，企业财务管理进入深化发展的新时期，并朝着国际化、精确化、电算化、网络化方向发展。

20世纪70年代末和80年代初期，西方世界普遍遭遇了旷日持久的通货膨胀。大规模的持续通货膨胀导致资金占用迅速上升，筹资成本随利率上涨，有价证券贬值，企业筹资更加困难，公司利润虚增，资金流失严重。严重的通货膨胀给财务管理带来了一系列前所未有的问题，因此这一时期财务管理的任务主要是对付通货膨胀。通货膨胀财务管理一度成为热点问题。

20世纪80年代中后期以来，进出口贸易筹资、外汇风险管理、国际转移价格问题、国际投资分析、跨国公司财务业绩评估等成为财务管理研究的热点，并由此产生了一门新的财务学分支——国际财务管理。国际财务管理成为现代财务学的分支。

20世纪80年代中后期，拉美、非洲和东南亚发展中国家陷入沉重的债务危机，前苏联和东欧国家政局动荡、经济濒临崩溃，美国经历了贸易逆差和财政赤字，贸易保护主义一度盛行，这一系列事件导致国际金融市场动荡不安，使企业面临的投融资环境具有高度不确定性。因此，企业在其财务决策中日益重视财务风险的评估和规避，其结果使效用理论、线性规划、对策论、概率分布、模拟技术等数量方法在财务管理工作中的应用与日俱增，财务风险问题与财务预测、决策数量化受到高度重视。

随着数学方法、应用统计、优化理论与电子计算机等先进方法和手段在财务管理中的应用，公司财务管理理论发生了一场"革命"，财务分析向精确方向飞速发展。20世纪80年代诞生了财务管理信息系统。

20世纪90年代中期以来，计算机技术、电子通信技术和网络技术发展迅猛。财务管理的一场伟大革命——网络财务管理，已经悄然到来。

第三节 旅游企业财务管理的对象及内容

一、旅游企业财务管理的对象

企业要进行生产经营活动，就必须拥有劳动力、生产资料和信息等生产要素。人们把在企业生产经营过程中生产经营要素的价值称之为资金。在生产经营过程中，资金会呈现出不同的形态，并从一种形态转化为另一种形态，资金运动从现金开始，又以现金结束，周而复始，这个过程就称为资金循环。

企业生产经营过程主要包括原材料供应环节、产品生产或加工环节、产品销售环节，从而使生产经营过程表现为实物商品运动过程，在这种物质运动中，实物商品由一种形态转化为另一种形态。但是，企业这种生产经营活动并非孤立进行，其中紧密相随的就是资金循环。

譬如，新建一个企业，首先必须解决两个问题：一是制定规划，明确经营的内容和规模；二是筹集若干现金，作为最初的资本。企业建立后，就要用现金购买原材料和雇佣工人，随着这些生产要素的投入，生产出产品。这样，初始资金就转化为了有形的存货。企业售出产品，存货又变回了现金，但有两种情况：一种是现金销售，这种转换瞬时完成；另一种是赊销，只有在一段时间以后，收回应收账款时才有现金。这种由现金至存货，至应收账款，再回复至现金的简单现金流动，就是企业的资金循环。

在以上的资金循环中，还应考虑固定资产的价值转移的问题。企业用现金购买的固定资产在生产产品的过程中要被逐渐损耗掉，固定资产的价值在使用中逐步减少，减少的价值称为折旧费。因此每一单位产品的价值都包含了一部分固定资产的转移价值，会计师对这一过程的认识是通过不断减少固定资产的账面价值，由折旧这一数额把价值逐渐转移到存货上来增加产品的价值。为了维持生产能力，企业必须将部分回笼的现金投资于新的固定资产。总之，整个资金循环的目的是为了使循环产生的现金超过初始资金。

二、旅游企业资金循环的特点

由于资金循环伴随在企业生产经营过程之中，资金循环在不同行业呈现出不同的特点。例如，旅游饭店类企业因有大量的固定资产，其资金周转期较长，而日常营运资金循环较快。对于旅行社而言，因无固定资产投入，资金循环较快。旅游企业由于存在明显的淡、旺季节区分，其资金循环呈现不均衡性。

(1) 在不同的时期旅游企业的资金循环波动性很大：在旅游旺季，企业收入丰厚，积累了大量的现金资源；而到了淡季，收入减少，相对运营成本增加，如财务管理不当，现金可能短缺，资金循环可能受阻。

(2) 生产经营活动的灵活性强，所以，旅游企业资金循环体现出短、快、现金交易多、资金循环方式多样化的特征。

以旅游饭店企业的资金循环为例，如图 1-2 所示。

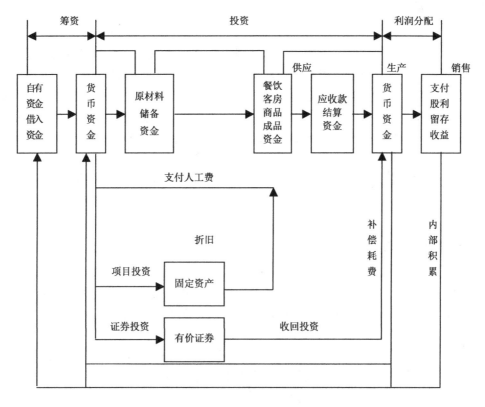

图 1-2 饭店企业资金循环图

饭店业经营上的财务特点与工业企业、制造业以及同为服务行业的零售业在财务流程上有着很大的差异。一个正常经营的酒店，它的财务特点主要体现在一次性的资金投入和持续的现金流出。根据饭店业的这一特点，我们可以看出在饭店业发展中，融资和现金的管理是饭店企业财务管理上的重中之重。

三、旅游企业财务管理的内容

企业财务管理的对象是资金，而从企业资金的运动规律以及循环过程可以看出，资金运动主要包括筹资、投资、利润分配三个环节，因此，旅游企业财务管理的内容主要包括以下三个方面。

1. 筹资活动

筹资是指筹集资金，它是企业进行经济活动的前提，筹资所要解决的是企业如何获取资金以及资金间合理配比的问题。企业可以通过发行股票、债券、吸收直接投资等方式从股东那里获得权益资金，还可以通过银行贷款从债权人那里获得借入资金。

企业通过各种方式或渠道筹集资金，表现为资金的流入；企业支付各种筹集资金费用、到期偿债付息、支付股利等，表现为资金的流出。这种因资金筹集而产生的资金流入和流出，便是企业的筹资活动。

2. 投资活动

投资是指企业以收回现金并取得收益为目的而发生的现金流出。投资包括长期投资和短期投资，企业购买设备、建造厂房等固定资产、无形资产或购买股票和债券等，影响所及超过一年或一个生产周期，形成企业的长期投资；企业增加存货、应收账款或购买短期有价证券等发生的现金流出，影响所及不超过一年或一个生产周期，就形成了企业的短期投资。投资还可分为对内投资和对外投资，企业把资金投资于企业内部，用于购置固定资产、无形资产等，便形成企业对内投资；企业把资金投资于购买其他企业的股票、债券或与其他企业联营进行投资，便形成企业的对外投资。

无论是企业购买内部所需各种资产，还是购买各种证券，无论是长期投资还是短期投资，都会发生现金流出，而当企业变卖其投资的各种资产或收回其对外投资时，则会发生现金的流入。这种因企业投资而产生的现金流出和现金流入，便是企业的投资活动。

3. 利润分配活动

企业通过投资活动而取得了投资报酬，并最终形成了企业的利润。而企业的利润要按规定的程序、比例进行分配，包括纳税、弥补亏损、提取公积金及公益金、向投资者分配利润等。利润分配伴随着资金的流出，这种因利润分配而产生的资金流出便是企业的利润分配活动。

以上三个方面的内容既相互独立，又相互联系，共同构成了企业完整的财务管理体系，即企业筹资管理、企业投资管理、企业利润分配管理等。企业财务管理涉及企业外部、内部及内部各个部门，由此便形成了相互之间特定的财务关系。

四、旅游企业财务关系

企业财务关系是指企业在财务管理过程中与有关各方所发生的经济利益关系。企业财务关系可概括为以下方面。

1. 企业与政府之间的财务关系

企业与政府之间的财务关系主要是指企业通过依法纳税而与政府形成的经济利益关系。政府担负着维持社会正常秩序、保卫国家安全、组织和管理社会活动等职能，政府社会职能的行使需要通过税收获取足够的资金保障。因此，企业必须要按照国家税法的规定向中央和地方政府缴纳各种税款，以保证国家财政收入的实现。企业与政府之间的关系体现出一种强制性和无偿性的特点。

2. 企业与投资者之间的财务关系

企业与投资者之间的财务关系是指企业投资者即所有者(包括国家、法人、个人和外商)向企业投入资金，企业向其支付投资报酬而形成的经济利益关系。一方面，企业投资者要按照投资合同或协议、章程的约定履行出资义务，以便及时形成企业的资本；另一方面，企业利用投资者投入的资金进行经营，并按照出资比例或合同、章程的规定，向投资者支付投资报酬。企业与投资者之间的关系体现出经营权和所有权分离的特点。

3. 企业与债权人之间的财务关系

企业与债权人之间的财务关系是指企业占用债权人资金或向债权人借入资金，并按有关合同的规定按时支付利息和归还本金而形成的财务关系。企业债权人包括本企业债券的持有人、贷款银行或金融机构、商业信用提供者、其他出借资金给企业的单位和个人。企业利用债权人的资金后，应按约定的时间和金额及时还本付息。企业同债权人之间的关系体现的是债务与债权的关系。

4. 企业与受资者之间的财务关系

企业与受资者之间的财务关系是指企业以购买股票或直接投资的形式对外投资，而与受资者之间形成的经济利益关系。如果企业以持有股票或直接投资的形式成为其他企业的投资者，就应按约定履行出资义务，同时享有依据其出资份额参与受资者的经营管理和利润分配的权利。企业与受资者之间的关系体现的是投资与被投资者的关系。

5. 企业与债务人之间的财务关系

企业与债务人之间的财务关系是指企业将资金以债券投资、提供借款或商业信用等方式出借给债务人而形成的经济利益关系。如果企业以购买债券、提供借款或商业信用等形式将资金出借给其他单位或个人以后，企业有权要求债务人按约定的条件付息还本。同样，债务人也具有偿还义务。企业与债务人之间的关系体现的是债权与债务的关系。

6. 企业内部单位之间的财务关系

企业内部单位之间的财务关系是指企业内部各单位之间在生产经营各环节中相互提供产品或劳务所形成的经济利益关系。企业在生产经营活动中，由于分工协作会产生内部各单位相互提供产品或劳务的情况，在实行内部独立核算以及履行经营责任制的要求下，各单位相互提供产品、劳务应按照独立企业的原则计价结算，从而形成内部的资金结算关系和利益分配关系。企业内部单位之间的关系体现的是内部单位之间的关联关系。

7. 企业与职工之间的财务关系

企业与职工之间的财务关系是指职工向企业提供劳动而企业相应支付劳动报酬而形成的经济利益关系。职工是企业的劳动者，又是雇佣者，应按劳动合同的约定履行工作责任，同时企业要按约定支付给职工一定的劳动报酬。这种企业与职工之间的财务关系体现的是职工和企业在劳动成果上的分配关系。

第四节　旅游财务管理目标

一、企业目标

企业是依法设立，以营利为目的的经济组织，企业一旦成立，就会面临竞争，并始终处于生存和倒闭、发展和萎缩的矛盾之中。企业只有生存下去才可能获利，只有不断发展才能求得生存。因此，企业的目标可以概括为生存、发展和获利。

1. 生存

企业生存是企业获利和发展的前提，在激烈的市场竞争中，企业要想生存下去，必须具备以下基本条件。

1) 创造利润的能力

从损益的角度讲，企业在一定的经营期间所取得的收入要能补偿所耗费的各项生产要素的价值(即成本费用)，即产生利润。收入弥补不了成本费用就会出现亏损，企业长期亏损，投资者的投资就无法得到回报，企业的存在也就失去了意义，投资者只能被迫终止企业的经营。

2) 创造现金的能力

从现金流量的角度讲，企业在一定的经营期间所产生的现金流入量要能大于现金流出量，也就是说，企业应具有创造现金的能力。企业创造现金的途径主要有两种，一是依靠企业自身的经营活动产生现金流量，二是通过发行股票、债券以及对外借款等方式筹集资金。如果企业通过两种途径都无法创造足够的现金，企业现金流入量长期小于现金流出量，会出现资金短缺，导致企业经营难以为继。

3) 到期偿债的能力

企业出于扩大业务规模与负债经营的考虑，或因资金周转困难而经常会产生债务。债务与股东权益的区别之一是债务具有有期性，债务人必须承诺按期还本付息。如果企业兑现不了该种承诺，就可能被债权人接管或被法院强制破产。

保持企业创造利润、现金及偿还到期债务的能力，减少破产的风险，使企业能够长期、稳定地生存下去，这是企业目标对财务管理提出的第一个要求。

2. 发展

企业的发展好比逆水行舟，不进则退。企业只有不断发展才能增强自身实力，提高核心竞争力，才能在激烈的市场竞争中始终处于不败之地。

企业的发展过程就是不断扩大再生产的过程，企业要不断扩大生产规模，就必须购置或更新设备、新建或扩建厂房以及提高劳动力数量和质量，这些都需要足够的资金投入，因此，及时、足额筹集企业发展所需要的资金，是企业目标对财务管理提出的第二个要求。

3. 获利

建立企业的宗旨是获利，获利就是要不断地创造利润。获利是企业生存和发展的保证，也是投资者的最终要求，从长远来看，企业不能获利，也就不具备生存和发展的条件。企业要获利，一方面应通过各种有效途径增加收入，另一方面应加强成本费用的控制，减少资金耗费和占用，即降低成本费用与提高资产利用率、加速资金周转相并举。

合理有效地使用资金，使企业获利，这是企业目标对财务管理提出的第三个要求。

二、企业目标对财务管理的要求

企业目标是企业希望经过努力所能实现的结果。财务管理目标是企业进行理财活动所要达到的目的，是评价企业财务活动是否合理的标准。财务管理目标从属于企业整体目标，一方面要服务于企业目标，从财务的角度保证既定企业目标的实现；另一方面要统领企业财务管理工作的有序进行。由于企业的资金运动构成企业相对独立的运行系统，只有制定正确的财务管理目标，才能为企业目标的实现提供资金保障。

根据不同的企业目标，其对财务管理目标要求也不同。

1. 生存目标

为满足企业生存目标的需要，财务管理应努力使企业保持合理的财务比例和良好的融资环境，保证企业维持正常经营所必需的现金流量，确保企业的生存。

2. 发展目标

为满足企业发展目标的需要，财务管理应及时地以合理的方式、低廉的成本筹集企业发展所需要的资金，从资金方面满足企业的发展需要。

3. 获利目标

为满足企业获利目标的需要，财务管理应有效管理各项资产，加速流动资金的周转，做好固定资产更新改造，提高资金投资收益水平。

三、一般财务管理目标

关于财务管理目标的问题理论界尚有争议，在此列举三种观点。

1. 利润最大化

利润最大化的观点认为，利润代表了企业所创造的财富，利润越多说明企业的财富增加得越多，越接近企业的目标。以利润最大化作为财务管理的目标，有其合理的一面，这是因为以下几点。

(1) 利润体现着企业经济效益的高低，也是投资者取得投资回报的基础，因此，无论从企业经营者还是从企业所有者的角度，利润都是其所追求的目标，因此，可以把利润最大化推广为企业财务管理目标。

(2) 在自由竞争的资本市场中，资本的使用权最终将属于获利最大的企业。利润最大化是企业获得资本的最有利条件，取得了资本，也就意味着取得了各种经济资源的支配权，因此，利润最大化有利于资源的合理配置。

(3) 企业追求利润最大化，就必须讲求经济核算，加强管理，改进技术，提高劳动生产率，降低成本。这些措施都有利于资源的合理配置以及企业经济效益的提高。

利润最大化这种观点的缺陷如下。

(1) 利润最大化没有考虑资金的时间价值。同样取得一定数量的利润，今年取得还是明年取得，对于企业来讲意义是不同的。不考虑资金的时间价值因素，就会使企业决策或经营工作缺乏时间观念，一方面减少了效益，另一方面也增加了风险。

(2) 利润最大化没有考虑所获利润和投入资本额的关系。同样获得一定数量的利润，两个企业投入的资本额可能有很大差距。不考虑利润与投入资本额的关系，就会使企业优先选择高投入的项目，而放弃一些高效率的项目。

(3) 利润最大化没有考虑风险问题。两个不同的经营项目，利润相同，但风险大小可能存在很大差异。不考虑风险因素，就会使企业的财务决策过多地倾向于高风险、高利润的项目，影响企业决策的准确性和全面性。

(4) 利润最大化往往会使企业财务决策带有短期行为的倾向，即只顾实现目前的最大利润，而不顾及企业的长远发展。在现实生活中，企业近期最大利润有可能是建立在损害企业长远利益的基础上的。

2. 股东财富最大化

股东财富最大化的观点认为，股东创办企业的目的是扩大财富，企业的价值在于它能给所有者带来未来报酬，包括获得股利和出售其股权换取的经济利益。以股东财富最大化作为财务管理的目标，也有其合理的一面，这是因为以下几点。

(1) 以股东财富最大化为目标，可以使所有者的利益得到保障，股东有享受剩余财产的权利。因此，把股东财富最大化作为企业财务管理的目标符合股东的要求。

(2) 社会利益最大化实现的条件是社会资源的最合理分配，把资源分配到为社会创造最大财富的投资机会上，社会利益就会得到实现，财富最大化的作用之一就在于资源的有效配置。

(3) 企业经营者与所有者之间存在的是受托责任关系，企业经营者要按契约的规定努力实现企业所有者的目标，即股东财富最大化，企业经营者的利益与股东财富的大小具有直接的关系。因此，股东财富最大化体现了经营者与所有者目标及利益的统一。

股东财富最大化这种观点的缺陷是：只强调某一利益集团即股东的利益，忽略了其他利益集团的利益。现代企业是多边契约关系的总和，股东、债权人和职工都要承担风险，而股东财富最大化并不能完全体现除股东外的其他利益集团的利益，长此以往，容易激化矛盾。

3. 企业价值最大化

企业价值最大化的观点认为，财务管理目标应与企业多个利益集团有关，是多个利益集团共同作用和相互妥协的结果，而各个利益集团的目标都可以折中为企业长期稳定发展和企业总价值的不断增长，所以，以企业价值最大化作为财务管理的目标，比以股东财富最大化作为现代企业的财务管理目标更科学。

企业价值最大化是指通过企业财务上的合理经营，采用最优的财务政策，充分考虑资金的时间价值和风险与报酬的关系，在保证企业长期稳定发展的基础上使企业总价值达到最大。以企业价值最大化作为财务管理的目标，具有以下优点。

(1) 现代意义上的企业与传统企业有很大差异，现代企业是多边契约关系的总和，股东、债权人和职工都要承担风险，政府也承担了相当大的风险。企业价值最大化目标既考虑了股东的利益，又充分考虑了其他利益集团的利益。

(2) 企业价值最大化目标科学地考虑了风险与报酬的联系。

(3) 企业价值最大化能克服企业在追求利润上的短期行为，因为不仅目前的利润会影响企业的价值，预期未来的利润对企业价值的影响所起的作用更大。

企业价值最大化这种观点的缺陷是：企业价值最大化这一目标最大的问题就是其计量问题。从实践上看，可以通过资产评估来确定企业价值的大小，但具体技术环节上还有许多问题需要解决。

四、财务管理的具体目标

财务管理的具体目标，取决于财务管理的具体内容。一般而言，有哪些财务管理的内容，就会随之有相应的具体目标。财务管理的具体目标可以概括为以下几个方面。

1. 企业筹资管理目标

任何企业，为了保证生产的正常进行或扩大再生产的需要，必须具有一定数量的资金。企业的资金可以从多种渠道、用多种方式来筹集，不同来源的资金，其可使用时间的长短、附加条款的限制和资金成本的大小都不相同，这就要求企业在筹资时不仅需要从数量上满足生产经营和扩大再生产的需要，而且要考虑到各种筹资方式给企业带来的资金成本的高低、财务风险的大小，以便选择最佳筹资方式，实现财务管理的整体目标。

2. 企业投资管理目标

企业筹集到的资金要用于对内和对外投资，以期获取最大的投资报酬，但任何投资决策都带有一定的风险性，因此，在投资时必须认真分析影响投资决策的各种因素，科学地进行可行性研究。对于新增的投资项目，一方面要考虑项目建成后给企业带来的投资报酬，另一方面也要考虑投资项目给企业带来的风险，以便在风险与报酬之间进行权衡，不断提高企业价值，实现企业财务管理的整体目标。

3. 企业利润分配管理目标

企业进行生产经营活动，最终要体现在企业的利润上，如果企业实现了利润，就要根据公司章程等有关规定对其进行合理分配。企业的利润分配关系着国家、企业、企业所有者和企业职工的经济利益。在分配时，要正确处理国家利益、企业利益、企业所有者利益和企业职工利益之间可能发生的矛盾。

第五节 旅游财务管理的环境

财务管理是在一定的环境中进行的，而财务管理环境是企业在财务管理过程中所面对的各种客观条件和影响因素。财务管理环境是客观存在的，企业只有适应它们的特点，才能有效地开展财务管理工作，实现财务管理的目标。财务管理环境涉及的范围很广，可以分为宏观环境和微观环境两个组成部分。

一、宏观环境

宏观环境是指影响企业财务管理活动的各种宏观因素，主要包括政治、经济、法律和金融市场环境。在这些因素中经济因素是主要的，它不仅直接影响财务管理活动，而且对政治、法律等产生决定性的作用。因此，我们在分析宏观环境时，主要分析经济环境和金融市场环境。

(一)经济环境

经济环境是指企业进行财务活动时所处的宏观经济状况，具体包括以下几个方面。

1. 经济周期

一个国家或地区的经济通常都不会较长时间地持续增长或较长时期地萎缩，而是在波动中发展。其一般呈复苏、繁荣、衰退和萧条几个阶段的循环过程，这种循环叫经济周期。经济周期直接影响到企业所处资金市场、产品市场的兴衰。

2. 政府的经济政策

一个国家或地区对某些地域、某些行业、某些经济行为的优惠、鼓励或限制构成了政府的经济政策。例如，对高新技术企业或项目实行的所得税优惠政策，对东北老工业基地的增值税优惠政策等。

3. 通货膨胀

通货膨胀对企业的影响主要表现在：①企业资金需求不断膨胀；②资金供应持续性短缺；③货币性资产因不断贬值会产生购买力损失，而持有货币性负债会因贬值产生购买力收益；④实物性资产，如原材料、产成品、固定资产等会相对升值，产生持有收益。

4. 税收环境

税收是国家调节社会资源分配、促进公平竞争、提高经济效率、维护国家主权和利益的重要手段。税收构成了企业理财的重要外部环境，其对企业的影响主要表现在以下几方面。

(1) 影响企业的融资和投资决策。企业筹资主要有两种方式：直接筹资和间接筹资。直接筹资时公司向社会发行股票的发行费用要比发行债券高，且支付的股息是属于税后分配，是不允许于税前抵扣的，而通过发行债券筹资不但发行费用低于股票，而且支付的利息也允许于税前扣除。可见，发行债券的资金成本要比发行股票低。另外，企业在条件符合的情况下，可以发行可转换债券，这样，既能在债券发行的前期享受利息扣减应纳税所得额的好处，又能在债券转换成功时，不需要偿还本金及利息，这也是一种好的筹资方式。间接筹资时，企业向银行借款，其利息费用可以于当期列入财务费用，扣减应纳税所得额，向其他企业及相关经济组织拆借的资金成本(如利息)按不高于银行等金融机构同期贷款利率的部分允许于税前扣除。

企业在进行投资决策时，可以通过分析，来达到节税增收的目的。例如，注册地的选择，从国际上看，选择国际避税地，在那里注册离岸公司(即注册地与经营地相分离的公司)，当地政府允许国际人士在其领土上设立国际贸易业务公司，对资本流动几乎没有限制，对不是在注册地进行的经营活动几乎不征收任何税，只收取少量的年度管理费。从国内来看，选择在税负较轻的地区注册，例如，国务院批准的高新开发区，经济特区，中西部地区，老、少、边、穷等地区，国家对这些地区在税收上给予了优惠，税率要低于这些地区以外的地区。

(2) 影响企业的资产重组。企业资产重组是指企业的分立和合并。企业分立是指被分立企业将部分或全部资产分离转让给两个或两个以上现存或新设的企业，为其股东换取分立企业股权或其他财产。由于企业分立实质并没有消亡，而所得税实行的是全额累进税率，所以为税收筹划提供了空间，即可以将一个适用税率高的企业分立成两个企业适用税率低的企业。例如某企业每年应纳税所得额均为 18 万元，该企业适用 33%的税率，如果将该企业分立成两个企业，假设其中一个企业年应纳税所得额为 9.5 万元，另一企业应纳税所得额为 8.5 万元，则企业原应纳税额=18×33%=5.94 万元，企业分立后应纳所得税额=9.5×27%+8.5×27%=4.86 万元。通过计算可以发现，企业分立后比分立前要少纳税 1.08×(5.94-4.86)万元。合并企业支付被合并或股东的收购价款中,除合并企业的股票以外的现金、有价证券和其他资产不高于所支付的股权票面价值的 20%的,被合并企业不确认转让所得或损失,不计算缴纳所得税,因而支付股票对被合并企业而言,可以得到推迟或减轻税负的优惠,并且通过合并,可以实现关联性企业或上下游企业流通环节的减少,合理规避流转税。

(3) 影响企业利润分配。根据被投资企业以税后利润进行分配时,股票股利是不交企业所得税的,而现金股利须交纳企业所得税的规定,被投资企业要从实际和发展前景来筹划是否需要发放和发放多少现金股利。在不需发放现金股利的时候,企业可选择发放股票股利,相应增加注册资本。

(二)金融市场环境

金融市场是指资金融通的场所。金融市场环境对企业财务活动产生的影响体现在:①金融市场是企业投资和筹资的场所;②金融市场为企业财务管理工作提供信息;③企业通过金融市场能使长短期资金互相转化。

1. 金融市场的组成及分类

1) 金融市场的组成

金融市场由主体、客体和参加人员组成:

(1) 主体是指银行或非银行金融机构,是金融市场的中介机构,是连接资金供给者和需求者的桥梁。

(2) 客体是指金融市场上的买卖对象,如黄金、外汇、资金、有价证券等。

(3) 参加人员是指客体的供给者与需求者,如企事业单位、政府部门、城乡居民等。

2) 金融市场的分类

金融市场按其划分的标准不同,可做不同的分类。

(1) 按交易对象不同,可分为有形资产市场和金融资产市场。有形资产市场买卖的商品是小麦、汽车、房地产、计算机以及机器设备等;而金融资产市场买卖的是股票、长期债券、中期债券、抵押证券以及其他有形资产的债权。

(2) 按实际交割日期不同,可分为现货市场和期货市场。现货市场指买卖的资产是现场交割(几天以内);期货市场指买卖的资产是将来某一天交割(半年或一年之后)。期货市场发展很快,是金融衍生工具的主要类型。

(3) 按交易的期限不同,可分为货币市场和资本市场。货币市场是指期限不超过一年的资金交易市场;资本市场是指期限在一年以上的股票和债券交易市场。

(4) 按交易的性质不同,可分为发行市场和流通市场。发行市场是指从事证券首次发行的转让市场,也叫一级市场;流通市场是指从事已发行证券买卖的转让市场,也叫二级市场。

2. 金融机构

金融市场的主体是金融机构,我国金融机构很多,归属于不同的类别,其业务范围、主要职能和服务对象都有所不同,具体情况见表1-1。

表 1-1　我国金融机构对比表

金融机构类别	业务范围	主要职能
中国人民银行	作为中央银行	代表政府管理全国的金融机构和金融活动，经理国库
政策性银行	经营贷款业务	由政府设立，以贯彻国家产业政策、区域发展政策为目的，不以营利为目的
商业银行	经营存贷业务	通过吸收存款积聚资金，并把这些资金以贷款的形式提供给资金需要者
证券公司	经营证券业务	通过承担证券的推销或包销工作，为企业融通资金提供服务
保险公司	保险理赔业务	通过收取保费集中一定的资金，当投保人遭受损失时予以赔偿
租赁公司	融资租赁业务	先筹集资金购买各种租赁物，然后以融资租赁的形式出租给企业

3. 金融市场的作用

从企业理财的角度看，金融市场的作用主要表现在以下几个方面。

(1) 资本的筹措与投放。企业在金融市场上既可以发售不同性质的金融资产或金融工具，以吸收不同期限的资本；也可以通过购买金融工具进行投资，以获取额外收益。

(2) 分散风险。在金融市场的初级交易过程中，资本使用权的出售者在获得资本使用权购买者(生产性投资者)一部分收益的同时，也有条件地分担了生产性投资者所面临的一部分风险。资本使用权的出售者本身也变成了风险投资者，使经济活动中风险承担者的数量增加，从而减少了每个投资者所承担的风险。在期货和期权市场，金融市场参加者还可以通过期货、期权交易进行筹资、投资的风险控制。

(3) 转售市场。资本使用权出售者可根据需要在金融市场上将尚未到期的金融资产转售给其他投资者，或用其交换其他金融资产。如果没有金融资产的转售市场，公司几乎不可能筹集到巨额资本。此外，由于公司股票没有到期日，即股票持有者无法从其发行者处收回购买股票的资本(除非股票发行者想收回已发行的股票)，此时，股票转售市场的存在显得格外重要。

(4) 降低交易成本。金融市场中各种中介机构可为潜在的和实际的金融交易双方创造交易条件，沟通买卖双方的信息往来，从而使潜在的金融交易变为现实。金融中介机构的专业活动降低了公司的搜索成本和信息成本。

(5) 确定金融资产价格。金融市场上买方与卖方的相互作用决定了交易资产的价格，或者说确定了金融资产要求的收益率。金融市场这一定价功能指示着资本流动的方向与性质。此外，在金融市场交易中形成的各种参数，如市场利率、汇率、证券价格和证券指数等，是进行财务决策的前提和基础。

二、微观环境

微观环境同样会对财务管理产生重要影响。这些因素包括企业运营模式、行业市场环境、采购环境、生产环境等不同方面，微观环境一般只对特定企业的财务活动产生影响。

改革开放后,我国旅游业遭遇了多起严重的业外突发事件,这些发生在旅游业以外的危机事件涉及自然灾害、金融危机、政治事件、恐怖活动和疾病疫情等事件类型,它们都给我国的旅游业带来重大负面影响,使旅游业遭遇发展低谷和经济损失(见表 1-2)。以 2003 年的"非典"事件为例,事件发生时我国的旅游业几乎陷入停滞,当年实现旅游业总收入 4882 亿人民币,比上年下降 12.3%,出现旅游发展史上少有的低谷。

表 1-2 1980 年后我国旅游业遭遇的主要业外突发事件

危机事件	发生时间	危机类型	主要影响
特大洪水	1988 年	自然灾害	我国旅游业的超高速增长受其影响
动乱	1989 年	政治风波	我国旅游业陷入发展低谷,旅游市场低迷
亚洲金融危机	1997 年	经济性危机	旅游消费疲软,并导致我国酒店业陷入结构性失衡,旅游业从业人员的相对收入水平逐渐下降
世纪洪水	1998 年	自然灾害	与亚洲金融危机合并影响旅游业发展,旅游增速放缓
911 事件	2001 年	恐怖活动	旅游客源结构发生改变,当年旅游收入增幅较上年同期下降 3.15 个百分点
"非典"事件	2003 年	疾病疫情	我国入境旅游和国内旅游出现大幅度下降,旅游业总收入 4882 亿元人民币,比上年下降 12.3%

(资料来源:相关统计数据均来自历年的《中国旅游统计年鉴》)

练习与思考题

1. 有人认为财务管理应以每股收益最大化为目标,你认为每股收益最大化目标与利润最大化目标有何区别?为什么它同样不应该是财务管理的根本目标?
2. "追求股东财富最大化使社会经济资源得以最有效的配置,从而导致社会财富最大化。"请简述你对这句话的看法。
3. 当财务管理的具体目标与股东财富最大化的目标发生冲突时,如果你是旅游企业的财务主管,你应如何处理?
4. 财务机构有哪些主要的职能?这些职能的共同点是什么?
5. 你认为会计核算工作是否也受到许多环境因素的影响?请举例说明。

复习自测题

一、单项选择题

1. 反映旅游企业价值最大化目标实现程度的指标是(　　)。
   A. 利润额　　　　　　　　　　　　　　B. 总资产报酬率

　　　　C. 每股市价　　　　　　　　　　D. 市场占有率
　2. 财务活动的核心内容是(　　)。
　　　　A. 筹集资金　　　　　　　　　　B. 投资活动
　　　　C. 资金耗费　　　　　　　　　　D. 资金的收回及分配
　3. 财务管理的基本属性是(　　)。
　　　　A. 综合管理　　　B. 计划管理　　C. 价值管理　　D. 统一管理

二、多项选择题

　1. 旅游企业财务活动包括(　　)。
　　　　A. 筹资活动　　　　　　　　　　B. 投资活动
　　　　C. 资金营运活动　　　　　　　　D. 分配活动
　2. 旅游企业价值最大化目标的优点有(　　)。
　　　　A. 考虑了资金的时间价值
　　　　B. 考虑了投资的风险价值
　　　　C. 反映了对旅游企业资产保值增值的要求
　　　　D. 直接揭示了旅游企业的获利能力
　3. 财务管理属于价值管理，财务管理观念从本质上看属于价值观念。因此，财务管理最基本的观念是(　　)。
　　　　A. 机会成本(收益)观念　　　　　B. 资金时间价值观念
　　　　C. 边际成本(收益)观念　　　　　D. 风险收益均衡观念
　4. 旅游企业财务管理目标如果为利润最大化，它的缺陷为(　　)。
　　　　A. 没有考虑资金的时间价值
　　　　B. 使旅游企业的财务活动失去进一步发展的动力
　　　　C. 没有考虑风险价值
　　　　D. 无法反映旅游企业的投资额与利润额之间的关系
　5. 财务管理十分重视股价的高低，其原因是(　　)。
　　　　A. 股价代表了公众对公司价值的评价
　　　　B. 股价反映了资本与获利之间的关系
　　　　C. 股价反映了每股盈利和风险的大小
　　　　D. 股价反映了财务管理目标的实现程度
　6. 下列有关金融市场说法正确的有(　　)。
　　　　A. 它是指资金供应者和需求者双方通过信用工具进行交易而融通资金的市场
　　　　B. 它是以资金为交易对象的市场，资金被当做一种"特殊商品"来交易
　　　　C. 既可以是有形市场，也可以是无形市场
　　　　D. 它具有充当金融中介，调节资金余缺的功能

三、判断题

　1. 以旅游企业价值最大化作为理财目标，有利于社会资源的合理配置。　　(　　)
　2. 旅游企业进行财务管理，应正确权衡风险与报酬之间的关系，努力实现两者之间的最佳组合，使旅游企业价值最大。　　　　　　　　　　　　　　　　(　　)

3. 财务管理的目标要取决于旅游企业的总目标。（   ）

4. 财务活动是以现金收支为主的旅游企业资金收支活动的总称，旅游企业的分配活动也属于财务活动。（   ）

5. 财务管理水平高低受经济发展水平高低的制约，因而经济发展水平高，也会提高财务管理的水平。（   ）

6. 旅游企业向员工支付工资属于财务活动中的分配活动。（   ）

7. 旅游企业筹资时如果本身风险偏高，则投资者可以要求较高的投资报酬率，来弥补投资带来的高风险。（   ）

第二章 旅游企业财务管理的价值观念

【本章导读】

本章通过对旅游企业财务管理的基本价值观念——时间价值、风险价值、利率、通货膨胀和价值评估的阐述,让读者了解和掌握这些观念对财务管理的决定与影响作用。

【关键词】

时间价值　年金　风险价值　投资组合风险　利率　通货膨胀　经济增加值

【知识要点】

1. 熟悉旅游财务管理的两个价值观念——时间价值和风险价值。

2. 掌握复利、年金终值和现值的概念和计算方法。

3. 掌握单项投资风险价值和投资组合风险价值的概念和计算方法。

4. 了解利率、通货膨胀对财务活动的影响。

5. 了解财务管理目前价值评估的方法。

第一节　货币的时间价值

一、货币时间价值的概念

货币资金经过一段时间的使用后，在正常情况下，会产生一定的价值增值。比如，今天的 1 元钱，在用于生产经营活动后，到明年可能会创造出新的 1 元钱。因此，货币的占有是有时间价值的。今天的 1 元钱，同明年的 1 元钱在价值上是不相等的。为什么呢？因为将这 1 元钱存入银行，如果年息是 10%的话，一年后它就增值为 1.10元。这也就是说，在年息为 10%的情况下，现在的 1 元钱等于一年后的 1.10 元钱。简单地说，货币的时间价值就是指在一定期限内要花费多少钱去"租"钱。你也可以认为货币的时间价值就是资金在银行进行储蓄赚取利息的机会。一般情况下，我们将银行利率作为衡量货币时间价值的尺度，用于计算在某一时刻一定数量货币的价值。

货币在不同的时点上具有不同的时间价值。货币在当前的价值，被称为现值(present value, PV)；货币在未来的价值，被称为终值(final value, FV)，如图 2-1 所示。

图 2-1　时间价值图

二、货币时间价值的计算

在进行货币时间价值的计算时，涉及单利和复利计息方式。其中，采用单利的计息方式时，是指只有本金产生利息，比如现行的银行存款的计息方式。具体计算如下：

$$FV_1 = PV + PV \times i$$
$$FV_2 = FV_1 + PV \times i = PV + 2 \times PV \times i$$
$$\vdots$$
$$FV_n = PV + n \times PV \times i$$

采用复利计算时，本金能产生利息，本期的利息在下期与原来的本金一起计息，或者说复利是指每期都以上一期末的本利和作为本金计算利息的方法。货币时间价值一般按复利方式计算。具体计算如下：

$$FV_1 = PV + PV \times i = PV(1+i)$$
$$FV_2 = FV_1 + FV_1 \times i = PV(1+i)(1+i) = PV(1+i)^2$$
$$FV_3 = FV_2 + FV_2 \times i = FV_2(1+i) = F_1(1+i)(1+i) = FV_1(1+i)^2 = PV(1+i)(1+i)^2 = PV(1+i)^3$$

式中：PV——现值；

FV_n——第 n 期末的终值；

i——利率；

1. 复利的计算

1) 复利终值

复利终值是指期初一定数额的资金(即本金)在若干期以后按复利计算的、包括本金和利息在内的未来价值，又称本利和。

各期期末终值的计算公式如下：

$$FV_1 = PV + PV \times i = PV(1+i)$$
$$FV_2 = FV_1 + FV_1 \times i = PV(1+i)(1+i) = PV(1+i)^2$$
$$FV_3 = FV_2 + FV_2 \times i = FV_2(1+i) = F_1(1+i)(1+i) = FV_1(1+i)^2 = PV(1+i)(1+i)^2 = PV(1+i)^3$$
$$\vdots$$
$$FV_n = PV(1+i)^n$$
$$= PV \cdot FVIF_{i,n}$$

式中：FV_n——第 n 期末的复利终值；

PV——期初本金或现值；

i ——利率(即时间价值)；

n ——期数，可以年、月等表示。

公式中的$(1+i)^n$被称为 1 元的复利终值系数，可以用 $FVIF_{i,n}$ 表示，可查 1 元的复利终值系数表求得。

【例 2-1】 某旅行社将 10 000 元投资于一项目，期限为 4 年，年报酬率即年利率为 10%，三年后的终值是多少？

$$FV_n = PV(1+i)^n$$
$$FV_4 = 10\,000 \times (1+10\%)^4$$
$$= 10\,000 \times FVIF_{10\%,4}$$
$$= 10\,000 \times 1.464\,1$$
$$= 14\,641(元)$$

2) 复利现值

复利现值是指未来一定时期若干资金按复利计算的现在价值，或者说是将来特定本利和所需要的本金。

复利现值是复利终值的对称概念，因此可以利用复利终值公式倒求本金。由终值求现值叫做贴现，在贴现时所用的利率叫贴现率。复利现值的公式可根据以下步骤求出。

已知终值 FV，每期利率 i，那么可知期限为 n 的现值，即：

根据 $FV_n = PV(1+i)^n$ 可得

$$PV = \frac{FV_n}{(1+i)^n} = FV_n \cdot (1+i)^{-n} = FV \cdot PVIF_{i,n}$$

公式中 $(1+i)^{-n}$ 称为复利现值系数，可以用 $PVIF_{i,n}$ 表示，可查 1 元的复利现值系数表求得。

【例 2-2】 如果要在 5 年后获得本利和 100 000 元，当投资报酬率为 15%时，现在应投入的资金为

$$PV = FV_n \cdot (1+i)^{-n}$$
$$= FV_4 \cdot (1+15\%)^{-5}$$
$$= FV_4 \cdot PVIF_{15\%,5}$$
$$=100\,000 \times 0.497$$
$$=49\,700(元)$$

2. 普通年金的计算

年金是指等额、定期的系列收支。利息、租金、折旧、保险金、养老金等，通常都采取年金形式。每期期末付款的年金，称为普通年金(或后付年金)；每期期初付款的年金称为先付年金(或即付年金)；第 1 期或前几期没有付款的年金，称为延期年金(或递延年金)；无限期继续付款的年金，称为永续年金(或无限期年金)。普通年金以外的各种形式的年金，都是普通年金的转化形式。如图 2-2 所示，这是一笔普通年金。

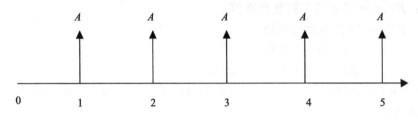

图 2-2　时间价值图

1) 普通年金终值

每年年末发生的、等额的收入或支出，即普通年金，n 年末将各年年金按复利计算的本利和相加，就是复利年金终值。

假设，每次收入或支出的款额即年金为 A，年金终值的计算原理如图 2-3 所示。

图中：0 表示期初；1 表示第 1 期期末；2 表示第 2 期期末；……；n 表示第 n 期期末。根据复利终值的计算方法，第 n 期末 A 的终值就等于 A，第 $n-1$ 期末的 A 到 n 期末等于 $A(1+i)^1$，第 $n-2$ 期末的 A 到第 n 期末等于 $A(1+i)^2$，以此类推地将每一期期末的年金 A 折算到 n 期末的终值计算出来，然后将第 1 期期末至第 n 期期末年金 A 的终值相加之和就是年金终值 FVA_n，有

$$FVA_n = A(1+i)^0 + A(1+i)^1 + \cdots + A(1+i)^{n-2} + A(1+i)^{n-1} \quad (1)$$

将公式(1)两边同乘(1+i)，得

$$FVA_n(1+i) = A(1+i)^1 + A(1+i)^2 + \cdots + A(1+i)^{n-2} + A(1+i)^{n-1} + A(1+i)^n \quad (2)$$

再将公式(2)-公式(1)，得

$$FVA_n(1+i) - FVA_n = A(1+i)^n - A$$
$$FVA_n \times i = A\left[(1+i)^n - 1\right]$$
$$FVA_n = A\frac{\left[(1+i)^n - 1\right]}{i}$$
$$= A \cdot FVIFA_{i,n}$$

式中，$\dfrac{\left[(1+i)^n-1\right]}{i}$ 称为年金终值系数，可以用 $FVIFA_{i,n}$ 表示，查 1 元年金终值系数表可得该系数值。

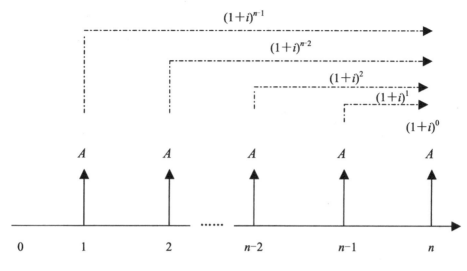

图 2-3 时间价值图

【例 2-3】1.5 年中每月月末存入银行 400 元，存款年利率是 12%，第 1.5 年末年金的终值是多少？

因为每期以月份为单位，因此 1.5 年共计是 18 个月，月利率为 1%(年利率除以 12 个月而得)，则 1.5 年末的年金终值为

$$FVA_n = A\dfrac{\left[(1+i)^n-1\right]}{i}$$

$$FVA_{18} = 400\dfrac{\left[(1+1\%)^{18}-1\right]}{1\%}$$

$$= 400 \cdot FVIFA_{1\%,18}$$

$$= 400 \times 19.615$$

$$= 7846(元)$$

2) 普通年金现值

年金现值是指为了在每期期末取得相等金额的款项，现在需要投入的金额。

根据复利现值的计算方法，第 1 期期末的 A 折算到期初等于 $A(1+i)^{-1}$，第 2 期期末的 A 折算到期初等于 $A(1+i)^{-2}$，以此类推地将每一期期末的年金 A 折算到期初的现值计算出来，然后将第 1 期期末至第 n 期期末年金 A 的现值相加之和就是年金现值 PVA_n。年金现值的计算原理如图 2-4 所示。

$$PVA_n = A(1+i)^{-1} + A(1+i)^{-2} \cdots + A(1+i)^{-(n-1)} + A(1+i)^{-n} \tag{1}$$

将公式(1)两边同乘以 $(1+i)$，得

$$PVA_n(1+i) = A + A(1+i)^{-1} + A(1+i)^{-2} \cdots + A(1+i)^{-(n-2)} + A(1+i)^{-(n-1)} \tag{2}$$

再将公式(2)-公式(1)，得

$$PVA_n(1+i) - PVA_n = A - A(1+i)^{-n}$$

$$PVA_n i = A\left[1-(1+i)^{-n}\right]$$

$$PVA_n = A\frac{\left[1-(1+i)^{-n}\right]}{i}$$

$$PVA_n = A \cdot \frac{(1+i)^n - 1}{i(1+i)^n}$$

$$PVA_n = A \cdot PVIFA_{i,n}$$

式中，$A\dfrac{\left[1-(1+i)^{-n}\right]}{i}$ 称为年金现值系数，可以用 $PVIFA_{i,n}$ 表示，利用 1 元年金现值系数表可查得该系数值。

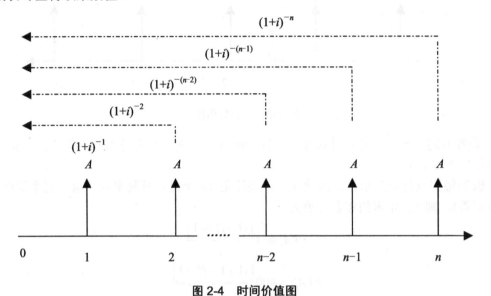

图 2-4 时间价值图

【例 2-4】如要在以后的 20 年中，每年年末都有 6 000 元的收入，年利率为 10%，这系列年金收入的现值是多少？

$$\begin{aligned}PVA_{20} &= 6\,000 \frac{\left[1-(1+10\%)^{-20}\right]}{10\%}\\ &= 6\,000 \cdot \frac{(1+10\%)^{20}-1}{10\%(1+10\%)^{20}}\\ &= 6\,000 \cdot PVIFA_{10\%,20}\\ &= 51\,084(元)\end{aligned}$$

3. 永续年金的计算

永续年金是指无限期支付的普通年金，计算这种特殊年金的方法也适用于计算股票和债券的价值。

那么如何确定永续年金的现值呢?我们假定有一笔永续年金,在每期期末有 A 元的现金流入,银行利率为 i,请问这笔年金的现值为多少?根据年金现值公式,可得

$$PVA_\infty = A\frac{\left[1-(1+i)^{-\infty}\right]}{i}$$
$$= A\left[\frac{1}{i} - \frac{1}{i(1+i)^\infty}\right]$$

根据数学知识我们知道 $\dfrac{1}{i(1+i)^\infty}$ 趋于零,所以,可以把上式简化为

$$PVA_\infty = A\left[\frac{1}{i} - 0\right] = \frac{A}{i}$$

因此,永续年金的现值就等于年金数额除以每期的利率。

【例 2-5】现有一笔永续年金,年金金额为 500 元,利率为 8%,则该永续年金的现值为

$$PVA_\infty = \frac{A}{i} = \frac{500}{8\%} = 6\ 250(元)$$

4. 先付年金

普通年金的年金收付发生在每期的期末,与此相反,先付年金的年金收付发生在每期的期初。前面总结出来的普通年金的处理方法,经过一些调整就可用于进行先付年金的计算了。

由于现金的收付时间是发生在某一确定的时间点,而 1 年或 1 期是一个时间段而不是一个时间上的特定时点。一般情况下,我们都假定现金流是在年末发生的(或者说是在期末发生的),因而这种形式的年金也被称为普通年金。在这种"期末"约定之下,第 0 期末表示现在,第 1 期末表示现在起的一期后,以此类推(第 0 期初则已度过,而且很少会涉及)。至于先付年金,现金的收付发生在期初,在这种"期初"约定之下,1 期初表示现在,2 期初表示从现在起的一期后。从图 2-5 中看出,先付年金与后付年金的区别可以看做是 n 期的普通年金比 n 期的先付年金少了一个时间周期,或 $n+1$ 期的普通年金比 n 期的先付年金多了一笔等额收付的后付年金。

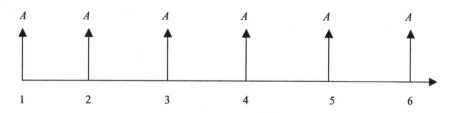

图 2-5 时间价值图

1) 先付年金终值的计算

先付年金终值的计算,可以如下推出计算公式,如图 2-6 所示,有

$$FVA_{n先} = A(1+i)^1 + A(1+i)^2 + \cdots + A(1+i)^n$$
$$= A\left[(1+i)^1 + (1+i)^2 + \cdots + (1+i)^n\right]$$
$$= A\sum_{t=1}^{n}(1+i)^t$$
$$= A \cdot \left(\frac{(1+i)^{n+1}-1}{i} - 1\right)$$
$$= A \cdot (FVIFA_{i,n+1} - 1)$$

从上面的公式可以看出，n 年期先付年金与 $n+1$ 年期普通年金相比，前者比后者少了最后一年不用复利计息的现金收支，因此，只要将 $n+1$ 年期普通年金的终值减去一期年金数额，就可以求出 n 年期先付年金的终值。

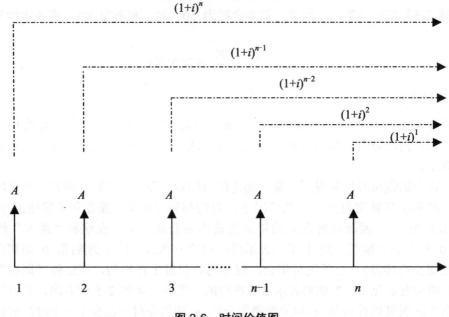

图 2-6　时间价值图

【例 2-6】小张在 3 年内每年年初将 1 000 元钱存入银行，零存整取的年利率是 8%，那么，3 年后这些存款的终值是多少？

$$FVA_{3先} = 1\,000 \cdot \left[\frac{(1+8\%)^{3+1}-1}{8\%} - 1\right]$$
$$= 1\,000 \cdot (FVIFA_{8\%,4} - 1)$$
$$= 4\,506 - 1\,000$$
$$= 3\,506(元)$$

2)　先付年金现值的计算

先付年金现值的计算，可以如下推出计算公式，如图 2-7 所示，有

$$PVA_{n先} = A(1+i)^{-0} + A(1+i)^{-1} + A(1+i)^{-2} + \cdots + A(1+i)^{-(n-1)}$$
$$= A\left[(1+i)^{-0} + (1+i)^{-1} + (1+i)^{-2} + \cdots + (1+i)^{-(n-1)}\right]$$
$$= A\sum_{t=0}^{n-1}(1+i)^{-t}$$
$$= A\left[\frac{1-(1+i)^{-(n-1)}}{i} + 1\right]$$
$$= A \cdot \left[\frac{(1+i)^{n-1}-1}{i(1+i)^{n-1}} + 1\right]$$
$$= A \cdot (PVIFA_{i,n-1} + 1)$$

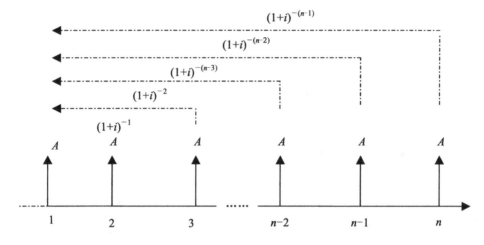

图 2-7　时间价值图

从上面的公式可以看出，n 年期先付年金与 $n-1$ 年期普通年金相比，前者比后者多了第 1 年不用复利折现的现金收支，因此，只要将 $n-1$ 年期普通年金的现值加上 1 期年金数额，就可以求出 n 年期先付年金的现值。

【例 2-7】小张在 3 年内每年年初将 1 000 元存入银行，银行的年利率是 8%，那么，这些存款的现值为多少？

$$PVA_{3先} = 1\,000 \cdot \left[\frac{1-(1+8\%)^{-(3-1)}}{8\%} + 1\right]$$
$$= 1\,000 \cdot \left[\frac{(1+8\%)^{3-1}-1}{8\%(1+8\%)^{3-1}} + 1\right]$$
$$= 1\,000 \cdot (PVIFA_{8\%,3-1} + 1)$$
$$= 1\,783 + 1\,000$$
$$= 2\,783(元)$$

5. 递延年金

延期年金是指在最初若干期没有收付款项的情况下，随后若干期等额的系列收付款项。如图 2-8 所示。

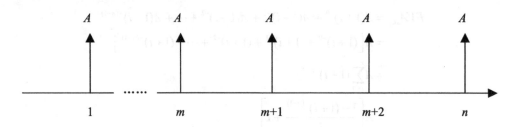

图 2-8 时间价值图

1) 递延年金终值计算

如图 2-9 所示是一个从第 2 期开始的 $n-1$ 期递延年金,其终值可按 $n-1$ 期普通年金求终值计算。

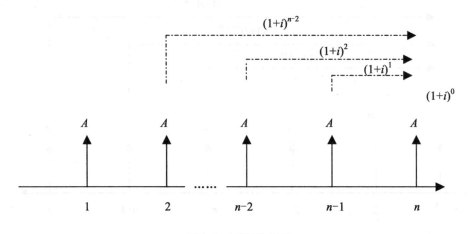

图 2-9 时间价值图

2) 递延年金现值计算

延期 m 期后的 n 期年金与 n 期年金相比,两者付款期数相同,但这项延期年金现值是 m 期后的 n 期年金现值,还需要再贴现 m 期。因此,为计算 m 期后 n 期年金现值,要先计算出该项年金在 n 期期初(m 期期末)的现值,再将它作为 m 期的终值贴现至 m 期期初的现值,如图 2-10 所示。计算公式如下:

$$PVA_{n递延} = A \cdot PVIFA_{i,n} \cdot PVIF_{i,m}$$

此外,还可先求出 $m+n$ 期后付年金现值,减去没有付款的前 m 期的后付年金现值,即为延期 m 期的 n 期后付年金现值。计算公式如下:

$$PVA_{n递延} = A \cdot PVIFA_{i,n+m} - A \cdot PVIFA_{i,m}$$

【例 2-8】某旅游企业的 RD 项目于 1991 年动工,由于施工延期 5 年,于 1996 年年初投产,从投产之日起每年末得到收益 40 000 元。按每年利率 6%计算,则 10 年收益相当于 1991 年年初的现值为多少?

$$\begin{aligned} PVA_{n递延} &= A \cdot PVIFA_{i,n} \cdot PVIF_{i,m} \\ &= 40\,000 \times PVIFA_{6\%,10} \times PVIF_{6\%,5} \\ &= 40\,000 \times 7.36 \times 0.747 \\ &= 219\,917(元) \end{aligned}$$

$$PVA_{n递延} = A \cdot PVIFA_{i,n+m} - A \cdot PVIFA_{i,m}$$
$$= 40\,000 \times PVIFA_{6\%,15} - 40\,000 \times PVIFA_{6\%,5}$$
$$= 40\,000 \times 9.712 - 40\,000 \times 4.212$$
$$= 220\,000(元)$$

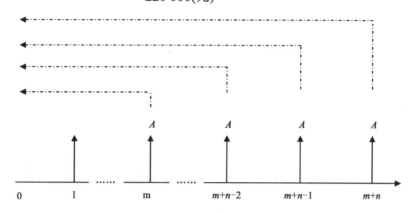

图 2-10　时间价值图

第二节　投资的风险价值

在前面的学习中,我们所讨论的投资者进行投资的项目(如在银行存款等),其收益率基本是确定的(如为银行利息率或标明的债券利率等),但在现实生活中,由于经济环境的错综复杂、变幻莫测,使得更多的投资(如购买股票,旅游企业投资一个新项目等)能获得多大的回报有很大的不确定性。在财务管理中,如果旅游企业的一项行动有多种可能的结果,其将来的财务后果是不肯定的,就叫有风险。而如果这项行动只有一种后果,就叫没有风险。例如,将一笔款项存入银行,可以确知 1 年后将得到的本利和,几乎没有风险。当然,这种情况在旅游企业投资中是很罕见的,它的风险固然小,但是报酬也很低,很难称之为真正意义上的投资。换句话说,人们愿意投资于收益很不确定的股票,旅游企业愿意投资新项目,会存在各种各样的风险,都是因为希望冒一定的风险以获得超额的收益。

一般来说,风险是事件本身的不确定性,具有客观性。例如,无论企业还是个人,如果投资于国库券,其收益的不确定性较小;如果投资于股票,则收益的不确定性就较大。这种风险是"一定条件下的风险",你在什么时间、买哪一种股票、各买多少,风险是不一样的。这些问题一旦确定下来,风险大小你就无法改变了。

严格来说,风险和不确定性又是有区别的。风险是指事前可以知道所有可能的后果,以及每种后果的概率。而不确定性是指事前不知道所有可能后果,或者虽然知道可能后果但不知道它们出现的概率。但是在实务中,对风险和不确定性不作区分,都视为"风险"问题对待,把风险理解为可测定概率的不确定性。

对于投资收益,相对来说容易理解。如果不考虑货币时间价值等因素,当一项投资获得的回报超过所有的投入时,我们说这项投资获得了正收益;反之,回报不抵投入的投资获得的是负的收益。在财务管理中,投资收益的大小用收益率或报酬率来度量。

我们首先介绍和讨论三种不同的报酬率，区分这些概念是十分重要的。

(1) 必要报酬率：是人们愿意进行某项投资所必须赚得的最低报酬率。必要报酬率的估计是建立在机会成本的概念上的，即同等风险的其他备选方案所能获得的报酬率。

(2) 期望报酬率：是人们进行投资估计所能赚得的报酬率。通过对项目有关成本收益情况进行分析论证估计得出。

(3) 实际报酬率：是进行投资后实际赚得的报酬率。

假设你准备进行某一项投资：首先，根据其他相同风险的可能投资，确定你愿意投资所需的最低报酬率(否则，你会选择将资金投入其他的投资项目)，这是必要报酬率。其次，估计你若进行投资所能获得的报酬率，这是期望报酬率。如果期望报酬率大于必要报酬率，该项投资能获得额外收益，你会选择进行投资；否则，取消投资计划。最后，经过一段时间后，投资有了回报，这就是实际报酬率。如果实际报酬率不尽如人意(较预期低很多，甚至一无所获)，你会十分失望、难过，但是这正是风险的本质所在。当然，如果实际报酬率很好(等于或远远大于期望报酬率)，你会十分庆幸进行了这项投资。

事实上，由于风险的存在，投资的实际报酬率往往不等于其期望报酬率。

一、投资风险价值的概念

货币时间价值是在没有风险和通货膨胀下的投资收益率。上节所述，没有涉及风险问题。但是在财务活动中风险是客观存在的，所以，还必须考虑当企业冒着风险投资时能否获得额外收益的问题。

投资风险价值(risk value of investment)是指投资者由于冒着风险进行投资而获得的超过货币时间价值的额外收益，又称投资风险收益、投资风险报酬。

二、风险价值的计算

如前所述，由于风险的存在，投资的实际报酬率往往不等于其期望报酬率。一般情况下，当一项投资的实际报酬率与期望报酬率偏差越大时，我们认为这项投资的风险也越大。在统计学中，方差或标准差是度量偏差的特征值。同样，在财务管理学中，我们可以使用概率和统计的方法，对风险进行度量，下面我们举例说明。

【例2-9】某旅游公司有两个投资机会。A投资机会是一个高科技游乐园项目，目前该领域竞争少，但不确定因素多，如果经济发展迅速并且该项目搞得好，取得较大的市场占有率，利润会很大，否则利润很小甚至亏本。B项目是一个大众旅游产品，销售前景可以准确预测出来。假设未来的旅游市场情况只有三种：繁荣、正常、衰退，有关的概率分布和预期报酬率如表2-1所示。

表2-1 公司未来经济情况表

经济情况	发生概率	A项目预期报酬率/%	B项目预期报酬率/%
繁荣	0.3	90	20
正常	0.4	15	15

续表

经济情况	发生概率	A 项目预期报酬率/%	B 项目预期报酬率/%
衰退	0.3	-60	10
合计	1.0		

在这里，概率表示每一种经济情况出现的可能性，同时也就是各种不同预期报酬率出现的可能性。例如，未来经济情况出现繁荣的可能性有 0.3。项目 A 可以获得高达 90%的报酬率，这也就是说，采纳 A 项目获利 90%的可能性是 0.3。实际上，出现的经济情况远不止三种，有无数可能的情况会出现。但如果对每种情况都赋予一个概率，并分别测定其报酬率，则我们仍然可以计算出投资项目的期望报酬率及其方差。但这里为了说明方便，我们只假设了三种可能的经济情况。

1. 期望报酬率

在统计学中，随机变量的各个取值，以相应的概率为权数的加权平均数，叫做随机变量的数学期望，它反映随机变量取值的平均比。在财务管理学中，各种可能的预期报酬率的数学期望就是期望报酬率，用公式表示如下：

$$\overline{R} = \sum_{i=1}^{N} P_i \times R_i$$

式中：P_i——第 i 种结果出现的概率；

R_i——第 i 种结果出现后的预期报酬率；

N——所有可能结果的数目。

据此计算，可得

$$\overline{R}_A = 0.3 \times 90\% + 0.4 \times 15\% + 0.3 \times (-60\%) = 15\%$$

$$\overline{R}_B = 0.3 \times 20\% + 0.4 \times 15\% + 0.3 \times 10\% = 15\%$$

两者的期望报酬率相同，但从其概率分布我们可以直观地看到，A 项目的报酬率的分散程度大，变动范围在-60%～90%之间；B 项目的报酬率的分散程度小，变动范围在 10%～20%之间。这说明两个项目的报酬率相同，但风险不同。因此，为了定量地衡量风险的大小，还要使用统计学中衡量概率分布离散程度的指标。

2. 离散程度

表示随机变量离散程度的量包括平均差、方差、标准差和全距等，最常用的是方差和标准差。

方差是用来表示随机变量与期望值之间离散程度的一个量，用公式表示如下：

$$\sigma^2 = \sum_{i=1}^{N} \left(R_i - \overline{R}\right)^2 \times P_i$$

标准差也叫均方差，是方差的平方根，即

$$\sigma = \sqrt{\sum_{i=1}^{N} \left(R_i - \overline{R}\right)^2 \times P_i}$$

A、B 项目的标准差计算如表 2-2 所示，从表中我们看到，A 项目的标准差是 58.09%，B 项目的标准差是 3.87%。由于 A、B 两个项目的期望报酬率相同，所以它们可以定量地说明 A 项目的风险比 B 项目大。

表 2-2　A、B 项目的标准差

项目	$R_i - \bar{R}$ /%	$(R_i - \bar{R})^2$ /%	P_i	$(R_i - \bar{R})^2 \times P_i$
A	90-15	5 625	0.3	1 687.5
	15-15	0	0.4	0
	-60-15	5 625	0.3	1 687.5
	方差			3 375
	标准差			58.09%
B	20-15	25	0.3	7.5
	15-15	0	0.4	0
	10-15	25	0.3	7.5
	方差			15
	标准差			3.87%

3. 标准离差率

方差或标准差是反映随机变量离散程度的指标，但正如我们所看到的，它们都是绝对的数值，而不是相对数。所以只能用来比较期望报酬率相同的各项投资的风险程度，而不能用来比较期望报酬率不同的各项投资的风险程度。对于期望报酬率不同的投资项目，我们用标准离差率来比较它们的风险程度。标准离差率的计算公式为

$$V = \frac{\sigma}{\bar{R}} \times 100\%$$

式中：V——标准离差率；
　　　σ——标准差；
　　　$\bar{R}$——期望报酬率。

在例 2-9 中，毫无疑问，项目 A 的标准离差率(58.09%÷15%=387%)比项目 B 的标准离差率(3.87%÷15%=25.8%)大。一般情况下，标准离差率大说明投资项目风险大，反之，标准离差率小说明投资项目风险也较小。

4. 计算应得风险收益率

收益标准离差率可以代表投资者所冒风险的大小，反映投资者所冒风险的程度，但它还不是收益率，必须把它变成收益率才能比较。标准离差率变成收益率的基本要求是：所冒风险程度越大，得到的收益率也应该越高，投资风险收益应该与反映风险程度的标准离差率成正比例关系。收益标准离差率要转换为投资收益率，其间还需要借助于一个参数，即风险价值系数。

应得风险收益率 R_R=风险价值系数 b×标准离差率 V

应得风险收益额 P_R=收益期望值 $\bar{R} \times \dfrac{\text{风险收益率} R_R}{\text{无风险收益率} R_F + \text{风险收益率} R_R}$

在上例中，假定投资者确定风险价值系数为 8%，则应得风险收益率为

$$R_{RA}= 8\% \times 387\%=31\%$$
$$R_{RB}= 8\% \times 25.8\%=2.06\%$$

下面再对风险价值系数的计算加以说明。

投资收益率包括无风险收益率和风险收益率两部分。投资收益率与收益标准离差率之间存在着一种线性关系，如下式所示：

$$K=R_F+R_R= R_F+bV$$

式中：K——投资收益率；

R_F——无风险收益率；

R_R——风险收益率；

b——风险价值系数；

V——标准离差率。

上式各项目关系如图 2-11 所示。

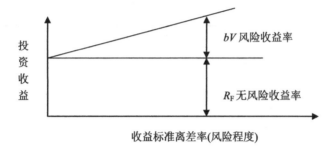

图 2-11　投资收益率、无风险收益率、风险收益率与 b、V 的关系

至于风险价值系数的大小，则是由投资者根据经验并结合其他因素加以确定的。通常有以下几种方法。

1) 根据以往同类项目的有关数据确定

根据以往同类投资项目的投资收益率、无风险收益率和收益标准离差率等历史资料，可以求得风险价值系数。假设企业进行某项投资，其同类项目的投资收益率为 10%，无风险收益率为 6%，收益标准离差率为 50%。根据公式 $K=R_F+bV$，可计算如下：

$$b=\frac{K-R_F}{V}=\frac{10\%-6\%}{50\%}=8\%$$

2) 由企业领导或有关专家确定

如果现在进行的投资项目缺乏同类项目的历史资料，不能采用上述方法计算，则可根据主观的经验加以确定。可以由企业领导，如总经理、财务副经理、财务主任等研究确定，也可由企业组织有关专家确定。这时，风险价值系数的确定在很大程度上取决于企业对风险的态度。比较敢于冒风险的企业，往往把风险价值系数定得低些；而比较稳健的企业，则往往定得高些。

3) 由国家有关部门组织专家确定

国家财政、银行、证券等管理部门可组织有关方面的专家，根据各行业的条件和有关因素，确定各行业的风险价值系数。这种风险价值系数的国家参数由有关部门定期颁布，供投资者参考。

企业求出预测风险收益率后，用以与应得的风险收益率进行比较，即可对投资方案进行评价。

三、投资组合的风险价值

资产组合的目的就是通过多样化经营来减少风险。投资组合的预期报酬率是由各个资产预期报酬率加权平均获得的。但是，投资组合的风险（σ_p）不是各有价证券标准差的加权平均数，即 $\sigma_p \neq \sum W_i \sigma_i$。在理论上，投资组合的风险要小于单独持有某一证券的风险。

【例 2-10】 假设某旅游公司在股票 W 和 M 的投资总额为 1 000 万元，且各占一半，其完全负相关和完全正相关的报酬率如表 2-3 和表 2-4 所示。

表 2-3 完全负相关的两种股票

年　度	股票 W 的实际报酬率/K_W	股票 M 的实际报酬率/K_M	投资组合 WM 的实际报酬率/K_P
1995	40%	−10%	15%
1996	−10%	40%	15%
1997	35%	−5%	15%
1998	−5%	35%	15%
1999	15%	15%	15%
平均报酬率	15%	15%	15%
标准率	22.6%	22.6%	0

如果未来相关因素不变，投资者分别持有股票 W 和 M 的风险均为 22.6%，分别按 50%持有股票 W 和 M，则投资组合的风险为 0。这是为什么呢？因为在这一投资组合中，两种股票的报酬率具有互补性。当股票 W 的报酬下降时，股票 M 的报酬会上升，反之亦然，这时股票 W 和 M 完全负相关。若投资组合中两种股票报酬的变动方向正好相同，就具有完全正相关的关系。由完全正相关资产构成的投资组合的风险与单独持有各资产的风险具有同向变动趋势，表 2-4 就反映了这种完全正相关的情况。表 2-4 说明，当股票 W 和 M 为完全正相关时，投资分散并没有降低投资组合的风险。

表 2-4 完全正相关的两种股票

年　度	股票 W 的实际报酬率/K_W	股票 M 的实际报酬率/K_M	投资组合 WM 的实际报酬率/K_P
1995	−10%	−10%	−10%
1996	40%	40%	40%
1997	−5%	−5%	−5%
1998	35%	35%	35%
1999	15%	15%	15%
平均报酬率	15%	15%	15%
标准率	22.6%	22.6%	22.6%

事实上，许多股票之间是正相关的，但并非完全正相关，如表 2-5 所示，一般来说，在西方发达国家中随机选择两种股票，相关系数约为+0.6，大多数成对股票间的相关系数在 0.5～0.7 之间。这样，分散投资可以在一定程度上降低投资风险，但不能完全消除投资风险。

表 2-5　部分正相关的两种股票

年　度	股票 W 的实际报酬率/K_W	股票 M 的实际报酬率/K_M	投资组合 WM 的实际报酬率/K_P
1995	40%	28%	34%
1996	−10%	20%	5%
1997	35%	41%	38%
1998	−5%	−17%	−11%
1999	15%	3%	9%
平均报酬率	15%	15%	15%
标准率	22.6%	22.6%	20.6%

通过比较研究表 2-3～表 2-5，我们可以得出如下结论。

(1) 当各种有价证券的报酬率完全负相关时，投资分散化可以消除投资组合的风险。

(2) 当各种有价证券的报酬率完全正相关时，投资分散化不能消除投资组合的风险。

(3) 在不同有价证券上多元化投资虽可以在一定程度上降低投资风险，但并不能完全消除投资风险。

根据概率统计原理，组合资产标准差的计算公式为

$$\sigma_p = \left(\sum_{i=1}^{n} \sum_{j=1}^{n} W_i \cdot W_j \cdot \sigma_{i,j} \right)^{1/2}$$

式中：σ_p——组合资产的标准差；

W_i, W_j——组合资产中所含第 i、j 种资产的投资比重；

$\sigma_{i,j}$——两种资产的协方差，其计算公式为

$$\sigma_{i,j} = \rho_{i,j} \cdot \sigma_i \cdot \sigma_j$$

式中：$\rho_{i,j}$——两种资产的相关系数；

σ_i, σ_j——第 i、j 种资产的标准差。

协方差是表示两种资产的相关程度，若二者不相关，则协方差为零；若二者正相关，则协方差大于零；若二者负相关，则协方差小于零。

协方差是表示两种资产相关程度的绝对值，而相关系数是表示两种资产相关程度的相对值，是两个随机变量之间共同变动程度的线性关系的数量表现。

相关系数的上限是 1，下限是−1，即−1≤ρ≤1。在这个范围内，具体有以下几种情况：

(1) 0<ρ<1

在这种情况下，两种资产的收益率同向变动，但变动的幅度不同，如表 2-6 所示。

表 2-6

概 率	A 股票收益率/%	B 股票收益率/%
0.3	12	7
0.4	9	4
0.3	-2	-3

(2) $\rho=1$

在这种情况下,两种资产的收益率同向且同比例变动,如表 2-7 所示。

表 2-7

概 率	A 股票收益率/%	B 股票收益率/%
0.3	12	7
0.4	6	3.5
0.3	-3	1.75

(3) $-1<\rho<0$

在这种情况下,两种资产的收益率呈反向变动,但变动的幅度不同,如表 2-8 所示。

表 2-8

概 率	A 股票收益率/%	B 股票收益率/%
0.3	12	-7
0.4	6	-3
0.3	-3	-1.4

(4) $\rho=-1$

在这种情况下,两种资产的收益率反向且同比例变动,如表 2-9 所示。

表 2-9

概 率	A 股票收益率/%	B 股票收益率/%
0.3	12	-7
0.4	6	-3.5
0.3	-3	1.75

(5) $\rho=0$

在这种情况下,两种资产的收益率之间没有任何关系,其图像毫无线性趋势。

相关系数的计算较为复杂,其计算公式为

$$\rho_{AB}=\sum_{i=1}^{n}\left(\frac{X_{Ai}-E_{A}}{\sigma_{A}}\right)\left(\frac{X_{Bi}-E_{B}}{\sigma_{B}}\right)P_{ABi}$$

式中：n——概率个数；

X_{Ai}——A 资产的第 i 个收益率；

X_{Bi}——B 资产的第 i 个收益率；

P_{ABi}——A、B 两种资产的第 i 个共同概率；

E——期望收益率；

σ——标准差。

现举例说明上述公式的运用。

【例 2-11】假设有 A、B 两种股票，其有关数据如表 2-10 所示。

表 2-10

概　率	A 股票收益率/%	B 股票收益率/%
0.2	−5	0
0.6	10	8
0.2	20	12

$$E_A = (-5\%) \times 0.2 + 10\% \times 0.6 + 20\% \times 0.2 = 9\%$$

$$E_B = 0 \times 0.2 + 8\% \times 0.6 + 12\% \times 0.2 = 7.2\%$$

$$\sigma_A = \left[(-0.5\% - 9\%)^2 \times 0.2 + (10\% - 9\%)^2 \times 0.6 + (20\% - 9\%)^2 \times 0.2\right]^{1/2} = 8\%$$

$$\sigma_B = \left[(0 - 7.2\%)^2 \times 0.2 + (8\% - 7.2\%)^2 \times 0.6 + (12\% - 7.2\%)^2 \times 0.2\right]^{1/2} = 3.92\%$$

$$\rho_{AB} = \frac{(-0.5\% - 9\%)}{8\%} \times \frac{(0 - 7.2\%)}{3.92\%} \times 0.2 + \frac{(10\% - 9\%)}{8\%} \times \frac{(8\% - 7.2\%)}{3.92\%} \times 0.6 +$$

$$\frac{(20\% - 9\%)}{8\%} \times \frac{(12\% - 7.2\%)}{3.92\%} \times 0.2$$

$$= 0.643 + 0.015 + 0.337$$

$$= 0.995$$

第三节　利率与通货膨胀

利率是经济学中一个重要的金融变量，几乎所有的金融现象、金融资产均与利率有着或多或少的联系。当前，世界各国频繁运用利率杠杆实施宏观调控，利率政策已成为各国中央银行调控货币供求，进而调控经济的主要手段，利率政策在中央银行货币政策中的地位越来越重要。

一、利率

1. 利率的概念

利率(interest rates)，就其表现形式来说，是指一定时期内利息额同借贷资本总额的比率。利率通常由国家的中央银行控制，在美国由联邦储备委员会管理，现在，所有国家都把利率作为宏观经济调控的重要工具之一。当经济过热、通货膨胀上升时,便提高利率、收紧信贷;当过热的经济和通货膨胀得到控制时,便会把利率适当地调低。因此,利率是重要的基本经济因素之一。

利息率的高低,决定着一定数量的借贷资本在一定时期内获得利息的多少。影响利息率的因素,主要有资本的边际生产力或资本的供求关系。此外还有承诺交付货币的时间长度以及所承担风险的程度。利息率政策是西方宏观货币政策的主要措施,政府为了干预经济,可通过变动利息率的办法来间接调节通货。在萧条时期,降低利息率,扩大货币供应,刺激经济发展;在膨胀时期,提高利息率,减少货币供应,抑制经济的恶性发展。所以,利率对我们的生活有很大的影响。

从借款人的角度来看,利率是使用资本的单位成本,是借款人使用贷款人的货币资本而向贷款人支付的价格;从贷款人的角度来看,利率是贷款人借出货币资本所获得的报酬率。如果用 i 表示利率、用 I 表示利息额、用 P 表示本金,则利率可用公式表示为:$i=I/P$。

一般来说,利率根据计量的期限标准不同,表示方法有年利率、月利率、日利率。通常利率以年利率计算。

2. 利率的分类

各种利率是按不同的划分法和角度来分类的,以此更清楚地表明不同种类利率的特征。

(1) 按计算利率的期限单位可划分为:年利率、月利率与日利率。

(2) 按利率的决定方式可划分为:官方利率、公定利率与市场利率。

(3) 按借贷期内利率是否浮动可划分为:固定利率与浮动利率。

(4) 按利率的地位可划分为:基准利率与一般利率。

(5) 按信用行为的期限长短可划分为:长期利率和短期利率。

(6) 按利率的真实水平可划分为:名义利率与实际利率。

(7) 按借贷主体不同可划分为:中央银行利率,包括再贴现、再贷款利率等;商业银行利率,包括存款利率、贷款利率、贴现率等;非银行利率,包括债券利率、企业利率、金融利率等。

(8) 按是否具备优惠性质可划分为:一般利率和优惠利率。

(9) 按利率的计算公式不同可划分为:单利与复利。

利率的各种分类之间是相互交叉的。例如,3 年期的居民储蓄存款利率为 4.95%,这一利率既是年利率,又是固定利率、差别利率、长期利率与名义利率。各种利率之间以及内部都有相应的联系,彼此间保持相对结构,共同构成一个有机整体,从而形成一国的利率体系。

3. 影响利率的主要因素

1) 利润率的平均水平

社会主义市场经济中,利息仍作为平均利润的一部分,因而利息率也是由平均利润率决定的。根据我国经济发展现状与改革实践,这种制约作用可以概括为:利率的总水平要适应大多数企业的负担能力。也就是说,利率总水平不能太高,太高了大多数企业承受不了；相反，利率总水平也不能太低，太低了不能发挥利率的杠杆作用。

2) 资金的供求状况

在平均利润率既定时，利息率的变动则取决于平均利润分割为利息与企业利润的比例，这个比例是由借贷资本的供求双方通过竞争确定的。一般情况下，当借贷资本供不应求时，借贷双方的竞争结果将促进利率上升；相反，当借贷资本供过于求时，竞争的结果必然导致利率下降。在我国市场经济条件下，由于作为金融市场上的商品的"价格"——利率与其他商品的价格一样受供求规律的制约，因而资金的供求状况对利率水平的高低仍然有决定性作用。

3) 物价变动的幅度

由于价格具有刚性，变动的趋势一般是上涨，因而怎样使自己持有的货币不贬值，或遭受贬值后如何取得补偿，是人们普遍关心的问题。这种关心使得从事经营货币资金的银行必须使吸收存款的名义利率适应物价上涨的幅度，否则难以吸收存款；同时也必须使贷款的名义利率适应物价上涨的幅度，否则难以获得投资收益。所以，名义利率水平与物价水平具有同步发展的趋势，物价变动的幅度制约着名义利率水平的高低。

4) 国际经济的环境

改革开放以后，我国与其他国家的经济联系日益密切。在这种情况下，利率也不可避免地受国际经济因素的影响，表现在以下几个方面：①国际间资金的流动，通过改变我国的资金供给量影响我国的利率水平；②我国的利率水平受国际间商品竞争的影响；③我国的利率水平受国家的外汇储备量的多少和利用外资政策的影响。

5) 政策性因素

自新中国成立以来，我国的利率基本上属于管制利率类型，利率由国务院统一制定，由中国人民银行统一管理，在利率水平的制定与执行中，要受到政策性因素的影响。例如，建国后至十年动乱期间，我国长期实行低利率政策，以稳定物价、稳定市场。1978年以来，对一些部门、企业实行差别利率，体现出政策性的引导或政策性的限制。可见，我国社会主义市场经济中，利率不是完全随着信贷资金的供求状况自由波动，它还取决于国家调节经济的需要，并受国家的控制和调节。

二、通货膨胀

1. 通货膨胀的含义

通货膨胀(inflation)是指在纸币流通条件下，因货币供给大于货币实际需求，即现实购买力大于产出供给，导致货币贬值而引起的一段时间内物价持续而普遍地上涨现象。

通货膨胀在现代经济学中意指整体物价水平上升。一般性通货膨胀为货币的市值或购买力下降，而货币贬值是指两经济体间的币值相对性降低。纸币流通规律表明，纸币发行量不能超过它象征地代表的金银货币量，一旦超过了这个量，纸币就要贬值，物价就要上涨，从而出现通货膨胀。通货膨胀只有在纸币流通的条件下才会出现，在金银货币流通的条件下不会出现此种现象。因为金银货币本身具有价值，作为贮藏手段的职能，可以自发地调节流通中的货币量，使它同商品流通所需要的货币量相适应。而在纸币流通的条件下，因为纸币本身不具有价值，它只是代表金银货币的符号，不能作为贮藏手段，因此，纸币的发行量如果超过了商品流通所需要的数量，就会贬值。例如，商品流通中所需要的金银货币量不变，而纸币发行量超过了金银货币量的一倍，单位纸币就只能代表单位金银货币价值量的 1/2，在这种情况下，如果用纸币来计量物价，物价就上涨了一倍，这就是通常所说的货币贬值。此时，流通中的纸币量比流通中所需要的金银货币量增加了一倍，这就是通货膨胀。在宏观经济学中，通货膨胀主要是指价格和工资的普遍上涨。通货膨胀的反义为通货紧缩。无通货膨胀或极低度通货膨胀称之为稳定性物价。

2. 通货膨胀对财务管理的影响

1) 通货膨胀对财务信息的影响

由于通货膨胀必然引起物价变动，但会计核算一般维持成本计价原理，导致资产价值低估，不能反映企业真实的财务状况。而由于资产被低估，又造成产品成本中原材料、折旧费等低估，相反收入又按现实价格计算，使企业利润虚增，税负增加，资本流失。

2) 通货膨胀对成本的影响

由于通货膨胀使利率上升，所以企业使用资金的成本提高。此外，随着通货膨胀的持续，会使物价水平全面提高，材料成本和加工费增加，进而增大成本。

3) 通货膨胀对财务决策的影响

通货膨胀会使预测、决策及财务预算不实，使财务控制失去意义。如果企业发行了债券，则债券价格将随通货膨胀、市场利率的提高而下降，使企业遭受损失。

在通货膨胀的初期，适度的通货膨胀对股市具有很强的助涨作用，表现在以下几方面。

(1) 由于温和的通货膨胀刺激了经济增长，而经济的增长又推动了股市的上涨。

(2) 由于通货膨胀是流通中的货币增多，因此必然有一部分货币会流入股市，引起股市资金增加，需求扩大，从而推动了股市上涨。

(3) 在物价全面上涨的情况下，上市公司的资产也相应增值，必然引起公司股票价格的上涨。

在通货膨胀的高涨阶段，过度的通货膨胀对股市具有较强的抑制作用，表现在以下几方面。

(1) 高通货膨胀造成企业高成本，从而使上市公司经营困难，公司股票下跌。

(2) 高通货膨胀必然引起宏观调控政策发生逆转，管理层不断推出治理通货膨胀的从紧政策，从而制约了经济发展，造成股市的下跌。

(3) 高通货膨胀造成实际的负利率，会促使银行利率不断上调，造成企业资金紧张和股市资金困难，从而引起股市下跌。

第四节 价值评估

财务管理的核心是价值管理，财务管理的终极目标是实现企业价值的增长，而价值评估就是对企业全部或部分价值进行估价的过程。价值评估是时间价值在财务管理中的延伸应用，价值评估不但是企业对资本实现增值目标判断的依据，而且在投资决策问题方面起着关键作用。

一、价值内涵

1. 账面价值与市场价值

账面价值是企业会计账簿上记载的价值，例如，对股份公司而言，公司资产负债表中，资产总额减去负债总额的差额即为公司股票的账面价值。市场价值则是企业资产出售时达成的价格，当公司的股票在证券市场进行交易时，其买卖价格就是该股票的市场价值。市场价值反映收益信息，而账面价值则反映了历史成本信息。

2. 企业价值与股东价值

企业价值是指企业全部资产的价值。股东价值，又称资本价值，是指企业净资产价值。企业价值评估与股东价值评估相互关联，既可以从企业价值着手评估股东价值，也可以从股东价值着手评估企业价值。

3. 持续经营价值与清算价值

持续经营价值并不着眼于资产负债表上各项资产表现的价值，而是侧重于企业未来销售获利的能力。清算价值是指由于企业破产清算而出售资产时所能获得的金额。对于具体企业而言，可能有的企业清算价值高于持续经营价值，也有可能清算价值低于持续经营价值。

二、价值评估的理论方法

1. 以现金流量为基础的价值评估

以现金流量为基础进行的价值评估，核心思路是把各项资产的价值看做是该资产预期未来现金流量的全部现值之和。对于企业来讲，评估企业价值与股东价值一样有必要，企业价值、债务价值和股东价值三者之间的关系如图2-12所示。

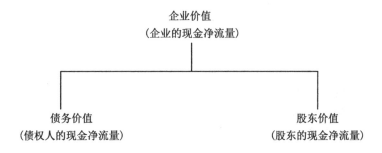

图2-12　企业价值、债务价值和股东价值的关系及评估

以现金流量为基础的价值评估的基本程序和公式如下：
企业经营价值=明确预测期现金净流量现值 + 明确预测期后现金净流量现值
企业价值=企业经营价值+非经营价值
股东价值=企业价值-债务价值

2. 以经济利润为基础的价值评估

在经济学中将企业在未来每年创造的超额收益,即企业未来的非正常收益或超额利润,称为经济利润,在以价值为基础的管理中又将其定义为经济增加值(economic value added,EVA)。

1) EVA 的概念

EVA,即经济增加值,是息前税后利润减去企业全部资本费用后的经济利润,由于考虑到了包括权益资本在内的所有资本的成本,EVA 体现了企业在某个时期企业财富价值的增加量,真正成为股东所定义的利润。

EVA 是在美国 Stern Stewart &. Co 公司创导下应运而生的一种评价方法。他们认为,企业的终极目标是为股东创造更大的价值,使公司的各个利益得到保障。在衡量企业为股东所创造的价值时,不应该只关注会计利润,应该在此基础之上考虑产生利润的资金机会成本等因素,即经济增加值(EVA)。EVA 可以解释市场增加值的变动,这种方法已在全球 400 多家公司中运用,其中包括可口可乐、西门子、索尼、新加坡航空公司等。

2) EVA 的计算

$$EVA = Rp - C \times K_{WACC}$$

式中:Rp——税后利润调整额;

C——资本投入额;

K_{WACC}——加权平均资本成本。

(1) 计算税后利润调整额:

$$Rp = R + A - A \times T = R + A \times (1-T)$$

式中:R——税后净利润;

A——利息费用;

T——所得税率。

(2) 计算加权平均资本成本:

$$K_{WACC} = \frac{S}{S+L} \times K_S + \frac{L}{S+L} \times K_L$$

式中:S——权益资本总额;

L——债务资本总额;

K_S——权益资本成本;

K_L——债务资本成本。

(3) EVA 的计算公式:

$$EVA = [R + A \times (1-T)] - C \times \left(\frac{S}{S+L} \times K_S + \frac{L}{S+L} \times K_L \right)$$

由公式可以得知,EVA 的大小受企业净利润、利息、所得税率、股权资本和债务资本的比例及成本大小影响。

3) EVA 的评价应用

(1) 公司业绩评价与投资。根据 EVA 的数值,当 EVA 大于零时,说明公司创造了超额财富,股东可以在市场上得到回报。当 EVA 小于零时,一般表明业绩不佳,但要区别分析。例如，公司处于初创或扩张阶段，EVA有可能为负值。

(2) 资金分配、内部考核与决策。在传统财务评价体系中，子公司为争取母公司的投资资金，你争我夺，母公司难以科学决策。使用EVA方法后，可以有效减少此种局面的发生。子公司争取到的资金必须创造正的EVA，如果EVA为负，就需要用其他业务的EVA或利润来补偿，因此，子公司不会争取母公司的过度投资。而母公司可以EVA指标考核评价子公司的业绩。

公司改善EVA指标的方法有：①在现有资本基础上，提高资本报酬率，促进营业利润的增长；②追加新的投资以获取"额外利润"；③从EVA小于零的投资中撤除资金并对项目进行清算。

下面以四川长虹为实例。

长虹公司自上市以来，1997年净利润26亿，1998年净利润20亿，1999年跌至5亿，到2000年净利润滑落到2.7亿。尽管三年间，净利润大幅滑落，但至少账面利润还能维持。如果采用EVA的评价方法，长虹的财务状况就堪忧了。

根据初步测算，1998年长虹的资本回报率为9%，EVA为负值，根据资料长虹在1999年和2000年的资本投入分别为165亿元和166亿元，则

$$1999年的EVA=5-165\times10\%=-11.5(亿元)$$
$$2000年的EVA=2.7-166\times10\%=-13.8(亿元)$$

实际上意味着大约25亿元的股东财富在三年内遭受损失。从1998年开始，长虹的经济利润已经开始亮起红灯，变成负数，这说明长虹公司业务经营中所产生的利润，已经无法弥补投入资本所要求的预期最低回报。

以经济利润为基础的价值评估方法与现金流量方法的区别在于，折现的是经济利润而不是现金流量。

3. 以价格比为基础的价值评估

价格是价值的货币体现，企业价值或股东价值往往通过企业的股票价格来反映，而股票价格高低与企业收益、资产价值和销售额直接相关。

$$企业价值=价格比\times相关价格比基数$$

常用的价格比有以下三种表示：

$$价格与收益比=\frac{每股市价}{每股收益}$$

$$市场价格与账面价值比=\frac{每股市价}{每股净资产}$$

$$价格与销售额比=\frac{每股价格}{每股销售额}$$

案例与点评

24美元能再次买下曼哈顿岛吗？

案例介绍

纽约是美国最大的工商业城市，也是美国的经济中心。在1626年9月11日，荷

兰人 Peter Minuit 从印第安人那里花了 24 美元买下了曼哈顿岛。据说这是美国有史以来最合算的投资，而且所有的红利免税。

案例点评

　　24 美元真的很便宜吗？如果当年的这 24 美元没有用来购买曼哈顿岛，而是用作其他投资了呢？我们假设每年 8%的投资收益率，不考虑战争、灾难、经济萧条等社会因素，这 24 美元到 2004 年会是多少？4 307 046 634 105.39 美元，即 43 万亿多美元。这仍然能够买下曼哈顿岛，这个数字是美国 2003 年国民生产总值的两倍还多，这就是时间价值的魔力所在。(资料来源：编者根据相关材料整理而成)

练习与思考题

1. 终值和现值的概念是什么？
2. 单利计息和复利计息之间有什么不同？
3. 终值系数和现值系数的概念是什么？
4. 永续年金、普通年金、先付年金的概念和计算公式是什么？
5. 先付年金和普通年金的区别是什么？
6. 关于年金问题计算常犯的几方面错误是什么？
7. 什么是收益和风险？如何衡量它们？
8. 风险与收益的关系是什么？
9. 利率的内涵是什么？通货膨胀产生的原因是什么？
10. 投资决策使用现金流量与利润的区别是什么？

复习自测题

一、单项选择题

1. 甲方案的标准离差是 1.38，乙方案的标准离差是 1.18，如甲、乙两方案的期望值相同，则甲方案的风险(　　)乙方案的风险。
　　A. 大于　　　B. 小于　　　C. 等于　　　D. 相当于
2. 在利息不断资本化的条件下，资金时间价值的计算基础应采用(　　)。
　　A. 单利　　　B. 复利　　　C. 年金　　　D. 普通年金
3. 某酒店准备设立科研奖金，现在存入一笔现金，预计以后无限期地在每年年末支取利息 20 000 元。在存款年利率为 8%的条件下，现在应存款(　　)元。
　　A. 250 000　　B. 200 000　　C. 216 000　　D. 225 000
4. 某一债券的票面金额为 1 000 元，票面规定的年利率为 10%，按年计息。如果要求年内按季计息，则其实际收益率为(　　)。

A. 10%　　　B. 38%　　　C. 25%　　　D. 47%

二、判断题

1. 在利率为 15%，期数为 10 年的情况下，1 元年金现值系数大于 1 元年金终值系数。（　）

2. 用来代表资金时间价值的利息率中包含着风险因素。（　）

3. 在利息率与计息数相同的条件下，复利现值系数与复利终值系数互为倒数。（　）

4. 在本金和利率相同的情况下，若只有一个计息期，则单利终值与复利终值是相同的。（　）

5. 普通年金现值系数加 1，而期数减 1 则等于同期、同利率的预付年金现值系数。（　）

6. 预付年金现值系数和普通年金现值系数相比，期数要加 1，而系数要减 1。（　）

三、计算及分析题

1. 现金 10 000 元存入银行，若年利率为 7%，一年复利一次，8 年后的复利终值应是多少？

2. 现金 10 000 元存入银行，若年利率为 8%，而每 3 个月复利一次，20 年后的复利终值应是多少？

3. 如果年利率为 10%，一年复利一次，10 年后的 10 000 元的复利现值应是多少？

4. 如果年利率为 16%，每半年复利一次，那么 50 年后的 10 000 元的复利现值应是多少？

5. 若要使复利终值经过 5 年后变为本金的 2 倍，每半年复利一次，则其年利率应是多少？

6. 某旅行社有一项付款业务，有甲、乙两种付款方案可供选择。

甲方案：现在支付 100 000 元，一次性结清。

乙方案：分 3 年付款，1~3 年各年初的付款额分别为 30 000 元、40 000 元、40 000 元，假定年利率为 10%。

要求：按现值计算，从甲、乙两方案中选出较好的一种。

7. 某景区准备拿出 500 万元来进行二期工程建设，根据市场预测，预计每年可获得收益及其概率资料分布如下表所示。计划年度利率(资金时间价值)为 8%。

市场情况	预计每年收益/X_i	概率/P_i
繁荣	120 万元	0.2
一般	100 万元	0.5
较差	60 万元	0.3

要求：

(1) 计算该项投资的收益期望值。
(2) 计算该项投资的标准离差。
(3) 计算该项投资的标准离差率。
(4) 假设本行业风险与收益之间的比例关系为6%，计算该方案要求的风险报酬。
(5) 计算该方案预测的风险报酬，评价该投资方案是否可行。

8. 某酒店集团准备对国外投资建设酒店，现有三地酒店建设项目可供选择，分别为甲地酒店、乙地酒店和丙地酒店，这三地酒店的年预期收益及其概率的资料如下表所示。

市场状况	概 率	年预期收益/万元		
		甲地酒店	乙地酒店	丙地酒店
良好	0.3	40	50	80
一般	0.5	20	20	−20
较差	0.2	5	−5	−30

要求：假设你是该旅游企业集团的稳健型决策者，请依据风险与收益原理作出选择。

9. 2001年年初，YD旅游公司计划从银行获取1000万元贷款，贷款的年利率为10%，贷款期限10年；银行提出以下四种还款方式让公司自行选定，以便签订借款合同。

这四种贷款偿还方式如下。
(1) 每年只付利息，债务期末一次付清本金。
(2) 全部本息到债务期末一次付清。
(3) 在债务期间每年均匀偿还本利和。
(4) 在债期过半后，每年再均匀偿还本利和。

假如你是该旅游公司的总经理，你将选用哪种还款方式来偿还贷款？为什么？

第三章 资金成本与资本结构

【本章导读】

本章首先说明了资金成本的概念等相关问题,然后阐述了旅游企业的各种资金成本的计算、财务杠杆和资本结构的理论和方法。通过本章的学习,我们需要从定性和定量的角度对旅游企业的资金结构问题进行了解和掌握。

【关键词】

资金成本 财务杠杆 经营杠杆 资本结构

【知识要点】

1. 了解资金成本的概念和作用,掌握个别和综合资金成本的计算。

2. 熟悉经营杠杆、财务杠杆和总杠杆的内涵及其相互关系。

3. 掌握资本结构的含义,理解并熟练运用每股收益分析法、无差异点分析法和比较资金成本法的计算和应用。

第一节　资金成本

一、资金成本的概念与意义

1. 资金成本的概念

资金成本是指企业为筹集和使用资金而付出的代价，体现为融资来源所要求的报酬率。广义来讲，企业筹集和使用任何资金，不论短期的还是长期的，都要付出代价。狭义的资金成本仅指筹集和使用长期资金(包括自有资本和借入长期资金)的成本。由于长期资金也被称为资本，所以长期资金的成本也称为资本成本。

资金成本可有多种计量形式。在比较各种筹资方式时，使用个别资金成本，包括普通股成本、留存收益成本、长期借款成本、债券成本；在进行资本结构决策时，使用加权平均资金成本；在进行追加筹资决策时，则使用边际资金成本。

2. 资金成本的意义

资金成本是企业筹资管理的一个重要概念，国际上将其视为一项"财务标准"。资金成本对于企业筹资管理、投资管理，乃至整个财务管理和经营管理都有重要的作用。

(1) 资金成本是选择筹资方式、进行资本结构决策和选择追加筹资方案的依据。

个别资金成本率是企业选择筹资方式的依据。一个企业长期资金的筹集往往有多种筹资方式可供选择，包括长期借款、发行债券、发行股票等。这些长期筹资方式的个别资金成本率的高低不同，可作为比较选择各种筹资方式的一个依据。

综合资金成本率是企业进行资本结构决策的依据。企业的全部长期资金通常是由多种长期资金筹资类型的组合构成的。企业长期资金的筹资可有多个组合方案供于选择。不同筹资组合的综合资金成本率的高低，可以用作比较各个筹资组合方案，作出资本结构决策的一个依据。

边际资金成本率是比较选择追加筹资方案的依据。企业为了扩大生产经营规模，往往需要追加筹资。不同追加筹资方案的边际资金成本率的高低，可以作为比较选择追加筹资方案的一个依据。

(2) 资金成本是评价投资项目、比较投资方案和进行投资决策的经济标准。一般而言，一个投资项目，只有当其投资收益率高于其资金成本率，在经济上才是合理的；否则，该项目将无利可图，甚至会发生亏损。因此，国际上通常将资金成本率视为一个投资项目必须赚得的"最低报酬率"或"必要报酬率"，视为是否采纳一个投资项目的"取舍率"，作为比较选择投资方案的一个经济标准。在企业投资评价分析中，可以将资金成本率作为折现率，用于测算各个投资方案的净现值和现值指数，以比较选择投资方案，进行投资决策。

(3) 资金成本可以作为评价企业整个经营业绩的基准。企业的整个经营业绩可以用企业全部投资的利润率来衡量，并可与企业全部资本的成本率相比较，如果利润率高于成本率，可以认为企业经营有利；反之，如果利润率低于成本率，则可认为企业经营不利，业绩不佳，需要改善经营管理，提高企业全部资本的利润率和降低成本率。

小贴士

资本运营，盘活旅游资源

马岭河峡谷曾被称为"地球上最美丽的伤痕"。位于黔西南兴义市境内的马岭河峡谷——万峰湖国家重点风景名胜区，喀斯特地貌发育完好，成为贵州游的新热点。如今，这一景区的50年经营权已被整体转让给浙江青鸟集团。据了解，贵州是全国首个风景名胜区内项目特许经营管理试点省份，而兴义项目是试点后的首例特许经营权转让项目。

中国旅游业走向资本时代，最为明显的几个标志是：2001年7月，证监会将旅游业定为重点发展的新兴行业；2001年下半年，旅游、文物、建设等八大部门联合对旅游企业上市进行了调研；2001年，国家首次为旅游基础设施发行了国债。(资料来源：编者根据相关材料整理而成)

二、资金成本的计算

1. 个别资金成本

个别资金成本是指使用各种资金的成本，包括长期借款成本、债券成本、优先股成本、普通股成本、留用利润成本，前两种为债务资金成本，后三种为权益资金成本。

个别资金成本是企业用资费用和有效筹资额的比率。其基本公式如下：

$$K = \frac{D}{P - f}$$

或

$$K = \frac{D}{P(1-F)}$$

式中：K——资金成本，以百分率表示；

D——用资费用额；

P——筹资额；

f——筹资费用额；

F——筹资费用率，即筹资费用额与筹资额的比率。

由此可见，个别资金成本的高低取决于三个因素，即用资费用、筹资费用和筹资额。

用资费用是决定个别资金成本高低的一个主要因素，在其他两个因素不变的情况下，某种资金的用资费用大，其成本就高；反之，用资费用小，其成本就低。

筹资费用也是影响个别资金成本高低的一个因素。一般而言，发行债券和股票的筹资费用较大，故其资金成本相对较高；而其他筹资方式的筹资费用较小，故其资金成本较低。

筹资额是决定个别资金成本高低的另一个主要因素。在其他两个因素不变的情况下，某种资金的筹资额越大，其成本越低；反之，筹资额越小，其成本越高。

1) 长期借款成本

长期借款成本是指借款利息和筹资费用。借款利息可以在税前扣除，可以抵税。

因此，一次还本、分期还息借款的成本为

$$K_L = \frac{I_L(1-T)}{L(1-F_L)}$$

式中：K_L——长期借款资金成本；
$\quad\quad I_L$——长期借款年利息；
$\quad\quad T$——所得税率；
$\quad\quad L$——长期借款筹资额(借款本金)；
$\quad\quad F_L$——长期借款筹资费用率。

上列公式也可以改为以下形式：

$$K_L = \frac{R_L(1-T)}{1-F_L}$$

式中：R_L——长期借款的利率。

当长期借款的筹资费(主要是借款的手续费)很小时，也可以忽略不计。

【例 3-1】某公司取得 5 年期长期借款 200 万元，年利率为 10%，每年付息一次，到期一次还本，筹资费用率为 0.5%，企业所得税率为 40%。该项长期借款的资金成本为

$$K_L = \frac{200 \times 10\% \times (1-40\%)}{200 \times (1-0.5\%)} = 6.03\%$$

或

$$K_L = \frac{10\% \times (1-40\%)}{1-0.5\%} = 6.03\%$$

上述计算长期借款资金成本的方法比较简单，但缺点在于没有考虑货币的时间价值，因而这种方法的计算结果不是十分精确。如果对资金成本计算结果的精确度要求较高，可先采用计算现金流量的办法确定长期借款的税前成本，然后再计算其税后成本，公式为

$$L(1-F_L) = \sum_{t=1}^{n} \frac{I_L}{(1+K)^t} + \frac{P}{(1+K)^n}$$

$$K_L = K(1-T)$$

式中：P——第 n 年末应偿还的本金；
$\quad\quad K$——所得税前的长期借款资金成本；
$\quad\quad K_L$——所得税后的长期借款资金成本。

第一个公式中的等号左边是借款的实际现金流，等号右边为借款引起的未来现金流出的现值总额，由各年利息支出的年金现值之和加上到期本金的复利现值而得。

2) 债券成本

发行债券的成本主要是指债券利息和筹资费用。债券利息的处理与长期借款利息的处理相同，应以税后的债务成本为计算依据。债券的筹资费用一般比较高，不可在计算资金成本时省略。按照一次还本、分期付息的方式，债券资金成本的计算公式为

$$K_b = \frac{I_b(1-T)}{B(1-F_b)}$$

式中：K_b——债券资金成本；

I_b——债券年利息;

T——所得税率;

B——债券筹资额;

F_b——债券筹资费用率。

或
$$K_b = \frac{R_b(1-T)}{1-F_b}$$

式中:R_b——债券利率。

【例 3-2】某公司发行总面额为 100 万元的 10 年期债券,票面利率为 12%,发行费用率为 3%,公司所得税率为 40%。该债券的成本为

$$K_b = \frac{200 \times 12\% \times (1-40\%)}{200 \times (1-3\%)} = 7.42\%$$

或
$$K_b = \frac{12\% \times (1-40\%)}{1-3\%} = 7.42\%$$

若债券溢价或折价发行,为更精确地计算资金成本,应以实际发行价格作为债券筹资额。

【例 3-3】假定上述公司发行面额为 100 万元的 10 年期债券,票面利率为 10%,发行费用率为 3%,发行价格为 120 万元,公司所得税率为 40%。该债券的成本为

$$K_b = \frac{100 \times 10\% \times (1-40\%)}{120 \times (1-3\%)} = 5.15\%$$

【例 3-4】假定上述公司发行面额为 100 万元的 10 年期债券,票面利率为 10%,发行费用率为 3%,发行价格为 80 万元,公司所得税率为 40%。该债券的成本为

$$K_b = \frac{100 \times 10\% \times (1-40\%)}{80 \times (1-3\%)} = 7.73\%$$

3) 优先股成本

优先股的成本取决于投资者对优先股收益率的要求,优先股每期都有固定的股利支付率,所以优先股实际上是一种永续年金,其成本为

$$K_p = D/P_0$$

式中:D——固定股利;

P_0——优先股的当前价格。

4) 普通股成本

按照资金成本率实质上是投资必要报酬率的思路,普通股的资金成本率就是普通股投资的必要报酬率。其测算方法一般有三种:股利折现模型、资本资产定价模型和债券收益率加风险报酬率。

(1) 股利折现模型。股利折现模型的基本形式是

$$P_O = \sum_{t=1}^{\infty} \frac{D_t}{(1+K_c)^t}$$

式中:P_O——普通股融资净额,即发行价格扣除发行费用;

D_t——普通股第 t 年的股利;

K_c——普通股投资必要报酬率,即普通股资本成本率。

运用上列模型测算普通股资本成本率，因具体的股利政策而有所不同。

① 如果公司采用固定股利政策，即每年分派现金股利 D 元，则资金成本率可按下式测算：

$$K_c = \frac{D}{P_o}$$

【例 3-5】ABC 公司拟发行一批普通股，发行价格 12 元，每股发行费用 2 元，预定每年分派现金股利每股 1.2 元。其资金成本率测算为

$$K_c = \frac{1.2}{12-2} = 12\%$$

② 如果公司采用固定增长股利的政策，股利固定增长率为 G，则资金成本率需按下式测算：

$$K_c = \frac{D}{P_o} + G$$

【例 3-6】XYZ 公司准备增发普通股，每股发行价为 15 元，发行费用 3 元，预定第一年分派现金股利每股 1.5 元，以后每年股利增长 5%。其资金成本率测算为

$$K_c = \frac{1.5}{15-3} + 5\% = 17.5\%$$

(2) 资本资产定价模型法（CAPM 模型）。普通股定价的方法之一是使用 CAPM 模型，资本资产定价模型一般分为以下几个步骤。

① 估计无风险利率(K_f)，无风险利率可以是国库券票面利率。
② 估计该股票的 β 系数 β_i，用它来估计该公司的风险。
③ 估计该股票的预期市场收益率 R_m。
④ 用 CAPM 定价模型计算出该普通股的必要收益率 K_c，有

$$K_c = R_f + \beta_i(R_m - R_f)$$

(3) 债券投资报酬率加股票投资风险报酬率。一般而言，从投资者的角度，股票投资的风险高于债券，因此，股票投资的必要报酬率可以在债券利率的基础上再加上股票投资高于债券投资的风险报酬率。这种测算方法比较简单，但主观判断色彩浓厚。

【例 3-7】XYZ 公司已发行债券的投资报酬率为 8%。现准备发行一批股票，经分析该股票高于债券的投资风险报酬率为 4%。则该股票的必要报酬率即资金成本率为

$$K_c = 8\% + 4\% = 12\%$$

5) 留用利润成本

公司的留用利润(或留存收益)是由公司税后利润形成的，属于股权资本。从表面上看，公司留用利润并不花费什么资金成本。实际上，股东愿意将其留用于公司而不作为股利取出投资于别处，总是要求获得与普通股等价的报酬。因此，留用利润也有资金成本，不过是一种机会资金成本。留用利润资金成本率的测算方法与普通股基本相同，只是不考虑筹资费用。

2. 综合资金成本

旅游企业从多种渠道，用多种方式来筹集资金，而多种方式的筹资成本是不一样的。为了正确进行筹资和投资决策，就必须计算旅游企业综合资金成本。

综合资金成本是指分别以各种资金成本为基础,以各种资金占全部资金的比重为权数计算出来的综合资金成本。综合资金成本率是由个别资金成本率和各种长期资金比例这个因素所决定的,其计算公式为

$$K_w = \sum(K_I \times W_I)$$

式中:K_w——综合资金成本;

K_I——第 I 种个别资金成本;

W_I——第 I 种个别资金占全部资金的比重。

【例 3-8】某旅游企业共有资金 100 万元,其中债券 30 万元,优先股 10 万元,普通股 40 万元,留存收益 20 万元,各种资金的成本分别为 6%、12%、15.5% 和 15%,计算该旅游企业综合资金成本。

(1) 计算各种资金所占的比重。

债券占资金总额的比重=30÷100×100%=30%

优先股占资金总额的比重=10÷100×100%=10%

普通股占资金总额的比重=40÷100×100%=40%

留存收益占资金总额的比重=20÷100×100%=20%

(2) 计算综合平均资金成本。

综合资金成本=30%×6%+10%×12%+40%×15.5%+20%×15%=12.2%

从上面计算看出,各种不同筹资方式的资金在资金总额中所占的比重是决定综合资金成本率高低的一个重要因素。这一比重通常是按账面价值确定的,其资料容易取得。当资金的账面价值与市场价值差别较大时,还可以按市场价值或者目标价值确定。账面价值反映过去的资本结构,具有资料易取得等优点,但也有证券价值偏离、影响其正确性的缺点。目标价值是反映未来的目标市场价值,所以按目标价值计算的加权平均资金成本更适合企业筹集资金。然而,企业很难客观合理地确定证券的目标价值,使这种计算方法不容易推广。

3. 边际资金成本

边际资金成本,是指企业追加筹措资金所需负担的成本。任何项目的边际资金成本都是该项目追加一单位资金所需追加的成本。

企业追加筹资可采用某单一筹资方式,如认为现有资本结构中负债比例过高,可以选择普通股方式进行追加筹资,资本结构发生变化。

例如,某旅游公司 2004 年末长期资本中负债比例为 55%,公司管理层认为负债比例过高,经董事会决定拟向现有普通股股东实施配股,方案为 10 配 2 股,配股价每股 5 元,假设经测算筹资股本额在 900 万元以内,边际资本成本为 10%,即每追加一单位资金所需追加的成本为 10%,当筹资股本额超过 900 万元,每追加一单位资金所需追加的成本为 11%。

企业追加筹资也可在不改变现有资本结构情况下,采用多种筹资方式组合来实现。假设按现有资本结构(即负债比例为 55%、普通股资金 45%),筹措新资金,假设经测算随筹资额的增加,各单项资金成本变化如表 3-1 所示。

表 3-1 资金成本变化

资金种类	新筹资额	资金成本
债务资金	550 万元以内	7%
	550 万~1 650 万元	8%
	1 650 万元以上	9%
普通股资金	900 万元以内	10%
	900 万~1 800 万元	11%

当企业筹资总额为 1600 万元时,这时债务资金为 1600×55%=880 万元,普通股资金为 1600×45%=720 万元。综合边际资金成本为 55%×8%+45%×10%=8.9%,即每追加一单位资金(债务资金为 0.55,普通股资金为 0.45 元)所需追加的成本为 8.9%,那么按 8.9%资金成本,保持现有资本结构,筹集总资金额度是多少?财务界引进筹资突破点的概念,它是指在保持资本结构不变的条件下,按某一特定资金成本可以筹集到的筹资总额。

筹资突破点=可用某一特定成本筹集到的某种资金额÷该种资金在资本结构中所占的比重

本题的筹资突破点为

$$\frac{550}{55\%}=1\,000(万元) \qquad \frac{1\,650}{55\%}=3\,000(万元)$$

$$\frac{900}{45\%}=2\,000(万元) \qquad \frac{1\,800}{45\%}=4\,000(万元)$$

筹资总额为 1 000 万元以内,综合边际资金成本为
$$55\%\times7\%+45\%\times10\%=8.35\%$$

筹资总额为 1 000 万~2 000 万元,综合边际资金成本为
$$55\%\times8\%+45\%\times10\%=8.9\%$$

筹资总额为 2 000 万~3 000 万元,综合边际资金成本为
$$55\%\times8\%+45\%\times11\%=9.35\%$$

筹资总额为 3 000 万元以上,综合边际资金成本为
$$55\%\times9\%+45\%\times11\%=9.9\%$$

第二节 杠杆效应

一、杠杆效应的含义

自然界中的杠杆效应是指人们通过利用杠杆,可以用较小的力量移动较重物体的现象。"给我一个支点,我能撬动地球",阿基米得名言准确地描述了自然科学中的杠杆作用。杠杆能够产生神奇的力量,在财务管理中也存在着类似的杠杆效应,表现为:由于特定费用(如固定成本或固定财务费用)的存在而导致的,当某一财务变量以较小幅度变动时,另一相关财务变量会以较大幅度变动。合理地运用杠杆原理,有助于企业合

理规避风险，提高资金运营效率。

财务管理的杠杆效应有三种形式即经营杠杆、财务杠杆和复合杠杆，要了解这些杠杆的原理，需要首先了解成本习性、边际贡献和息税前利润等相关术语的含义。

二、成本习性及相关概念

1. 成本习性

成本习性指成本与业务量之间的依存关系。成本按习性可分为固定成本、变动成本和混合成本三类。

(1) 固定成本，是指其成本总额在一定时期和一定业务量范围内不受业务量增减变动影响而固定不变的成本。例如，直线法计提的折旧费、保险费和办公费等。

(2) 变动成本，是指其成本总额随着业务量增减变动成正比例增减变动的成本。例如，直接材料、直接人工等都属于变动成本。

(3) 混合成本，是指随业务量变动而变动，但不成同比例变动的成本，可分解成变动成本和固定成本。

由以上分析可知，成本按习性可分为变动成本、固定成本和混合成本三类，但混合成本又可以按照一定的方法分解为变动成本和固定成本部分。这样，总成本模型可以按下式表示为

$$Y=a+bX$$

式中：Y——总成本；

a——固定成本；

b——单位变动成本；

X——产销量。

2. 边际贡献

边际贡献是指销售收入减去变动成本以后的差额，其计算公式为

边际贡献=销售收入-变动成本

$$M=pX-bX=(p-b)X$$

式中：M——边际贡献；

p——销售单价；

b——单位变动成本；

X——产销量。

3. 息税前利润

息税前利润是指企业支付利息和交纳所得税之前的利润，成本按习性分类后，息税前利润可按下列公式计算：

$$EBIT=pX-bX-a=(p-b)X-a=M-a$$

式中：$EBIT$——息税前利润；

M——边际贡献；

p——销售单价；

X——产销量；

b——单位变动成本；
　　a——固定成本。

三、经营杠杆

　　经营杠杆是指企业在经营决策时对经营成本中固定成本的利用，在其他条件不变的情况下，企业产销量的增加不会改变固定成本总额，但会降低单位固定成本从而提高单位利润，使息税前利润的增长率大于产销量的增长率。反之，产销量的减少会提高单位成本，降低单位利润，使息税前利润下降，而且会大于产销量下降率。如果不存在固定成本，所有成本都是变动的，那么边际贡献就是息税前利润。这种由于固定成本的存在而导致的息税前利润变动率大于产销量变动率的杠杆效应称为经营杠杆。

1. 经营杠杆效益

　　经营杠杆效益是指由于固定成本习性特点的影响，使旅游企业只需较小幅度扩大产销量就可获得息税前利润较大幅度增加的效益。

　　对经营杠杆效益进行计量，常常用经营杠杆系数。所谓经营杠杆系数是指息税前利润变动率相对于产销量变动率的倍数，公式为

$$经营杠杆系数 = \frac{息税前利润变动率}{产销量变动率}$$

计算公式为

$$DOL = \frac{\Delta EBIT \div EBIT}{\Delta X \div X}$$

式中：DOL——经营杠杆系数；
　　　$EBIT$——变动前的息税前利润；
　　　$\Delta EBIT$——息税前利润的变动额；
　　　X——变动前的产销量；
　　　ΔX——产销量的变动数。

　　【例 3-9】某旅游企业资料如表 3-2 所示，试求该企业 2005 年的经营杠杆系数。

表 3-2　相关资料表

项目	2004	2005	变动额	变动率
销售额	1 000	1 200	200	20%
变动成本	600	720	120	20%
边际贡献	400	480	80	20%
固定成本	200	200	0	—
息税前利润	200	280	80	40%

根据公式得

$$经营杠杆系数(DOL) = \frac{80 \div 200}{200 \div 1\ 000} = \frac{40\%}{20\%} = 2$$

　　上述公式是计算经营杠杆系数的理论公式，但利用该公式必须以已知变动前后相

关资料为前提,比较麻烦,而且无法预测未来(2006 年)的经营杠杆系数,所以经营杠杆系数还可以按以下简化公式计算:

$$经营杠杆系数 = \frac{基期边际贡献}{基期息税前利润}$$

或

$$DOL = \frac{M}{EBIT}$$

那么,2005 年的经营杠杆系数为

$$DOL = 400 \div 200 = 2$$

还可以求出 2006 年的经营杠杆系数为

$$DOL = 480 \div 280 = 1.71$$

2. 经营杠杆利益和经营杠杆风险

经营风险是指因生产方面的原因给企业经营带来不利影响的可能性。经营风险主要来自产品销售不稳定、生产经营事故、投资决策失误等内部因素以及原材料价格变动、国家经济政策变化、自然灾害等来自外部的因素。但是,产销量增加时,息税前利润将以 DOL 倍数的幅度增加;但产销量减少时,息税前利润将以 DOL 倍数的幅度减少。可见,经营杠杆扩大了市场和生产等不确定因素对利润变动的影响。而且,经营杠杆系数越高,利润变动就越激烈,企业的经营风险就越大。于是企业经营风险的大小和经营杠杆有重大关系。一般来说,在其他因素不变的情况下,固定成本越高,经营杠杆系数越大,经营风险越大。如上例,若变动额发生变化,则数据变动情况如表 3-3 所示。

表 3-3 相关资料数据变动表

项 目	2004	2005	变动额	变动率
销售额	1000	600	400	40%
变动成本	600	360	240	40%
边际贡献	400	240	160	40%
固定成本	200	200	—	—
息税前利润	200	20	160	80%

由上例可知,在其他因素一定的情况下,固定成本越高,销售额下降时,息税前利润将以更快的比例下降,经营杠杆系数越大,企业的经营风险也越大。

四、财务杠杆

财务杠杆又称融资杠杆,是指旅游企业在制定资金结构决策时对债务筹资的利用。由于债务的利息通常是固定不变的,当企业息税前利润增大时,每 1 元盈余所负担固定财务费用(如利息、融资租赁金等)就会相对减少,这能给股东带来更多的盈余,这时企业可以获得一定的财务杠杆利益。但当息税前利润减少时,就会大幅度减少股东的盈余,企业就会相应地承担财务风险。这种由于固定财务费用的存在而导致每股收益的变动率大于息税前利润变动率的杠杆效应称为财务杠杆。

1. 财务杠杆效益

财务杠杆效益是指债务资金成本低于息税前投资利润率时，利用债务资金提高自有资金收益率所获得的利益。

例如，有两家公司的资金总额均为 100 万元，2004 年资金利润率为 10%，其中 A 公司没有负债，全部资金均为权益资金；B 公司负债占全部资金的 50%。若两家公司 2005 年资金利润变动率都为 50%，计算结果如表 3-4 所示。

表 3-4 AB 公司财务指标对比表

时间	项目	A 公司	B 公司
2004	股本(普通股，面值 10 元)	1 000 000	500 000
	发行在外股数	100 000	50 000
	债务(利率 8%)	0	500 000
	资本总额	1 000 000	1 000 000
	息税前利润	100 000	100 000
	利息	0	40 000
	税前利润	100 000	60 000
	所得税(税率 40%)	40 000	24 000
	税后利润	60 000	36 000
2004	普通股每股收益	0.60	0.72
2005	息税前利润	150 000	150 000
	利息	0	40 000
	税前利润	150 000	110 000
	所得税(税率 40%)	60 000	44 000
	税后利润	90 000	66 000
	普通股每股收益	0.9	1.32
	每股收益增长率	50%	83.33%

从 3-4 表可知，A 公司和 B 公司两公司资本利润率变动幅度相同的情况下，B 公司的每股收益增长率大于 A 公司的每股收益增长率，其中的主要原因是 B 公司的资产中有 50%的负债，当息税前利润增大时，每 1 元盈余所负担的财务费用就会相对减少，导致股东盈余的增加。

对财务杠杆进行计算可以用财务杠杆系数。财务杠杆系数是每股收益的变动率相当于息税前利润变动率的倍数，其计算公式为

$$财务杠杆系数 = \frac{每股收益变动率}{息税前利润变动率}$$

用公式表示为

$$DFL = \frac{\Delta EPS \div EPS}{\Delta EBIT \div EBIT} = \frac{EBIT}{EBIT - I} = \frac{1}{1 - \dfrac{I}{EBIT}}$$

式中：DFL——财务杠杆系数；

EPS——每股收益；

ΔEPS——每股收益变动数；

EBIT——息税前利润；

I——负债利息。

将 A 公司和 B 公司的资料代入求得 A 和 B 公司的 2005 年的财务杠杆系数为

$$A公司财务杠杆系数 = \frac{(0.90 - 0.60) \div 0.6}{(150\,000 - 100\,000) \div 100\,000} = 1$$

$$B公司财务杠杆系数 = \frac{(1.32 - 0.72) \div 0.72}{(150\,000 - 100\,000) \div 100\,000} = 1.67$$

上述公式是财务杠杆系数的理论依据，必须以已知变动前后的相关资料为前提，比较麻烦，通常也可以简化公式来算：

$$财务杠杆系数 = \frac{基期息税前利润}{基期息税前利润 - 基期利息}$$

那么 A 公司财务杠杆系数=100 000/100 000=1

B 公司财务杠杆系数=100 000/(10 000-40 000)=1.67

如果公司的资本结构中包含有优先股的话，一般情况下由于优先股的股利也是固定的，因此也具有债务利息的相同效应，不同之处是在税后利润中支付。在有优先股的情况下，财务杠杆系数的计算公式为

$$财务杠杆系数 = \frac{息税前利润}{息税前利润 - 利息 - 优先股股利 \div (1 - 所得税税率)}$$

即

$$DFL = \frac{EBIT}{EBIT - I - PD \div (1 - T)}$$

式中：*PD*——优先股股利；

T——所得税税率。

需要说明的是，上述公式所用到的数据均为基期的数据。

2. 财务杠杆风险与财务杠杆系数

财务风险也称筹资风险，指由于负债的原因而产生的应由权益资本所承担的附加风险，企业为取得财务杠杆利益而利用负债资金时，常常会增加破产机会或每股收益大幅度变动。这是因为当企业债务资本较高时，企业必须用较多的息税前利润来支付其财务费用，权益资金将负担较多的债务成本，从而减少了投资收益。

例如，上例中如果两家公司 2005 年资本利润变动率都为-50%，计算结果如表 3-5 所示。

表3-5 资本利润变动表

时 间	项 目	A 公司	B 公司
2004	股本(普通股，面值 10 元)	1 000 000	50 000
	发行在外股数	100 000	50 000

续表

时间	项目	A公司	B公司
2004	债务(利率8%)	0	50 000
	资本总额	1 000 000	1 000 000
	息税前利润	100 000	100 000
	利息	0	40 000
	税前利润	100 000	60 000
	所得税(税率40%)	400 000	24 000
	税后利润	600 000	36 000
	普通股每股收益	0.60	0.72
2005	息税前利润	50 000	50 000
	利息	0	40 000
	税前利润	50 000	10 000
	所得税(税率40%)	20 000	4 000
	税后利润	30 000	6 000
	普通股每股收益	0.3	0.02
	每股收益增长率	-50%	-97.22%

五、总杠杆

1. 总杠杆的概念

如前所述，由于存在固定成本，产生了经营杠杆效应，使息税前利润的变动率大于产销量的变动率；同样，由于存在财务费用，产生了财务杠杆效应，使企业每股收益的变动率大于息税前利润的变动率。如果两种杠杆共同作用，那么销售额稍有变动就会使每股收益产生更大的变动。由于固定成本和财务费用的共同存在而导致的每股收益的变动率大于产销量变动率的杠杆效应称为总杠杆。

【例3-10】总杠杆的计算，如表3-6所示。

表3-6 总杠杆计算表

项目	2004	2005	变动率
销售收入(单位售价10元)	1 000	1200	+20%
变动成本(单位变动成本4元)	400	480	+20%
边际贡献	600	720	+20%
固定成本	400	400	0
息税前利润(EBIT)	200	320	+60%
利息	80	80	0
利润总额	120	240	+100%
所得税(所得税税率33%)	39.6	79.2	+100%
净利润	80.4	160.8	+100%
普通股发行在外股数(万股)	100	100	0
每股利润(EPS，元)	0.804	1.608	+100%

从上可知,在总杠杆的作用下,业务量增加 20%,每股利润便增长 100%。当然,业务量下降 20%,企业的每股利润也会下降 100%。

2. 总杠杆的计算

总杠杆是经营杠杆与财务杠杆共同作用而形成的杠杆效应,表明产销量对每股收益的影响程度,其理论公式为

$$总杠杆系数(DTL) = \frac{每股收益变动率}{产量变动率}$$

或

$$DTL = \frac{\Delta EPS/EPS}{\Delta(PX)/PX}$$

$$= \frac{\Delta EPS/EPS}{\Delta X/X}$$

根据表中的有关数据可求得 2005 年总杠杆系数为

$$DTL = \frac{\Delta 0.804/0.804}{\Delta 200/1\,000} = \frac{100\%}{20\%} = 5$$

总杠杆系数与经营杠杆系数、财务杠杆系数之间的关系可用下式表示:

$$DTL = DOL \times DFL$$

即总杠杆系数=经营杠杆系数×财务杠杆系数

计算公式也可以表示为

$$总杠杆系数 = \frac{边际贡献}{息税前利润 - 利息}$$

或

$$DTL = \frac{M}{EBIT - I}$$

3. 总杠杆与企业风险

在总杠杆的作用下,当企业经济效益好时,每股收益将会大幅度上升;当企业经济效益较差时,每股盈余将会大幅度下降。

第三节 资本结构决策

一、资本结构概述

1. 资本结构的定义

资本结构是指旅游企业各种资金的构成及其比例关系。资本结构问题是旅游企业筹资决策中的核心问题,它直接影响旅游企业的财务能力,并进而影响整个经营活动。企业业应该综合考虑有关影响因素,运用适当的方法确定最佳资本结构,并在以后追加筹资中继续保持。企业资本结构如果不合理,应通过筹资活动进行调节,使其趋于合理化。

广义的资本结构是指各种资金来源的构成及比例关系;中义的资本结构是指长期资金来源构成及其比例关系;狭义的资本结构是指长期债务资本与权益资本的构成及其比例关系。

2. 资本结构的影响因素

资本结构理论为企业融资决策提供了有价值的参考，但在实际工作中，制约资本结构的因素除了前述的资金成本、财务风险以外，还有如下一些重要因素，财务管理人员要认真考虑这些影响因素，并根据这些因素来确定企业合理的资本结构。

1) 企业销售的增长情况

预计未来销售的增长率，决定财务杠杆在多大程度上扩大每股利润，如果销售能高速增长，使用具有固定财务费用的债务筹资，就会扩大普通股的每股利润。除了销售的增长率外，销售的稳定性对资本结构也有重要影响。如果企业的销售比较稳定，则可较多地负担固定的财务费用；如果销售和盈余有周期性，则负担固定的财务费用将冒较大的财务风险。

2) 企业所有者和管理人员的态度

企业所有者和管理人员的态度对资本结构也有重要影响，因为企业资本结构的决策最终是由他们作出的。

如果企业的所有者不愿使企业的控制权旁落他人，则企业一般尽量避免普通股筹资，而是采用优先股或负债方式筹集资金；相反，一个企业的股票如果被众多投资者所持有，谁也没有绝对的控制权，这个企业可能会更多地采用发行股票的方式来筹集资金，因为企业所有者并不担心控制权的旁落。反之，有的企业被少数股东所控制，股东们很重视控制权问题，企业为了保证少数股东的绝对控制权，一般不采用发行股票的方式筹集资金。

管理人员对待风险的态度，也是影响资本结构的重要因素。喜欢冒险的财务管理人员，可能会安排比较高的负债比例；反之，一些持稳健态度的财务人员则会使用较少的债务。

3) 贷款人和信用评级机构的影响

虽然企业对如何适当地运用财务杠杆都有自己的分析，但涉及较大规模的债务筹资时，贷款人和信用评级机构的态度实际上往往成为决定财务结构的关键因素。

一般而言，公司财务管理人员都会与贷款人和信用评级机构商讨其财务结构，并充分尊重他们的意见。大部分贷款人都不希望公司的负债比例太大，如果公司坚持使用过多债务，则贷款人可能拒绝贷款。同样，如果企业债务太多，信用评级机构可能会降低企业的信用等级，这一样会影响企业的筹资能力，提高企业的资金成本。

4) 行业因素

实际工作中，不同行业以及同一行业的不同企业，在运用债务筹资的策略和方法上大不相同，从而也会使资本结构产生差别。在资本结构决策中，应掌握本企业所处行业资本结构的一般水准，作为确定本企业资本结构的参照，分析本企业与同行业其他企业的差别，以便决定本企业的资本结构。同时还必须认识到，资本结构不会停留在一个固定的水准上，随着时间的推移、情况的发展变化，资本结构也会发生一定的变动，这就需要根据具体情况进行合理的调整。

5) 企业的财务状况

获利能力越强，财务状况越好，变现能力越强的公司，就越有能力负担财务上的风险。因而，随着企业变现能力、财务状况和赢利能力的增进，举债融资就越有吸引力。当然，有些企业，因为财务状况不好，无法顺利发行股票，只好以高利率发行债券来筹集资金。

6) 资产结构

资产结构会以多种方式影响企业的资本结构：①拥有大量固定资产的企业主要通过长期负债和发行股票筹集资金；②拥有较多流动资产的企业，更多依赖流动负债来筹集资金；③资产适用于抵押贷款的公司举债额较多，如房地产公司的抵押贷款就相当多；④以技术研究开发为主的公司负债很多。

7) 所得税

企业利用负债可以获得减税利益。因此，所得税率越高，负债的好处越多；反之，如果税率很低，则采用举债方式的减税利益就不十分明显。

8) 利率水平的变动趋势

利率水平的变动趋势也影响到企业的资本结构。利率的高低直接影响企业的筹资成本，当市场利率较高或有下降趋势时，应少使用以固定利率计息的债务；相反，则宜于多使用以固定利率计息的债务。

二、资本结构的理论

资本结构理论是研究资本结构与公司价值之间关系的理论。在西方，不同时期人们对资本结构有着不同的认识，形成了若干资本结构理论。归纳起来，大体分为早期资本结构理论和现代资本结构理论，现分别概述如下。

1. 早期资本结构理论

早期的资本结构理论有如下三种。

1) 净收益理论

净收益理论(Net Income Theory)是由戴维·杜兰德于1952年提出的，该理论的基本观点是利用负债筹资可降低资本的幅度是无限的，按股本净收益来确定企业的总价值，并且认为利用负债筹资可降低企业资金成本。这是因为，负债在企业全部资金中所占的比重越大，综合资金成本越接近债务成本，又由于债务成本一般较低，所以，负债程度越高，综合资金成本越低，企业价值越大。当负债的比率达到100%时，企业价值达到最大，所以利用负债筹资可提高企业股东的净收益。

2) 净营业收益理论

净营业收益理论(Net Operating Income Theory)认为，资本结构与企业的价值无关，无论企业财务杠杆作用如何，总资本的成本率是固定的，企业利用负债筹资，DFL的作用扩大会增加企业权益资本的风险，普通股本会要求更高的股利率，DFL作用产生的收益将全部作为股利向股东发放，普通股资本成本上升正好抵消DFL作用带来的好处，企业总价值没有变化。

3) 传统理论

传统理论(Traditional Theory)是介于上述净收益理论和净营业收益理论两者之间的一种折中的理论。该理论认为，企业在一定的负债限度内利用DFL作用时，负债资金和权益资金都不会有明显的风险增长，故资金成本基本保持不变，而此时企业的总价值开始上升并有可能在此限度内达到最高点；若企业负债筹资的DFL作用一旦超出这个限度，由于风险明显增大，权益资本成本率开始上升并使总资金成本率上扬，负债比率超出此限度越大，总资金成本上升得越快，总价值随资金成本的上扬开始下降，如图 3-1 所示。

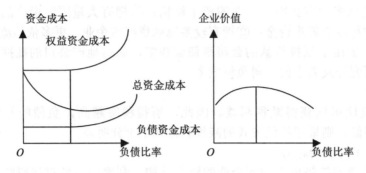

图 3-1 传统理论

可见，此理论承认有一个最佳的资本结构也就是使企业价值最大的资本结构，并可以通过适度负债获得。一般来讲，在最佳的资本结构点上，负债的边际资金成本与股本的实际边际成本率相同。

2. 现代资本结构理论

上述三种理论都是建立在对公司所有者行为的假设这一基础之上，而缺乏充分的经验基础和统计分析依据。进入 20 世纪 50 年代以后，西方财务学界开始将经济学中的一些分析方法和技术(主要是数量方法)引进到资本结构的研究当中，取得了一系列惊人的成就，构成了现代资本结构理论。

1) MM 理论

MM 理论是由美国著名财务学家莫迪格莱尼(Modiglini)和米勒(Miller)共同提出的。该理论分为未考虑公司所得税的 MM 理论和考虑公司所得税的 MM 理论两种。

(1) 未考虑公司所得税的 MM 理论。1958 年，莫迪格莱尼和米勒共同在《美国经济评论》上发表了著名论文《资本成本、公司财务和投资理论》。该论文提出了未考虑公司所得税的资本结构理论，即资本结构无关论。其基本要点是：以一系列严格的假设为基础，在完美的市场体系下，通过套利机制的作用，两种性质相同的资产，不可能因其购置所使用的资金来源不同而具有不同的价格；同样，公司不可能因资本结构的不同而改变其价值或综合资金成本，即风险相同而只有资本结构不同的企业，它们的价值相等。换言之，公司的价值与综合资金成本不会受资本结构变动的影响。

(2) 考虑公司所得税的 MM 理论。1963 年，这两位作者又共同在《美国经济评论》上发表了一篇论文《资本成本和公司所得税：一个修正》在该论文中，它们提出以下见解。

① 有负债公司的价值等于风险等级相同但未使用负债的公司的价值加上负债的节税利益。这就意味着，在考虑了公司所得税后，使用负债公司的价值会比未使用负债时要高，且当公司所使用的负债接近 100%时，其价值将达到最大。

② 有负债公司的主权资金成本等于无负债公司的主权资金成本加上一笔风险报酬，而风险报酬的多寡视负债融资程度和公司所得税率而定。这就意味着，在考虑公司所得税后，尽管主权资金成本还会随着负债融资程度的上升而增加，但其增加速度却比

未考虑公司所得税时慢。此特性再加上利息的节税利益，就导致了下列现象的发生：公司所使用的债务越多，其综合资金成本就越低。

将公司所得税纳入资本结构问题研究之后，由于利息可以抵税，随着负债融资程度的提高，综合资金成本将会降低，公司的价值将会增加。

MM 理论对现代资本结构理论产生了深远的影响，被后人称为"整个现代资本结构理论的奠基石"，其创立者因此而获得了诺贝尔经济学奖。但是，MM 理论也存在着一定的缺陷，如该理论的诸多假设条件明显与现实不符，使之在实践中难以得到实现；又如在考虑公司所得税的 MM 理论下，公司的最佳资本结构似乎应为 100%的债务，这显然与事实不符。那么，到底是什么因素在什么程度上抵消了企业追求最大的免税价值而追求最大负债比率的刺激动因呢？回答这个问题就产生了"平衡理论"。

2) 平衡理论

为了解决 MM 理论和米勒模型存在的上述问题，有不少学者如斯蒂格利兹(Stiglitz)、哈玛达(Hamada)、克劳思(Kraus)、利兹伯格 (Litzenberger)等将市场均衡理论纳入了资本结构的理论分析当中，形成了资本结构的平衡理论。

20 世纪 70 年代，人们发现制约企业无限追求免税优惠或负债最大化的关键因素在于债务上升而形成的企业风险和费用。企业债务增加使企业陷入财务危机甚至破产的可能性也增加。随着企业债务增加而提高的风险和各种费用会增加企业的额外成本，从而使其市场价值下降。因此，企业最佳资金结构应当是在负债价值最大化和债务上升带来的财务危机成本之间的平衡，这被称为平衡理论。

这一理论可以说是对 MM 理论的再修正。该理论认为，当负债程度较低时，企业价值因税额庇护利益的存在会随负债水平的上升而增加；当负债达到一定界限时，负债税额庇护利益开始为财务危机成本所抵消。当边际负债税额庇护利益等于边际财务危机成本时，企业价值最大，资金结构最优；若企业继续追加负债，企业价值会因财务危机成本大于负债税额庇护利益而下降，负债越多，企业价值下降越快。

3) 非对称信息理论——资本结构的新解说

平衡理论提出后曾一度风靡经济理论界，成了 20 世纪 70 年代以后有关资本结构的主流学派，但也遭到了 MM 理论奠基人之一的米勒等人的严厉批评。一些学说则力图另辟蹊径，为资本结构理论寻找一种更完善的假说，非对称信息论就是这些努力中最有成效的一种。

(1) 罗斯(Ross)于 1977 年最早系统地把非对称信息论引入企业资本结构分析。他的研究完全保留了 MM 古典定理的全部假设，仅仅放松了关于充分信息的假定。罗斯假设企业管理者对企业的未来收益和投资风险有内部信息，投资者没有这些内部信息，但知道对管理者的激励制度，因此，投资者只能通过管理者输送出来的信息间接地评价市场价值。"公司资本结构是公司经理们拥有信息的信号"，企业负债比率就是一种把内部信息传给市场的信号工具。负债比率上升是一个积极的信号，它表明管理者对企业未来收益有较高期望，因此企业市场价值也随之增加。

根据罗斯的分析，企业市场价值和企业资本结构有关。因为企业管理者改变企业资本结构直接影响投资和对企业市场价值的评价。换言之，负债比率高的企业市场价值也大。罗斯的分析虽然没有给出新的结论，但是他的方法是崭新的。

罗斯模型的弱点表现在他没有一个防止管理人员向外输出错误信号的内在机制，尽管他曾设立了对破产企业管理者的惩罚，但在破产和经营不佳之间有很大活动余地，这正是决策最敏感的区域；其次他没有对证券持有人作任何约束，因此就存在证券持有人贿赂企业管理人员，让其输出错误信号，使自己获利的可能。

(2) 运用非对称信息论对公司资本结构的研究成果还有啄食顺序理论。

啄食顺序理论最早是由迈尔斯(Myers)和迈卢夫(Majluf)于1986年提出的，啄食顺序理论的基本要点是：在上述罗斯的基本假设(公司资本结构是公司经理们拥有信息的信号)以及公司采用固定股利政策、偏好使用内部留存收益的厌恶发行新股票等假设的基础上，公司为新投资项目筹集资金时，首先考虑的是内部留存收益，其次是举债，最后才是发行新股票。其理由是：公司应按最少限制原则来安排筹资顺序，由于使用内部资金不需与投资者签订合同，不需支付筹资费用，不受市场变动的影响和受各方面的限制较少，因此留存收益是方便的支付投资手段；而负债的筹措成本、受到的限制和产生的不利影响均介于内部留存收益和发行新股票之间，所以应将举债放在筹资顺序的第二位；只有在迫不得已时才发行新股票。

依据啄食顺序理论，公司没有最佳资本结构，因为同样是构成主权资本的留存收益和发行新股，前者是第一选择，而后者则是最后选择。

以上是对资本结构理论研究历程的简要回顾，从中我们不难看出以下几点。

(1) 每种理论都有严格的、较多的假设条件。

(2) 实证研究方法被广泛应用于资本结构理论的研究，并与传统的规范研究方法有机地结合起来，既注重理性分析，也考虑非量化的各有关因素。

(3) 资本结构理论的发展与金融市场的发展密切相关，研究现代资本结构理论离不开对金融市场的研究。

(4) 最佳资本结构的判断标准是公司价值最大或者是综合资金成本最低，对资本结构的研究，要综合考虑资本结构对企业价值和资金成本的双重影响。

(5) 对公司是否存在最佳资本结构有不同主张，但更多的人偏向于存在最佳资本结构的观点。

三、资本结构决策的方法

1. 最优资本结构的含义及理论依据

企业资金的来源主要来自两个方面，负债资本和权益资本，资本结构就是这两者之间存在的一种比例关系，它是整个公司资本运动高效有序、长期运行的基础，是财务结构优化的关键。

理论上讲，判断企业资本结构最佳的标准是综合资金成本最低，企业价值最大化。具体来说，包括：①综合资金成本最低；②筹集到手的能供企业使用的资金能充分确保企业长期经营和发展的需要，满足需要且有一定的资本结构弹性；③股票的市价最大；④企业的财务风险最小。

2. 最优资本结构的选择

最优资本结构是指使资金组合的成本最低、企业价值最大的资本结构。通常采用比较资金成本法和收益分析法进行决策。

1) 比较资金成本法

比较资金成本法，是指通过计算不同资金组合的资金成本，并以其中资金成本最低的组合为最佳的一种方法。决策程序为：第一步，确定不同筹资方案的资本结构；第二步，计算不同方案的资金成本；第三步，选择资金成本最低的资金组合。

假设某饭店打算组建一分饭店，投资预算为40 000万元，拟采用银行借款、发行债券、发行股票三种方式筹集资金。各种筹资方式的个别资金成本率分别为8%、10%、15%，三种可供选择的资金结构分别为：①2∶3∶5；②3∶3∶4；③2∶4∶4。试分析哪种资金结构最佳。

计算各种资金组合的资金成本率如下：

组合①的资金成本率=8%×0.2+10%×0.3+15%×0.5
　　　　　　　　　=12.1%

组合②的资金成本率=8%×0.3+10%×0.3+15%×0.4
　　　　　　　　　=11.4%

组合③的资金成本率=8%×0.2+10%×0.4+15%×0.4
　　　　　　　　　=11.6%

然后选择最佳资金组合。根据计算结构可知，组合②为最佳结构。

比较资金成本法的优点是：简单，侧重于资金投入角度对资本结构进行优选分析；缺点是：不完整，可能遗漏最佳方案。

2) 收益分析法——无差异点分析法(EBIT-EPS 分析)

收益分析法是指这样一些销售收入点和息税前利润点：当企业销售收入和息税前利润达到某一点时，两种筹集方式(债务资本和权益资本)下的每股收益相等，该点销售收入和息税前利润称为每股收益的无差别点。

【例 3-11】D 公司原有资本 100 万元，现因生产经营发展需要增加 25 万元资本，可以利用发行股票来筹集，也可以利用发行债券来筹集，具体情况如表3-7 所示。

表3-7　D 公司资本结构变动表

筹资方式	原资本结构	增资后资本结构	
		增发普通股	增发公司债
公司债(利率 8%)	250 000	250 000	500 000
普通股(面值 10 元)	400 000	500 000	400 000
超面值缴入资本	200 000	350 000	200 000
留存收益	150 000	150 000	150 000
资本总额合计	1 000 000	1 250 000	1 250 000
普通股股数	40 000 股	50 000 股	40 000 股

注：(1) 若发行新股票，每股发行价为 25 元，需发行 10 000 股，普通股股本增加 100 000 元，超面值缴入资本增加 150 000 元。

(2) 若采用增发普通股，每年应负担利息为 20 000 元，若采用增发公司债，每年应负担利息为 40 000 元；

(3) 假设所得税率为 40%，该公司预计息税前利润为 240 000 元。

根据以上资料，息税前利润究竟为多少时发行普通股有利？息税前利润为多少时发行公司债有利？可按下列公式计算：

$$\frac{(EBIT-I_1)(1-T)-P_1}{N_1} = \frac{(EBIT-I_2)(1-T)-P_2}{N_2}$$

式中：$EBIT$——息税前利润无差别点；

I_1，I_2——两种筹资方式下的年利息；

N_1，N_2——两种筹资方式下的发行在外的普通股股数；

P_1，P_2——两种筹资方式下的发行在外的优先股股息；

T——所得税税率。

现将D公司的资料代入上式，得

$$\frac{(EBIT-20\,000)(1-40\%)-0}{50\,000} = \frac{(EBIT-40\,000)(1-40\%)-0}{40\,000}$$

求得 $EBIT$=120 000(元)。

结果说明：当 $EBIT$ 为 120 000 元时，采用发行普通股或发行债券两种方式无差别，EPS_1=EPS_2=1.20 元；当 $EBIT$ > 12 000 元时，利用负债筹资追加资本较为有利；当 $EBIT$ < 120 000 元，不应再增加负债，以发行普通股为宜。

D公司预计 $EBIT$ 为 240 000 元，故应采取发行公司债的方式较为有利，详细分析情况如表3-8所示。

应当说明的是，这种分析方法只考虑了资本结构对每股盈利的影响，并假定每股盈利最大，股票价格也最高，没有考虑到风险的因素。所以，单纯地用 EBIT-EPS 分析法有时是不全面的，甚至会作出错误决策。

表3-8　D公司不同资本结构下的每股收益

项　目	增发股票	增发债券
预计息税前利润(EBIT)	240 000	240 000
减：利息	20 000	40 000
税前利润	220 000	200 000
减：所得税(40%)	88 000	80 000
税后利润	132 000	120 000
普通股股数	500 000 股	40 000 股
每股收益(EPS)	2.64	3.75

案例与点评

南方家具公司筹资决策

案例介绍

1999年9月，南方家具公司为扩大生产规模，公司到2001年10月末需要筹措1 150万元，其中350万元可以通过公司内部留存盈余及提高流动资金利用率来解决，其余部分 800 万元需要从外部筹措。在此之前，公司经理已经和投资银行讨论了几个方案，并将方案提交给1999年10月底的董事会。

公司管理部门最初倾向于以发行股票的方式筹措 800 万元。在证券市场上，南方家具公司普通股每股高达 33 元，扣除发行费用，每股净价为 31 元。但是，投资银行建议通过借款的方式(年利率 7%，期限 10 年)筹措资金，他们认为举债投资可以降低资金成本。

1. 公司背景及规划

南方家具公司是由几个具有丰富专业知识的投资者于1995年创立的，经过几年的发展，到 1998 年，销售收入从刚成立时的 1000 万元增至 1620 万元，利润增加到 74 万元。在今后的 5 年中，预计销售收入将成倍增长，而利润增长幅度降低。2000 年至 2004 年的财务预测如表 3-9 所示。为了实现这一目标，公司必须扩大生产规模，到 2002 年末，使生产能力翻一番。公司准备耗资 800 万元建造一所占地 183 万平方米的工厂，这将是当地家具行业中规模最大、现代化程度最高的一家工厂；此外，还需要 50 万元整修和装备现有的厂房和设备；需要价值 300 万元的流动资金以补充生产规模扩大而短缺的部分。这三项合计共需资金1150万元。

表 3-9 南方家具公司预计息税前收益

万元

项　目	2000 年	2001 年	2002 年	2003 年	2004 年
(1)销售净额	2080	2500	3100	3700	420
(2)销售成本	1574	1890	2347	2800	3179
(3)销售毛利(3)=[(1)-(2)]	506	610	753	900	1021
(4)销售及管理费用	223	270	335	400	454
(5)息税前利润(5)=[(3)-(4)]	283	340	418	500	567
上述成本中包括的折旧费	23	75	100	100	100

从生产能力看，目前公司拥有四套独立的生产设备，主要生产卧室及餐厅家具。为了不断扩充和发展，公司经常组织有关人员进行市场调查，了解消费者的口味和偏好，不断改进产品设计，每年在家具市场上出二至三种新型家具，并且关闭相同数量的过时的或不受欢迎的生产线，使公司避免了生产线的过度扩张与生产线的低效率。公司的销售人员近 50 人，销售网点遍及全国各地，拥有客户 5000 多家。目前，市场部门致力于组建地区连锁店及平价商店。公司的管理人员确信，只有连锁店或平价商店才有利于在既定价格下批量地推销家具。1998 年，公司拥有平价商店 14 家，预计到 2002 年可达到 18~24 家。南方家具公司现有 950 名员工，平均人均生产总值为 5 万元，而同行业的人均生产总值为 1.6 万元。管理人员认为公司中存在着剩余劳力。

2. 公司财务状况及其规划

南方家具公司现有长期借款 80 万元，年利率为 5.5%，其中 10 万元在一年内到期，以后每年分两期偿还本金 10 万元。借款合约规定公司至少要保持 225 万元的流动资金。

南方家具公司 1996 年以每股 5 元公开发行普通股 17 万股。目前，该公司发行在外的普通股共计 60 万股，其中高级职员和董事会成员持有 20%左右。其股利分配政策保持不变，每股年收益为 0.4 元。

公司筹措 800 万元的两种方案如下。

(1) 发行普通股，除非在股票发行日之前证券发行情况发生重大变化，公开发行普通股 25.8 万股将为公司筹措 800 万元。该方案必须在董事会讨论决定后 90 天，即在本年会计年度结束后方可实施。股票发行费用大约为每股 2 元。

(2) 举债即向银行举借利率为 7%，期限为 10 年的贷款。借款合同有如下规定。

① 从贷款取得后第 30 个月开始，每半年偿还本金 40 万元。

② 第 10 年末偿还贷款本金的 25%(200 万元)。

③ 借款的第一年，公司的流动资金必须保持在借款总额的 50%，以后每年递增 10%，直至达到偿还贷款的 80%。

④ 股东权益总额至少为 600 万元。

⑤ 借款利息必须在每季末支付。

试根据以上案例所提供的资料分析并回答下列问题。

(1) 两种不同筹措方式下资本成本各为多少？

(2) 不同的筹资方式对公司的财务状况有何影响？

(3) 你认为应采取哪种筹资方式？是发行股票还是取得银行借款？作出你最终的决策。

案例点评

(1) 发行普通股的资金成本(假设最近几年的股利水平固定不变)为

$$K_c=D_c/(P-F)=0.4/(33-2)=1.29\%$$

银行借款的年实际利率即为借款的税前资金成本，因为本借款合同规定利息为每季度末支付，应调整名义利率为实际利率，借款的税后资金成本为

$$K_d=[(1+7\%/4)^4-1](1-33\%)=4.81\%$$

相比较而言，发行普通股的资金成本比银行借款的资金成本要小。

(2) 若发行普通股筹资，公司的股本将增加，流通在外的股数增加，对公司来说，筹资的风险较小，但会一定程度地分散控制权。

若采用银行借款筹资，会加大公司的负债比例，增加财务风险，从具体的借款合同来看，还本付息的方式及其他对公司经营的限制性条款都会增加公司的负担。

(3) 相比之下，采用发行普通股筹资的方式比较符合公司的特点。一方面，采用普通股筹资的资金成本较低，另一方面，不会给公司带来大的财务风险和还款压力。虽然一般情况下银行借款的资金成本低于普通股筹资，但在本案例中，普通股筹资的资金成本反倒低于银行借款，这主要是因为公司股利的支付水平较低。从公司的背景及发展趋势来看，公司处于一个扩张发展的阶段，若投资者能接受目前的利益而追求长期的资本增值，较低的股利支付水平是可行的。但公司本次给予投资者一定的信心，这主要是基于对今后的经营业绩的不断成长的预判。(资料来源：编者根据有关材料整理而成)

练习与思考题

一、分析题

某公司正在着手编制明年的财务计划，公司的财务主管请你协助计算其加权平均资金成本，有关信息如下。

(1) 公司银行借款利率当前是9%，明年将下降为8.93%。

(2) 公司的债券面值为1元，票面利率为8%，期限为10年，分期付息，当前市价为0.85元；如果按公司债券当前市价发行新的债券，发行成本为市价的4%。

(3) 公司普通股面值为1元，当前每股市价为5.5元，本年派发现金股利0.35元，预计每股收益增长率维持7%，并保持25%的股利支付率。

(4) 公司的所得税率为40%。

要求：

(1) 计算银行借款的税后资金成本。

(2) 计算债券的税后成本。

(3) 计算股票股权资金成本。

二、计算题

某公司目前发行在外的普通股100万股(每股1元)，已发行10%的利率的债券400万元。该公司打算为一个新的投资项目融资500万元，新项目投产后公司每年息税前盈余增加到200万元。现有两个方案可供选择：按12%的利率发行债券(方案1)；按每股20元的价格发行新股(方案2)。公司适用的所得税率为40%。

要求：

(1) 计算两个方案的每股盈余。

(2) 计算两个方案的每股盈余的无差别点息税前利润。

(3) 计算两个方案的财务杠杆系数。

(4) 判断哪个方案更好。

三、思考题

1. 为什么债务资金成本通常比权益资金成本低？

2. 有人说："企业使用内部资金是无成本的。"你同意这种看法吗？

3. 怎样运用资金成本进行筹资、投资和优化资本结构的决策？

复习自测题

1. 某公司本年度只经营一种产品，息税前利润总额为90万元，变动成本率为40%，债务筹资的成本总额为40万元，单位变动成本为100元，销售数量为10 000台。

要求：计算该公司的经营杠杆系数、财务杠杆系数和总杠杆系数。

2. 某企业资金总额为 2000 万元，借入资金与权益资金各占 50%，负债利率为 10%，普通股股数为 50 万股。假定所得税税率为 50%，企业基期息税前利润为 300 万元，计划期息税前利润增长 20%。

要求：
(1) 计算企业财务杠杆系数。
(2) 计算计划期普通股每股净收益。

第四章　旅游企业短期资金筹资管理

【本章导读】

资金筹集是企业资金运动的起点，也是财务管理的重要环节之一。本章介绍旅游企业筹资的基本理论，并阐述旅游企业筹集短期资金的策略、方式以及各种筹资方式的特点和理论比较。通过本章的学习，可以提高旅游企业筹集短期资金的效率。

【关键词】

商业信用　短期借款　短期融资券

【知识要点】

1. 了解旅游企业筹资的类型与原则。
2. 熟悉旅游企业筹资的渠道和方式。
3. 了解短期筹资的特点和筹资策略。
4. 掌握商业信用的概念和商业信用筹资的优缺点。
5. 了解短期借款的信用条件和计息方式。
6. 熟悉短期融资券的概念和优缺点。

小贴士

财富故事

移动公司的筹资

2003年,中国移动通信公司广州分公司实行了一项话费优惠活动,具体是:若该公司的手机用户在2002年12月底前向该公司预存2003年全年话费4800元,可以获赠价值2000元的缴费卡;若预存3600元,可以获赠1200元缴费卡;若预存1200元,可以获赠300元的缴费卡。该通信公司通过这种诱人的话费优惠活动,令该公司的手机用户得到实实在在的利益,当然更重要的是,还可以为该公司筹集到巨额的资金。据保守估计,假设有1万个客户参与这项优惠活动,该公司至少可以筹资2000万元,假设有10万个客户参与,则可以筹资2亿元,公司可以利用这笔资金去拓展新的业务,扩大经营规模。另外,该通信公司通过话费让利,吸引了一批新的手机用户,稳定了老客户,在与经营对手的竞争中赢得了先机。(资料来源:编者根据相关材料整理而成)

第一节 旅游企业筹资概述

一、筹资的动机与要求

筹资即筹集资金,它是旅游企业生存与发展的基本前提,没有资金,企业将难以生存,也不可能发展。筹资活动是旅游企业财务管理活动的起点,也是旅游企业财务管理的基本任务之一。旅游企业在经营过程中,由于受众多外界及内部因素的影响,诸如旅游消费的季节性、经济发展的周期性、金融市场的波动性及内部经营策略的调整等,会使资金在运动中出现收入与支出的不平衡,即收大于支或支大于收。为了满足正常的企业经营需要,企业应科学合理地开展筹资活动。

1. 筹资的动机

旅游企业筹资应服务于企业财务管理的总体目标,其基本目的主要表现在以下几方面。

1) 满足企业设立的需要

旅游新企业的设立,必须准备充足的开业资金。只有筹集到企业设立所需的资金,才能注册登记和进行必要的建设,保证工程进度,有利于迅速形成经营能力,抢占市场先机。

2) 满足企业经营的需要

满足企业经营需要而进行的筹资活动是企业最经常性的财务活动,如增设新的服务项目、企业资产维修和更新、提高服务质量等,这些都需要大量的资金投入。

3) 满足企业扩张的需要

旅游企业扩张发展的时期,会对资金筹集提出大量要求,如追加对外投资、开拓企业经营领域和对外兼并等,能够筹集到扩张所需的增量资金,才能使预计的扩张机会转变为现实，实现旅游企业扩张发展的目标。

4) 满足企业资金结构调整的需要

资金结构的调整是旅游企业为降低筹资风险、减少资金成本而对资本与负债间的比例关系进行的调整，属于企业重大的财务决策事项，也是企业筹资管理的重要内容。

2. 筹资的要求

企业筹资的基本要求是经济有效。为达到这一基本要求，必须对影响筹资活动的各种因素进行分析，以保证资金能合理、合法并及时、有效地筹集。企业在开展筹资活动时应符合以下几方面要求。

1) 筹资与投放相结合，提高筹资效益

企业在筹资过程中，无论通过何种渠道、采用何种方式，都应预先确定资金的需要量，使筹资量与需要量相互平衡。同时，还应考虑投资活动在时间上的需要，科学地测算企业未来的资金流入量和流出量，确定合理的投放时机，防止因筹资不足而影响生产经营活动的正常开展，也尽量避免筹资过剩而造成资金闲置，降低筹资效益。

2) 认真选择筹资渠道和方式，力求降低资金成本

企业筹资的方式有多种，每一种方式又可通过多条渠道筹集资金，但不论采用什么方式，通过什么渠道，筹集和占用资金总要付出代价，因此，在筹资时必须对各种筹资方式、各条筹资渠道进行选择、比较，不断优化资本结构，力求使资金成本降至最低水平。

3) 适当安排自有资金比例，正确运用负债经营杠杆

企业全部资金包括自有资金和借入资金两部分，即所有者权益资金和负债资金。企业在筹资时，必须使自有资金与借入资金保持合理的结构关系，防止负债过多而增加财务风险，增加偿债压力；也不能因惧怕风险而放弃利用负债经营，造成自有资金的收益水平降低。

4) 优化投资环境，积极创造吸引资金的条件

社会资金的投向直接取决于环境的优劣，因此，企业应不断优化投资环境，以吸引社会资金的投入。良好的经营作风、可靠的企业信誉、较强的盈利能力和良好的发展前景，是一个较好的投资环境所必须具备的基本条件。

二、筹资的类型与原则

1. 筹资的类型

旅游企业从不同筹资渠道和用不同筹资方式筹集的资金，由于具体的来源、方式、期限等的不同，形成不同的类型。不同类型资金的结合，构成旅游企业具体的筹资组合。旅游企业的全部资金，通常可分为权益筹资与负债筹资、长期筹资与短期筹资、内部筹资与外部筹资等类型。

1) 权益筹资与负债筹资

旅游企业的全部资金来源，可以按资金性质的不同区分为权益筹资与负债筹资。合理安排权益筹资与负债筹资的比例关系，是企业筹资管理的一个核心问题。

(1) 权益筹资。权益筹资亦称自有资金筹集或权益资金筹集，是旅游企业依法筹集并长期拥有、自主调配运用的资源。根据我国财务制度，企业权益资金包括资本金、资本公积金、盈余公积金和未分配利润。按照国际惯例，一般包括实收资本(或股本)和留存收益两部分。

权益资金的特点如下。

① 资金的所有权归属企业的所有者，所有者凭其所有权参与企业经营管理和利润分配，并对企业的经营状况承担有限责任。

② 企业对权益资金依法享有经营权，在企业存续期内，投资者除依法转让外，不得以任何方式抽回其投入的资本，因而权益资金被视为"永久性资本"。

③ 企业权益资金是通过国家财政资金、其他企业资金、民间资金、外商资金等渠道，采用吸收直接投资、发行股票、内部留存利润等方式筹措形成的。

(2) 负债筹资。旅游企业的负债筹资，亦称借入资金筹集或债务资金筹集，是旅游企业依法筹措、使用并按期偿还的资金来源。负债资金包括各种借款、应付债券、应付票据、融资租赁、商业信用等。

负债筹资的特点如下。

① 负债资金体现企业与债权人的债权债务关系，它属于企业的债务，是债权人的债权。

② 企业的债权人有权按期索取本息，但无权参与企业的经营管理，对企业的经营状况不承担责任。

③ 企业对借入资金在约定的期限内享有使用权，承担按期付息还本的义务。

④ 企业的借入资金是通过银行借款、发行债券、发行融资券、商业信用、融资租赁等方式筹措取得的。

2) 长期筹资与短期筹资

旅游企业的资金来源，可以按期限的不同，区分为长期资金和短期资金，企业的资金筹集由此分为长期筹资与短期筹资，二者构成企业全部资金的期限结构。

(1) 长期筹资。长期筹资所筹资金是指使用期限在一年以上的资金。企业要长期、持续、稳定地进行生产经营活动，就需要一定数量的长期资金。

广义的长期资金还可具体区分为中期资金和长期资金。一般划分标准是：使用期限在一年以上至五年以内的资金为中期资金，五年以上的资金为长期资金。

旅游企业需要长期资金的原因主要有购建固定资产、取得无形资产、进行长期投资、垫支于长期性流动资产等。长期资金通常采用吸收直接投资、发行股票、发行债券、长期借款、融资租赁、内部留存积累等方式来筹措。

(2) 短期筹资。短期筹资所筹资金是指使用期限在一年以内的资金。企业由于生产经营过程中资金周转的暂时短缺，往往需要一些短期资金。

旅游企业的短期资金，一般是通过短期借款、商业信用、发行融资券等方式来融通。

旅游企业的长期资金和短期资金，有时亦可相互通融。例如，用短期资金来源暂时满足长期资金需要，或者用长期资金来源临时解决短期资金的不足。

3) 内部筹资与外部筹资

旅游企业的资金来源可以分别通过内部筹资和外部筹资来形成。企业应在充分利用内部资金来源的同时，再考虑外部筹资问题。

(1) 内部筹资。内部筹资是指在旅游企业内部通过计提折旧而形成现金来源和通过留存利润等而增加资金来源。其中，计提折旧并不增加企业的资金规模，只是资金的形态转化，为企业增加现金来源，其数量的多寡由企业的折旧资产规模和折旧政策所决定；留存利润则增加企业的资金总量，其数量由企业可分配利润和利润分配政策(或股利政策)决定。内部筹资是在企业内部"自然地"形成的，因此，一般无须花费筹资费用。

(2) 外部筹资。外部筹资是指在旅游企业内部筹资不能满足需要时，向企业外部筹集资金而形成资金来源。初创时期的企业，内部筹资的可能性是很有限的，而成长阶段的企业，内部筹资也往往难以满足需要，于是，企业就要广泛开展外部筹资。企业外部筹资的渠道和方式很多，外部筹资通常都需花费筹资费用，如发行股票、债券需支付发行费用，取得借款需支付一定的手续费等。

2. 企业筹集资金的基本原则

旅游企业筹集资金的基本原则，是要求资金筹集产生合理的经济效益，充分体现并保护投资者权益，具体原则如下。

1) 合理确定资金的需要量，控制资金投放时间

这一原则要求筹资时考虑资金的数量和时间两个因素。旅游经营活动的正常进行离不开一定数量的资金，缺少资金不行，资金筹集过多也不利于旅游经营效益的提高，因为前者会造成资金缺乏而影响正常的资金周转，甚至会失去市场；后者会造成资金积压、闲置和浪费，降低资金周转速度，影响资金使用效果。在确定资金需要量的前提下，还要灵活地控制资金的投放时间，在不需要投放的时候进行投放会造成资金闲置和浪费，在需要投放的时候不能保证投放又会影响经营活动的正常进行。因此，筹资时要预测不同季节的资金需要量，以便合理安排资金的投放数量和投放时间，为加速资金周转、提高资金使用效果奠定基础。

2) 考虑资金成本与资金效益的比例关系

这一原则要求筹资时要将资金成本的高低作为筹资决策的一个主要参考标准。资金的稀缺性决定了筹集资金必须付出代价，这一代价就是资金成本。资金来源的渠道不同，资金成本高低也不等，而资金成本的高低是影响旅游企业盈利水平高低的重要因素。旅游企业筹资的目的是通过运用资金获得经济上的效益。资金成本是对资金的耗费，资金效益是使用资金的所得，所得大于所费，才能有经济上的效益可言，超过的越多，实现的效益越大。因此，旅游企业在筹资时一定要比较各种来源的资金成本，选择最有利的筹资方式组合，争取以最低的资金成本获取最佳的资金效益。

3) 控制负债资金比例，处理好筹资风险

旅游企业资金来源不外乎是自有资金和负债资金两种。在市场经济条件下，利用较多外借资金来经营(即负债经营)已成为现代企业资金营运的一种普遍形式，旅游企业在资金营运中也必然会利用这种形式。使用负债资金虽然能带来经营上及财务上的利益，但如果控制不严，规模过大，就可能造成债务危机，严重的会导致破产。因此，旅

游企业在筹资时，必须掌握好负债资金的比例，注意筹资风险的防范，提高筹资及投资效益。

三、筹资渠道与筹资方式

1. 筹资渠道

筹资渠道是指企业筹措资金来源的方向与通道，体现着资金源泉。认识筹资渠道的种类及每种渠道的特点，有利于企业充分开拓和正确利用筹资渠道。

1) 国家财政资金

国家对企业的投资，历来是国有企业、国有独资公司的主要资金来源。现有国有企业的资金来源大部分是过去由国家以拨款方式投资形成的。国家财政资金具有广阔的源泉和稳固的基础，今后仍然是国有企业筹集资金的重要渠道。

2) 银行信贷资金

银行对企业的各种贷款，是各类企业重要的资金来源。银行一般分为商业性银行和政策性银行。我国商业性银行主要有中国工商银行、中国农业银行、中国银行、中国建设银行、交通银行、中信实业银行、中国光大银行、华夏银行、招商银行、民生银行、福建兴业银行、广东发展银行、深圳发展银行、上海浦东发展银行以及全国各大中城市成立的城市合作商业银行；我国政策性银行主要有国家开发银行、进出口信贷银行、中国农业发展银行等。前者为各类企业提供商业性贷款，后者主要为特定企业提供政策性贷款。银行信贷资金有居民储蓄、单位存款等经常性的资金源泉，贷款方式多种多样，可以适应各类企业的多种资金需要。

3) 非银行金融机构资金

非银行金融机构主要有投资公司、信托公司、租赁公司、保险公司、证券公司、信用合作社、企业集团的财务公司等。这些非银行金融机构有的承销证券，有的融资融物，有的为了一定目的而集聚资金，可以为一些企业直接提供部分资金或为企业筹资提供服务。这种筹资渠道的财力比银行要小，但具有广阔的发展前景。

4) 其他企业资金

企业在生产经营过程中，往往形成部分暂时闲置的资金，同时为一定的目的也需要相互投资，这都为筹资企业提供了资金来源。

5) 民间资金

企业职工和城乡居民的结余资金，可以对企业进行投资，形成民间资金渠道，为企业所利用。

6) 企业自留资金

企业内部形成的资金，主要是计提折旧、提取公积金和未分配利润而形成的资金，这是企业的"自动化"筹资渠道。

7) 外商资金

外商资金是外国投资者以及我国香港、澳门和台湾地区投资者投入的资金，是外商投资企业的重要资金来源。

2. 筹资方式

企业的筹资方式一般有以下七种：①吸收直接投资；②发行股票；③企业内部积累；④银行借款；⑤发行债券；⑥融资租赁；⑦商业信用。

3. 筹资方式与筹资渠道的配合

企业的筹资方式与筹资渠道有着密切的关系。一定的筹资方式可能只适用于某一特定的筹资渠道，但是同一渠道的资金往往可以采取不同的方式取得，而同一筹资方式又往往适用于不同的筹资渠道。因此，企业筹集资金时，必须实现两者的合理配合。筹资方式与筹资渠道的配合情况如表 4-1 所示。

表 4-1　筹资方式与筹资渠道的配合

筹资渠道＼筹资方式	吸收直接投资	发行股票	留用利润	银行借款	发行债券	融资租赁	商业信用
国家财政资金	◎	◎					
银行信贷资金				◎	◎		
非银行金融机构资金	◎	◎			◎	◎	
其他企业资金	◎	◎			◎		◎
民间资金	◎	◎			◎		
企业自留资金			◎				
外商资金	◎	◎			◎	◎	

第二节　短期资金筹集概述

一、短期资金筹集的特点

短期筹资是为了满足旅游企业临时性生产经营需要而进行的一种筹资活动。由于短期资金一般通过流动负债方式获得，因此，短期资金筹集又可称为短期借入资金筹集或流动负债筹资。

短期借入资金是指可以在一年内或者超过一年的一个营业周期内偿还的债务，主要包括短期借款、结算中形成的应付及预收款、应付票据、应付税金、应付利润、应付股利及其他应付款、应付短期债券、已计入成本尚未支付的预提费用、已提取尚未支付的职工福利费等。

与长期借入资金筹资相比，短期资金筹集具有以下特点。

(1) 期限短，速度快。企业向银行申请短期借款，由于借款时间短，银行的风险相对较小，往往比申请长期借款容易，程序简便，一般短时间内即可获得。

(2) 成本低。在正常情况下，短期借入资金由于借款期限短，所筹集资金的成本低于长期负债筹资的资金成本。而应付费用筹资基本没有筹资成本发生。

(3) 弹性高。通常短期借款契约中，债权人对债务人限制条款较少，使企业具有比长期债务性筹资更大的资金使用权，从而对旅游企业经营的季节性特点，短期借款比长期借款有更大的灵活性。

(4) 财务风险大。尽管短期借入资金筹资成本较低，易取得，但筹资财务风险较高。如果企业短期债务筹资比重过大，当债务到期，企业需要在短期内筹集大量资本偿还债务，这就要求旅游企业有较强的变现能力，否则容易面临债务危机。

二、短期资金的筹集策略

短期资金的筹集策略是指所筹资金来源与资金运用的合理配置方面的问题，也就是流动资产组合策略。

企业的流动资产包括临时性资产和永久性资产两部分。临时性流动资产是指由于季节性或临时性原因占用的流动资产，如销售旺季增加的应收账款和存货等；永久性流动资产是指企业长期稳定需要的流动资产，如存货和现金中的保险储备量。原则上，临时性流动资产需要通过短期负债资金筹集，而永久性流动资产需要通过长期资金(长期负债和股权资本)筹集配置。

正常情况下，短期资金的筹集策略遵循流动资产要用短期资金筹资，固定资产要由长期资金筹集。短期资金的筹集策略一般有如下三种类型。

1. 温和型筹资策略

温和型筹资策略是指：流动资产中永久性流动资产通过长期资金融通配置，而临时性流动资产的资本则需要全部由短期负债资金筹集解决。对于温和型筹资策略来说，资金的来源与资产的寿命周期相匹配，一方面可以减少企业到期不能偿债的风险，另一方面可以减少企业闲置资金占用，提高资金利用率。这是一种理想的筹资策略，现实生活中较难实现。

2. 激进型筹资策略

如果企业所筹长期资本不能满足永久性流动资产的资金需求，而要依赖短期资金来筹集，便属于激进型筹资策略。采取这种筹资策略的目的是为了追求高利润。但采取这种筹资策略，一方面降低了流动比率，加大了偿债风险，另一方面短期债务利率的多变性增加了企业盈利的风险度。这种筹资策略一般适用于企业长期筹资不足，或短期债务成本较低的企业。

3. 保守型筹资策略

保守型筹资策略是一种谨慎的筹资策略，全部的永久性流动资产和固定资产都用长期资金筹集，而流动资产中部分临时性流动资产的资金也需要由长期资金筹集融通。采取这种筹资策略的主要目的是为了规避风险。采用这种策略，一方面可增强企业的偿债能力，降低利率的变动风险，另一方面增大了资本成本，利润减少。这种筹资策略一般适用于企业长期资本多余且又无更好的投资机会的企业。

第三节　商业信用

商业信用是指在商品交易中以延期付款或预收货款进行购销活动而形成的借贷关系，它是企业间直接的信用行为。商业信用产生于商品交换之中，是企业之间的一种直接信用行为。据有关资料统计，这种短期筹资在许多企业中占短期负债的 40%左右，已成为企业重要的短期资金来源。

一、商业信用的形式及应用

商业信用的具体形式主要有应付账款、应付票据、预收账款、应付费用等。

1. 应付账款筹资

应付账款，即赊购商品，这是一种典型的商业信用形式。在这种方式下，买卖双方发生商品交易，买方收到商品后不立即支付货款，也不出具借据，而是形成"欠账"，延迟一定时期后才付款。这种关系完全由买方的信用来维持。对于卖方来说，可以利用这种方式促销，而对于买方来说，延期付款则等于向卖方借用一笔资金购进商品，以满足短期资本需要。

旅游企业在一定时期应付账款筹资额度的大小不但与其经营状况有关，也与供应商(卖方)提供的信用条件有关。如供应商的信用条件是"net 30"，表示购货方必须在 30 天内支付货款。有时供应商为促使购货方按期付款或及早付款，通常给予购货方一定的现金折扣，如信用条件"2/10，n/30"，意即购货方如于购货后 10 天内付款，可以享受 2%的购货折扣；如于 10 天到 30 天内付款，购货方必须支付全额货款，允许购货方付款的期限最长为 30 天。假设某旅游企业按"net 30"的条件平均每天从供货商处采购价值 5 000 元的货物，如果企业总是在信用期限末(第 30 天)付款，则它相当于通过应付账款获得了价值 15 万元的筹资(30 天×5 000)。如果企业的采购计划随着生产计划进行调整，其应付账款筹资额度也将随之变动。

那么旅游企业是否要提前付款，以获取现金折扣呢？这要考虑机会成本的大小。所谓机会成本是指旅游企业由于放弃现金折扣而造成的资金成本。如果旅游饭店货币资金不足，不能提前付款，但能以低于机会成本的利率筹集到资金，便可提前付款，享受现金折扣。如果现有另一投资机会，投资利润率高于机会成本的利率，那么可以放弃现金折扣，去追求短期投资效益。总之，旅游企业要进行收益与成本的对比，以作出正确的决策。

并不是任何旅游企业都能获得赊购待遇，因为这种方式是借助于买卖双方的商业信用来筹集资金的，因而只有信用与声誉比较好的旅游企业才能获得供应商的赊销。采用这种方式筹集资金手续比较简单，但要控制在一定范围内，否则会造成旅游企业同其他供应商结算链条的失控，影响资金的正常周转和旅游企业的信誉，进而影响旅游企业进一步筹资的能力。

应付账款筹资按其是否支付代价，分为"免费"筹资和有代价筹资两种。如果供应商不提供现金折扣，购货方在信用期限内任何时间支付货款均无代价，或者如果供应商提供现金折扣，购货方在折扣期限内支付货款也没有成本，这两种情况通常称为"免费"筹资。如果购货方在规定的信用期限延迟付款，或放弃现金折扣，在折扣期限外支付货款，则称为有代价筹资。

【例 4-1】假设某旅游企业按"2/10，n/30"的条件购买一批商品，价值 100 000 元。如果公司在 10 天内付款，则可获得最长为 10 天的免费筹资，并可取得折扣

2000(100 000×2%)元，免费筹资额为 98 000(100 000-2 000)元。如果公司放弃这笔折扣，在第 30 天付款，付款总额为 100 000 元。公司为推迟付款 20 天，需多支付 2 000 元。这种情况可以看做一笔为期 20 天，金额为 98 000 元的借款，利息为 2 000 元，其借款的实际利率为

$$20 \text{ 天的实际利率} = \frac{2\,000}{98\,000} \times 100\% = 2.04\%$$

利息通常以年表示，因此，必须把 20 天的利率折算为 360 天利率。
假设按单利计算，则实际年利率为

$$\text{实际年利率} = 2.04\% \times \frac{360}{20} = 36.72\%$$

若用公式来表述，企业放弃现金折扣的实际利率(或机会成本)可按下式计算：

$$\text{放弃现金折扣实际利率} = \frac{\text{折扣率}}{1-\text{折扣率}} \times \frac{360}{\text{信用期限}-\text{折扣期限}}$$

根据例 4-1 中的资料，放弃现金折扣的实际利率为

$$\text{放弃现金折扣的实际利率} = \frac{2\%}{1-2\%} \times \frac{360}{30-10} = 36.72\%$$

计算结果表明，如果企业放弃现金折扣，以取得这笔为期 20 天的资金使用权，是以承担 36.72%的年利率为代价的。或者说，放弃 2%的现金折扣意味着该企业可向供应商融通 98 000 元资本使用 20 天。

公司是否放弃现金折扣，通常应与其短期筹资成本相比较，如果其他筹资成本低于这一水平，就不应放弃赊销方提供的折扣优惠，公司可通过其他渠道融通成本较低的资本，来提前支付这笔应付款。

延期付款虽然可以降低筹资成本，但由此却会给企业带来不良后果，主要包括信用损失、利息罚金、停止送货、法律追索等。

2. 应付票据筹资

应付票据是购销双方按购销合同进行商品交易，延期付款而签发的、反映债权债务关系的一种信用凭证。根据承兑人的不同，应付票据分为商业承兑汇票和银行承兑汇票两种。商业承兑汇票是由收款人签发，经付款人承兑，或由付款人签发并承兑的票据；银行承兑汇票是由欠款人或承兑申请人签发，由承兑申请人向开户银行申请，经银行审查同意，并由银行承兑的票据。商业汇票承兑后，承兑人(即付款人)负有将来无条件支付票款的责任，经承兑的商业票据允许背书转让。

应付票据的承兑期限由交易双方商定，一般为 6 个月，最长不超过 9 个月。应付票据可以带息，也可以不带息。带息应付票据利息率通常低于其他筹资方式的利率，如低于短期借款利率，且不用保持相应的补偿性余额和支付各种手续费等。

使用应付票据结算方式，收款人需要资金时，可持未到期的商业承兑汇票或银行承兑汇票向其开户银行申请贴现。贴现银行需要资金时，可持未到期的汇票向其他银行转贴现。

贴现和转贴现的期限一律从其贴现之日起到汇票到期日止。实际支付贴现金额按票面金额扣除贴现息后计算。

票据贴现实际上是持票人把未到期的汇票转让给银行，贴付一定利息以取得银行

借款的行为。因此，它是商业信用发展的产物，实为一种银行信用。应付票据贴现息及应付贴现票款的计算方法如下：

$$贴现息=票据金额×贴现天数×\frac{月贴现率}{30}$$

$$应付贴现票款=票据金额-贴现息$$

【例4-2】假设A旅游企业向B企业购进材料一批，价款100 000元，双方商定6个月后付款，采用商业承兑汇票结算。B企业于3月10日开出汇票，并经A旅游企业承兑。汇票到期日为9月10日。如B企业急需资金，于4月10日办理贴现，其月贴现率为0.6%，试计算该企业应付贴现款是多少。

根据上述资料可计算如下：

$$贴现息 = 100\ 000×150×\frac{0.6\%}{30} = 3\ 000(元)$$

$$应付贴现票款 = 100\ 000-3\ 000 = 97\ 000(元)$$

在证券市场较为发达的西方国家，许多信誉程度极高的大型企业，往往通过发行商业票据来筹集短期资本。企业利用发行商业票据可满足如下各种不同的筹资需求。

(1) 临时性或季节性资本需求。
(2) 转换信用，以获得连续不断的资本来源。
(3) 当长期资本市场不能提供令人满意的长期筹资条件时，企业发行商业票据可暂缓进行长期筹资的时间。
(4) 补充或替代商业银行贷款。由于发行商业票据不是以现实的商品交易为基础，而是以企业信誉作为担保，因此，只有信誉程度极高的企业才可能利用这种筹资方式。

3. 预收账款筹资

预收账款是卖方公司在交付货物之前向买方预先收取部分或全部货款的信用形式。对于卖方来说，预收账款相当于向买方借用资本后用货物抵偿。预收账款一般用于生产周期长、资本需要量大的货物的销售。

4. 应付费用筹资

旅游企业在生产经营活动中往往还形成一些应付费用，如应付水电费、应付工资、应付税金、应付利息等。这些项目的发生受益在先，支付在后，支付期晚于发生期，故为旅游企业形成一种"自然性筹资"。其期限通常有强制性的规定，如按月支付工资、按规定期限缴纳税金等。这些短期筹资项目通常不花费代价。

二、商业信用筹资的优缺点

1. 商业信用筹资的优点

(1) 筹资便利。利用商业信用筹措资金非常方便，因为商业信用与商品买卖同时进行，属于一种自然性融资，不用做非常正规的安排。

(2) 筹资成本低。如果没有现金折扣，或企业不放弃现金折扣，则利用商业信用筹资没有实际成本。

(3) 限制条件少。如果企业利用银行借款集资，银行往往对贷款的使用规定一些限制条件，而商业信用则限制较少。

2. 商业信用筹资的缺点

(1) 商业信用的期限一般较短，如果企业取得现金折扣，则时间会更短。
(2) 如果放弃现金折扣，则要付出较高的资金成本。

第四节 短期借款

银行借款是企业根据借款合同向银行(以及其他金融机构，下同)借入的款项。银行借款按期限分为短期借款和长期借款，其中短期借款指企业向银行借入的期限在一年以内的借款。

一、短期借款的种类

1. 银行信用的种类

作为短期资金来源的银行信用，主要有短期银行借款、商业票据贴现和抵押担保借款等。

1) 短期银行借款

短期银行借款是指旅游企业为解决暂时的需要而向银行借用的款项。这种借款的种类比较多，如结算借款、超储积压借款、季节性临时借款等。目前，我国中外合资旅游企业中，这部分借款可占到流动资金平均需求的 70%左右。

2) 票据贴现

票据贴现是一种用他人支付的票据作为担保，从金融机关筹集资金的方式，也可以看做一种票据交易的方式。旅游企业在所持汇票未到期而急需资金时，可以持汇票到开户银行申请贴现(出售汇票)以换取现金。贴现时，要向银行支付一定的利息(贴现息)作为提前取得现金的成本。按规定，贴现的期限为从其贴现之日起到汇票到期日止，实付贴现金额按票面金额扣除贴现期的利息计算。

票据贴现实际上是旅游企业向银行的一种短期借款，其贴现息与流动负债的应计利息一样，计入旅游企业的财务费用。

3) 抵押担保借款

抵押担保借款，即由实物作为担保的借款。旅游企业在资金短缺时，可以用证券、应收款、房屋及设备等作为抵押，以换取银行的借款，如果旅游企业到期不能偿付借款本息，银行有权处理抵押担保品，并以处理所得收入抵还借款本息。

旅游企业用于做抵押品的资产一定要拥有所有权，否则不可作为抵押品使用。虽然有抵押品作担保可以减少银行贷款的风险，但对不同的抵押品，银行仍需进行仔细审查后方可确定是否贷款及贷款数量、利率等。例如，对以固定资产作为抵押品的贷款，银行要考虑抵押品的可变现能力、价格稳定性及对实物控制程度的大小等。对以应收款做抵押品的贷款，银行要对付款方进行调查确认后，按借款方财务状况给以不同的借款额。

2. 短期借款的种类

短期银行借款按借款的目的和用途分为生产周转借款、临时借款、结算借款等；按有无担保分为信用借款和担保借款；按偿还方式分为一次性偿还借款和分期偿还借款。

二、短期借款的信用条件

银行信用是由银行机构提供的信用，是间接信用，它是直接信用(即商业信用)的后盾。按照国际惯例，银行发放贷款时，往往带有一些信用条件，主要有以下几种。

1. 信贷额度

信贷额度亦称贷款限额，是贷款人与银行在协议中规定的允许借款人借款的最高限额。如果借款人超过限额继续向银行借款，银行则停止办理。此外，如果企业信誉恶化，即使银行曾经同意按信用限额提供贷款，企业也可能得不到贷款。这时，银行不会承担法律责任。

2. 周转信贷协定

周转信贷协定是银行具有法律义务的承诺提供不超过某一最高限额的贷款协定。在协定的有效期内，只要企业借款总额未超过最高限额，银行必须满足企业任何时候提出的借款要求。企业享用周转协定，通常要对贷款限额的未使用部分付给银行一笔承诺费。

3. 补偿性余额

补偿性余额是银行要求借款人在银行中保持按贷款限额或实际借用额的一定百分比(通常为 10%～20%)计算的最低存款余额。补偿性余额有助于银行降低贷款风险，补偿其可能遭受的损失；但对借款企业来说，补偿性余额则提高了借款的实际利率，加重了企业的利息负担。

$$补偿性余额贷款实际利率 = \frac{名义利率}{(1-补偿性余额比率)} \times 100\%$$

4. 借款抵押

银行向财务风险较大、信誉不好的企业发放贷款，往往需要有抵押品担保，以减少自己蒙受损失的风险。借款的抵押品通常是借款企业的应收账款、存货、股票、债券以及房屋等。银行接受抵押品后，将根据抵押品的账面价值决定贷款金额，一般为抵押品账面价值的 30%～50%，这一比例的高低取决于抵押品的变现能力和银行的风险偏好。抵押借款的资金成本通常高于非抵押借款，这是因为银行主要向信誉好的客户提供非抵押贷款，而将抵押贷款视为一种风险贷款，因而收取较高的利息。此外，银行管理抵押贷款比管理非抵押贷款更为困难，为此往往另外收取手续费。企业取得抵押借款还会限制其抵押财产的使用和将来的借款能力。

5. 偿还条件

无论何种借款，一般都会规定还款的期限。根据我国金融制度的规定，贷款到期后仍无能力偿还的，视为逾期贷款，银行要照章加收逾期罚息。贷款的偿还有到期一次偿还和在贷款期内定期等额偿还两种方式。一般来说，企业不希望采用后种方式，因为这会提高贷款的实际利率；而银行则不希望采用前种方式，因为这会加重企业还款时的财务负担，增加企业的拒付风险，同时会降低实际贷款利率。

除了上述所说的信用条件外,银行有时还要求企业为取得借款而作出其他承诺,如及时提供财务报表、保持适当资产流动性等。如果企业违背作出的承诺,银行可要求企业立即偿还全部贷款。

三、银行借款利息的支付方式

1. 利随本清法

利随本清法,又称收款法,是在借款到期时向银行支付利息的方法。采用这种方法,借款的名义利率(亦即约定利率)等于其实际利率(亦即有效利率)。

2. 贴现法

贴现法是银行向企业发放贷款时,先从本金中扣除利息部分,而到期时借款企业再偿还全部本金的一种计算办法。采用这种方法,企业可利用的贷款额只有本金扣除利息后的差额部分,因此,其实际利率高于名义利率。

例如,某旅游企业从银行取得借款 200 万元,期限 1 年,名义利率 10%,利息 20 万元。按照贴现法付息,企业实际可动用的贷款为 180 万元(200-20),该项贷款的实际利率为

$$贴现贷款实际利率 = \frac{利息}{贷款金额 - 利息} \times 100\% = \frac{20}{200-20} \times 100\% = 11.11\%$$

3. 加息分摊法

在分期偿还借款中,银行和其他贷款人通常按加息分摊法计算利息,即银行将根据名义利率计算的利息加到贷款本金上,计算出贷款的本息和,要求借款人在贷款期内分期偿还本息之和的金额。例如,某某旅行社向银行借入 10 000 元,年利率 12%,年利息 1 200 元。假设旅行社采用分期(12 个月)偿还贷款,每月偿还额为 933.33 (11 200/12)。在接下来的 11 个月的月末,每月分期支付这一数额,直到借款全部付清。就全年来说,借款人只使用了大约 10 000 元的一半,这样,借款人所负担的实际利率大约高于名义利率的一倍。如果按月复利一次计算,则实际利率大约为 22%。在加息分摊法下,每次支付的利息都是按贷款的最初数计算的,而不是像其他类型借款的惯例按递减的借款金额计算。

四、短期借款成本

短期借款成本的高低主要取决于银行贷款利率,与国库券、银行承兑汇票、商业票据等利率不同的是,大多数商业贷款的利率都通过借贷双方协商决定。在某种程度上,银行根据借款人的信用程度调整利率,信用越差,利率越高。

除借款人的信用优劣外,其他因素也会影响银行贷款利率。这些因素包括所保持的存款余额以及借款人与银行的其他业务关系。另外,提供货款服务成本也是决定利率大小的因素。由于信用调查与贷款处理过程中存在着固定成本,因此,小额贷款比大额贷款的利率更高。

五、银行借款筹资的优缺点

1. 银行借款筹资的优点

(1) 筹资速度快。发行各种证券筹集长期资金所需时间一般较长。做好证券发行的准备(如印刷证券、申请批准等)以及证券的发行都要一定的时间。而银行信用与发行证券相比,一般所须的时间短,可以迅速地获得资金。

(2) 筹资成本低。就目前我国情况看,利用银行信用所支付的利息比银行债券所支付的利息低,另外,也无需支付大量的发行费用。

(3) 借款弹性好。旅游企业与银行可以直接接触,可通过商谈,来确定借款的时间、数量和利息。在借款期间,如果企业情况发生了变化,也可与银行进行协商,修改借款的数量和条件。借款到期后,如有适当理由,还可延期归还。

2. 银行借款筹资的缺点

(1) 财务风险较大。旅游企业举借银行款项,必须定期还本付息,在经营不利的情况下,可能会产生不能偿付的风险,甚至会导致企业破产。

(2) 限制条款较多。旅游企业与银行签订的借款合同中,一般都有一些限制条款,如定期报送有关报表,不准改变借款用途等,这些条款会限制旅游企业的经营活动。

(3) 筹资数额有限。银行一般不愿出借巨额的借款。因此,利用银行信用筹资都有一定的上限。

第五节 短期融资券

短期融资券是指具有法人资格的非金融企业,依照规定的条件和程序在银行间债券市场发行并约定在一定期限内还本付息的有价证券。短期融资券是由企业发行的无担保短期本票。在中国,短期融资券是指企业依照《短期融资券管理办法》的条件和程序在银行间债券市场发行和交易并约定在一定期限内还本付息的有价证券,是企业筹措短期(1 年以内)资金的直接融资方式。

一、短期融资券的种类及发行条件

1. 种类

(1) 按发行方式分类,可将短期融资券分为经纪人代销的融资券和直接销售的融资券。

(2) 按发行人的不同分类,可将短期融资券分为金融企业的融资券和非金融企业的融资券。

(3) 按融资券的发行和流通范围分类,可将短期融资券分为国内融资券和国际融资券。

2. 发行程序

短期融资券的发行程序为:①公司作出发行短期融资券的决策;②办理发行短期融资券的信用评级;③向有关审批机构提出发行申请;④审批机关对企业提出的申请进行审查和批准;⑤正式发行短期融资券,取得资金。

3. 发行条件

企业申请发行融资券应当符合以下主要条件。

(1) 具有稳定的偿债资金来源，最近一个会计年度盈利。
(2) 流动性良好，具有较强的到期偿债能力。
(3) 发行融资券募集的资金用于本企业生产经营。
(4) 近三年没有违法和重大违规行为。
(5) 近三年发行的融资券没有延迟支付本息的情形。

二、短期融资券的风险

由于公司治理结构不规范，违规成本低，与企业财务状况紧密相连的风险提示处于空白状态。部分企业为了达到低成本融资的目的，对披露的财务数据、经营业绩进行一定的修饰，隐藏了一定的信用风险。如果现有制度安排中隐藏的信用风险得不到及时发现和披露，一旦市场扩容，或经济环境变化，都会使信用风险迅速扩大。少数企业违约的信用风险有可能通过市场传导为系统风险，甚至影响到整个金融体系的稳定。

1. 滚动发行机制隐含"短债长用"的投资风险

按现行规定，人民银行对企业发行融资券实行余额管理，监管部门只需控制融资券待偿余额不超过企业净资产的 40%即可。这就使部分企业有可能绕过中长期企业债的限制，通过滚动发行短期融资券进行长期融资。由于监管缺失，难以避免企业将通过短期债融入的资金用作长期投资。任何中长期投资项目都面临市场、技术、产品等方面的风险，随着短期融资券发行规模的扩大，其隐含的投资风险将不断加大。

2. 短期融资券风险可能向银行转移

这主要体现在三个方面：一是隐性担保的潜在风险。短期融资券是无担保信用债券，不少企业将银行授信额度作为提高偿债能力的条件，主承销银行出于自身利益，心甘情愿地提供隐性担保。一旦出现违约风险，企业的信用风险就可能向银行转移和积聚。二是银行自销、自买短期融资券，容易产生泡沫，造成短期融资券异常"火爆"的假象。一旦个别企业出现兑付风险，必然引发投资者对相同信用等级短期融资券产生质疑，可能引发大范围抛售，金融机构持有的短期融资券价值将迅速下降。如果银行将短期融资券作为流动性的重要工具，必然导致银行体系流动性风险的爆发。三是银行竞相承销短期融资券，互相挖客户，容易产生道德风险和违规风险。

3. 信用评级不成熟，道德风险加大

突出表现在评级缺乏时效，使短期融资券发行时的评级出现终身化倾向；评级手段落后，大多采用长期债券的评级方法，没有短期债券的特性；评级标准不统一；监管主体缺位，至今没有明确评级机构的监管部门，有关法律法规不健全。

三、短期融资券筹资的优缺点

1. 短期融资券筹资的优点

(1) 筹资成本较低。企业利用短期融资券可延长资金使用期限，降低企业的财务成

本。发行人可通过滚动发行的方式,使募集资金稳定运用期限达到接近 3 年,且成本明显低于 3 年期的银行贷款。

(2) 提高直接融资比例,优化融资结构。短期融资券筹资数额比较大,可优化融资结构,拓宽企业融资渠道。目前企业的短期融资主要通过银行贷款获得,融资渠道单一,风险较为集中。国家一旦紧缩银根或控制贷款规模,其贷款授信额度容易受影响,可能导致企业流动资金周转受到影响。通过发行短期融资券,企业可逐步摆脱短期融资单纯依靠银行的局面,提高直接融资比例,优化融资结构。

(3) 可进一步提高企业的市场认可度。发行短期融资券如同企业在资本市场股权融资一样,同属直接融资,其市场影响力和知名度均可得到进一步的提高,发行短期融资券可以提高企业信誉和知名度。借助第三方媒体宣传、针对性的投资推介和路演、新闻发布会、撰写《投资分析报告》、向广大投资人直接推荐等形式,充分展示企业良好的形象。

2. 短期融资券筹资的缺点

(1) 发行短期融资券的风险比较大。
(2) 发行短期融资券的弹性比较小。
(3) 发行短期融资券的条件比较严格。

短期融资券的发行

短期融资券不再是大型或国有企业的"特权"。不久前,由兴业银行股份有限公司担任主承销商的福建凤竹纺织科技股份有限公司及福建冠福家用股份有限公司 2010 年首期短期融资券的成功发行,不仅实现了泉州地区企业发行短期融资券零的突破,也是兴业银行为中小民营企业发行短期融资券的创新之举。

短期融资券采用注册制,由银行间市场交易商协会负责受理,一次注册两年有效,可分期发行。针对短期融资券注册有效期两年的特性,发行人可通过滚动发行的方式,使募集资金稳定运用期限达到接近 3 年。滚动发行可采用多种模式,既可通过注册额度分期发行实现短期融资券兑付资金的无缝对接,也可以通过商业银行提供过桥融资为发行人提供兑付资金安排,实际操作过程中可根据发行人资金使用计划灵活操作。

据资料显示,截至 2009 年 9 月,全国短期融资券存量规模达 3879.65 亿元,占非金融企业债务融资业务的 18.29%。(资料来源:泉州晚报,2010-04-16)

案例与点评

东方饭店应如何付款?

案例介绍

东方饭店经常性地向友利公司购买原材料,友利公司开出的付款条件为"2/10, N/30"。某天,东方饭店的财务经理李森查阅饭店关于此项业务的会计账目,惊讶地发现，会计人员对此项交易的处理方式是，一般在收到货物后 15 天支付款项。当李森询问记账的会计人员为什么不取得现金折扣时，负责该项交易的会计不假思索地回答道："这一交易的资金成本仅为 2%，而银行贷款成本却为 12%，因此根本没有必要接受现金折扣。"

针对这一案例对如下问题进行分析和回答。

(1) 会计人员在财务概念上混淆了什么？

(2) 丧失现金折扣的实际成本有多大？

(3) 如果东方饭店无法获得银行贷款，而被迫使用商业信用资金(即利用推迟付款商业信用筹资方式)，为降低年利息成本，你应向财务经理李森提出何种建议？

案例点评

会计人员混淆了资金的 5 天使用成本与 1 年的使用成本。必须将时间长度转化一致，这两种成本才具有可比性。假如饭店被迫必须使用推迟付款方式，则应在购货后 30 天付款，而非 15 天付款，这样年利息成本可下降至 37.2%。(资料来源：秦志敏. 财务管理习题与案例. 大连：东北财经大学出版社，2002)

练习与思考题

1. 与长期负债筹资相比，短期负债筹资具有哪些特点？
2. 什么是商业信用，商业信用筹资有哪几种形式？
3. 简述短期借款筹资的优缺点。
4. 简述短期融资券的优缺点。
5. 阐述旅游企业筹资的渠道与方式。

复习自测题

一、单项选择题

1. 商业信用筹资的最大优点是( )。
   A. 期限较短 B. 成本较低
   C. 容易获得 D. 金额不固定

2. 下列属于企业筹资渠道的是( )。
   A. 长期借款 B. 企业自有资金
   C. 商业信用 D. 融资租赁

3. 下列各项中属于商业信用的是( )。
   A. 商业银行贷款 B. 长期借款
   C. 融资租赁 D. 预收账款

二、多项选择题

1. 企业吸收其他企业资金的方式有(　　)。
   A. 吸收直接投资　　　　　　B. 发行股票
   C. 发行债券　　　　　　　　D. 商业信用

2. 企业在持续经营过程中，会自发地直接产生一些资金来源，部分地满足企业的资金需要，如(　　)。
   A. 应付账款　　　　　　　　B. 应付利息
   C. 应付债券　　　　　　　　D. 应付工资

三、判断题

1. 由于银行借款的利息是固定的，所以相对而言，这一筹资方式的弹性较小。
   (　　)

2. 应收票据不属于一项流动资产，应收票据贴现不属于短期银行借款的一种形式。
   (　　)

四、计算题

某旅游企业购入 200 万元商品，卖方提供的信用条件为"2/10, $n/30$"，若企业由于资金紧张，延至第 50 天付款，计算放弃现金折扣的成本。

第五章 旅游企业长期资本筹集

【本章导读】

长期资本筹集是旅游企业筹集资金的重要方面,本章主要阐述了股权资本、债权资本和融资租赁等若干种长期资本筹集的方式和内容。详细介绍了各种长期资本筹资的概念、种类、特征以及筹资方式的利弊评价。通过本章的学习,可以掌握并选择以恰当的方式与方法筹集旅游企业所需的长期资本。

【关键词】

资本金 普通股 优先股 留存收益 认股权证 长期借款 可转换债券 融资租赁 吸收直接投资

【知识要点】

1. 了解资本金的概念及制度。
2. 熟悉旅游企业股权资本筹资的种类和方式。
3. 熟悉旅游企业债权资本筹资的种类和方式。
4. 熟悉旅游企业融资租赁的概念及特点。
5. 掌握各种筹资方式的优缺点。

小贴士

财富故事

汤姆·F. 赫林的创业筹资

1954年，赫林作为为拉雷多市"猛狮俱乐部"主席，与他的妻子去纽约参加国际"猛狮俱乐部"会。在游览尼亚加拉大瀑布后，惊奇地发现，在这大好美景两岸的美国和加拿大，都没有为流连忘返的游人提供歇宿的住所和其他设施。从此在赫林的心里就孕育了一个在风景区开设旅馆的想法。

要建造旅馆就得找地基，他在格兰德市找到了一所高中，因为校方想出售这座房子。可是当时赫林还只是一家木材公司的小职员，周薪仅有125美元，想买这幢房子，却苦于无资金。于是他向所在工作的公司股东游说从事旅馆经营，但未成功。他只得独自筹集了500美元，请一位建筑师设计了一张旅馆示意图，并对示意图的可行性进行了慎重研究。当他带着示意图向保险公司要贷款60万元时，保险公司非得要他找一个有100万资产的人作担保。于是，他向另一家木材公司的总经理求援。总经理看了旅馆示意图后，以本公司独家承包家具制造为条件，同意做他的担保人。赫林再以发行股票的方式筹集资金，他提出两种优先股：一种股份供出卖，取得现金；另一种是以提供物资来代替股金。就这样他筹集到了创业所需的资金，建成了理想中的拉波萨多旅馆。汤姆·F.赫林后来成为全美旅馆协会的主席，是全美旅馆业，乃到旅游界的泰斗。

资金乃企业之本，资本筹集方式有多种，各种筹资方式都有各自的优缺点，没有绝对意义上的最好的筹资模式，只有最适合的。(资料来源：编者根据相关材料整理而成)

第一节 股权资本筹集管理

股权资本是指投资者投入企业的资本金以及企业自身在经营中所形成的积累，它反映企业所有者的权益，所以又称为权益资本或自有资金。任何企业在生产经营活动中，都必须拥有一定规模的自有资金，这是企业生存和发展的前提，旅游企业也不例外。自有资金的筹集方式，主要有吸收直接投资、发行股票(包括普通股和优先股)、留用利润和认股权证筹资等。

一、资本金制度

资本金是企业生存和发展的"本钱"，资本金制度是国家对有关资本金的概念、筹集、管理以及企业所有者的责权利等所作的法律规范。

1. 资本金的概念及构成

企业资本金是指企业在工商行政管理部门登记的注册资金，是所有者以实现盈利和社会效益为目的，用以进行企业生产经营、承担有限民事责任而投入的资金。

《企业财务通则》规定：资本金按照投资主体分为国家资本金、法人资本金、个人资本金和外商资本金。

(1) 国家资本金是有权代表国家投资的政府部门或者机构以国有资产投入企业形成的资本金；

(2) 法人资本金是其他法人以其依法可以支配的资金投入企业形成的资本金；

(3) 个人资本金是社会个人或者本企业内部职工以个人合法财产投入企业所形成的资本金；

(4) 外商资本金是外国投资者及我国港、澳、台地区投资者投入企业形成的资本金。

2. 资本金制度的主要内容

资本金制度就是国家对有关资本金筹集、管理和核算以及所有者责权利等所作的法律规范，其主要内容有：

(1) 开办企业必须有一定的资本金，并要达到国家法律法规规定的最低数量限额。

(2) 企业可以采取发行股票、吸收现金以及实物、知识产权、土地使用权等可以用货币估价并可以依法转让的非货币财产作价出资等形式筹集资本金。若投资者在出资中违约，企业或者其他投资者可追究其违约责任。

(3) 企业生产经营期间，投资者不得抽逃出资。

(4) 投资者按出资比例分享利润和负担亏损。

(5) 企业增加或减少资本金，必须经过必要的程序和批准。

3. 建立资本金制度的原则

1) 资本金的最低限额

按照《企业财务通则》规定，企业设立时必须有法定的资本金。所谓法定的资本金，又叫法定最低资本金，是指国家规定的开办企业必须筹集的最低资本数额，即企业建立时必须要有最低限额的本钱，否则企业不得成立。

新《中华人民共和国公司法》于 2005 年 10 月 27 日第十届全国人民代表大会常务委员会第十八次会议修订通过，并于 2006 年 1 月 1 日起实施。

按照新《公司法》第二十六条规定，有限责任公司注册资本的最低限额为人民币 3 万元，法律、行政法规对有限责任公司注册资本的最低限额有较高规定的，从其规定。与旧《公司法》相比，新《公司法》取消了按公司经营内容区分最低注册资本的规定，如生产性公司的注册资金不得少于 30 万元(人民币，下同)，以批发业务为主的商业性公司的注册资金不得少于 50 万元，咨询服务性公司的注册资金不得少于 10 万元。最低注册资本金统一降至 3 万元人民币。

新《公司法》规定，允许设立一人有限责任公司，最低注册资本金 10 万元人民币。并且股份有限公司注册资本的最低限额由人民币 1 000 万元降至 500 万元。

2) 资本使用资本金制度要求将企业所有者投入的资金交付给经营者使用

企业灵活调度和统筹使用资金，有利于提高资金的使用效率，也符合资本金制度的要求，更便于考核企业经营者的经营责任。

3) 资本保全

为了保证企业投资者权益、保全资本，企业筹集到的资本金，在企业生产经营期间内，投资者除依法转让外，一般不得任意抽回或挪用。即使是依法转让，也应有相应的条件和程序。

4. 所有者资本金的出资方式

企业筹集资本金的方式可以是多方面的,既可以吸收货币资金的投资,也可以吸收实物资产、无形资产等形式的投资。但是,无论企业采用什么方式筹集资本金,必须符合国家的法律、法规的规定,依法进行。

新《公司法》第二十七条规定,股东可以用货币出资,也可以用实物、知识产权、土地使用权等可以用货币估价并可以依法转让的非货币财产作价出资。对作为出资的非货币财产应当评估作价,核实财产,不得高估或者低估作价。法律、行政法规对评估作价有规定的,从其规定。全体股东的货币出资金额不得低于有限责任公司注册资本的30%。与旧《公司法》相比(原限定知识产权出资不超过20%,),新《公司法》限定了货币出资额不低于30%,增大了非货币出资的比例。

采用发起方式设立的股份有限公司,新《公司法》规定,公司全体发起人的首次出资额不得低于注册资本的20%,也不得低于法定的注册资本最低限额。

以募集设立方式设立的股份有限公司,发起人认购的股份不得少于公司股份总数的35%。

5. 筹集资本金的期限

按照财务制度规定,资本金的筹集可以采用一次性筹集和分期筹集两种形式。无论企业采取哪种形式筹集资金,都应根据国家有关法律、法规以及合同、章程的规定进行。通常筹资期限若采用一次筹集的,应当在营业执照签发之日起六个月内筹足。

新《公司法》第二十六条规定,有限责任公司的注册资本为在公司登记机关登记的全体股东认缴(原为"实缴")的出资额。公司全体股东的首次出资额不得低于注册资本的 20%,其余部分由股东自公司成立之日起两年内缴足;其中,投资公司可以在五年内缴足。

6. 筹集资金中的违约及处理

企业投资者以何种方式出资以及出资期限等均要在投资合同、协议中约定,并在企业章程中作出规定,以确保企业能够及时地筹足资本金。若某一方违约,企业或其他投资者有权依法追究其违约责任,国家有关部门也应按照国家有关规定对企业和违约者进行处罚。

新《公司法》第三十一条规定,有限责任公司成立后,发现作为设立公司出资的非货币财产的实际价额显著低于公司章程所定价额的,应当由交付该出资的股东补足其差额;公司设立时的其他股东承担连带责任。

第二十八条规定,股东应当按期足额缴纳公司章程中规定的各自所认缴的出资额。股东以货币出资的,应当将货币出资足额存入有限责任公司在银行开设的账户;以非货币财产出资的,应当依法办理其财产权的转移手续。

股东不按照前款规定缴纳出资的,除应当向公司足额缴纳外,还应当向已按期足额缴纳出资的股东承担违约责任。

7. 验资

企业筹集的资本金是否符合国家法律、法规的规定，作价是否公平合理，依照国际惯例是聘请具有注册会计师资格的人员进行验资，签署验资报告。为此，我国企业财务制度规定，企业筹集的资本金，必须聘请中国注册会计师验资，出具验资报告，由企业据以发给投资者出资证明书。

二、吸取直接投资

吸收直接投资是指旅游企业按照"共同投资、共同经营、共担风险、共享利润"的原则，吸收国家、法人、个人投入资金的一种筹资方式。

吸收直接投资与发行股票、企业留存收益都是旅游企业筹集自有资金的重要方式，吸收投资中的出资者都是企业的所有者，他们对企业具有经营管理权。企业经营状况越好，盈利越多，投资者按出资比例分享的利润越多，但如果企业经营状况差，连年亏损，甚至被迫破产清算，则投资人要在其出资的限额内按出资比例承担损失。

1. 吸收直接投资的种类

旅游企业采用吸收投资方式筹集的资金一般可分为以下三类。

1) 吸收国家投资

国家投资是指有权代表国家投资的政府部门或者机构以国有资产投入企业，这种情况下形成的资本叫国家资本。吸收国家投资是企业筹集国有资金的主要方式。当前，除了原来以国家的拨款形式投入企业所形成的各种资金外，用利润总额归还贷款后所形成的国家资金，财政和主管部门拨给企业的专用拨款以及减免税后的资金，也应视为国家投资。吸收国家投资一般具有以下特点：

(1) 产权归属国家。

(2) 资金的运用和处置受国家的约束较大。

(3) 在国有企业中采用比较广泛。

2) 吸收法人投资

法人投资是指法人单位以其依法可以支配的资产投入企业，这种情况下形成的资本叫法人资本。吸收法人投资一般具有如下特点：

(1) 发生在法人单位之间。

(2) 以参与企业利润分配为目的。

(3) 出资方式灵活多样。

3) 吸收个人投资

个人投资是指社会个人或本企业内部职工以个人合法财产投入企业，这种情况下形成的资本称为个人资本。个人投资一般具有以下特点：

(1) 参加投资的人员较多。

(2) 每人投资的数额相对较少。

(3) 以参与企业利润分配为目的。

2. 吸收直接投资中的出资方式

旅游企业在采用吸收投资这一方式筹集资金时，投资者可以用现金、厂房、机器设备、材料物资、无形资产等作价出资。具体而言，出资方式主要有以下几种。

1) 现金投资

现金投资是旅游企业吸收直接投资中一种最重要的投资方式。有了现金，便可获取其他物质资源，因此，旅游企业应尽量动员投资者采用现金方式出资。吸收投资中所需投入现金的数额，取决于投入的实物、工业产权之外尚需多少资金来满足建设的开支和日常周转需要。外国公司法或投资法对现金投资占资本总额的多少，一般都有规定，我国目前尚无这方面的规定，所以，需要在投资过程中由双方协商加以确定。

2) 实物投资

以厂房、建筑物、设备等固定资产和原材料、商品等流动资产进行的投资，均属实物投资。一般来说，企业吸收的实物投资应符合如下条件：

(1) 确为企业科研、生产、经营所需。

(2) 技术性能比较好。

(3) 作价公平合理。

实物投资的具体作价，可由双方按公平合理的原则协商确定，也可聘请各方同意的专业资产评估机构评定。

3) 工业产权投资

工业产权投资是指以专有技术、商标权、专利权等无形资产所进行的投资。一般来说，企业吸收的工业产权应符合以下条件：

(1) 能帮助研究和开发出新的高科技产品。

(2) 能帮助生产出适销对路的高科技产品。

(3) 能帮助改进产品质量，提高生产效率。

(4) 能帮助大幅度降低各种消耗。

(5) 作价比较合理。

企业在吸收工业产权投资时应特别谨慎，进行认真的可行性研究。因为工业产权投资实际上是把有关技术资本化了，把技术的价值固定化了。而技术实际上都在不断老化，价值在不断减少甚至完全消失，风险较大。

4) 土地使用权投资

投资者也可以用土地使用权来进行投资。土地使用权是按有关法规和合同的规定使用土地的权利。企业吸收土地使用权投资应符合以下条件。

(1) 企业科研、生产、销售活动所需要的。

(2) 交通地理条件比较适宜。

(3) 作价公平合理。

3. 吸收直接投资的程序

旅游企业吸收其他单位的投资，一般要遵循如下程序。

1) 确定筹资数量

吸收投资一般是在旅游企业开办时所使用的一种筹资方式。企业在经营过程中，如果发现自有资金不足，也可采用吸收直接投资的方式筹集资金，但在吸收投资之前，都必须确定所需资金的数量，以利于正确筹集所需资金。

2) 寻找投资单位

旅游企业在吸收投资前，需要做一些必要的宣传，以便使出资单位了解企业的经营状况和财务情况，有目的地进行投资。这将有利于企业在比较多的投资者中寻找最合适的合作伙伴。

3) 协商投资事项

寻找到投资单位后，双方便可进行具体的协商，以便合理确定投资的数量和出资方式。在协商过程中，企业应尽量说服投资者以现金方式出资。如果投资者的确拥有较先进且适用于企业的固定资产、无形资产等，也可用实物、工业产权和土地使用权进行投资。

4) 签署投资协议

双方经初步协商后，如没有太大异议，便可进一步协商。关键是以实物投资、工业产权投资、土地使用权投资的价值问题。这是因为投资的报酬、风险的承担都是以由此确定的出资额为依据。一般而言，双方应按公平合理的原则协商定价，如果争议比较大，可聘请有关资产评估机构来评定。当出资数额、资产作价确定后，便可签署投资的协议或合同，以明确双方的权利和责任。

5) 共享投资利润

出资各方有权对企业进行经营管理，但如果投资者的投资占企业投资总额的比例较低，一般并不参与经营管理，他们最关心的还是其报酬问题。因此，企业在吸收投资后，应按合同中的有关条款，从实现利润中对吸收的投资支付报酬。投资报酬是企业利润的一个分配去向，也是投资者利益的体现，企业要妥善处理，以便与投资者保持良好关系。

4. 吸收直接投资的优缺点

1) 吸收直接投资的优点

(1) 有利于增强企业信誉。吸收直接投资所筹集的资金属于自有资金，能增强企业的信誉和借款能力，对扩大企业经营规模，壮大企业实力具有重要作用。

(2) 有利于尽快形成生产能力。吸收投资可以直接获取投资者的先进设备和先进技术，有利于尽快形成生产能力，尽快开拓市场。

(3) 有利于降低财务风险。吸收投资可以根据企业的经营状况向投资者支付报酬，企业经营状况好，可向投资者多支付一些报酬；企业经营状况不好，就可不向投资者支付报酬或少支付报酬，比较灵活，所以财务风险较小。

2) 吸收直接投资的缺点

(1) 资金成本较高。一般而言，采用吸收投资方式筹集资金所需负担的资金成本较高，特别是企业经营状况较好和盈利较强时更是如此，因为向投资者支付的报酬是根据其出资的数额和企业实现利润的多少来计算的。

(2) 企业控制权容易分散。采用吸收投资方式筹集资金，投资者一般都要求获得与投资数量相适应的经营管理权，这是接受外来投资的代价之一。如果外部投资者的投资较多，则投资者有相当大的管理权，甚至会对企业实行完全控制，这是吸收直接投资的不利因素。

三、发行普通股票

发行股票筹资的媒介形式为股票。股票是股份公司发给股东，以证明其进行投资并拥有权益的有价证券。按照公司法的规定，只有股份有限公司才可以发行股票。股票只是代表股份资本所有权的证书，它自身没有任何价值，而是一种独立于实际资本之外的虚拟资本。

1. 股票的特征

股票作为有价证券，具有以下基本特征。

1) 权利性与责任性

股票代表的是股东权，股东持有某股份公司的一定比例的股票，就对该公司拥有一定比例的所有权。这是一种综合性权利，包括股票持有者享有的，直接以公司总体利益为目的的，参与公司经营管理的权利；同时还包括以自身利益为目的的分配请求权和优先认股权。

股票的权利性与责任性是统一的，股票持有者的责任是缴足其所认购股份的股款，并以其投入的资金为限对公司债务承担有限责任。

2) 高收益性与高风险性

股票的高收益性，一方面是指股票持有者凭其持有的股票，有权按公司章程从公司领取股息和分配公司的经营红利。享有公司的利益，是股票持有者向股份有限公司投资的目的，也是股份有限公司发行股票的必备条件。另一方面是指股票持有者利用股票可以获得差价的保值，股票持有者通过低进高出赚取差价利润，股票持有者在当货币贬值时，股票会由公司资产的增值而升值，或以低于市场的特价或无偿获取公司配发的新股而使股票持有者得到利益。

股票的高风险性是与股票的高收益性直接相关的。股票的风险性是指投资者购买股票未能获得预期收益的可能性，该风险性主要来自两个方面：一是因股票发行公司经营不善，而不能获得预期收益；二是因股票市场价格下跌、股票贬值而使股票持有者蒙受损失。

3) 无期性与流动性

股票的无期性，即不返还性，股票投资是一种无确定期限的长期投资。对于股票投资者而言，在一般情况下，不能在中途向股份公司要求退股，抽回资金。

股票的流动性，是指在股票市场上，股票作为买卖对象或抵押品可以随时转让，股票的转让，意味着转让者将其出资额以股价的形式收回，同时将股票所代表的股东身份及其各种权益让渡给受让者。

4) 价格的波动性

股票是一种特殊商品，股票的市场价格即交易价格的高低，不仅与该股份有限公司的经营状况与盈利水平紧密相关，而且也和股票收益与市场利率的对比关系密切联系，同时，还受国内外经济、政治、社会以及投资者心理等诸多因素的影响。所以，股票市场价格的变动，是它的基本特征。

2. 股票的分类

根据不同标准，可以对股票进行不同的分类，现介绍几种主要的分类方式。

1) 按股东权利和义务分类

以股东享受权利和承担义务的大小为标准，可把股票分成普通股票和优先股票。

普通股票简称普通股，是股份公司依法发行的具有管理权、股利不固定的股票。普通股的特点是：①普通股股东有权参加公司的股东大会，行使选举权和表决权，参与公司的重大决策和间接参与公司的经营管理；②普通股股东有权按其持有股份的比例分配公司盈利，但普通股的股利不固定，股利的多少取决于该公司的经营业绩、盈利状况，以及公司的收益分配政策；③公司在增发新股时，普通股股东有权按占有公司股份的比例优先购买新股；④公司因解散或破产而进行清算时，普通股股东在公司债权人和优先股股东对公司剩余财产的分配之后，有权按持有股份的比例分得公司的剩余财产。如果公司财产经债权人和优先股股东分配之后已无剩余，普通股股东的损失则由自己承担。

优先股票简称优先股，是股份公司依法发行的具有一定优先权的股票，是一种混合型证券。优先股的特点是：优先股的持有人有公司盈利的分配权、剩余财产分配权，同时还具有明确的股利率和期限，但没有表决权，也不能退股。从法律上来讲，企业对优先股不承担法定的还本义务，它是企业自有资金的一部分。

2) 按股票票面是否记名分类

以股票票面上有无记名为标准，可把股票分成记名股票与无记名股票。

记名股票是指股东姓名记载于股票票面。公司发行记名股票时，应当备置股东名册，记载股东的姓名、住所、所持股数、所持股票的编号、取得股票的日期等。记名股的股息，由公司书面通知股东领取。股东转移股份所有权时须办理过户手续。

新公司法规定公司向发起人、法人发行的股票，应当为记名股票，并应当记载该发起人、法人的名称或者姓名，不得另立户名或者以代表人姓名记名。

无记名股票是指股东姓名不记载于股票票面。公司发行无记名股票时，应当在股票票面记载股票数量、编号及发行日期。派息时，公司不发书面通知。无记名股票转让时，无须办理过户手续，只需将股票交付受让人即生效。公司对社会公众发行的股票，可以为记名股票，也可以为无记名股票。无记名股票的权利完全依附于股票之上，谁拥有股票，谁就是公司的股东。

3) 按股票票面有无金额分类

以股票票面上有无金额为标准，可把股票分为面值股票和无面值股票。

面值股票是指在股票的票面上记载每股金额的股票。股票面值的主要功能是确定每股股票在公司所占有的份额；另外，还表明在有限公司中股东对每股股票所负有限责任的最高限额。

无面值股票是指股票票面不记载每股金额的股票。无面值股票仅表示每一股在公司全部股票中所占有的比例，也就是说，这种股票只在票面上注明每股占公司全部资产的比例，其价值随公司的财产价值的增减而增减。

4) 按发行对象和上市地区分类

以发行对象和上市地区为标准，可将股票分为 A 股、B 股、H 股、N 股和 C 股。

在我国内地，有 A 股、B 股，A 股是以人民币标明票面金额并以人民币认购和交易的股票；B 股是以人民币标明票面金额，以外币认购和交易的股票。另外，还有 H 股和 N 股，H 股为在香港上市的股票，N 股是在纽约上市的股票。而 C 股是指可转换成债券的股票。

3. 股票发行

股份有限公司的显著特点是通过发行股票、出售股权来筹集长期或永久性资本。

1) 发行股票的目的和方式

发行股票有两种情况：一是建立新公司发行股票，称为设立发行；二是已设立的股份公司因增资而发行新股票，称为新股发行。

新《公司法》规定，股份有限公司的设立，可以采用发起设立和募集设立两种方式。发起设立是指由发起人认购公司应发行的全部股份而设立的公司；募集设立是指由发起人认购公司应发行股份的一部分，其余部分向社会公开募集。

这里的新股发行是指股份公司在第一次发行股票的基础上继续发行股票。发行新股票的原因主要有：为扩大经营而增加资本，公积金转为股本，改善资本结构，分配盈利，抵充资产增值，公司债券转换为公司股份等。

发行股票的方式有直接发行和间接发行两种。直接发行是自己办理发行，这种方式不用支付手续费，但要承担一定的风险，筹资速度较慢；委托证券经营机构代为发行，称为间接发行，这种方式要支付手续费，但减少了风险，而且筹资速度快。

承销包括包销和代销两种方式。包销是指证券经营机构买下股票发行人的全部股票，然后转售给公众。买卖股票的差额即为证券机构的包销利润。采用包销方式发行股票，票发行人能及时筹得股款，而且其风险全部由证券经营机构承担。代销是指公司发行新股，委托给证券经营机构代办销售，证券经营机构收取代销费用，但是不承担发行失败的风险。

新《公司法》规定，向不特定对象公开发行的证券票面总值超过人民币 5000 万元的，应当由承销团承销，承销团由主承销和参与承销的证券公司组成。

证券的代销与包销期限最长不得超过 90 天。

2) 发行股票的条件

新《公司法》规定股份的发行，应实行公平、公正的原则，同种类的每一股份应当具有同等权利。同次发行的同种类股票，每股的发行条件和价格应当相同；任何单位或者个人所认购的股份，每股应当支付相同价额。

设立股份有限公司申请公开发行新股的条件：

(1) 具备健全且运行良好的组织机构。

(2) 具有持续盈利能力，财务状况良好。

(3) 最近三年财务会计文件无虚假记载，无其他重大违法行为。

(4) 经国务院批准的国务院证券监督管理机构规定的其他条件。

3) 股票发行的程序

新《公司法》规定，未经依法核准，任何单位和个人不得公开发行证券。向不特定对象发行证券，或向累计超过 200 人的特定对象发行，或法律规定的其他发行行为，为公开发行。

申请公开发行股票的程序：

(1) 申请人聘请会计师事务所、资产评估机构、律师事务所等专业性机构，对其资信、资产、财务状况进行审定、评估和就有关事项出具法律意见书后，报经国务院证券监督管理机构核准。发行人必须向国务院证券监督管理机构提交《公司法》规定的申请文件和国务院证券监督管理机构规定的有关文件。

(2) 国务院证券监督管理机构设发行审核委员会，依法审核股票发行申请。发行审核委员会由国务院证券监督管理机构的专业人员和所聘请的该机构外的有关专家组成，以投票方式对股票发行申请进行表决，提出审核意见。

(3) 被核准的发行申请，经证券监督管理委员会复审同意的，申请人应当向证券交易所上市委员会提出申请，经上市委员会同意接受上市，方可发行股票。

4) 股票发行的价格

股票的发行价格是股票发行时所使用的价格，也就是投资者认购股票时所支付的价格。股票发行价格通常由发行公司根据股票面额、股市行情和其他有关因素决定。以募集设立方式设立公司首次发行的股票价格，由发起人决定；公司增资发行新股的股票价格，由股东大会决定。

股票的发行价格可以和股票的面额一致，但多数情况下不一致。股票的发行价格一般有以下三种。

(1) 等价。等价就是以股票的票面额为发行价格，也称为平价发行。这种发行价格，一般在股票的初次发行或在股东内部分摊增资的情况下采用。等价发行股票容易推销，但无从取得股票溢价收入。

(2) 时价。时价就是以本公司股票在流通市场上买卖的实际价格为基准确定的股票发行价格，其原因是股票在第二次发行时已经增值，收益率已经变化。选用时价发行股票，考虑了股票的现行市场价值，对投资者也有较大的吸引力。

(3) 中间价。中间价就是以时价和等价的中间值确定的股票发行价格。

按时价或中间价发行股票，股票发行价格会高于或低于其面额。前者称溢价发行，后者称折价发行。如果属溢价发行，发行公司所获的溢价款列入资本公积。

新《公司法》规定，股票发行价格可以按票面金额，也可以超过票面金额，但不得低于票面金额。

4. 股票上市

1) 股票上市的目的

股票上市，指的是股份有限公司公开发行的股票经批准在证券交易所进行挂牌交易。经批准在交易所上市交易的股票则称为上市股票。我国《公司法》规定，股东转让其股份，亦即股票进行流通，必须在依法设立的证券交易场所里进行。

股份公司申请股票上市，一般出于这样的一些目的：

(1) 资本大众化，分散风险。股票上市后，会有更多的投资者认购公司股份，公司则可将部分股份转售给这些投资者，再将得到的资金用于其他方面，这就分散了公司的风险。

(2) 提高股票的变现力。股票上市后便于投资者购买，自然提高了股票的流动性和变现力。

(3) 转增资本。股份制企业的所有者权益中的资本公积金积累到一定数额，可将其中一部分通过发行股票的方式转化为股本。此时的股票发行面向老股东，老股东不需缴纳股金。在证券市场上，为此目的发行的股票被称为转增股。

(4) 便于确定公司价值。股票上市后，公司股价有市价可循，便于确定公司的价值，有利于促进公司财富最大化。

(5) 提高公司知名度，便于筹措资金。一股人认为上市公司实力雄厚，容易吸引更多的投资。

2) 股份有限公司申请股票上市的条件

(1) 股票经国务院证券管理机构核准已公开发行。

(2) 公司股本总额不少于人民币 3000 万元。

(3) 公开发行的股份达到公司股份总数的 25% 以上；公司股本总额超过人民币 4 亿元的，公开发行股份的比例为 10% 以上。

(4) 公司最近 3 年无重大违法行为，财务会计报告无虚假记载。

证券交易所可以规定高于前款规定的上市条件，并报国务院证券管理机构批准。

3) 股票上市的暂停与终止

股票上市公司有下列情形之一的，由证券交易所决定暂停其股票上市交易：

(1) 公司股本总额、股权分布等发生变化不再具备上市条件；

(2) 公司不按规定公开其财务状况，或者对财务报告作虚假记载，可能误导投资者；

(3) 公司有重大违法行为；

(4) 公司最近 3 年连续亏损。

上市公司有下列情形之一的，由证券交易所决定终止其股票上市交易：

(1) 公司股本总额、股权分布等发生变化不再具备上市条件，在限期末仍不能达到上市条件；

(2) 公司不按规定公开其财务状况，或者对财务报告作虚假记载，且拒绝纠正；

(3) 公司最近 3 年连续亏损，在其最后一个年度内未能恢复盈利；

(4) 公司解散或被宣告破产；

(5) 证券交易所上市规则规定的其他情形。

5. 普通股筹资的评价

1) 普通股筹资的优点

发行普通股是旅游企业筹集资金的一种基本方式，其优点主要有以下五点。

(1) 没有固定利息负担。旅游企业有盈余，并认为适合分配股利，就可以分给股东；旅游企业盈余较少，或虽有盈余但资金短缺或有更有利的投资机会，就可少支付或不支付股利。

(2) 没有固定到期日，不用偿还。利用普通股筹集的是永久性资金，除非旅游企业清算才需偿还。它对保证旅游企业最低的资金需求有重要意义。

(3) 筹资风险小。由于普通股没有固定到期日，不用支付固定的利息，此种筹资实际上不存在不能偿付的风险，因此风险最小。

(4) 能增加旅游企业的信誉。普通股本与留存收益构成旅游企业所借入的一切债务的基础。有了较多的自有资金，就可为债权人提供较大的损失保障，因而，普通股筹资既可以提高公司的信用价值，同时也为使用更多的债务资金提供了强有力的支持。

(5) 筹资限制少。利用优先股或债券筹资，通常有许多限制，这些限制往往会影响旅游企业经营的灵活性，而利用普通股筹资则没有这种限制。

2) 普通股筹资的缺点

普通股筹资的缺点主要有以下两点。

(1) 资金成本较高。一般来说，普通股筹资的成本要大于债务资金，这主要是因为普通股的股利要从净利润中支付，而债务资金的利息可在税前扣除。另外，普通股的发行费用也比较高。

(2) 容易分散控制权。利用普通股筹资，出售了新的股票，引进了新的股东，容易导致公司控制权的分散。此外，新股东分享旅游企业未发行新股前积累的盈余，会降低普通股的每股净收益，从而可能引起股价的下跌。

四、优先股筹资

优先股是介于普通股和债券之间的一种混合证券，其主要特征是：①优先股股东领取股息先于普通股股东；对公司剩余财产的索偿权先于普通股股东，但次于债权人。②优先股股息一般在事先确定，这一点与债券相同。优先股股息与普通股股息相同之处是这两者都是在税后支付，即股息支付不能获得税收利益。

1. 优先股的种类

1) 累积优先股和非累积优先股

优先股按股息是否可以累积分为累积优先股和非累积优先股。

"累积"是指以前年度积欠的股利是否可以补派。累积优先股是指企业过去年度未支付的股利可以累积由以后年度的利润弥补，非累积优先股则没有这种补付的权利。

我国法律规定，如果公司连续 3 年不支付优先股股息，优先股股东自动享有普通股股东的权利。

2) 全部参加、部分参加和不参加优先股

优先股按是否参与剩余利润的分派及参与程度分为全部参加优先股、部分参加优先股和不参加优先股。

当企业利润在按规定分配给优先股和普通股后仍有剩余时，能够与普通股一起全额或部分参与分配额外股利的优先股为全部参加优先股和部分参加优先股，否则为非参加优先股。

3) 可转换优先股和不可转换优先股

优先股按是否可以转换普通股或债券分为可转换优先股和不可转换优先股。

可转换优先股是指其持有人可按规定的条件和比例将其转换为企业的普通股或债券；不具有这种转换权利的优先股，则属于不可转换优先股。可转换优先股能增加筹资和投资双方的灵活性，比较受欢迎。

4) 可赎回优先股和不可赎回优先股

优先股按是否可赎回分为可赎回优先股和不可赎回优先股。

可赎回优先股是指企业出于减轻优先股股利负担或调整资金结构的目的，可按规定以原价购回的优先股；企业不能购回的优先股，则属于不可赎回优先股。

5) 可调整优先股和不可调整优先股

优先股按股利是否可调整分为可调整优先股和不可调整优先股。

可调整优先股是指在约定条件(利率水平上升)出现时，可以调整股利率的优先股；在优先股持有期内不能调整其股利率的优先股为不可调整优先股。可调整优先股股利率的调整与企业经营无关。

2. 发行优先股的动机

股份制企业发行优先股筹集自有资金，扩大资金来源只是其目的之一，企业利用具有特性的优先股筹资往往还有其他的动机。

1) 防止公司控制权分散

由于优先股股东一般没有参与企业经营管理的权利，发行优先股就不会分散企业原有的控制权，企业通过发行优先股既能有增强企业资信和借款能力、降低财务风险的好处，又避免了增发普通股会使控制权分散的问题。

2) 增强企业筹资的灵活性

由于优先股种类较多，企业可根据自身需要进行选择，增强了企业筹资的灵活性。例如，企业在需要现金时发行优先股，在现金充足时将可赎回优先股收回，从而调剂现金余缺；企业在资金结构不合理时，通过优先股的发行与转换来进行调整，从而改善企业资金结构。

3. 优先股筹资的评价

优先股筹资方式是介于发行普通股和债券之间的一种筹资方式，是一种混合型的筹资方式，其既具有普通股筹资的某些特点，也具有债券筹资的某些特点。

1) 优先股筹资的优点

(1) 能提高企业的资信和借款能力。由于优先股与普通股一样，所筹资金也为自有资金，发行优先股能加强自有资金的比率，可增强公司的信誉，提高公司的偿债能力。

(2) 财务风险较低。由于优先股所筹资金一般没有固定的到期日，也不用偿付本金。企业的财务压力相对较小。

(3) 不会分散公司控股权。由于优先股股东一般没有参与权和表决权，发行优先股可以避免公司股权的分散。当公司既想向外界筹措自有资金，又不想分散原有股东的控制权时，就可利用优先股筹资。

(4) 股利支付具有灵活性。优先股一般采用固定股利，但企业对固定的优先股股利并不一定承担法定义务。当公司盈利状况不佳时，优先股股利可以暂时不支付，优先股股东不能像债权人那样可以强迫公司履行义务。

(5) 可使普通股股东获得财务杠杆收益。由于优先股股利一般是固定的，当公司的资金收益率高于优先股股利率时，发行优先股越多，普通股的收益越多。

(6) 可使企业灵活地调节资本结构和现金持有量。

2) 优先股筹资的缺点

(1) 可能产生负财务杠杆作用，降低普通股的收益率。当公司的收益下降时，税后每股收益以更快的速度下降，出现负财务杠杆效应。当公司的资金利润率低于优先股股利率时，发行优先股越多，普通股的收益就越少，此时，利用优先股筹资会降低普通股的收益率。

(2) 资金成本较高。利用优先股筹资，要求支付固定股利，但又不能像借款和债券利息那样在所得税前抵扣，当企业盈利下降时，优先股的股利可能会成为企业一项较重的财务负担，有时不得不延期支付，会对公司的形象产生影响。由于优先股股利率通常比债券的利息率高和优先股的股息不能在税前抵扣的缘故，一般优先股的资金成本比债券资金成本高。

(3) 优先股筹资对公司的限制较多。公司发行优先股筹集资金的限制条件较多，例如，为了保证优先股的固定股利，当企业盈利不多时普通股股东就可能分不到股利。

综合考虑优先股的优缺点，在优先股筹资决策时，应视具体情况而定。如果公司的权益资金利润率低于优先股股利率，并且公司的负债比率较高，不适宜再采用负债筹资时，应发行优先股；如果公司必须发行股票但又不愿降低原股东的控制权时，可发行优先股；如果公司通过股票交换方式兼并另一家公司时，为了避免被对方控制，可发行优先股与对方的股票交换。

五、留用利润筹资

留用利润方式也称收益留用或内部积累，是指企业在利润分配过程中通过提取公积金和暂留未分配利润方式将利润留给企业的筹资方式。

1. 利润分配与筹资

企业通过经营每期所得利润，在性质上，属于企业的所有者，但不一定应在当期全部分配，因为①会计上确定的利润是按权责发生制计算的，企业有利润不一定有足够的现金流入量可供对外分配；②即便企业现金流量比较充足，但企业追求生存和发展的根本目的决定了投资将不断多样化，生产规模必将不断扩大，每期将盈余完全对外分配是不可能的。

留用利润是各企业最本能的筹资方式，是最自然的融通资金的方式，也是企业主要的筹资方式，留用利润在筹资方式中绝非是配角。从各国财务实践状况分析，留存收益比率也是比较大的。例如，从 1962 至 1981 年美国公司的股利支付与内部融资情况分析来看，绝大多数年份股利支付率都在 50%以下，换言之，企业将大部分利润留存了下来。分析中显示美国约 75%的年度内部融资额高于外部融资，在 1979 年留存收益占企业长期融资比率曾达到 64%。

各国法律对利润分配都有所规定。我国法律基于中国国情，规定企业的税后利润必须提取 10%的法定盈余公积金和 5%的法定公益金，还鼓励企业提取任意盈余公积金，只有企业提取公积金累积金额达到注册资本的 50%时才可以不再计提，但没有规定最高限额，可见，我国对企业留用利润是持支持态度的。但很多国家的法律出于防止股东避税等考虑是反对企业超额累积利润的。

2. 留用利润融资的评价

1) 留用利润融资的优点

(1) 方式简便易行，没有筹资费用。留用利润融资不必向外部单位办理各种手续，没有筹资环节，简便易行，也不必支付筹资费用。

(2) 所有者可节税。股东分得的股利要交纳个人所得税。许多国家的个人所得税采用累进税率，且边际税率很高，而资本利得(股票交易所得)的税率较低。我国对股息收入采用 20%的比例税率征收个人所得税，不采用累进税率，而且对股票交易所得暂不开征个人所得税，因而将利润留给企业使股票价格上涨比取得现金股利更具有吸引力。

(3) 性质上属于自有资金。留用利润所融资金和发行普通股、吸收直接投资方式所融资金性质相同，没有到期日，不用还本和支付固定利息，所以这种筹资方式同样有能提高企业的资信和借款能力、没有固定的股利负担和没有财务风险的优点。

此外，留用利润筹资方式比较隐蔽，不易引起竞争对手的注意。

2) 留用利润融资的缺点

(1) 融资量有限制。留用利润融资量的大小取决于企业盈余状况、稳定的股利政策和法律的有关限制条件。

(2) 对外部融资规模有影响。如果企业过多地留用利润，现金股利的发放就会受到限制，这对于企业今后的外部筹资有不利的影响。投资者往往认为，能够支付较高股利率的企业具有较高的盈利水平和较好的财务状况，他们在投资时会选择这样的企业。相反，支付股利较少的企业外部筹资就会有一定困难，融资规模会受到限制。

(3) 对企业股票价格构成冲击。企业保留过多利润，股利支付过少，可能会影响企业在证券市场上的形象，不利于股票价格的上涨。

(4) 资金成本较高。企业留用的利润从性质上说，归所有者所有，所有者对这部分资金会要求与之风险相适应的报酬，并且报酬是从所得税后利润中支付的，所以留用利润的资金成本比长期借款和发行债券的资金成本要高，但其要比发行股票低(没有筹资费用)。

从上述评价可以看出，留用利润筹资的优越性是不可忽视的，企业在进行筹资决策时，在条件允许的情况下，应尽量安排留用利润筹资。

六、认股权证融资

认股权证是由股份公司发行的，能够按特定的价格在特定的时间内购买一定数量公司股票的选择权凭证，通常是企业在发行债券或优先股筹资时为了促销而附有的一种权利。认股权证可以在发行债券或优先股之后发行，也可单独发行。

1. 认股权证的基本要素

认股权证一般包括认购数量、认购价格、认股期限和赎回条款四项构成要素。

(1) 认购数量是确定每一单位认股权证可以认购多少股普通股或确定每一单位认股权证可以认购多少金额面值的普通股。

(2) 认购价格又称执行价格,一般以认股权证发行时发行公司的股票价格为基础,可以不变或者逐步提高。

(3) 认股期限是指认股权证的有效期限,一般认为,期限越长,认股权证价格越高。

(4) 赎回条款规定,在特殊情况下公司有权赎回认股权证。

2. 认股权证的价值评估

由于企业股票的市场价格通常高于认股权证的认购价格,因此,认股权证可视为一种有价证券,有其价值,并因此形成市场价格。

1) 理论价值

理论价值=(普通股市价-认购价格)×认股权证每一权所能认购的普通股股数

【例 5-1】某公司规定认股权证的持有者,每持有两权认股权可按 15 元的价格认购一股普通股。某人现有 200 权认股权,其行使认股权购买 100 股普通股时,公司普通股的市价为每股 20 元。则:

认股权的理论价值=(20-15)×100=500(元)

由于持有者对认股权证的行使有选择权,在普通股市价低于认股权证的认购价格时,持有者不会行使其认股权,所以认股权证的理论价值下限为零。

影响认股权证理论价值的主要因素有普通股的市价、认购价格、每一单位认股权证可以认购的股票数量。

2) 实际价值

认股权证在证券市场上的市场价格(售价)称为认股权证的"实际价值"。按普通股市价与认购价格的差价确定。

【例 5-2】普通股市价　　　　　20元　　15元　　10元　　5元
　　　　认购价格　　　　　　　10元　　10元　　10元　　10元
　　　　认股权证的理论价值　　10元　　5元　　　0元　　0元

3. 认股权证筹资的评价

1) 认股权证筹资的优点

(1) 提高认购率,使企业证券顺利发行。认股权证的发行通常是为了吸引投资者购买公司证券的一种促销手段,采取发放认股权证的方式可使认购率提高,使企业的证券顺利发行。

(2) 增加筹资量。认股权证持有者行使认股权后企业可新增一笔资金,从而增加企业筹资总量。

(3) 降低筹资成本。当认股权证与债券或优先股一起发行时,可降低债券或优先股的筹资成本。

(4) 套期保值。发行公司可以利用认股权证的期权性为手中的股票进行套期保值。

2) 认股权证筹资的缺点

(1) 行使转换权的时间不确定。认股权证作为持有者的一种买进权,何时行使权利不为公司所控制,可能会使公司陷于既有潜在的资本又无现实资本可用的困境。

(2) 稀释普通股每股收益。当认股权证行使时,股份增多,每股收益下降,同时也稀释了原股东的控制权。

案例 5-1　　　　　广东金马旅游集团股份有限公司股票融资

1992 年 12 月 7 日,经广东省企业股份制试点联审小组、广东省经济体制改革委员会批准,潮州市旅游总公司、广东海外旅游总公司、广东省物资总公司、中国银行广州信托咨询公司和广东发展银行潮州分行五家发起人联合发起,在原潮州旅游总公司部分改组的基础上,通过定向募集的方式设立金马集团公司。公司为法人与自然人混合持股的定向募集股份有限公司,总股本为 3800 万股,每股面值 1 元,均为记名式普通股。截至 1993 年 3 月 25 日,所募股金全部募足,募集股金 6600 万元。公司于 1993 年 4 月 8 日在潮州市工商行政管理局正式登记注册,注册资本为 3800 万元,正式成为国内首家旅游上市公司。

自 1993 年以来,金马集团以旅游业为突破口,迅速发展壮大,经过三年的发展,公司已形成了旅游"住、食、行、游、购、娱"六要素配套齐全的旅游经营体系,并成为国家旅游行业先锋:已形成功能配套齐全的旅游经营体系,在全国旅游企业经济效益评比中名列前茅。经济实力奠定了旅游业在潮州的产业地位,成为带动第三产业发展的龙头行业。

此次新股发行成功后,金马集团的股份总额为 5100 万股,每股面值 1 元,发行价 7.38 元,发行市盈率 12.3 倍。其中社会公众股 1300 万股,每股净资产 4.19 元,每股税后利润 0.60 元,同时,根据公司《招股说明书》中的特别说明,公司内部职工股 760 万股,不占用本次上市额度,将在三年后上市流通,公司的股本结构具体如下:

股份类别	股数/万股	占总股本百分比/%
国有法人股	500	9.81
其他法人股	2540	49.80
社会公众股	1300	25.49
内部职工股	760	14.90

(资料来源:编者根据相关材料整理而成)

第二节　债权资本筹资管理

一、长期银行借款

长期银行借款是旅游企业向银行借入的、期限在一年以上的借款,主要用于购建固定资产和满足长期流动资金占用需求。

1. 取得长期借款的条件

我国银行金融机构对企业发放贷款的原则是:按计划发放、择优扶持、有物资保证、按期归还。企业申请借款一般应具备的条件是：

(1) 独立核算、自负盈亏、有法人资格。

(2) 经营方向和业务范围符合国家产业政策，借款用途属于银行贷款规定的范围。

(3) 借款企业具有一定的物资和财产保证，担保单位具有相应的经济实力。

(4) 具有偿还贷款的能力。

(5) 财务管理和经济核算制度健全，资金使用效益及公司经济效益良好。

(6) 在银行开立账户，办理结算。

有借款需要的企业具备上述条件后，可向银行提出借款申请，陈述借款原因与金额、用款时间与计划、还款时间与计划。银行根据借款企业的财务状况、信用情况、盈利水平、发展前景、投资项目的可行性等进行审查。银行审查符合贷款条件后再与借款企业进一步协商贷款的具体条件，确定贷款的种类、用途、期限、金额、利率、还款的资金来源及方式、保护性条款、违约责任等，并以借款合同的形式将其法律化。借款合同生效后，公司即可取得借款。

2. 长期借款的保护性条款

鉴于长期借款的期限长、风险高、金额大，按国际惯例，银行通常对借款公司提出一些旨在保障贷款安全性的条款，即借款合同组成要素之一的保护性条款。这些条款归纳起来共有三类，即一般性保护条款、例行性保护条款、特殊性保护条款，其主要内容分别有以下几项。

1) 一般性保护条款

大多数借款合同都包含一般性保护条款，其内容有：

(1) 对借款企业流动资金保持量的规定，如要求借款企业保持最低的流动资金净额，规定最低的流动比率，以保证借款企业持有资金的流动性和偿付能力。

(2) 对借款企业股利支出、工资支出和回购股票的限制，以防止借款期间现金外流。

(3) 资本支出规模的限制，以防止投资收益不确定给银行带来过多的风险。

(4) 对其他长期债务的限制，如未经银行同意，不得借入新的长期借款，不得以资产抵押举债等，其目的是防止其他债权人取得对企业资产的优先求偿权。

2) 例行性保护条款

大多数借款合同中也包括例行性保护条款，其内容有：

(1) 要求企业定期向银行提交财务报表，以便银行随时掌握公司的财务状况。

(2) 不准在正常情况下出售较多资产，以保持企业正常的生产经营能力。

(3) 如期清偿应缴的税金和到期债务，以防止因罚款造成现金流失。

(4) 限制租赁固定资产的规模，以防止企业高额的成本费用支出，降低偿债能力。

3) 特殊性保护条款

在某些特殊情况下，借款合同中将包含此部分内容，其目的在于防止企业发生不利于借款银行的行为。这些条款有：

(1) 要求贷款专款专用。

(2) 要求企业主要领导人在合同有效期内不得调离领导职位。

(3) 不准企业投资于短期内不能收回资金的项目。
(4) 规定借款的补偿性余额等。

3. 长期借款的利率

银行借款的利息率取决于资本市场的供求关系、借款的期限、借款有无担保及企业资信状况等。

一般情况下，长期借款的利息率要高于短期借款的利息率。长期借款的利息率可采用固定利率、变动利率和浮动利率三种。

1) 固定利率

固定利率是以与借款公司风险类似的公司发行债券的利率作参考，借贷双方商定的利率，此利率一经确定，不得随意改变。

2) 变动利率

变动利率是指规定在长期借款的期限内，利率可以定期调整，一般根据金融市场的行情每半年或一年调整一次。调整后贷款的余额按新利率计息。

3) 浮动利率

浮动利率是指借贷双方协商同意，按照资金市场变动情况随时调整的利率。企业借入资金时一般应开出浮动利率期票，期票注明借款期限，单利率则在基本利率基础上，根据资金市场变动情况调整计算。可将借款利率订在超过各年基本利率的若干百分点上，当基本利率变动时，尚未偿还的长期借款利率就以同比例变动。基本利率通常以同期借款的公认利率或信誉较好公司的商业票据利率为准。

4. 长期借款的偿还

长期借款的偿还方式主要有四种：①到期一次偿还本息；②定期付息、到期一次偿还本金；③每期偿还小额本金及利息，到期偿还大额本金；④定期定额偿还本利和。不同的偿还方式对旅游企业财务状况影响不同。

不同的偿还方式，在债务偿还期内的现金流不同，支付总额也不同。旅游企业可根据各种偿还方式现金流量的特点，结合本企业的现金支付状况和投资收益水平，选择偿还方式。

若投资收益率高于借款利率，则公司不应急于偿还债务，而应选择到期一次支付本息的偿还方式，使公司将资金投放在获利较高的项目上。如果收益率低于借款利率，则应选择第三种筹资方式，即每年偿还一定比例的本金，以尽快冲销债务本金，减少各年计息基础。

5. 长期银行借款的优缺点

1) 银行信用的优点

(1) 筹资速度快。发行各种证券筹集长期资金所需时间一般较长，如做好证券发行的准备(如印刷证券、申请批准等)以及证券的发行都要一定的时间，但银行信用与发行证券相比，一般所需的时间短，可以迅速地获得资金。

(2) 筹资成本低。就目前我国情况看，利用银行信用所支付的利息比银行债券所支付的利息低，另外，也无须支付大量的发行费用。

(3) 借款弹性好。旅游企业与银行可以直接接触，可通过商谈来确定借款的时间、数量和利息。在借款期间，如果企业情况发生了变化，也可与银行进行协商，修改借款的数量和条件。借款到期后，如有适当理由，还可延期归还。

2) 银行信用的缺点

(1) 财务风险较大。旅游企业举借银行款项，必须定期还本付息，在经营不利的情况下，可能会产生不能偿付的风险，甚至会导致企业破产。

(2) 限制条款较多。旅游企业与银行签订的借款合同中，一般都有一些限制条款，如定期报送有关报表，不准改变借款用途等，这些条款会限制旅游企业的经营活动。

(3) 筹资数额有限。银行一般不愿出借巨额的借款，因此，利用银行信用筹资都有一定的上限。

二、发行债券

债券是社会各类经济主体为筹集负债资金而向投资人出具的，承诺按一定利率定期支付利息，并到期偿还本金的债权债务凭证。发行债券是旅游企业筹集资金的一种重要方式。

1. 债券的基本要素

各种各样的债券不尽相同，但有一些基本要素却是共有的。

1) 债券的面值

债券面值包括两个基本内容：一是币种，二是票面金额。债券币种可用本国货币，也可用外币，这取决于发行者的需要和债券种类。债券的发行者可根据资金市场情况和自己的需要情况选择适合的币种。债券的票面金额是债券到期时偿还债务的金额。不同债券的票面金额大小相差悬殊，但现在考虑到买卖和融资的方便，多趋向于发行小面额债券。面额印在债券上，固定不变，到期须足额偿还。

2) 债券的期限

债券都有明确的到期日，债券从发行之日起，至到期日之间的时间习称为债券的期限。如果把商业票据也看成一种债券的话，那么债券的期限从数天到几十年不等。但近些年来，由于利率和汇率剧烈波动，许多投资者都不愿投资于还本期限太长的债券，因而，债券期限有日益缩短的趋势。在债券的期限内，公司必须定期支付利息，债券到期时，必须偿还本金，也可按规定分批偿还或提前一次偿还。

3) 利率与利息

债券上通常都载明利率，一般为固定利率，近些年也有浮动利率。债券的利率一般是年利率，面值与利率相乘可得出年利息。

4) 债券的价格

理论上，债券的面值就应是它的价格，实际上并非如此。由于发行者的种种考虑或资金市场上供求关系、利息率的变化，债券的市场价格常常脱离它的面值，有时高于面值，有时低于面值，但其差额并不很大，不像普通股那样相差甚远。也就是说，债券的面值是固定的，它的价格却是经常变化的。发行者计息还本，是以债券的面值为根据，而不是以其价格为根据。

2. 债券的种类

债券可以从各种不同的角度进行分类，现说明其主要的分类方式。

1) 按发行主体分类

按发行主体的不同，债券可分为政府债券、金融债券和公司债券。

(1) 政府债券，也称公债券，它指的是中央政府或地方政府发行公债时发给公债购买人的一种格式化的债权债务凭证。公债券通常分为中央政府债券和地方政府债券。

(2) 金融债券，它指的是银行及其他金融机构为筹集信贷资金而向投资者发行的一种债权债务凭证。

(3) 公司债券，它指的是由股份公司发行并承诺在一定期间内还本付息的债权债务凭证。

2) 按期限长短分类

根据偿还债务期限的长短，债券可分为短期债券、中期债券、长期债券和永久债券。

(1) 短期债券，期限在 1 年以下的为短期债券。

(2) 中期债券，期限在 1 年以上，10 年以下的为中期债券。

(3) 长期债券，期限在 10 年以上的为长期债券。

(4) 永久债券，也称无期债券，指的是不规定期限，债权人也不能要求清偿但可按期取得利息的一种债券。

3) 按利息支付方式分类

根据利息的不同支付方式，债券一般可分为附息债券、贴现债券和一次付息债券。

(1) 附息债券，也称剪息债券，它指的是债券券面上附着各种息票的债券。息票上标明利息额、支付利息的期限和债券号码等内容。

(2) 贴现债券，也称贴水债券，指的是券面上不附息票。发行时按规定折扣率(贴水率)，以低于券面价值的价格发行，到期时按券面价值偿还本金的债券。

(3) 一次付息债券，也称普通债券，它指的是在债务期间不支付利息，只有到债务期满后按规定的利率一次性向持有人支付利息并还本的债券。

4) 按发行方式分类

根据债券的发行方式来分类，可分为公募债券和私募债券。

(1) 公募债券，是指按法定程序，经证券主管机关批准在市场上向非特定的对象公开发行的债券。公募对象的最大特点是募集对象不特定，通过证券公司向社会上所有的投资者筹集资金。

(2) 私募债券，是指向少数与发行者有特定关系的投资者发行的债券。私募债券的最大特点是募集对象特定。

5) 按有无抵押担保分类

按有无抵押担保，可将债券分为信用债券、抵押债券和担保债券。

(1) 信用债券包括无担保债券和附属信用债券。无担保债券是仅凭债券发行者的信用发行的、没有抵押品作抵押或担保人作担保的债券；附属信用债券是对债券发行者的普通资产和收益拥有次级要求权的信用债券。企业发行信用债券往往有许多限制条件，这些限制条件中最重要的称为反抵押条款，即禁止企业将其财产抵押给其他债权人。由于这种债券没有具体财产做抵押，因此，只有历史悠久，信誉良好的公司才能发行这种债券。

(2) 抵押债券，是指以一定抵押品做抵押而发行的债券。这种债券在西方比较常见，当企业没有足够的资金偿还债券时，债权人可将抵押品拍卖以获取资金。抵押债券按抵押物品的不同，又可分为不动产抵押债券、设备抵押债券和证券抵押债券。

(3) 担保债券是指由一定保证人作担保而发行的债券。当企业没有足够的资金偿还债券时，债权人可要求保证人偿还。保证人应是符合《担保法》的企业法人，且应同时具备以下条件：

① 净资产不能低于被保证人拟发行债券的本息；
② 近3年连续盈利，且有良好的业绩前景；
③ 不涉及改组、解散等事宜或重大诉讼案件；
④ 中国人民银行规定的其他条件。

6) 按债券票面上是否记名分类

根据债券的票面上是否记名，可以将债券分成记名债券和无记名债券。

(1) 记名债券，是指在券面上注明债权人姓名或名称，同时在发行公司的债权人名册上进行登记的债券。转让记名债券时，除要交付债券外，还要在债券上背书和在公司债权人名册上更换债权人姓名或名称。投资者须凭印鉴领取本息。这种债券的优点是比较安全，缺点是转让时手续复杂。

(2) 无记名债券，是指债券票面未注明债权人姓名或名称，不用在债权人名册上登记债权人姓名或名称的债券。无记名债券在转让同时随即生效，无须背书，因而比较方便。

3. 公开发行公司债券的条件

新《公司法》规定，公开发行公司债券应符合下列条件：

(1) 股份有限公司的净资产不低于人民币3000万元，有限责任公司的净资产不低于6000万元人民币。
(2) 累计债券余额不超过公司净资产的40%。
(3) 最近3年平均可分配利润足以支付公司债券1年的利息。
(4) 筹集的资金投向符合国家产业政策。
(5) 债券的利率不超过国务院限定的利率水平。

此外，公开发行债券所募集的资金，必须用于核准的用途，不得用于弥补亏损和非生产性支出。

有下列情形之一的，不得再次公开发行公司债券：

(1) 前一次公开发行的公司债券尚未募足。
(2) 对已公开发行的公司债券或者其他债务有违约或者延迟支付本息的事实，仍处于继续状态。
(3) 违反《证券法》规定，改变公开发行公司债券所募集资金的用途。

4. 公司债券上市交易的条件

新《公司法》规定，公司申请公司债券上市交易应符合下列条件：
(1) 公司债券的期限为 1 年以上。
(2) 公司债券实际发行额不少于 5000 万元人民币。
(3) 公司申请债券上市时仍符合法定的公司债券发行条件。

公司债券上市交易后，有以下情形之一的，由证券交易所决定暂停或终止债券交易：
(1) 公司有重大违法行为。
(2) 公司情况发生重大变化不符合公司债券上市条件。
(3) 公司债券所募集资金不按照核准用途使用。
(4) 未按照公司债券募集办法履行义务。
(5) 公司最近 2 年连续亏损。

5. 债券发行价格

债券的发行价格是债券发行单位发行债券时使用的价格，也是债券的原始投资者购买债券时实际支付的价格。债券的发行价格是由债券本金和债券年利息收入按债券期限内的市场利率折现后的现值之和决定的。用公式表示就是：

$$债券发行价格 = \sum_{t=1}^{n} \frac{票面金额 \times 票面利率}{(1+市场利率)^t} + \frac{票面金额}{(1+市场利率)^n}$$

即　　　　债券发行价格=债券年息×年金现值系数＋票面金额×复利现值系数

债券发行通常有三种情况：即溢价发行、平价发行、折价发行。溢价发行是指债券以高出面值的价格发行，平价发行是指债券以面值发行，折价发行是指债券以低于面值的价格发行。债券以何种价格发行，取决于债券票面利率与市场利率的关系。如果市场利率高于票面利率，则债券需折价发行；如果市场利率低于债券票面利率，则债券要溢价发行；如市场利率等于票面利率，则债券平价发行。由于债券票面利率是预先确定的，而市场利率是变动的，所以两者不同的可能性也是存在的。

【例 5-3】 四季风旅游公司发行面值 1000 元，票面利率 10%，期限 10 年，每年年末付息的债券，在公司发行时市场利率可能是 A——10%；B——15%；C——5%，分别计算三种债券的发行价格。

解：经查表，系数值分别为：

	10%, 10	15%, 10	5%, 10
复利现值	0.386	0.247	0.614
年金现值	6.145	5.019	7.722

将有关数据代入公式，得：
A 价格=1000×0.386+100×6.145=1000.5(元)
B 价格=1000×0.247+100×5.019=748.9(元)
C 价格=1000×0.614+100×7.722=1386.2(元)

6. 债券的信用评估

债券的信用等级表示债券质量的优劣，反映债券偿本付息能力的强弱和债券投资风险的高低。

债券的评级制度最早源于美国。1909 年，美国人约翰·穆迪(John Moody)在《铁路投资分析》(Analysis of Railroad Investment)一文中，首先运用了债券评级的分析方法，现在债券评级的方法逐渐形成评级制度，为许多国家所采用。我国的债券评级工作也逐渐得到注视。根据中国人民银行的有关规定，向社会公开发行的债券，需由中国人民银行及其授权的分行指定的资信评级机构或者公证机构进行评级。但目前，我国尚无统一的债券等级标准，尚未建成系统的债券评级制度。一般参照国际上流行的标准·普尔公司评定债券的信用等级方法，如表 5-1 所示。

表 5-1　两家公司对债券等级的评定情况

穆迪公司			标准普尔公司		
级别	信用程度	说　明	级别	信用程度	说　明
Aaa	最优等级	极强的财务安全性，情况的变化不会影响其偿债能力	AAA	最高等级	还本付息能力强
Aa	高等级	很强的偿债能力，但长期风险略高于 Aaa 级	AA	中高等级	还本付息能力较强
A	较高等级	较强的偿债能力	A	中等偏上级别	还本付息能力尚可
Baa	中等等级	有一定偿债能力，但某些偿债保障从长远看有些不足或缺乏可靠性	BBB	中等等级	有一定的还本付息能力。但在环境变化时，还本付息能力弱化
Ba	投机等级	财务安全性有疑问。这类债券的偿还能力一般，且未来的安全不足	BB	中等偏下级别	有投机因素，但与其他投机类债券相比，其违约风险较低
B	非理想投资等级	财务安全性较差，长期支付能力弱	B	投机等级	有较高的违约风险，还本付息能力随情况变化而变化
Caa	易失败等级	财务安全性很差。已有违约迹象	CCC	完全投机等级	目前已表现出明显的违约风险迹象
			CC		具有更高优先级别的债券已被评为 CCC 一级别，该债券偿还顺序在后
Ca	高度投机等级	财务安全性非常差，已处于违约状态	C	失败等级	具有更高优先级别的债券已被评为 CCC 级别，该债券偿还顺序在后
C	最差等级	最低级别，通常已违约，且好转的可能性很低	D	失败等级	处于违约状态的债券，如预期到期无法还本付息，或已出现拖欠本息现象的债券

7. 债券筹资的评价

1) 债券筹资的优点

(1) 资金成本较低。利用债券筹资的成本要比股票筹资的成本低，这主要是因为债券的发行费用较低，债券利息在税前支付，有一部分利息由政府负担。

(2) 保证控制权。债券持有人无权干涉企业的管理事务，如果现有股东担心控制权旁落，则可利用债券筹资。

(3) 发挥财务杠杆作用。不论公司赚钱多少，债券持有人只收取固定的有限的利息，而更多收益可用于分配给股东，增加其财富，或留归企业以扩大经营。

2) 债券筹资的缺点

(1) 筹资风险高。债券有固定的到期日，并定期支付利息。利用债券筹资，要承担还本、付息的义务。在企业经营不景气时，向债券持有人还本、付息，无异于釜底抽薪，会给企业带来更大的困难，甚至导致企业破产。

(2) 限制条件多。发行债券的契约书中往往有一些限制条款，这种限制比短期债务多得多，可能会影响企业的正常发展和以后的筹资能力。

(3) 筹资额有限。利用债券筹资有一定的限度，当公司的债务比率超过了一定程度后，债券筹资的成本要迅速上升，有时甚至会发行不出去。

案例 5-2　　　　　　　　　北京首旅集团发行债券

发行人北京首都旅游集团有限责任公司(以下称首旅集团)是北京市人民政府批准成立并授权经营管理国有资产的大型企业集团，主营业务为酒店、旅行社、汽车服务、会展服务以及高科技、房地产、商业、餐饮娱乐等。首旅集团下属企业主要包括上市公司"首旅股份"、管理着数十家饭店的"首旅酒店集团"、全资质的全国大型旅行社集团"神舟国旅"和"康辉旅行社"、拥有国宾车队的"首汽股份"、三万平方米的北京展览馆、北京饭店、贵宾楼饭店、建国饭店、长富宫中心、西苑饭店等。多年来，首旅集团一直承担着首都国际国内会议、展览以及重大活动的接待和服务工作。首旅集团近3年的财务指标如表5-2所示。

表 5-2　近 3 年财务主要指标

亿元

年　度	主营业务收入	利润总额	净利润
2001	54.34	2.15	1.26
2002	62.09	2.33	1.15
2003	60.84	1.12	0.48

2003年，发行人主营业务受到"非典"因素的影响，但仍然取得了良好的经营业绩，截至2003年底，公司经审计的资产总额为131.51亿元人民币，负债总额为76.38亿元人民币，净资产为47.67亿元人民币，少数股东权益为7.47亿元人民币，资产负债率为58.08%。

本期债券发行概况如下所述。

(1) 债券名称：2004年北京首都旅游集团有限责任公司公司债券，简称"04首旅债"。

(2) 债券期限：10年。

(3) 发行总额：人民币10亿元。

(4) 债券形式：采用实名制记账方式，投资人认购的本期债券在中央国债登记结算有限责任公司开立的一级托管账户,或在本期债券的二级托管人处开立的二级托管账户中托管记载。

(5) 票面利率:本期债券为浮动利率债券,票面年利率为基准利率与基本利差之和。基准利率为发行首日和其他各计息年度起息日适用的中国人民银行公布的一年期整存整取定期储蓄存款利率;基本利差为1.75%,在债券存续期内固定不变。

(6) 还本付息方式:每年付息一次,最后一期利息随本金一并支付。

(7) 信用级别:经联合资信评估有限公司综合评定,本期债券的信用级别为AAA级。

(8) 债券担保:中国银行北京市分行为本期债券提供无条件不可撤销连带责任担保。

(9) 发行范围及对象:本期债券通过承销团成员设置的发行网点及在北京市设置的营业网点公开发行,持有中华人民共和国居民身份证的公民(军人持军人有效证件)及境内法人(国家法律、法规禁止购买者除外)均可购买。

(10) 发行价格:平价发行,以人民币1 000元为一认购单位,认购金额应是人民币1000元的整数倍。

(11) 发行期限:自2004年2月19日至2004年3月3日,共10个工作日。

(12) 募集资金用途:本期债券募集资金用于北京饭店北京宫项目、北京饭店改扩建项目(2008年奥运会总部饭店)。

(13) 主承销商:华夏证券股份有限公司。

小贴士

国际信用评级机构作用引发争议

国际信用评级机构标准普尔公司2010年4月27日下调希腊和葡萄牙主权信用评级。消息传出,欧洲股市当天全线下挫。希腊的融资成本迅速增加,主权债务危机越发恶化。同时,三大机构对波罗的海三国、爱尔兰、英国、西班牙等欧洲众多国家实施评级警告。一时间,几乎整个欧洲风声鹤唳,债务危机阴霾笼罩。联想此前,日本泡沫破灭、东南亚金融危机、韩国债务危机等近乎都是由三大机构在"言论自由"下发出"暴风雨就要来啦"的呼喊而引发的。在当前笼罩全球的希腊债务危机阴云中,国际信用评级机构所扮演的角色备受争议。标准普尔、穆迪和惠誉三大评级机构每一次下调希腊等欧元区国家主权信用评级或展望,都会导致全球金融市场剧烈震荡,进而推动危机进一步升级。(资料来源:经济参考报)

三、可转换债券

1. 可转换债券的性质

可转换债券是一种以公司债券(也包括优先股,为简化只介绍债券)为载体,允许持有人在规定的时间内按规定的价格转换为发行公司或其他公司普通股的金融工具。可转换债券的性质主要包括以下几个方面。

1) 期权性

可转换债券的期权性主要体现在可转换的选择权。在规定的转换期限内,投资者可以选择按转换价格转换为一定数量的股票,也可以放弃转换的权利,继续持有该债券。由于可转换债券持有人具有将来买入股票的权利,因此,可将它看成是一种买进期权,期权的卖方为发行公司。

2) 债券性

可转换债券的债券性,主要体现在定期领取利息和债券本金的偿还上。投资者购买了可转换债券,若在转换期内未将其转换成股票,则发债公司到期必须无条件还本付息。

3) 回购性

可转换债券的回购性是指可转换债券一般带有回购条款,它规定发债公司在可转换债券到期之前可以按一定条件赎回债券。发行者行使赎回权,其目的是为了迫使投资者将债权转换为股权。如果投资者觉察发行公司的赎回意图后,多会选择将可转换债券转换为股票,而不愿让发行公司以较低的价格赎回。因此,可转换债券的转换具有一定的强迫性。

4) 股权性

可转换债券的股权性与其期权性相联系,只要投资者愿意,可随时将手中的可转换债券转换为股票,成为股权投资者。股权性确保了投资者能获得股票投资者的所有利益。

2. 可转换债券的要素

1) 期限

可转换债券的期限包括债券期限和转换期限。对转换的时间安排取决于公司未来对股本结构的调整和资金需求,发行可转换债券,公司希望可转换债券能保持一般时间债券的性质,以防股权被过早地稀释。但公司应保证在债券存续期间有足够的现金流支付利息。

2) 票面利率

可转换债券的票面利率是其具有债券性质的重要特征,发行人设计的票面利率通常低于同期银行存款利率和企业普通债券利率,持有人之所以付出这部分利差主要是为转股后获得股利收入或出售股票的价差。另外,发行人未来的盈利预测也是影响票面利率的重要因素。

3) 转股价格

转股价格是指转换为每股股份所支付的价格。转股价格的确定直接关系投资者与公司现存股东的利益。转股价格定得过低,会损害现有股东利益,定得过高不利于可转换债券转换成功。因此,公司未来的成长性和盈利能力也是影响转股价格的重要因素。

4) 赎回条款

赎回条款是为了保护发行人而设立的,旨在迫使持有可转换债券的投资者提前将其转换成股票,从而达到增加股本、降低负债的目的,也避免利率下调造成的损失。赎回条款一般分为无条件赎回(即在赎回期内按照事先约定的赎回价格赎回可转换债券)和有条件赎回(在基准股价上涨到一定程度,通常为正常股股价持续若干天高于转股价格130%~200%,发行人有权行使赎回权)。

5) 回售条款

回售条款是指发行人股票价格在一段时间连续低于转股价格后达到一定的幅度时,可转换债券持有人按事先约定的价格将所持有的债券卖给发行人。回售条款的设置可以有效地控制投资者一旦转股不成带来的收益风险,同时也可以降低可转换债券的票面利率。

6) 发行时机

充分考虑可转换债券股权性,注重发行时机的选择是转债发行和转股成功的关键。标的股票市价特别高涨或极度低迷时应避免发行可转换债券,另外,标的股票价格波动过低的公司也不适合发行可转换债券。

3. 可转换债券筹资方式的评价

1) 可转换债券筹资的优点

(1) 具有融资的灵活性。因为可转换债券具有债务和股权的双重性质,一旦可转换债券转换成股票,发行公司仍可获得长期稳定的资本供给,使公司具有融资的灵活性。

(2) 融资成本低廉。根据《可转换公司债券管理办法》,可转换债券的利率不超过银行同期存款的利率水平。因此,可转换债券的融资成本应该是所有债权融资方式中最低的。

(3) 债转股过程的延缓性。可转换债券赋予投资者未来可转可不转的权利,且可转换债券转股有一个过程,可以延缓股本的直接计入,从而不会造成股本急剧扩张,缓解对公司业绩的稀释。

(4) 转换价格高于股票发行价格。发行可转换债券的初衷是为了出售股票,而非债券。由于普通股市价偏低,不适宜现在发售新股,募集资金。而发行可转换债券,可将转换价格定在高于当期股价的 10%~30%的水平,因此相比较配股和增发来说,在扩张相同股本的情况下,可转换债券可以募集更多资金。

2) 可转换债券筹资的缺点

(1) 低成本筹资的时限性。当可转换债券转换为普通股时,融资成本低廉的优势即丧失。

(2) 呆滞债券。可转换债券可看做是递延的股权资本,如果转换价格定得太高,未必会转换;但如果转换价格较低,当时股票价格不上涨或实际下降,转换也不会发生。这种情况,可转换债券称为呆滞债券,这种呆滞性增加了公司的财务风险。

第三节 融资租赁

租赁是指出租人在承租人给予一定报酬的条件下,授予承租人在约定的期限内占有和使用其财产的一种契约性行为。租赁行为实质上具有借贷属性,不过它直接涉及的是物而不是钱。在租赁业务中,出租人主要是各种专业租赁公司,属非银行的金融机构,承租人主要是其他类型的企业,承租物大多为设备等固定资产。

租赁兼有商品信贷和资金信贷的两重性,以"融物"的形式达到"融资"的目的。现代租赁对承租企业来说,尤其是融资租赁,获得财产的使用权就等于获得资金的使用权,满足了生产经营对资金的需要,支付租金等于支付贷款的利息或本息,是一种特殊而有效的筹资方式。

租赁活动由来已久，租赁作为一种特定的经济现象，可以被追溯到3000年以前的腓尼基人对船只的租赁。自第二次世界大战以来，租赁得到迅速发展。租赁从20世纪50年代初在美国开始兴起，60年代传到西欧、日本，以后在各国得到迅速发展。80年代初期，我国有些企业开始采用租赁方式筹集资金，到80年代末期，租赁已成为一种重要筹资方式。

一、租赁的种类

目前我国主要有经营租赁和融资租赁两类。

1) 经营租赁

经营租赁也称服务租赁、营运租赁、操作性租赁，是指由出租人向承租企业提供租赁财产的所有权，并向承租人提供设备维修、保养和人员培训等的服务性业务。经营租赁是一项可撤销的、不完全支付的短期租赁业务。

经营租赁中，承租企业的主要目的不在于融通资金，而是为了获得财产的短期使用权以及出租人提供的设备维修、保养和人员培训等方面的服务。如果从承租企业无须先筹资再购买财产即可享受财产使用权的角度来看，经营租赁也有短期筹资的功效。经营性租赁的主要特点是：

(1) 承租企业根据需要可随时向出租人提出租赁资产，并且一般经营租赁的租期较短。

(2) 经营租赁的资产过时风险归出租人，承租企业不需承担设备老化的风险，这对承租企业比较有利。

(3) 所租赁财产多为通用设备，或是具有高度专门技术，且更新换代速度较快的设备。对于承租人来说，经营租赁可以让其试用新设备，按生产需要短期租进设备以满足生产季节性的要求。

(4) 由于出租人风险大，经营租赁设备的租金一般要高于融资性租赁；租赁期满或合同中止时，租赁设备由出租人收回。

(5) 由于经营租赁为两边交易(只涉及出租人和承租人)，因此结构简单，手续简便。

2) 融资租赁

融资租赁也称财务租赁或金融租赁，它是一种以融资为主要目的的租赁方式。在这种方式下，承租企业按照租赁合同在租赁资产寿命的大部分时间内可以使用资产，出租人收取租金，但不提供保养、维修等服务。承租人在租赁期间内对租赁资产拥有实际控制权，根据《企业会计制度中》规定，融资租入固定资产视企业自有资产进行管理。租赁期满后资产通常归承租企业所有。

(1) 融资租赁的特点主要包括：

① 一般由承租人向出租人提出正式申请，由出租人融通资金引进用户所需的设备，然后再租给用户。

② 租期较长。融资租赁的租期一般为租赁资产寿命的一半以上。

③ 租赁合同比较稳定。在融资租赁期内，承租人必须连续交付租金，非经双方同

意，中途不得退租。这样既能保证承租人长期使用资产，又能保证出租人在基本租期内收回投资并获得一定利润。

④ 租赁期满后，可选择以下办法处理租赁财产，即将设备作价转让给承租人；由出租人收回；延长租期续租。

⑤ 在租赁期间内，承租人一般不提供维修和保养设备方面的服务。

(2) 融资租赁可细分为如下三种形式：

① 售后租回。根据协议，企业将其资产卖给出租人，再将其租回使用。资产的售价大致为市价。采用这种租赁形式，出售资产的企业可收到相当于售价的一笔资金，同时仍然可以使用资产。当然，在此期间，该企业要支付租金，并失去了财产所有权。从其售后租回的出租人为租赁公司等金融机构。

② 直接租赁。直接租赁是指承租人直接向出租人租入所需要的资产，并付出租金。直接租赁的出租人主要是制造厂商、租赁公司。除制造厂商外，其他出租人都是从制造厂商购买资产出租给承租人。

③ 杠杆租赁。杠杆租赁要涉及承租人、出租人和资金出借者三方当事人。从承租人的角度来看，这种租赁与其他租赁形式并无区别，同样是按合同的规定，在基本租赁期内定期支付定额租金，取得资产的使用权。但对出租人却不同，出租人只出购买资产所需的部分资金(如 30%)，作为自己的投资；另外以该资产作为担保向资金出借者借入其余资金(如 70%)。因此，它既是出租人又是借款人，同时拥有对资产的所有权，既取租金又要偿付债务。如果出租人不能按期偿还借款，那么资产的所有权就要转归资金出借者。

二、融资性租赁与经营租赁的区别

(1) 融资性租赁涉及三方当事人，即出租人、承租人和供货商，由承租人委托出租人代为融资，承租人并直接与供货商洽谈选定所需的设备，再由出租人出面购买设备，然后由供货商直接将设备交给承租人。

(2) 两个或两个以上的合同，即出租人与承租人之间签订租赁合同，出租人与供货商之间签订买卖合同。如果出租人资金不足的话，可能还需要出租人与金融机构签订贷款合同。

(3) 由于拟租赁的设备是由出租人完全按照承租人的要求和选择去购买，所以出租人对于设备的性能、物理性质、老化风险、设备缺陷、延迟交货等以及设备的维修保养均不负责任，承租人不能以上述理由拖欠或拒付租金。

(4) 租期较长，一般为所租资产的寿命期。

(5) 为了保障出租人与承租人双方的利益，在租赁合同期内，双方均不得中途解约，只有当设备毁坏或被证明已经丧失使用效力的情况下才有可能终止合同。由于出租人已为设备垫付了资金，合同的终止应以出租人不受经济损失为前提。

(6) 租赁设备的所有权与使用权相分离，在法律上所有权属于出租人，在经济上，使用权属于承租人，承租人在使用期间应当定期维修并妥善保护。虽然租期内租赁人仍对设备具有所有权，但同时承租人对设备拥有实际的控制权。为了保证设备的正常运转，承租人必须有专门的维修人员对设备定期进行检查、维修和保养。

(7) 在租赁期满时,承租人一般对设备有留购、续租和退租三种选择。通常是出租人通过收取名义货价的形式,将租赁设备的所有权转移给承租人。

由于融资租赁有明显的融资性质,下面以融资租赁为例介绍租赁筹资的有关问题。

三、融资租赁的程序

1. 选择租赁公司,提出租赁申请

企业决定采用租赁方式筹取某项设备时,首先需了解各家租赁公司的经营范围、业务能力、资信情况,以及与其他金融机构(如银行)的关系,取得租赁公司的融资条件和租赁费率等资料,加以分析比较,从中择优选择。

2. 办理租赁委托

企业选定租赁公司后,便可向其提出申请,办理委托。这时,承租企业需填写"租赁申请书",说明所需设备的具体要求,同时还要向租赁公司提供财务状况文件,包括资产负债表、损益表和现金流量表等资料。

3. 签订购货协议

由承租企业与租赁公司的一方或双方合作组织选定设备供应厂商,并与其进行技术和商务谈判,在此基础上签订购货协议。

4. 签订租赁合同

融资租赁合同的内容可分为一般条款和特殊条款两部分。

5. 办理验货与投保

承租企业按购货协议收到租赁设备时,要进行验收,验收合格后签发交货及验收证书,并提交租赁公司,租赁公司据以向供应厂商支付设备价款。同时,承租企业向保险公司办理投保事宜。

6. 支付租金

承租企业在租期内按合同规定的租金数额、支付方式等,向租赁公司支付租金。

7. 租赁期满租赁设备的处理

融资租赁合同期满时,承租企业根据合同约定,对设备续租、退租或留购。

四、融资租赁租金的计算

在租赁筹资方式下,承租企业要按合同规定向租赁公司支付租金。租金的数额和支付方式对承租企业的未来财务状况具有直接的影响,也是租赁筹资决策的重要依据。

1. 融资租赁租金的构成及影响因素

(1) 租赁设备购置成本。租赁设备购置成本包括设备买价、运杂费、途中保险费、税金等。

(2) 预计租赁设备的残值。预计租赁设备的残值是指设备期满时,租赁设备预计可变现净值。

(3) 利息。利息指租赁公司为购置承租人要求的设备而进行融资的融资成本。

(4) 租赁手续费。租赁手续费用包括租赁公司承租设备业务中的营业费用及其要求的利润。

(5) 租赁期限。租赁期限是指租赁时间长短，其对租金总额和每期租金大小都有影响。

2. 租金的支付方式

租金的支付方式也影响到租金的计算，支付租金的方式一般有如下几种：

(1) 按支付时间的长短，可以分为年付、半年付、季付和月付等方式。

(2) 按支付时间先后，可以分为先付租金和后付租金两种。先付租金是指在期初支付，后付租金是指在期末支付。

(3) 按每期支付金额，可以分为等额支付和不等额支付两种。

五、租金的确定

租金的确定方法很多，在这里主要介绍两种比较流行的方法。

1. 平均分摊法

平均分摊法是企业根据有关资料，合理确定租金各影响因素，通过公式确定租金的方法。每次应付租金的计算公式如下：

$$R=\frac{(C-S)+I+F}{N}$$

式中：R——每次支付的租金；

C——租赁设备购置成本；

S——租赁设备预计残值；

I——预计的租赁公司租赁期间的融资成本总额；

F——预计的租赁手续费；

N——租赁期限。

【例 5-4】某企业预计从租赁公司融资租赁一条生产线，经调查，生产线购置成本为 50 万元，可使用 10 年，预计残值为 1 万元归租赁公司，租赁公司融资成本率为设备价值的 10%，租赁手续费率为设备价值的 3%，租金每年末支付一次。租赁该生产线每期支付的租金可计算如下：

$$R=\frac{(50-1)+50\times10\%\times10+50\times3\%}{10}=10.05(万元)$$

平均分摊法计算简单，易于掌握，但没有充分考虑货币的时间价值因素。

2. 等额年金法

等额年金法是运用年金现值的计算原理计算每期应付租金的方法。在这种方法下，通常要结合租赁公司融资成本率和手续费率确定一个贴现率。后付租金的计算公式如下：

$$R = \frac{PV}{(PV/A, i, n)}$$

式中：R——每期支付的租金；

PV——租赁设备的购置成本并考虑残值因素确定的等额租金现值；

$(PV/A, i, n)$——年金现值系数，其中，n 为租赁付租期；i 为贴现率。

【例5-5】 如果预计残值归承租企业，租金为：

$$R = \frac{50}{(PV/A, 13\%, 10)} = 50/5.426 = 9.2(万元)$$

六、租赁筹资方式的评价

1. 租赁筹资的优点

1) 在资金短缺的情况下能引进企业所需设备

一个企业在资金短缺或没有长期资金进行设备投资的情况下，若需要更新设备，可以通过租赁的方式取得。因为租赁不需要动用长期资金进行投资，只需按期交付租金便可得到所需的设备。

2) 融资便利

企业一般很难向银行借得百分之百的贷款来购买设备。银行一般要求企业有足够的信用或是有抵押品才愿意贷给企业，而通过租赁的渠道则可由租赁公司融资百分之百的设备贷款。

3) 避免因通货膨胀而造成损失

在当今社会中，通货膨胀已成为一个普遍的现象。由于租赁合同一开始就将全部租金固定下来，以当时的货币价值购进设备，而以来年或后年、几年后的币值固定支付租金，这样便可避免由于通货膨胀和物价上涨等因素所造成的承租人的损失。

4) 金融与贸易结合，加快了引进速度

对于国内承租人来说采用租赁方式可以百分之百地利用外资，从而解决企业设备不足的问题。中国不少企业普遍存在两个问题：一是缺少资金；二是没有对外购买权。企业要想购买国外设备，一般首先要向银行申请贷款，经审查批准到资金到手需要很长的时间；然后再委托贸易公司从国外引进设备或向生产厂商购买国外设备，手续很烦琐，时间又拖得很长。若采用租赁方式，融资与引进设备都由租赁公司一手包办，可以省下不少时间和精力。由于设备和供应厂商是由承租人指定的，而且买卖合同是在承租人在场的情况下签订的，可以保证承租企业获得满意的设备。

5) 租赁方式灵活，财务风险小

只需一小部分先期付款即可取得设备的使用权，并可签订灵活的租赁期限和还租次数。租赁期限一般3～5年，大型项目可达10年以上。租金偿还可按月、季、半年或一年来计算，视承租企业的需要来制订。灵活的租金支付方式也可以让承租人根据企业的经营状况制订租赁费用支付计划，以避免财务危机。

6) 可以避免保留过时的设备，设备淘汰风险小

经营性租赁在租赁期内承租人可预先通知出租人要求终止合同，退回设备，以租赁其他更先进的设备，这对承租企业来说，回避设备过时风险更有利。企业对于短期需

要的设备应尽量采用租赁方式来取得，以免浪费企业宝贵的资金。对于一个新建、规模较小而又具有风险的企业来说尤为可取。

7) 手续简单

与购买相比，租赁的手续相当简单，可以免去许多工作。

8) 限制条件少

企业运用股票、债券、长期借款等筹资方式，都受到相当多的资格条件限制，相比之下，租赁筹资的限制条件较少。

9) 租金费用可在所得税前扣除

租金费用可在所得税前扣除，承租企业能享受税收上的利益。

2. 租赁筹资方式的缺点

租赁筹资的主要缺点是资金成本高，这主要体现在如下几个方面：

(1) 租赁的内含利率通常高于银行贷款利率，造成企业所付租金较高，租金总额通常要高于设备价值的 30%。如果企业采用购买方式取得设备，同时能充分享受投资税减免，加速折旧及债务利息的税收优惠的话，购买得到的税收好处一般比租赁多。

(2) 有时需支付额外的担保金。由于出租人害怕承租企业到期支付不了租金，常常要求承租人寻找一个独立的财务机构作为担保人，于是承租人便要付出额外的担保金。

(3) 采用租赁筹资方式如不能享有设备残值，也可视为承租人的一种机会损失。

结合租赁的特点，进行租赁筹资决策时应考虑如下几方面因素：

(1) 资金紧张、其他筹资方式难度大时，可以考虑租赁方式；

(2) 所需资产取得难度大时，如所需设备需进口，可以考虑租赁方式；

(3) 所需资产使用时间短或技术更新换代速度快时，应采用经营租赁方式；

(4) 所需资产在其他方面对购买和租赁方式没有明显的影响时，比较租赁成本与长期借款成本的大小，选择代价较小的方式。

世界著名的经济评级机构

1. 标准普尔

标准普尔评级公司(Standard & Poor)总部设在美国，是目前国际上公认的最具权威性的信用评级机构之一。标准-普尔指数由美国标准普尔公司 1923 年开始编制发表，当时主要编制两种指数，一种是包括 90 种股票每日发表一次的指数，另一种是包括 480 种股票每月发表一次的指数。1957 年扩展为现行的、以 500 种采样股票通过加权平均综合计算得出的指数，在开市时间每半小时公布一次。

2. 穆迪国际集团

穆迪国际集团(Moodgs)是世界著名的跨国管理及技术服务机构之一，世界三大评级机构之一。1911 年始建于美国，目前总部设在英国伦敦，已在全球 50 多个国家设立了 72 个分支机构。全球性服务网络为客户提供优质的全方位管理体系认证、质量保证、检验和工业项目工程技术咨询服务。目前，穆迪在工程管理、质量检验、技术咨询和质量监督方面的客户遍布电力、石油天然气、化工、采矿、建筑等行业。(资料来源：编者根据相关材料整理而成)

案例与点评

成功破解旅游景区建设资金的难题

信宜，位于广东省西南部，因盛产南方碧玉而被称为"玉都"。信宜是鉴江、黄华江、罗定江之发源地，物华天宝、人杰地灵、风景秀丽，自然资源十分丰富。信宜市充分发挥生态资源独特和旅游资源丰富的优势，大力实施"旅游旺市"战略，切实做好旅游开发规划，大胆探索旅游投资的新模式。积极拓宽融资渠道，逐步形成了政府引导、市场运作的投资机制，成功破解了旅游景区建设资金缺乏的难题，主要表现在以下几方面：

一是采取股份制形式筹集资金。在天马风景旅游区的建设中，该市采用向社会募股的形式筹集资金，从签订合同到开工建设仅一个月，就筹集到 200 万元，解决了景区首期工程建设的启动资金。

二是吸引民间资本参与旅游开发。在太华山和大仁山景区的开发中，该市通过有偿转让景区经营权的方法，成功引入民营老板投资，成为该市民营企业参与旅游开发的成功典型。

三是以地入股，共同开发，收益分成。天马山风景旅游区占地面积 26 平方公里，无法全部买断农民的山林和土地使用权，该市采取"农民投入土地和山林资源，开发商投入资金"的办法共同开发，收益从景区门票中分成，盘活了农民的土地资源，拓宽了农民增收的渠道，深受当地农民欢迎。

四是变"征地"为"租地"。西江温泉度假村二期扩建工程计划占地 350 亩，征地费用高过 1200 万元。该市采用"租地"的方式，与当地村民签订租地协议，一年的地租只需 10 万多元，仅相当于征地费用的 1%，既减少了景区开发前期资金投入过大的压力，又确保农民旱涝保收。

五是发动社会热心人士认捐兴建景点。在太华山旅游区二期工程建设中，该市广泛发动社会各界人士认捐兴建"天下第一鼓"和"南国第一钟"，6000 多人踊跃认捐了 500 多万元，解决了景区建设资金困难的问题。(资料来源：编者根据相关材料整理而成)

练习与思考题

1. 什么叫资本金制度？资本金制度包括哪些内容？
2. 企业筹集股权资本的方式有哪些？企业运用各种筹资方式应具备什么资格和条件？

3. 吸收直接投资方式下，投资者的出资方式有哪些？应符合什么样的条件？
4. 普通股与优先股有哪些不同？两种筹资方式的优缺点有哪些？
5. 为什么说利用留用利润融资对企业非常重要？
6. 发行公司债券应具备哪些资格与条件？
7. 什么是认股权证？认股权证有何特点？
8. 利用可转换债券方式筹资的优缺点是什么？
9. 什么是融资租赁？它与经营租赁的区别是什么？

复习自测题

一、单项选择题

1. 新《公司法》规定，股份有限公司注册资本的最低限额为(　　)。
   A. 1000万元　　B. 100万元　　C. 500万元　　D. 50万元
2. 新《公司法》规定，允许设立一人有限责任公司，最低注册资本金为(　　)。
   A. 100万元　　B. 10万元　　C. 30万元　　D. 3万元
3. 可转换债券对投资者来说，可在一定时期内，依据特定的转换条件，将其转换为(　　)。
   A. 其他债券　　B. 优先股　　C. 普通股　　D. 银行借款
4. 长期借款筹资与债券筹资相比，其特点是(　　)。
   A. 筹资费用大　　　　　　B. 利息支出具有节税效应
   C. 筹资弹性大　　　　　　D. 债务利息高
5. 下列筹资方式中，不属于筹集长期资金的是(　　)。
   A. 吸收直接投资　　　　　B. 商业信用
   C. 融资租赁　　　　　　　D. 发行股票
6. 认股权证本质是(　　)。
   A. 买进期权　　　　　　　B. 卖出期权
   C. 双向期权　　　　　　　D. 依具体条件而定
7. 相对于借款购置设备而言，融资租赁设备的主要缺点是(　　)。
   A. 筹资速度较慢　　　　　B. 融资成本较高
   C. 到期还本负担重　　　　D. 设备淘汰风险较大

二、多项选择题

1. 普通股股东在权利方面的特点是(　　)。
   A. 对公司有经营管理权
   B. 优先认股权
   C. 优先获得股利权
   D. 股利分配取决于公司的经营情况
   E. 剩余财产请求权位于债权人和优先股股东之后
2. 融资性租赁的特点有(　　)。
   A. 租期较长

B. 承租企业中途不可退租
C. 设备维护、修理由承租企业负责
D. 设备由承租企业计提折旧
E. 承租企业无权拆卸改装设备

3. 企业自有资金的筹资方式有(　　)。
   A. 发行股票　　　　　　B. 吸收直接投资　　　　C. 融资租赁
   D. 发行债券　　　　　　E. 企业内部积累

4. 优先股相比较普通股具有的优先权有(　　)。
   A. 优先获得股利　　　　B. 优先认购　　　　　　C. 优先分配剩余财产
   D. 对公司具有优先经营管理权　　　　E. 优先表决权

5. 公司债券筹资与普通股筹资相比较,(　　)。
   A. 普通股筹资的风险相对较低
   B. 公司债券筹资的资本成本相对较高
   C. 公司债券利息可以于税前列支,而普通股股利必须于税后支付
   D. 公司债券可利用财务杠杆作用
   E. 普通股股东在公司清算时的求偿权要滞后于债券投资者

6. 企业申请长期银行借款,一般应具备的条件有(　　)。
   A. 独立核算、自负盈亏、具有法人资格
   B. 在银行开立账户,办理结算
   C. 借款用途属于银行贷款办法规定的范围
   D. 财务管理和经济核算制度健全
   E. 具有偿还贷款的能力

7. 股份公司申请股票上市,一般出于(　　)的目的。
   A. 使资本增大,分散风险　　　　B. 便于确定公司市场价值
   C. 提高公司知名度　　　　　　　D. 便于筹措新资金
   E. 提高股票的变现力

8. 债券发行价格的高低,取决于(　　)。
   A. 债券面值　　　　　　　　　　B. 债券票面利率
   C. 发行时的市场利率　　　　　　D. 债券期限
   E. 发行费用

三、计算题

1. 嘉和酒店拟发行面值为 100 元,票面利率为 12%,期限为 3 年的债券一批。试计算当市场利率分别为 10%,12%和 15%时的发行价格。

2. 某旅游公司采用融资租赁方式于 2004 年 1 月 1 日,从某租赁公司租入一台机器设备,设备价款为 40 000 元,租期 6 年,期满后设备归企业所有,租赁费率(贴现率)为 20%。假设租金于每年年末等额支付,请分别用平均分摊法和年金法计算租金额。

第六章 旅游企业资产管理

【本章导读】

资产管理是旅游财务管理的重要内容之一,本章主要讲述旅游企业各种主要资产管理的理论与方法,重点介绍对现金、有价证券、应收账款、存货和固定资产、无形资产等管理理论与方法。通过本章的学习,掌握了相应的理论和方法,对加强旅游企业资产的管理,提高其使用效率都将大有益处。

【关键词】

现金 有价证券 应收账款 信用条件 信用标准 存货

【知识要点】

1. 了解持有现金的动机,熟练掌握现金管理的方法。
2. 掌握有价证券的种类及其特点。
3. 掌握信用标准和信用条件等概念,并能根据企业的实际制定相应的信用政策。
4. 熟练掌握应收账款日常管理的方法。
5. 了解存货的功能,熟练掌握存货管理模型及ABC重点管理法。

小贴士

财富故事

施振荣卖鸭蛋的追求——现金流才是命脉

像许多领袖人物一样，宏基集团董事长施振荣的少年时代充满坎坷。为了谋生，母亲卖过鸭蛋、织过毛衣，甚至还摆起槟榔摊。他曾经帮母亲在店里同时卖鸭蛋和文具。鸭蛋3元1斤，只能赚3角，差不多是10%的利润，而且容易变质，没有及时卖出就会坏掉，造成经济上的损失。相比之下，文具的利润高，做10元的生意至少可以赚4元，利润超过40%，而且文具摆着不会坏。看起来卖文具比卖鸭蛋合算得多。但在施振荣的理解中，卖鸭蛋远比卖文具赚得多。鸭蛋利润薄，但最多两天就周转一次；文具利润高，有时半年一年都卖不掉，不但积压成本，利润也早被利息吃光了。

鸭蛋利薄，但是多销，所以利润远远大于周转慢的文具。施振荣后来将卖鸭蛋的经验运用到宏基，建立了"薄利多销模式"，即产品售价定得比同行低，虽然利润低，但客户量增加，资金周转快，库存少，经营成本大为降低，实际获利大于同业。曾几何时，人们津津乐道于利润。可当不少企业账面利润依然醒目，却不得不倒闭时，人们方悟到：就像人时刻离不开血脉一样，企业经营真正离不开的其实是现金流。(资料来源：编者根据相关材料整理而成)

第一节 旅游企业资产管理概述

一、旅游企业流动资产概述

旅游企业流动资产是旅游企业资产的重要组成部分之一。

旅游企业资产是指旅游企业拥有或者控制的能以货币计量的经济资源，包括各种财产、债权和其他权利。

旅游企业流动资产是指可以在一年内或者超过一年的一个营业周期内变现或运用的资产，它包括现金、短期有价证券、应收及预付款项、存货等。

1. 旅游企业流动资产的构成

旅游企业流动资产按占用形态可分为以下三类。

1) 现金型流动资产

现金型流动资产包括库存现金、银行存款、其他货币资金，这部分资产国内称之为货币资金，国外则称为"现金"，所以，将其称为现金型流动资产。

2) 债权型流动资产

债权型流动资产包括短期有价证券及应收、预付款项。短期有价证券是指可随时变现的短期投资，也称为现金等价物，应收及预付款项包括应收票据、应收账款、其他应收款、预付货款等。它们都是企业在结算业务中形成的债权，因此称为债权型流动资产。

3) 物资型流动资产

物资型流动资产是指企业中形成的各种存货，包括各种原材料、燃料、低值易耗品、物料用品、半成品、产成品、外购商品等。我们把这些存货称为物资型流动资产。

无论是现金型、债权型还是物资型流动资产，在财务管理中，都以货币计量为主。因此，我们也把以上流动资产称为流动资金。

2. 旅游企业流动资产的特点

1) 流动性

旅游企业流动资产的具体形态处于不断的变化中，这就是通常我们所讲的流动性。具体的流动或变化过程是：流动资产先从货币形态转化为储备形态(原材料、低值易耗品等)，继而转化为生产形态(餐饮半成品)、商品形态(餐饮制成品等)，并最终再恢复为货币形态，此过程不断地循环往复、流动不息。

相对于其他行业企业来讲，旅游企业流动资产的周转速度更快，往往只需经过一个经营周期即可完成循环和周转过程，因此具有很强的流动性。

2) 增值性

旅游企业流动资产在循环周转过程中，不是流动资产简单重复运动，而是每经过一次周转，可以带来比原来价值更多的资金，这部分增值的资金是企业在经营服务过程中新创造的价值。旅游企业的增值性相对其他行业来讲要大得多。

3) 波动性

在旅游企业的整个经营过程中，由于旅游企业大多属于季节性企业，流动资产的占用时高时低，起伏很大，表现出强烈的波动性。

因此根据旅游企业生产经营的短期需要和长期需要的不同，可以将旅游企业的流动资产具体分为固定性流动资产和波动性流动资产。固定性流动资产是维持旅游企业长期经营活动所需的流动资产，波动性流动资产是旅游企业由于季节性需求而形成的流动资产。对于旅游企业来讲，波动性流动资产占企业流动资产的比例很高，是旅游企业流动资产管理的重点。

4) 不均衡性

由于旅游企业受季节性影响很大，因此伴随经营活动的现金流量循环也受到较大的波动影响，其现金流量循环出现较大起伏，时而现金过剩，时而现金短缺。在淡季，固定性流动资产占用的需要，企业的现金流出量往往大于流入量，造成现金流入不足；进入旺季，旅游企业会产生大量的现金流入，企业存积了过剩的现金。整体现金流量循环呈现出季节性的不平衡波动。

二、长期资产管理概述

长期资产是指能够在许多会计期为旅游企业提供经济效益的资产项目，可以分为有形资产和无形资产两大类。

1. 有形资产

有形资产是指具有实物形态的固定资产。就旅游企业而言固定资产是指使用年限在一年以上的房屋、建筑物、机器、机械、运输工具和其他与生产经营有关的设备、器具、工具等。不属于生产经营主要的设备的物品，单位价值在 2000 元以上，并且使用期限超过 2 年的，也作为固定资产。旅游企业是一个固定资产密集的行业，固定资产通常占企业总资产的 70%～85%，固定资产管理是旅游企业财务管理一个很重要的方面。

它具有以下特点。

(1) 固定资产投入金额巨大，回收时间长。目前，我国旅游企业趋向追求豪华舒适，建设标准较高，导致旅游企业的固定资产投资规模越来越大，往往需要数年甚至几十年才能全部收回投资。固定资产的投资，对企业的命运起着决定性的影响。

(2) 固定资产的变现能力差，其投资具有不可逆转性。固定资产从投入使用到报废清理，基本保持原来的物质形态和性能，用途固定。旅游企业的固定资产多为楼房、游乐和康体设施等实物形态的资产，很难改变使用用途，中途出售比较困难，不易变现，流动性差。

(3) 固定资产的价值补偿和实物更新相分离。固定资产的价值补偿是随着固定资产的使用，以折旧的形式逐步从销售收入中得到补偿的。而固定资产的实物更新则是在原有的固定资产不能使用或不宜使用时，利用平时的积累资金来实现的。所以，固定资产的价值补偿和实物更新的时间不一致。

(4) 旅游企业固定资产的更新速度快。由于旅游消费崇尚新潮、安全、舒适，顾客对旅游企业的各项设施要求较高。因此，饭店、旅游车船公司、游乐场、度假村等必须及时更新固定资产。

2. 无形资产

无形资产是指企业为生产商品或提供劳务、出租给他人、或为管理目的而持有的，没有实物形态的非货币性长期资产。它们代表旅游企业在较长时期内可以享受的法定权利或利益，包括专利权、商标权、著作权、土地使用权、非专利技术等。无形资产也是现代旅游企业资产的一个重要组成部分，随着科学技术的进步和市场竞争的加剧，无形资产对企业来说越来越重要，发挥的作用也日渐加大。为了提高无形资产的使用效果，保证无形资产投资目标的实现，也必须搞好无形资产的管理。无形资产具有自己独特的特点。

(1) 无形资产没有物质实体。无形资产不像有形资产，有具体的物质形态，通常表现为企业所拥有的具有一定价值的特殊权利。

(2) 无形资产可以为企业带来超额利润。它一般具有较大的经济价值，可以在较长时间期内(一般是一个以上会计期间)为企业的生产经营服务，给企业带来经济效益。

(3) 无形资产所提供的经济效益具有较大程度的不确定性。有的无形资产需要在特定条件下发挥其作用，有的无形资产受益期不易确定。

(4) 无形资产的取得具有排他性。无形资产在取得后，所有权和使用权为企业所独占，其他的企业不经允许不可以拥有。

旅游企业拥有的无形资产多为非专利技术、商誉。国外大饭店正是凭借先进的管理程序、管理制度等非专利技术在激烈的竞争中立于不败之地。

第二节 现金管理

一、占用现金的原因

在旅游企业的所有资产中，现金的获利能力最低，既然如此，企业为什么要把其资金投放在这一方面呢?一般来说,主要有以下三个方面的原因。

1. 交易动机

交易动机指旅游企业为了维持日常业务的进行而需要持有一定数量的现金,包括购买原材料、支付工资、支付税款、支付红利等的需要。由于企业每天现金收入与支出不可能都相等,持有一定量的现金,在支出大于收入时,不至于影响正常的业务。旅游企业持有现金的数量主要取决于其业务量,一般来说,与业务量成正比例关系。

2. 预防动机

预防动机指为了应付意外事件的临时性需要而必须保持一定量的现金。旅游企业在生产经营过程中,可能会遇到很多意想不到的事件,造成企业现金流出量大大超过其流入量,从而引起企业现金的严重不足,最终影响到企业正常业务的开展。例如,旅游企业出现重大设备故障;火灾、水灾等重大自然灾害;市场疲软、市场竞争处于不利地位等。为了防患于未然,企业必须持有比日常业务所需量更多的现金。否则,一旦出现意外,企业将处于十分危险和被动的境地。预防动机需要现金量的多少,取决于三个方面的因素:①现金收支预测的可靠程度;②企业临时借款的能力;③企业愿意承担风险的程度。

3. 投机动机

当企业预计利率将上升时,宁愿持有现金,以免遭受证券价格下跌造成的损失,而当利率下降,预期证券价格将上升时,再以现金购入证券,以赚取利益。此外,持有现金以备用于不寻常的购买机会。例如,供应商资金周转困难,廉价出售原材料;某企业破产,廉价处理资产等。

二、现金管理的目的

旅游企业的库存现金不会产生收益,其银行存款的利率也微乎其微,大大低于企业经营所得的资金利润率和其他长期投资的收益率。因此,从收益的角度来看,企业持有的现金越少越好。但从交易和预防两个方面的原因考虑,企业又必须持有一定数量的现金。所以,现金管理的目的,就是要加强对现金日常收入和支出的管理,在确保企业正常业务与预防因素所需现金数量的前提下,确定一个适当的现金持有量,使企业无多余的闲置资金,从而提高企业的资金收益率,实现财务管理的目标。

三、现金管理的方法

现金管理的方法一般包括以下几个步骤:
(1) 编制预算。预测每一期间现金多余或不足的情况,编制预算以规划其流出量与流入量。
(2) 科学管理现金流量,尽可能扩大和加速现金的流入,减少和控制其流出。
(3) 确定目标现金余额。
(4) 对超过目标余额部分的现金的投资决策。

1. 编制现金预算

编制预算的方法一般有两种:一种是收支法,另一种是调整净收益法。此处我们只讨论收支法，调整净收益法请参看其他书籍。

收支法的主要步骤如下：

（1）预测旅游企业现金流入量，由于现金流入的主要渠道是销售收入，因此，这必须建立在销售预测良好的基础上，当然，其他渠道也不能忽视，如资产出售、股利、利息收入等。

（2）预测旅游企业的现金流出量，主要包括预期购入固定资产和原材料的数量和时间，此外，还要考虑诸如工资、税金、股利及偿还债务等方面的支出数量与时间。

（3）针对现金多余或不足，确定合适的处理办法。

收支法编制的现金预算如表6-1所示。

表6-1 现金预算

月份 项目	1月	2月	…	10月	11月	12月
①计划期流入量	596	1044	…	1542	1746	1096
其中：销售						
其他						
②计划期流出量	810	1190	…	1770	1310	810
其中：						
购原材料	700	1050	…	1400	700	700
工资	75	100	…	125	75	75
税金	10	15	…	20	10	10
其他	25	25	…	225	525	25
③计划期净流入量	−214	−146	…	−228	436	286
④不贷款时月初余额	300	86	…	−60	−288	148
⑤累积资金	86	−60	…	−288	148	434
⑥扣除额定余额	250	250	…	250	250	250
⑦所需贷款	164	310	…	538	102	
⑧短期投资						184

其中，③=①-②，⑤=④+③，⑦=⑥-⑤(当⑥>⑤时)，⑧=⑤-⑥(当⑤>⑥时)。

2. 科学管理现金流量

科学管理现金流量的一般方法有两类：一类是加速收款，另一类是控制支出，现分述如下。

1) 加速收款

为提高现金的使用效率，加速资金周转，旅游企业应尽量加速收款。在不影响未来销售的情况下，尽可能地加速现金的收回。企业不仅是要使顾客早付款，而且要尽快地使这些付款转化为现金。因此，加速收款的基本要求是：①减少顾客付款的邮寄时间；②减少企业收到顾客开来支票与支票兑现之间的时间；③加速资金存入自己银行账户的过程。为达到上述要求，一般采取的措施是：

(1) 设立收款中心。旅游企业的客户散居在各地，企业可根据其地理分布情况及收款数量，在各主要地区设立收款中心，以代替通常只在旅游企业总部设立的单一收款中心。顾客在收到旅游企业账单后，可将款项直接汇入最近的收款中心。收款中心收款后，立即存入当地的银行，然后再转给旅游企业总部所在地银行(称为集中银行)。设立收款中心的优点是，账单和货款邮寄时间可大大缩短(账单可由收款中心寄给该地区的顾客)，支票兑现的时间也可缩短。但是，设立收款中心所需的费用也是要考虑的。因此，旅游企业是否采取这一方法，还应权衡其得失。

(2) 锁箱系统。锁箱系统是在各主要城市租用专门的邮政信箱，并开设银行账户。通知顾客把款项邮寄到指定的信箱，在取得客户汇款后立即存入银行账户，然后再转给旅游企业总部的开户银行。该方法通常授权旅游企业邮政信箱所在地的开户银行每天开启信箱，这样可大大缩短旅游企业办理收款存储手续的时间。这种方法的主要缺点是需要支付额外的费用，是否采用该方法，也要看加速收款带来的收益与额外支出的费用孰大孰小。

(3) 其他方法。除上述两种方法外，还有其他一些加速收款的方法，如对金额较大的货款可采用派人前往收款并立即送存银行。另外，企业内部各单位之间的现金往来也要来回控制，以防有过多的现金闲置在各部门之间。

2) 控制支出

旅游企业在收款时应最大限度地加快收款速度，而在管理支出时，应尽可能延缓现金的支出。两者结合才能使企业的现金得到最大限度的利用。在延缓现金的支出方面，一般可采取下列方法。

(1) 浮游量运用法。有些支票虽已开出，在旅游企业账簿上银行存款余额已经为零，但顾客还未到银行兑现，银行账簿上该企业的存款还有不少。旅游企业账与银行账之间的差额就是浮游量。因此，旅游企业如能正确地预测浮游量，就可以减少银行存款的余额，把多余的现金先用来进行有利可图的投资。当一个旅游企业有多个银行账户时，可选用一个能使支票流通在外的时间最长的银行来支付货款，以扩大其浮游量。

使用这种方法，可以提高旅游企业的现金利用率，但是，肯定对收款方不利。因此，旅游企业在运用这一方法时应考虑是否会损害双方的关系。

(2) 控制支出时间。对于旅游企业的各项债务，应该在恰好到期的时间支付，一般不要提前或推迟。一方面可以尽可能地利用现金，另一方面也维护了企业的信誉。例如，在采购材料时，对方给出的付款条件是"2/10，n/30"，就应该在第 10 天付款，若资金确实紧张，也应在第 30 天付款。

(3) 尽可能使用汇票付款。使用支票付款时，收款方只要将支票交进银行，银行就无条件地将款项划给收款方。而汇票则不是这样，当收款方将汇票交进银行时，银行要将汇票送给付款方承兑，并将相应资金存入银行，银行才会划拨资金给收款方，这是一种合法的延迟付款的方式。

(4) 工资支付模式。旅游企业可以在银行设立一个专门用于支付工资的账户。财务人员可以预测所开出支付工资的支票到银行兑现的具体时间。例如，旅游企业每月 1 日发放工资，但根据历史资料，1 日、2 日、3 日、4 日、5 日及 5 日后到银行兑现的比率为20%、30%、25%、15%、10%。这样，企业就不必在1日将所有应付工资的款项都存入银行，可以分批存入，腾出部分资金用于其他短期投资。

(5) 透支体系。旅游企业和银行事先协商好一个最大的透支额度，当旅游企业的存款不足以满足其支出时，银行应自动借款给企业以弥补其不足。这样做，可以大大减少旅游企业的闲置资金。当然，企业要为其透支部分支付利息。

3. 确定目标现金余额

现金是一种非收益性资产，不宜保持太多，但其余额太少，又可能影响企业的正常业务。如何确定现金的最佳余额呢？一般有如下几种方法。

1) 鲍曼(Banmol)模型

美国财务学家 W. J. Banmol 最早注意到现金余额在许多方面与存货相似之处，于1952年提出了管理现金的数学模型，也称存货模型。

Banmol 模型假设企业现金的收入每隔一段时间发生一次，而支出是在一个时期内均匀发生。

我们用图6-1表示如下。

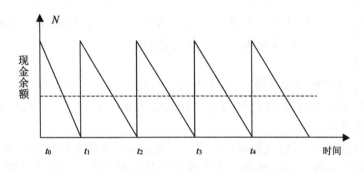

图 6-1 Banmol 模型

在图6-1中，企业原有现金额为 N，在 t_0 到 t_1 这段时间中，支出是均匀发生的。到 t_1 时，余额为0，需要出售有价证券或贷款补充现金，使得余额恢复到 N，如此反复循环。这一模型中包括的成本主要是两个方面：一是因为持有现金，从而失去短期投资的机会所形成的机会成本，通常为短期有价证券的利率，这种成本与现金余额成正比；二是现金与有价证券间相互转换(即买卖有价证券)的成本，这种成本一般只与交易次数有关，而与每次交易量无关。

显然，现金余额越大，需要买卖有价证券的次数就越少，交易成本就越低，但机会成本就越大。反之，则交易成本大而机会成本小。我们的目的是确定一个最佳余额，使总成本(机会成本与交易成本之和)为最低。如图6-2所示。

为了确定出使总成本最低的现金余额，我们假设：

Y——总成本；

F——现金与有价证券每次转换成本；

T——给定时间内的现金总需要量；

N——现金余额；

i——短期有价证券利率。

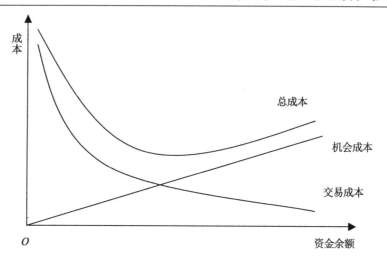

图 6-2 资金成本关系图

则

$$Y = \frac{N}{2}i + \frac{T}{N}F$$

为使 Y 最小,令 $\frac{dY}{dN} = 0$,即

$$\frac{dY}{dN} = \frac{i}{2} - \frac{TF}{N^2} = 0$$

$$N = \sqrt{\frac{2TF}{i}}$$

即目标现金余额为 $N = \sqrt{\frac{2TF}{i}}$。

【例 6-1】某酒店预计全年现金支出量为 5 000 000 元,每次买卖证券的费用为 180 元。证券年利率为 10%,则:

$$N = \sqrt{\frac{2TF}{i}} = \sqrt{\frac{2 \times 5\,000\,000 \times 180}{0.1}} = 134\,164.08(元)$$

2) 米勒—奥尔(Miller-orr)模型

该模型是 Miller-orr 于 1966 年首次提出,也称随机模型,该模型假设每天现金净流量是随机的,且服从正态分布,则可采用图 6-3 的方法控制现金余额。

如图 6-3 所示,模型设有现金余额的最高控制线 H 和最低控制线 L,目标现金余额为 Z。当余额达到上限 H(图中 A 点)时,就将 $(H-Z)$ 数量的现金转换成有价证券。反之,当余额下降到下限 L(图中 B 点)时,就出售价值 $(Z-L)$ 的有价证券,使余额恢复到 Z 水平。

下限 L 的确定取决于企业承受现金短缺风险的能力,一般由财务经理根据历史资料确定。Z 与 H 由下列公式确定。

该模型的平均现金余额 $=(4Z-L)/3$

式中:F——每次买卖证券的固定成本;

i——有价证券的日利率;

σ——每天现金余额变化的标准离差。

$$Z = \sqrt[3]{\frac{3F\sigma^2}{4i}} + L$$

$$H = \sqrt[3]{\frac{3F\sigma^2}{4i}} + L = 3Z - 2L$$

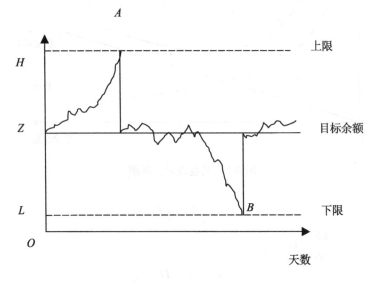

图 6-3 Millor-orr 拱形图

【例 6-2】某旅游风景区现金流动的标准差 σ=1 000，余额下限 L=2 000，每次证券交易费 F=150 元，有价证券年利率为 15%，则：

$$目标现金余额 Z = \left(\frac{3 \times 150 \times 1\,000^3}{4 \times 150\%/360}\right)^{\frac{1}{3}} + 2\,000$$

$$= 6\,463.3 + 2\,000 \approx 8463(元)$$

高限 H=3Z-2L=3×8463-2×2 000=21389(元)

平均余额=10 617 元

3) 改进的随机模型

1962 年由 Bernell K. Stone 提出，又称 Stone 模型。该模型中，当余额达到下限时，若预测短期内无资金需求，则暂不出售有价证券。或者，当余额达到上限时，如预测近期将需要额外资金，那么多余的货资金也要保留。这是一个实用的模型。

4. 对超过目标余额部分的现金的投资决策

当现金余额过大时，为提高资金收益率，应将其多余部分投资于有价证券。关于有价证券的种类与选择我们在下一节介绍。

第三节　应收账款管理

应收账款是介于现金与存货之间的一种流动资产。在市场经济高度发达的条件下，企业间竞争的加剧，使得企业常常采取赊销的形式推销其商品，应收账款就是运用赊销方式推销商品的一种产物。旅游企业中，旅行社、酒店以及旅游风景区都常常使用这一方法推销其旅游产品。

一、应收账款的功能与成本

1. 应收账款的功能

应收账款的功能即它在生产经营过程中的作用。主要表现为以下几个方面。

(1) 增加销售的功能。在激烈的市场竞争中，为了增加销售，往往都采用赊销的方式吸引顾客，达到增加利润的目的。

(2) 扩大市场占有率的功能。旅游企业为了扩大市场占有率或开拓新市场，也常常采用赊销的方式推销其旅游产品。对于某些准备进入市场的新产品更是如此。

(3) 减少存货的功能。当企业商品积压过多，通过赊销的方式可以大大减少存货，从而减少存货成本。

2. 应收账款的成本

应收账款的成本一般包括以下三种。

(1) 应收账款所占用资金的资金成本。应收账款所占用的资金若是企业的自有资金，则其占用资金的成本就相当于用其投资于有价证券的收益，因而它实际上是一种机会成本。若所占用的资金来源于银行借款，则其资金成本就等于贷款利息和一定的手续费。

(2) 应收账款的管理成本。产生了应收账款，就要对其进行日常管理，与管理相关的费用主要有：①顾客信用状况调查费用；②收集各种信息的费用；③应收账款核算费用；④应收账款收款费用；⑤其他管理费用。

(3) 坏账损失成本。实际情况表明，应收账款并不能保证百分之百的收回，总有一部分形成坏账，从而给企业带来经济损失，这一数量一般与应收账款的数量成正比。

上述讨论说明应收账款有扩大销售、增加旅游企业利润的一面，又有增加旅游企业成本的另一面。对应收账款的管理，就是要分析其所能增加的利润和所产生的成本。在利润与成本之间作出权衡，最终达到增加旅游企业利润的目的。对利润与成本权衡的操作，是通过制定有效的信用政策来实现的。

二、信用政策

信用政策也称应收账款政策，其主要内容包括信用标准、信用条件和收账方针三个方面。企业要实现对应收账款的有效管理，事先必须制定出合理的信用政策。在制定政策时，必须遵守收益大于成本的原则。

1. 信用标准

信用标准是判断顾客是否有资格享受企业提供的商业信用以及可以享受多少信用数额的一个标准。制定信用标准的关键在于考虑顾客拖延付款或拒付而给企业带来坏账损失的可能性。信用标准通常用允许的坏账损失率来表示，下面我们举例说明。

【例6-3】星星公司现在的经营情况及信用标准如表6-2所示。

表 6-2　星星公司经营情况及信用标准

现　状	现　状
销售收入：200 000 元	平均坏账损失率：6%
应收账款：24 000 元	信用条件：30 天付清
税前利润：20 000 元	平均收款期：45 天
变动成本率：80%	应收款的资金成本：15%
信用标准：10%	

星星公司现准备改变信用标准，提出了 A、B 两个方案，方案 A 采用较紧的信用标准，只对坏账损失率在 5%以下的顾客提供商业信用。方案 B 采用较松的信用标准，对坏账损失率在 15%以下的顾客均提供商业信用。预计两个方案对销售与应收账款的影响，如表 6-3 所示。

表 6-3　A、B 方案信用标准比较

方案 A	信用标准：5%(坏账损失率)
	因标准变化减少的销售额　20 000 元
	减少的销售额平均付款期限为　60 天
	减少的销售额的平均坏账损失率为　8%
方案 B	信用标准：15%(坏账损失率)
	因标准变化增加的销售额　30 000 元
	增加的销售额平均储款期限为　75 天
	新增销售额的坏账损失率为　12%

假设星星公司还有剩余生产能力，即增加的生产成本只有变动成本，而无固定成本。我们分别对这两个方案测算如下。

1) 采用方案 A 后对利润和成本的影响

(1) 税前利润减少额=减少的销售额×(1-变动成本率)
　　　　　　　　　=20 000×(1-80%)=4000(元)

(2) 减少的资金占用成本=减少的销售额×变动成本率×资金成本率×$\dfrac{平均付款天数}{360}$

$$=20\,000\times80\%\times15\%\times\dfrac{60}{360}=400(元)$$

(3) 坏账成本的减少额=减少的销售额×减少部分的坏账损失率
　　　　　　　　　=20 000×8%=1 600(元)

(4) 三个因素综合变化对利润的影响。
　　　　　　减少的成本=400+1 600=2 000(元)
　　　　　　减少的利润=4 000(元)

可见，利润的减少幅度大于成本的减少幅度，A 方案不可取。

2) 采用方案 B 对利润及成本的影响

(1) 税前利润的增加额=30 000×(1-80%)=60 00(元)

(2) 增加的应收款占用资金的成本=30 000×80%×15%×$\frac{75}{360}$=750(元)

(3) 增加的坏账损失=30 000×12%=3 600(元)

(4) 三个因素综合对利润的影响：

增加的利润=6 000(元)

增加的成本=750+3600=4350(元)

可见，增加的利润大于增加的成本，方案 B 可行。

2. 信用条件

信用条件是企业要求顾客支付货款的有关条件，包括信用期间和现金折扣两项内容。

1) 信用期间

信用期间即企业为顾客规定的最长付款时间，如 30 天付款，60 天付款等。信用期间越长，销量会越大，利润会提高。但会增加应收账款，从而导致资金占用成本与坏账损失成本的增加。因此，是否延长信用期间，关键是要权衡延长信用期间所带来的收益是否大于所增加的成本。

2) 现金折扣

现金折扣即在顾客早付款时给予的优惠。目的是鼓励顾客及早付款，加速货款收回，减少坏账损失。但这样做要增加折扣支出。账单上常见的"2/10，n/30"是指顾客在 10 天内付款，可以享受货款金额 2%的折扣，即只需付货款的 98%。如果不想取得折扣，这笔货款必须在 30 天内付清。是否提供现金折扣，提供多少折扣，也要比较相应的收益与成本。

3. 收款方针

收款方针是指顾客违反信用条件时，企业所采取的收款政策。积极的收款方针可以减少坏账损失或资金占用成本，但也会增加收账费用，且可能会恶化与顾客的关系。反之，消极的收费方针则可减少收账费用，但必然增加坏账损失和资金占用成本。因此，究竟应采取什么样的收账方针，应根据具体情况以及有关的经验来确定。

4. 综合信用政策

企业要制定最优的信用政策，必须把信用标准、信用条件和收款方针结合起来，测算对收益与成本的综合影响结果。决策的原则当然仍是收益大于成本。

三、应收账款的日常管理

应收账款的日常管理工作，就是按照已经建立的信用政策办事，这就需要对顾客的信用情况作出详细的调查和分析，以便决定是否给予顾客信用，采用什么样的收账措施等。

1. 对顾客进行信用调查

对顾客的信用评价是应收账款管理活动中最重要的一环，只有在对顾客的信用状况有正确评价的前提下，才可能正确地执行企业的信用政策。对顾客进行信用调查，收集其有关资料,是评价其信用情况的基础。顾客的信用资料一般可从以下几个方面获得。

1) 财务报告

顾客最近的资产负债表、利润表和现金流量表是信用资料的重要来源,这些报表很容易取得。财务状况良好的企业,也乐于提供这方面的资料,拒绝提供财务报告的顾客多为财务基础较差的公司。根据报告中的数据,计算其流动比率、速动比率、存货及应收账款周转率,便能判断企业的偿债能力和信用状况。

2) 信用评估机构

许多国家都有信用评估的专门机构,它们定期发布有关企业的信用等级报告。例如,美国的 Dun& Bradstreet 公司就是一家最有名、提供信息最多的信用等级评审机构,该公司为其订户提供许多公司的信用等级资料。我国的信用评估机构目前有两种形式:一是独立的社会评估机构,不受行政评估干预和集团利益牵制,独立自主地开办信用评估业务,如会计师事务所;二是由银行组织的评估机构,一般吸收有关专家参与对其客户进行评估。在评估等级方面,较常用的是三款九级制,即把企业信用情况分为 AAA、AA、A、BBB、BB、B、CCC、CC、C 九等。评估机构是一种专门的信用评估部门,其可信度较高。

3) 商业银行

许多银行都设有规模很大的信用部门,为自己的往来户调查商业的信用是其服务项目之一。企业的往来银行一般都能取得被调查对象的存款余额、借款情况、经营状况等信用资料,且愿与其他银行共享这些信息。因此,企业可委托其往来银行代理信用调查。

4) 企业自身的经验

企业自己的经验是判断顾客信用好坏的一种重要依据。通过对顾客过去付款行为的分析,以及企业内部的推销员、经常收账的财务人员的经验所提供的资料,基本上能判断出顾客的信用情况。

5) 其他方面的资料

还可以从税务部门、顾客的上级主管部门、工商管理部门及证券交易部门收集有关顾客的信用资料。

2. 对顾客进行信用分析和评价

在调查掌握了有关资料后,就应运用特定的方法,对顾客信用状况进行分析和评价。常用的方法有 5C 分析法和信用评分法。

1) 5C 分析法

5C 分析法即通过重点分析影响信用状况的五个方面因素来评估顾客信用状况的方法。这五个方面因素的英文均以 C 开头,因此,称为 5C 分析法。

(1) 品德(Character),是指顾客愿意履行其偿债义务的可能性,也即顾客是否愿意尽自己的努力来归还欠款。一般认为,品德是信用评估中最重要的因素。

(2) 能力(Capacity),是指顾客偿还债务的能力,包括顾客的历史记录、现有偿债能力及企业实力等。

(3) 资本(Capital),是顾客的一般财务状况,主要根据各种财务比率,特别是流动比率和负债比率进行分析和判断。

(4) 抵押品(Collateral),是指顾客是否愿意提供担保物以获取商业信用。如有担保物,在信用标准上可适当放宽。

(5) 情况(Conditions),是指社会经济形势或某一特殊情况对顾客偿债能力的影响。

企业通过对顾客进行以上五个方面的分析,基本上可以判断顾客的信用状况,这就为是否为其提供商业信用做好了准备。

2) 信用评分法

信用评分法是一种从数量分析的角度来评价顾客信用的方法。其基本公式是:

$$S = a_1x_2 + a_2x_2 + \ldots + a_nx_n = \sum_{i=1}^{n} a_ix_i$$

式中:S——顾客的信用评分;

x_i——顾客第 i 种财务比率或信用状况的评分;

a_i——事先拟定的第 i 种财务比率或信用状况的加权权数($\sum a_i = 1$)。

例如,对某公司信用评分的分析如表 6-4 所示。

表 6-4 信用评分分析表

项 目	信用状况	x_i	a_i	a_ix_i
流动比率	1.78	86	0.2	17.2
利息周转倍数	5	85	0.1	8.5
净利率	12%	90	0.1	9
评估机构评价	A 级	80	0.25	20
付款历史	好	85	0.2	17
企业未来情况	尚好	78	0.1	7.8
其他因素	好	90	0.05	4.5
合计			$\sum a_i = 1$	$\sum a_ix_i$

表 6-4 中财务比率和信用状况由收集的资料分析而得。分数 x_i 是由第一栏的资料及企业财务员判断而得(采用百分制)。第三栏是根据财务比率和信用状况的重要程度事先确定。

一般来说,评分在 80 分以上的,说明顾客信用良好;在 60~80 之间的,信用一般;60 分以下的,信用较差。上例中顾客的信用评分为 84,说明信用良好。

3. 决定是否向顾客提供信用

在收集分析了顾客的信用资料,对其信用作出评价之后,就要作出是否向顾客提供信用的决策。在进行决策时,还要分别对新顾客和老顾客采用不同的方法。

(1) 如果是新顾客,主要根据企业信用政策中制定的信用标准来作出决策。例如,可根据有关资料,分析出信用评分与坏账损失率的关系如表 6-5 所示。

表 6-5 信用评分与坏账损失率关系

信用评分	60 以下	60~70	70~75	75~80	80~85	85~90	90~100
坏账损失率	20%以上	10%~20%	5%~10%	2%~5%	1%~2%	0.5%~1%	0%~0.5%

如果企业的信用标准为允许坏账损失率等于 5%，才对信用评为 75 以上的顾家提供信用。

(2) 如果是老顾客，其情况又未发生大的变化，一般不必再对其进行信用分析。主要是决定给予一个信用频度，即允许顾客在任何时候赊购货物的最大限度。例如，核定给某顾客的信用额度为 30 万元。第一次购货金额为 20 万元，若货款尚未支付，则第二次购货时，最多允许共赊购 10 万元的货物。信用额度一般必须定期核定，以适应顾客情况的变化，否则可能给企业带来经济损失。

4. 收账策略

收账策略是指对顾客逾未付的应收账款采取的方法和措施。一般来说，大多数顾客都能按期付款，但总有一小部分会出现逾期未付的情况。理想的收账策略是既要顺利收回账款，又要维护好与顾客的关系，并降低收账费用，催收账款的程序是：信函通知、电话催收、派人面谈、法律解决。

当顾客逾期未付时，可先发一封措辞礼貌的信函，提醒对方是否忘记付款日期了；如果未见效果，可寄出措辞较严肃的信件；如果还没有效果，则挂一个催账电话；若仍无反应，企业就得派专人登门催收，如果顾客确实暂时有困难，可以协商再延期付款的时间。假如上述方法都不成功，最后不得不采取法律措施。要注意的是，企业在决定采用法律手段解决问题之前，必须慎重考虑两个因素：一是会恶化同顾客的关系；二是由法律解决后收回款项的可能性。因为对方可能正希望通过法律手段宣告破产，解除其财务困境，而待其清算的资产付清法律费、职工工资、国家税金及有担保的债务后，已所剩无几。因此，法律手段主要用于个别不讲信誉、故意拖欠、试图赖账的顾客。

5. 其他日常管理

除上述方法外，还有其他日常管理应收账款的方法，如 ABC(重点)管理法；账龄分析法，即通过编制应收账款账龄分析表，时常检测应收账款账龄发展趋势。当账龄分析表显示过期账户所占的百分比逐渐增加时，就必须考虑紧缩企业的信用政策。

在国外，对应收账款还有信用保险的管理办法。如果企业的财务状况不理想，其应收账款又集中于一两个风险较大的顾客身上，就十分有必要向保险公司申请对其应收账款进行信用保险。

小贴士

如何管好你的最大资产——应收账款

A 君早年移居香港，在香港建立起时装出口公司，而其朋友 B 君，家有恒产。在 A 君的游说下，B 君建立了一家服装厂，专门为 A 君生产时装，供其出口。在双方的通力合作下，他们的贸易额越做越大。但 B 君感觉，虽然 A 君给他的生意越来越多，但他的流动资金却越来越紧张。与 A 君合作 5 年多，平均每年 A 君给他的订单约有 2000 万元，但目前 A 君累计拖欠了约 700 万元的货款。数次追讨无果，B 君在无计可施之下，聘请了一家账务顾问公司协助处理。该账务顾问发现 B 君公司的账目记录非常简单、原始及混乱。经过多次商讨后，A 君同意对账了，但正如账务顾问公司所料，有凭证及能得到双方证实的货款只有160多万元，而其他的款项，变为B君片面之词，在A君的账簿上根本得不到证实。B君在无可奈何之下，只能与A君签订合约，以160多万元了结此欠债。

上述案例经常发生，大部分企业都是为了销售而销售，而忽略了应收账款及时回收。在整整的5年中，B君与A君并没有签订像样的合约。在开始时，有零星地签合约的，但已因日久而散失了；有些订单是以传真传来的，因为使用旧式传真机的关系，热感纸于一两年后大都模糊了，不辨内容，亦不能使用；有些订单，更是以电话下单的，当收到对方电话后，在没有对方的确认下，因急于出货，造成文件上的一大漏洞。同时，会计账目简单原始，仅以"流水账"的形式记录，缺乏法律上的可信度。因此，企业采用"赊销"来销售产品，有必要建立"证据链"，以保护应收账款，使与客户交往的每一步，都能有文件支持及证明，并坚持每月"对账"，以作补救错漏及提醒对方付账。

第四节　存货管理

存货在流动资产总额中占有很大的比重，存货管理是旅游企业财务人员的重要工作内容，对存货管理的成功与否，直接影响到旅游企业的正常经营与收益。

一、存货的概念

存货是指企业在生产经营过程中为销售或耗用而储备的物资，主要包括原材料、在产品及产成品。凡是其所有权属于企业的用于生产耗用和销售的物资，不论它存放在何处，都属于企业的存货。因此，已经购入，虽未入库的物品或者虽已出库，但所有权尚未转移给对方的物品，都属于企业的存货。反之，按合同已售出，虽然尚未出库，但不能算为企业的存货。要注意，委托其他企业代销的商品，商品的所有权未发生改变，亦属于企业存货，而顾客赊购的商品，虽暂时未收货款，但所有权已发生转移，就不属于企业存货，而是企业的应收账款。

存货按其储存目的可分为为生产或耗用而储存的存货和为销售而储存的存货。前者包括材料、燃料、外购零件以及在产品，后者包括销售商品和产成品。存货按其存放地地点不同又可分库存存货、在途存货和委托加工与代销存货。

二、存货的功能与成本

1. 存货的功能

存货的功能即存货在生产经营过程中的作用，主要表现为以下几个方面。

(1) 储存一定量的原材料和在产品，以防止正常生产的中断。如果无必要的原材料存货，一旦未能按时采购材料，或者运输途中发生意外，或者质量、规格、数量方面出现差错，都将迫使企业停产。同样，如果没有在产品存货，当生产线上某一环节出现故障，其后的所有工序都将受到影响。所以，为保证生产正常进行，必须要有一定量的原材料和在产品存货。

(2) 必要的商品或产成品存货是保证销售正常的需要。首先，没有一定的商品或产成品存货，当市场需求突然增加时，就失去了销售的机会；其次，为适应运输上的最低批量要求，在达到其最小批量之前，自然形成一定的产成品存货；再次，顾客购买时，为节约采购费用，享受数量折扣，也会成批购买。当企业的产量未达到顾客要求的批量时，也会形成存货。

(3) 便于均衡生产，降低产品成本。有的产品属于季节性需求产品，有的产品其需求极不稳定。如果企业根据产品的需求状况安排生产，必然出现有时超负荷生产，有时生产能力又过剩的情况。这种不规则的生产状况会增加产品的成本。为了均衡生产，自然就会形成一定量的产成品存货。

(4) 便于享受数量折扣，减少采购成本。成批地购进原材料、零部件或商品，往往可以获得价格上的优惠，享受到数量折扣。同时又可以减少采购、管理费用，从而降低采购成本。这样做，也会形成一定的存货。例如，酒店给客人提供的一次性用品，一般都是批量购入。

(5) 适应市场价格变动，减少通货膨胀所带来的损失。当将出现严重通货膨胀时，为减小原材料或欲购进商品价格上涨带来的损失，通常也要及早大量进货，这同时加大了存货量。

2. 存货的成本

存货固然是必要的，能给企业带来很多的好处，存货的成本也是不可忽视的。存货成本可分为以下三类。

(1) 储存成本，即与存货储存相关的成本，又可以分三种：①是存货占用资金的资金成本；②是由于保管存货而发生的仓库费、保险费、保暖、照明、保管工人工资等；③是存货发生变质、损坏、陈旧等折旧和报废成本。

储存成本一般与平均库存量成正比，而库存量又取决于订货次数(或者生产批次)。假设企业的年销售量为 S 单位，如果每年等量订货 N 次，则每次的订货量为 S/N 单位。若一年中存货是均匀地流出的，在不考虑安全存量的情况下，企业平均的库存量 $A=$每次订购量$/2=S/N/2$。再假设每单位存货的采购成本为 P，则企业存货平均占用资金量就等于 AP。设 C 为每1元存货的储存成本，则企业的总储存成本等于 APC。

(2) 订货成本，即指除购买价格以外的那些为使存货送达企业所必要的费用。如果存货来自企业外部，订货成本就是请购、订购、运输、收货、验查和入库等活动所发生的费用。如果存货属于企业自己生产的，则订货成本就是指与安排存货的生产而发生的生产调整准备费。该项成本一般只与订货次数(生产批次)有关，而与每次订货量(生产批量)无关。

设每年订货 N 次，每次订货成本为 F，则总订货成本为 $TOC = NF = \dfrac{S}{2A}F$。

(3) 缺货成本，是指由于缺少存货而使生产中断或丧失销售机会而造成的损失。例如，停工损失；或临时高价采购材料而发生的额外支出；不能按时交货而产生的信誉损失等。缺货成本不易计量，但确实是一项重要因素，我们将在后面讨论其处理办法。

三、存货管理的目的

从存货的功能与成本不难看出，旅游企业没有存货是不可能的，从利用存货功能的角度出发，当然是存货越多越好。但持有存货又必然增加其储存成本。因此，从降低储存成本的立场出发，存货越少越好。如何处理好成本与功能的关系，确定一个合适的存货量，就是存货管理的主要目的。或者说，存货管理的主要目的就是控制存货水平，在充分发挥存货功能的基础上，尽量降低存货成本。

四、存货管理模型

1. 经济批量模型

前面的讨论说明了与存货有关的成本主要有储存成本、订货成本与缺货成本。在不考虑缺货成本的情况下，存货总成本 TIC 就等于储存成本 TCC 与订货成本 TOC 之和，即。

$$TIC = TCC + TOC$$

设每次订货量为 Q，则 $Q=S/N$，$A=Q/2$

$$TCC = CPA = CPQ/2$$

$$TOC = F\left(\frac{S}{2A}\right) = FS/Q$$

$$TIC = \frac{CPQ}{2} + \frac{FS}{Q}$$

可见，储存成本与每次订货量成正比，而订货成本与每次订货量成反比，TCC、TOC 及 TIC 三者的关系如图 6-4 所示。

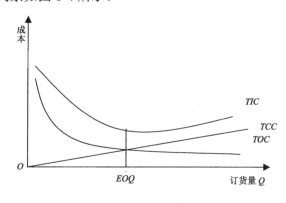

图 6-4　经济批量

式中：EOQ——经济批量；
　　　F——每次订货成本；
　　　S——年需要量；
　　　C——每 1 元存货的平均储存成本；
　　　P——进货单价。

我们的目的是要使存货总成本为最小。为此，对总成本 TIC 求关于 Q 的导数，并令其等于 0，则有 $\dfrac{d(TIC)}{dQ} = \dfrac{CP}{2} - \dfrac{FS}{Q^2} = 0$

$$\dfrac{CP}{2} = \dfrac{FS}{Q^2}$$

$$Q = \sqrt{\dfrac{2FS}{CP}}$$

则当订货批量 $Q = \sqrt{\dfrac{2FS}{CP}}$ 时，存货总成本可达到最小。此时的订货批量，称为经济批量，用 EOQ 表示，即 $EOQ = \sqrt{\dfrac{2FS}{CP}}$

由经济批量 EOQ 可以推出相应的经济批次和经济批量情况下的最低存货成本：

经济批次＝全年需要量/经济批量＝$\dfrac{S}{EOQ} = \sqrt{\dfrac{CPS}{2F}}$

最低存货成本＝$\dfrac{CP}{2} \cdot EOQ + \dfrac{FS}{EOQ} = \sqrt{\dfrac{CPFS}{2}} + \sqrt{\dfrac{CPFS}{2}} = \sqrt{2CPFS}$

【例 6-4】 利群旅游商店经销某种商品，预计全年销量为 26 000 件，每件进货单价为 4.92 元。每次订货成本为 1 000 元，每元存货的平均储存成本为 0.25 元。则 S=26 000，P=4.92，F=1 000，C=0.25，于是，$EOQ = \sqrt{\dfrac{2FS}{CP}} = \sqrt{\dfrac{2 \times 1000 \times 26000}{0.25 \times 4.92}} \approx 6\,500$(件)

全年经济订货次数为 $\dfrac{2\,600}{6\,500} = 4$ 次。最低的存货成本 $= \sqrt{2CPFS} = \sqrt{2 \times 0.25 \times 4.92 \times 1\,000 \times 26\,000} \approx 8\,000$ 元

2. 有数量折扣的经济批量模型

在实际购销过程中，供应商为促进其商品的销售，往往采取提供数量折扣的办法鼓励购货方多进货。当每次进货量达到一定水平时，在价格上给予一定优惠。如前例中，如果每次订购量达到 10 000 件以上，则提供 2% 的折扣。在这种情况下，究竟按经济批量进货，还是按可享受折扣的批量进货，必须作进一步的测算与比较。可分为两种情况来讨论。

(1) 当可享受折扣的批量小于经济批量时，问题比较简单，按经济批量进货既可享受批量折扣，又可使总存货成本最低。但此时需注意一个问题，因为原来计算经济批量时，未考虑数量折扣因素，而当可享受折扣的批量小于经济批量时，需要按新的进货价格重新计算经济批量。而且修正后的经济批量会比原来计算的大一些(原因是进价降低，使储存成本降低，从而允许存货略为增加)。在前例中，若当进货量达到 5 000 件以上时就可享受 2% 的数量折扣，而我们事先计算的经济批量为 6 500 件。因此，经济批量本身已经可享受数量折扣了。此时，可把折扣因素加上，修正原来计算的经济批量。由于折扣为 2%，所以进货单价由原来的 4.92 元变为 4.92×0.98=4.821 6 元，于是修正后的经济批量为 $EOQ = \sqrt{\dfrac{2FS}{CP}} = \sqrt{\dfrac{2 \times 1\,000 \times 26\,000}{0.25 \times 4.8216}} \approx 6\,570$ (件)。修正后的经济批量比原

来增加了70件。

(2) 如果可享受折扣的批量大于经济批量，就要把采购成本的因素加上，比较两种批量条件下的总成本，以总成本最小者作为实际进货批量。在上例中，如果当批量达到10 000件时，可享受2%的折扣，则可分别测算如下：

① 按经济批量进货：

全年采购成本=26 000×4.92=127 920(元)

全年存货成本=$\sqrt{2CFSP}$=8 000(元)

全年总成本=127 920+8 000=135 920(元)

② 按可享受折扣的批量进货：

全年采购成本=26 000×4.92×(1-2%)=125 361.6(元)

全年储存成本=$\dfrac{CPQ}{2}=\dfrac{0.25\times 4.92\times(1-2\%)\times 10\,000}{2}$=6 027(元)(注：进价为4.92×0.98)

全年订货成本=$\dfrac{FS}{Q}=\dfrac{1\,000\times 26\,000}{10\,000}$=2 600(元)

全年总成本=125 361.6+6 027+2 600=133 988.6(元)

由此可见，按可享受数量折扣的批量进货，比按经济批量进货可降低成本(135 920-133 988.6)=1 931.4元，应按每批10 000件进货。

3. 订货点的确定

订货点是指订购下一批存货时，本批存货还剩下的储存量，由于从订货到货物入库需要一定的时间，企业不能在库存耗尽时才订货，必须有一个提前量，那么究竟在本批存货还剩下多少时，就应订购下批货物呢？这就是要确定订货点。

如果企业的耗用量均匀，且交货期(从订货到入库的时间)也稳定，则订货点的确定较为简单，此时：

订货点=交货期×平均耗用量

仍续前例，设订货后两周才能收到商品，全年按52周计，每周耗用量为26 000÷52件=500件。则订货点=2×500=1 000件。即当存货下降到1000件时，就应订货。如图6-5所示。

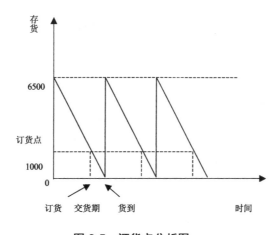

图6-5 订货点分析图

当存货下降为 0 时，下一批货刚好入库，这样就不至于影响生产与销售，也不会增加存货。

4. 安全存量下的存货模型

上述讨论中，我们假设存货的耗用量是均匀的，交货期是稳定的，这种假设与实际情况很不相符。实际经营过程中，耗用量是波动的，交货期也可能因种种原因而发生延迟。因此，在确定订货模型时，要考虑这些实际因素。

1) 考虑安全存量时订货点的确定

为防止因耗用量突然增加或交货期延迟，企业应保持一定的安全储备量。仍续前例，我们知道企业每周正常耗用量是 500 件，但每周最大耗用量也可达到 1 000 件。如果订货点仍为 1 000 件，则 1 000 件也许只能维持一周的耗用，订货后要两周才能收到货物。因此，极有可能缺货一周。缺货量可能达到 1 000 件。为此，企业需增加 1 000 件的安全存量。初次订货时，批量为 6 500+1 000=7 500 件，以后当存货下降到 2 000 件时，就开始按经济批量 6 500 件订货。因此，其订货点为 2000 件，考虑安全存量时的存货模型如图 6-6 所示。

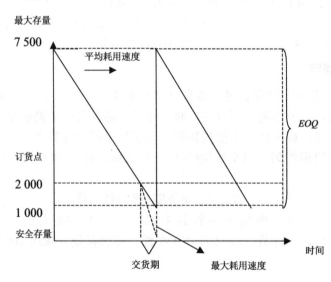

图 6-6　订货点安全分析图

所以，考虑安全存量时，其订货点的计算为：

$$订货点=交货期×平均耗用量+安全存量$$

2) 安全存量的计算

在确定安全存量时，要考虑两个方面的成本：一个是安全存量的储存成本，另一个是因存货不足所造成的缺货成本。显然，安全存量越大，储存成本越高，因此，当储存成本与缺货成本之和为最小时的安全存量是最合理的，如图 6-7 所示。

由于耗用量的突然增加以及交货期的延迟都是随机发生的，所以，要计算缺货成本，就必须知道缺货成本发生的概率及发生时的实际成本。仍续前例，设企业在一个批量周期(13 周)内的耗用量及相应的概率如表 6-6 所示。

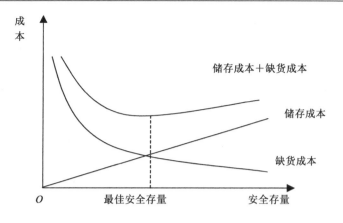

图 6-7 最佳安全存量

表 6-6 一个批量周期内的耗用量用相应的概率表

耗用量	5 500	6 000	6 500	7 000	7 500
概率/%	10	20	40	20	10

并设每缺货一件造成的损失为 5 元。则根据前面的资料可计算出各种情况下的成本，如表 6-7 所示。

表 6-7 缺货成本计算表

安全存量①	缺货件数②	缺货成本③	概率④	期望缺货成本⑤=③×④	储存成本⑥	总成本⑦=⑤+⑥
1 000	0	0	0	0	4.92×1 000×0.25=1 230	1 230
500	500	2 500	0.1	250	615	865
0	1 000	5 000	0.1	500	0	1 000
0	500	2 500	0.2	500	0	

图表说明：①由于最大耗用量为 7 500 件，经济批量为 6 500 件，所以当安全存量为 1 000 件时就不会发生缺货(概率为 0)；②期望缺货成本=缺货成本×相应概率；③安全存量为 500 件时，最高存货量为 7 000 件，由于最大耗用量为 7 500 件，所以可能生缺货 500 件，其概率为 10%；④安全存量为 0 时，两种情况都可能发生，即耗用量为 7 500 件时，缺货 1 000 件；耗用量为 7 000 件时，缺货 500 件，此时的总成本为这两种情况的期望缺货成本之和。

从表 6-7 中可以看出，当安全存量为 500 件时，总成本最小。因此，企业最佳安全存量为 500 件。

这里只讨论了因耗用量波动而引起缺货时安全存量的确定问题。同理，可讨论因交货期延迟引起缺货时安全存量的确定以及因耗用量波动与交货期延迟共同引起缺货时的安全存量问题。有兴趣的读者，可自己进行分析。

五、存货的日常控制

对存货的管理，除了根据企业的情况定出经济批量、安全存量及订货点外，对日常在库的存货进行管理，尽量减少其管理费以及损坏、变质、过时等损失也是存货管理的内容之一。企业应制定出具体的存货日常管理制度，以保证存货能最大限度地发挥其功能。

在对存货的日常管理中，常用 ABC 重点管理法来提高其管理效果。由于企业存货有很多不同的种类，因而不可能对每种存货都进行相等程度的管理。应把精力放在价值高而数量相对较少的存货上。ABC 分类管理法就是对存货进行分类，然后按其价值大小分别控制，具体方法是：价值高数量少的存货为 A 类，对其进行严格管理；价值低而数量多的存货为 C 类，对其进行简单管理即可；B 类是介于 A 类与 C 类之间的存货，对控制的方法也介于二者之间。对存货分类的一般标准是：

A 类存货：品种数量约占总存货的 10%，而其价值约占总存货价值的 70%。
B 类存货：品种数量约占总存货的 20%，其价值也约占总存货价值的 20%。
C 类存货：品种数量约占总存货的 70%，其价值约占总存货价值的 10%。

【例 6-5】某酒店有 20 种存货，共占用资金 100 000 元，按占用资金多少的顺序排列后，根据上述标准可划分为 A、B、C 三类，其划分情况如图 6-8 所示。

图 6-8 的情况也可用表 6-8 表示。

表 6-8　ABC 分类表

存货品种	占用资金总额/元	类别	各类存货的数量与比重	各类存货占用资金数量与比重
1	50 000	A	2	75 000
2	25 000		10%	75%
3	10 000	B		
4	5 000		5	20 000
5	2 500			
6	1 500		25%	20%
7	1 000			
8	900	C		
9	800			
10	700			
11	600			
12	500		5000	
13	400			
14	300			5%
15	200			
16	190		65%	
17	180			
18	170			
19	50			
20	10			
合计	100 000		20 100%	100 000 100%

显然抓住了 A 类，就抓住了重点。可将主要精力放在对 A 类的管理上，对 C 类则不必费多少精力。B 类介于 A、C 之间，应给予相当的重视，但不必像 A 类那样管理。

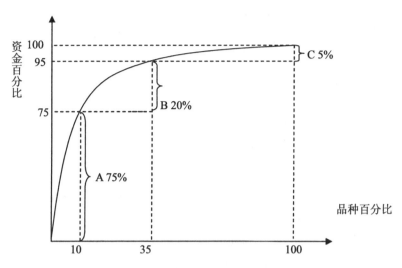

图 6-8　ABC 分类图

第五节　固定资产管理

固定资产是旅游企业的主要劳动手段，也是企业生产经营的物质技术基础。随着旅游业的发展，市场竞争也越来越激烈，旅游企业也面临着十分复杂的理财环境，怎样才能做到正确地进行固定资产投资决策，节约固定资产投资，保证固定资产的安全、完整和合理使用，提高固定资产使用的经济效果，是企业财务管理工作的一项重要任务。

一、固定资产的分类

1. 按经营用途分类

按经营用途分类，可分为营业用固定资产和非营业用固定资产。

(1) 营业用固定资产是指旅游企业直接或间接地服务于游客的固定资产，如饭店的客房、餐厅、商场、厨房、各种健身娱乐设施、各类库房、各种供电、供水、供热设施及运输设备等。

(2) 非营业用固定资产是指不是用于服务游客的固定资产，如职工食堂、职工浴室、托儿所等用于职工生活和福利的设备设施。

2. 按实物形态分类

按实物形态分类，可分为七大类：

(1) 房屋及建筑物，房屋又包括营业用房、非营业用房、简易房。

(2) 机器设备，包括供电系统设备、中央空调设备、洗涤设备、维修设备、厨房用具设备、电子计算机系统设备、电梯、相片冲印设备、复印打字设备、其他机器设备。

(3) 交通运输设备，包括各类客车、行李车、货车、摩托车。

(4) 家具设备，包括营业用家具设备、办公用设备、各类地毯。

(5) 电器及影视设备，包括闭路电视播放设备、音响设备、电视机、电冰箱、空调器、电影放映机及幻灯机、照相机、其他电器设备。

(6) 文体娱乐设备，包括高级乐器、游乐场设备、健身房设备。

(7) 其他设备，包括工艺摆设、消防设备。

二、固定资产折旧政策

固定资产折旧是指固定资产在使用期限内不断发生损耗，随着损耗程度逐渐转移到费用中去的那部分价值，并从企业取得的营业收入中得到补偿。

固定资产的损耗分有形损耗和无形损耗两种形式。有形损耗是指固定资产由于使用和自然力的作用而逐渐丧失其物理性能而发生的损耗；无形损耗是指由于劳动生产率提高和科学技术进步，而使原有固定资产发生贬值所造成的价值损耗。无论是有形损耗，还是无形损耗，在计算固定资产折旧时都必须加以考虑，这样，才能使固定资产的损耗价值在科学技术不断进步的条件下也能全部得到补偿。因此，做好固定资产折旧的计提工作，也是固定资产日常管理的重要内容。

1. 固定资产折旧的计提范围

1) 企业应计提折旧的固定资产
(1) 房屋和建筑物(无论在用还是闲置)。
(2) 在用的机器设备、仪器仪表、运输工具、工具器具。
(3) 季节性停用和修理停用的设备。
(4) 以经营租赁方式租出的固定资产。
(5) 以融资租赁方式租入的固定资产。

2) 企业不计提折旧的固定资产
(1) 房屋建筑物以外的未使用、不需用的固定资产。
(2) 以经营租赁方式租入的固定资产。
(3) 已提足折旧仍继续使用的固定资产。
(4) 未提足折旧提前报废的固定资产。
(5) 按规定单独估价作为固定资产的土地(不论在用还是闲置)。
(6) 已全额计提减值准备的固定资产。

2. 固定资产折旧时间的确定

我国现行制度规定：企业固定资产折旧必须按月计提。具体来说就是：当月增加的固定资产，当月不计提折旧，从下月起提折旧；当月减少的固定资产，当月照提折旧，从下月起不提折旧。固定资产提足折旧后，不论能否继续使用，均不再提取折旧；提前报废的固定资产，也不再补提折旧。所谓提足折旧，是指已经提足该项固定资产应提的折旧总额。应提的折旧总额为固定资产原价减去预计残值加上预计清理费用。

3. 固定资产折旧的方法

企业应当根据固定资产的性质和消耗方式，合理地确定固定资产的预计使用年限和预计净残值,并根据科技发展、环境及其他因素,选择合理的固定资产折旧方法。企业计提固定资产折旧的方法一般有直线法和加速折旧法。直线法具体包括平均年限法、工作量法,加速折旧法主要有双倍余额递减法、年限总和法。固定资产折旧方法,企业一经确定,不能随意变动。

三、固定资产日常管理

1. 固定资产归口分级管理

企业固定资产种类繁多,数量很大,使用地点又很分散。根据管用结合的原则搞好固定资产管理,不仅要将管理权落实到具体使用部门及有关人员,明确责权关系,加强各部门、各级单位及职工的责任感,还要对固定资产进行归口分级管理。

实行固定资产归口分级管理,就是在经理领导下,按照固定资产的类别,由厂部或公司各职能部门负责归口管理,按照各类固定资产的使用地点,由各级作用单位负责具体管理,并用进一步落实到班组和个人,实行谁用谁管,把固定资产管理纳入岗位责任制。实行固定资产归口分级管理制度,应与归口部门和责任人员的物质利益挂起钩来,把固定资产使用与管理的责任以及利用效果纳入各级责任制范围,具体落实到每个班组和个人身上,将责、权、得结合起来,实行定机、定岗、定责、定奖、定罚。对管理成绩突出的单位和个人,应按照考核给予奖励,对管理不善的要予以处罚。

2. 健全固定资产核算制度并实行定期盘点清查

财务部门及有关使用部门分别建立固定资产账卡、详细登记各项固定资产的进出,企业在购入固定资产时要设立卡片,既用来登记固定资产的类别、名称、编号、预计使用年限、原始价值等原始资料,也用来登记其大修理、内部转移、报废、出售等资料。同时要对固定资产进行定期或至少每年一次的清查盘点。定期盘点清查,一般应采用"账账核对"、"账物核对"的办法进行。对盘盈、盘亏、盘损的固定资产,应当查明原因,写出,并按规定程序报经批准后,在期末结账前处理前完毕。实行这种办法有利于保护企业固定资产的完整无缺,为管好、用好固定资产打好良好的基础。

3. 合理安排固定资产修理并搞好维修保养,提高其使用效率

固定资产在使用过程中,由于磨损、腐蚀等原因而发生损耗,为了保证固定资产,尤其是一些直接为客人服务的固定资产的正常使用,并发挥其应有的功能和维持良好的状态,必须做好固定资产的维修和保养工作。为此,必须建立健全必要的维修保养制度,对固定资产使用情况进行定期检查,对闲置不用及利用不足的情况要提出改进的意见和措施,对发生故障的要及时维修。通过维修保养工作的经常化、正常化的进行,提高固定资产的使用效率。

第六节 无形资产管理及其他

一、无形资产

无形资产,是指企业拥有或者控制的没有实物形态的可辨认非货币性资产。为了

加强对无形资产的管理,应根据不同的标准对无形资产进行科学的分类。

1. 无形资产的分类

无形资产按其性质划分如下:

(1) 专利权。专利权是国家专利机关根据发明人的申请,授予发明人对其发明创造成果,在一定期限内享有的专有权利或独占权利。专利权可以转让所有权和使用权。专利权作为技术成果,是既有价值又有使用价值的商品。

(2) 非专利技术。非专利技术又称技术秘密和技术诀窍,是指某些在生产经营上先进实用、尚未申请过专利的,但能给企业带来经济利益的技术和诀窍。它包括各种设计图纸、工艺流程、化学配方、主要的技术参数指标等,也包括专业技术人员、生产和管理人员所掌握的经验、知识和技巧。非专利技术不受法律保护,其所有者只能依靠自身保密来维护其独占权。

(3) 商标权。商标权是国家商标管理部门根据商标使用人的申请,经核准赋予商标注册商标的权利。经核准注册的商标为注册商标,商标注册人享有商标专用权,受商标法保护。商标权同其他商品一样,具有价值和使用价值,既可以作价转让,也可以有偿地允许他人使用。

(4) 著作权。著作权又称版权,它是一种知识产权,是国家版权管理部门依法授予著作或文艺作品作者在一定时期内发表、再版、发行其作品的权利。

(5) 土地使用权。土地使用权是国家或地方政府准许某一企业在一定时期内对国有土地享有开发、利用、经营的权利。在我国,土地归国家所有,企业对土地只有使用权,没有所有权。但土地使用权可以依法转让,也可以利用土地使用权进行投资。

(6) 专营权。专营权是政府或其他企业授予的在一定区域和期限内,以一定形式生产经营某种特定商品或劳务的专有权利。由政府机关授予的专有权利,如公共交通、电话、电力、煤气、烟草等;由一个企业授予另一个企业的专有权利,如使用其商标、商号、专利和非专利技术等。

(7) 商誉。商誉是指一个企业由于各种有利因素而形成的获得超常收益的能力。这些因素包括:企业所处地理位置优越;由于信誉好而获得客户信任;技术先进,管理有方,经营效率高;历史悠久,积累了丰富经验等。商誉的无形价值具体表现在企业的获利能力超过了一般企业的获利水平。只有在企业购并过程中所产生的商誉才能作价入账。

2. 无形资产的计价

根据现行制度规定,企业的无形资产在取得时,应按实际成本进行计量。以不同方式取得无形资产的实际成本应按以下方法确定。

1) 自行开发的无形资产

企业自行研究开发按法律程序申请取得的无形资产,按依法取得时发生的注册费、聘请律师等费用,作为无形资产的实际成本。

2) 购入的无形资产

企业从其他单位购入的无形资产,应按照实际支付的价款作为实际成本。

3) 投资者投入的无形资产

企业接受其他单位作资本金或合作条件投资转入的无形资产,应按评估确认价或合同约定的金额计价。

4) 接受捐赠的无形资产

企业接受外单位或个人捐赠的无形资产,应以以下规定确定其实际成本:

(1) 捐赠方提供有关凭据的,按凭证上标明的金额加上应支付的相关税费作为实际成本;

(2) 捐赠没有提供有关凭据的,按以下顺序确定其实际成本:①同类或类似无形资产存在活跃市场的,按同类或类似无形资产的市场价格估计的金额,加上应支付的相关税费作为实际成本;②同类或类似无形资产不存在活跃市场的,按该接受捐赠的无形资产的预计未来现金流量现值,作为实际成本。

3. 无形资产的管理

无形资产的管理包括以下几个方面。

1) 无形资产取得的管理

企业取得无形资产的方式有:自行开发、外部购入、其他单位投资转入、接受捐赠等。企业无论以何种方式取得的无形资产,最关键的问题就是对无形资产要正确地进行计量。对于自行开发创造而取得的无形资产,企业应及时向有关部门申报,以取得法律保护;对于外部购入、投资转入、接受捐赠等取得的无形资产,企业应按规定及时办理手续,以取得合法使用无形资产的权利;对于不受法律保护的非专利技术,企业应采取措施,严防泄密以维护其独占权;对于盗用企业专利权、商标权、著作权和商誉主动权谋取盈利的非法行为,企业应诉诸法律,以维护企业自身的正当权益不受侵害。

2) 无形资产的摊销方法

无形资产应当自取得当日起,在预计作用年限内分期平均摊销,计入损益。无形资产摊销主要涉及无形资产成本、摊销开始月份、摊销方法和摊销年限等因素。无形资产成本即无形资产的入账价值。

(1) 确定预计使用年限。通常情况下,无形资产成本应在其预计使用年限内摊销。如果预计使用年限超过了相关合同规定的受益年限或法律规定的有效年限的,该无形资产摊销年限按以下原则确定:

第一合同规定受益年限但法律没有规定有效年限的,摊销期不应超过合同规定的受益年限;

第二合同没有规定受益年限,但法律规定有效年限的,摊销期不应超过法律规定的有效年限;

第三合同规定了受益年限,法律也规定了有效年限的,摊销期不应超过受益年限和有效年限两者之中较短者;

第四如果合同没有规定受益年限,法律也没有规定有效年限的,摊销期不应超过 10 年。

(2) 确定摊销开始日。无形资产应当自取得当日起在预计使用年限内分期摊销,计入损益。

3) 无形资产处置的管理

无形资产的处置包括无形资产的出租、无形资产的出售和无形资产的转销。

无形资产的出租是指企业将所拥有的无形资产的使用权让渡给其他单位，并收取租金。收取的租金按照让渡资产使用权所取的收入计入企业其他业务收入。

无形资产的出售表明企业放弃无形资产的所有权。企业出售无形资产，应将所得价款与该项无形资产的账面价值之间的差额计入企业营业外收入。

无形资产的转销是指如果无形资产预期不能为企业带来经济利益，从而不再符合无形资产的定义，应将其账面价值转销。企业在判断无形资产是否预期不能为企业带来经济利益时，可以从以下两个方面加以判断：①该无形资产是否已被其他新技术所替代，且已不能企业带来经济利益；②该无形资产是否不再受法律保护，且不能为企业带来经济利益。

二、其他长期资产的管理

其他长期资产的管理主要指递延资产，是旅游企业在筹建期和生产经营期间发生的不能全部计入当年损益而应当在以后年度内分期摊销的各项费用。由于这些费用支出数额较大，受益期较长，大部分效益体现在将来，如果将这些费用支出与年度收入相比，则不能正确计算当年损益，因此需要将这些费用进行递延处理。

递延资产包括开办费、租入固定资产改良支出和其他递延资产。

1. 开办费

开办费是指企业在筹建期间所发生的各种费用，包括筹建期间工作人员的工资、办公费、差旅费、印刷费、登记费、培训费以及其他有关费用。

企业筹建期间的开办费用一般较大，现行制度规定，企业自生产经营开始之日起，在一定期限内(不短于 5 年)进行合理摊销。饮食、服务企业投资数额较小，发生的开办费也不多，可根据实际发生的数额大小，适当缩短开办费的摊销年限。

2. 租入固定资产改良支出

租入固定资产改良支出是企业在向其他单位租入固定资产的改良工程中所发生的支出。

企业向其他单位以经营租赁方式租入的固定资产，其所有权仍属于出租单位，租入企业只享有使用权，除支付租赁费用外，并承担租入固定资产的修理和改良工程的费用支出。由于固定资产改良工程的支出属于资本性支出，能使企业多期受益，有利于提高固定资产的效用，理应计入固定资产价值，但因为租入固定资的所有权不属于租入企业，租入企业只有在租赁期内对改良工程的使用权，因此，不能作为增加租入固定资产的价值而作递延资产处理。

为了保证用于租入固定资产改良工程支出的资金回收，企业在租赁期间，可按"直线法"对这部分资金进行分期摊销，作为费用处理，但其摊销期不得超过租赁期限。

3. 其他递延资产

其他递延资产是指企业租入固定资产改良工程支出以外的其他支出，例如，一次性预付固定资产租赁费，摊销期在一年以上的固定资产大修理支出等。这部分其他递延资产也应按实际情况进行合理分期摊销。

案例与点评

无形资产也是一种优势

案例介绍

东北某大企业 10 多年前与国外合资，共同投资成立新公司。合资协议规定：合资期满清盘时，有形资产归属中方、其他资产归属外方。对这个规定，中方很满意，因为 10 年后合资企业的全部厂房、设备、库存等都是中方的。为此，协定中有一个让步，由中方出任董事长，外方出任总经理，并享有较大的经营权。外方依据协议，在 10 年的经营中不断扩大规模，建立销售网、培训销售人员、开发新配方、大做广告等，也得到了中方的有力支持。合资期满清盘时，外方完全遵守协议，把有形资产交给中方，但无形资产要拿走，这时中方悔悟到不仅商标品牌、技术资料是外方的，而且销售渠道、客户关系、合同等都属外方。中方在合资结束后无法再用原配方生产，生产出来无法销售，不知道销给谁，客户需求是哪种产品等。当初协议上还有一条，即合资期满双方继续合作，但条件另订。现在中方想继续合作，但已无优势可谈。

案例点评

上述案例说明无形资产也会关系到企业的命运，无形资产是作为企业的长期资产之一，也能发挥竞争优势，企业在创立、成长、成熟和可持续发展中都要充分利用并有效地保护它。同时这个案例也说明任何企业如果对长期资产的管理丧失敏锐的判断和科学的管理措施，企业将难以生存。(资料来源：编者根据相关材料整理而成)

练习与思考题

一、思考题

1. 什么是运营资本？主要包括哪些内容？
2. 简述现金管理的目的。
3. 如何控制现金的支出？
4. 短期有价证券的种类及其特点有哪些？
5. 进行短期有价证券投资的原因是什么？投资时应考虑哪些因素？
6. 简述应收账款的功能与成本。

7. 如何开展对顾客的信用调查?

8. 简述收账程序。

9. 什么是存货?企业持有存货的原因是什么?

10. 存货管理的目的是什么?

11. 简述 ABC 分类法。

二、练习题

1. 某旅游公司一年中现金流出量为 100 万元,这笔资金现已投入利率为 10%的有价证券中,每次证券交易的固定成本为 20 万元,试求公司的目标现金余额(每次将证券转换为现金的数量)。

2. 某酒店每日现金流量呈正态分布,其标准差为 1000 元,现金与有价证券之间转换成本为 20 万元,有价证券的收益率为 9%,此外,公司决定维持 1000 元的最低现金余额。试用米勒-奥尔模型确定酒店的目标现金余额。

3. 某旅游风景区每年需要某种材料 720 吨,每吨材料价格为 100 元,每次订货成本为 400 元,储存费用为存货成本的 10%,平均每天耗用量为 2 吨,从订货到材料入库的时间为一个月,该旅游风景区的安全存量为 40 吨,试求经济订货批量及订货点。

复习自测题

一、单项选择题

1. 旅游企业持有一定数量的有价证券,目的是为了维护资产的流动性和( )。
   A. 企业资产的收益性　　　　　　B. 企业良好的信誉
   C. 正常情况下的现金需要　　　　D. 非正常情况下的现金需要

2. 控制现金支出的有效措施是( )。
   A. 运用透支　　　　　　　　　　B. 加速收款
   C. 运用浮游量　　　　　　　　　C. 运用坐支

3. 现金作为一种资产,它的( )。
   A. 流动性差,盈利性强　　　　　B. 流动性差,盈利性差
   C. 流动性强,盈利性强　　　　　D. 流动性强,盈利性差

4. 现金的机会成本是( )。
   A. 现金管理措施的费用　　　　　B. 现金管理人员的工资
   C. 现金再投资的收益　　　　　　C. 现金被盗损失

5. 在存货控制基本模型下计算经济批量时要考虑的成本是( )。
   A. 进货费用　　　　　　　　　　B. 储存成本
   C. 采购成本　　　　　　　　　　D. 储存成本和进货费用

二、多项选择题

1. 下列说法正确的有( )。
   A. 现金太少,可能会出现短缺,进而影响旅游企业的正常业务
   B. 一旦出现现金短缺,要采取短期融资手段

C. 现金结余太多，会降低旅游企业的成本
D. 因为现金没有收益，应该使现金持有量降到最低

2. 旅游企业应收账款的管理成本主要包括(　　)。
   A. 坏账损失   B. 账款信息的收集费用
   C. 了解客户信用状况的费用   D. 记录账簿的购买费用

3. "1.5/15，n/45"在信用条件里的含义是(　　)。
   A. 如果在45天内付款，可以享受货款的15%的现金折扣
   B. 如果在15天内付款，可以享受货款的1.5%的现金折扣
   C. 货款必须在45天内付清
   D. 超过15天付款则没有折扣

4. 影响客户信用标准的主要因素有(　　)。
   A. 抵押品   B. 信用品质
   C. 偿付能力 D. 资本

5. 提供优惠的信用条件，可能(　　)。
   A. 增加销售   B. 增加坏账
   C. 增加收账费用 D. 增加现金折扣成本

第七章　旅游企业投资管理

【本章导读】

本章主要介绍现金流量及其与投资管理的关系，重点掌握投资决策分析的五种方法，理解各种方法的特点，学会进行投资决策案例的分析评价。

【关键词】

现金流量　净现金流量　投资回收期　净现值　现值比率　内含报酬率

【知识要点】

1. 现代旅游企业现金流量及投资的相关概念。
2. 资本投资决策的各种基本评价方法。
3. 在不同情况下评价投资项目。

小贴士

财富故事

郁金香的故事

众所周知,郁金香是荷兰的国花,原产于小亚细亚,1593 年传入荷兰。17 世纪前半期,由于郁金香被引种到欧洲的时间很短,数量非常有限,因此价格极其昂贵。一些机敏的投机商就开始大量囤积郁金香球茎以待价格上涨。不久,在舆论的鼓吹之下,人们对郁金香表现出一种病态的倾慕,1634 年,炒买郁金香的热潮蔓延为荷兰的全民运动。当时约合 1000 美元一朵的郁金香花根,一个月不到就升值为 2 万美元了。面对如此暴利,所有的人都冲昏了头脑,他们变卖家产,只是为了购买一株郁金香。正如当时一名历史学家所描述的:"谁都相信,郁金香热将永远持续下去,无论是贵族、市民、农民,还是工匠、船夫、随从、伙计,无论哪个阶层,人们都将财富变换成现金,投资于这种花卉。"1637 年,郁金香的价格已经涨到了骇人听闻的水平,与上一年相比,涨幅高达 5900%。1637 年 2 月,一株名为"永远的奥古斯都"的郁金香售价高达 6700 荷兰盾,这笔钱足以买下阿姆斯特丹运河边的一幢豪宅,而当时荷兰人的平均年收入只有 150 荷兰盾。

正当人们沉浸在郁金香狂热中时,一场大崩溃已经近在眼前。由于卖方突然大量抛售,公众开始陷入恐慌,导致郁金香市场在 1637 年 2 月 4 日突然崩溃。一个星期后,郁金香的价格已平均下跌了 90%,那些普通的品种甚至不如一颗洋葱的售价。1637 年 4 月,荷兰政府决定终止所有合同,禁止投机式的郁金香交易,从而彻底击破了这次历史上空前的经济泡沫。郁金香事件不仅沉重打击了举世闻名的阿姆斯特丹交易所,更使荷兰经济陷入一片混乱。这个曾经繁荣一时的经济强国开始走向衰落,而"郁金香现象"则成为世界经济发展史上一个著名的名词。

当泡沫膨胀起来时,所有现实的事物在泡沫中都显得无比硕大,人们欢快地享受着,而无视其虚幻的本质。只有当泡沫破灭时,被摔在地上的人们才会为自己当初疯狂而愚蠢的行为后悔不迭。(资料来源:编者根据相关材料整理而成)

第一节 现金流量

一、现金流量的概念

直接投资中的现金流量是指投资项目在其计算期内(有效年限内),与投资决策有关的现金流入量、流出量的统称,包括现金流入量、现金流出量和净现金流量三个方面。现金流量中的现金既可以是各种货币资金,也可以是项目所需的非货币资金的变现价值,如项目所需的厂房、机器设备等。进行投资方案的分析和评价应以现金流量为依据,而不是以会计利润为依据。原因在于以下几方面。

(1) 采用现金流量可反映货币的时间价值。采用现金流量而不是会计利润来衡量项目的价值,是因为会计利润是按权责发生制核算的,它与现金流量的含义完全不同,会计意义上的利润不是旅游企业实际可得的现金,如采用赊销方式取得的销售收入是以应收账款体现的,旅游企业并没有收到现金,应收账款在以后收回,按货币时间价值的观点看,其价值与当期收回是有差异的。而投资项目是一个较长时间内投放和收回资金的过程,时间跨度大,在投资决策时采用现金流量可充分体现现金收支的时间性。

(2) 采用现金流量可避免会计核算方法的影响。以现金流量为衡量项目的价值还可以避免人为因素的干扰,保证投资决策的客观性。会计利润的核算往往受与会计核算方法相联系的问题的影响,如在核算利润时采用何种折旧方式,存货计价是采用先进先出法还是后进先出法等。对这些问题的处理采用不同的方法,其会计利润是不同的,因此而作出的投资决策就会产生一定的差异。例如,房屋和经营设备的投资支出要在以后会计年度内提取折旧并作为生产成本从应税收入中扣除,直接减少了会计利润,但从现金流量的观点来看,房屋和经营设备的投资支出其实已经发生,因此计提折旧费既不产生现金流入也不产生现金流出,只不过因税法规定其可以冲抵应税收入,在旅游企业盈利的情况下可以减少税额,带来"税盾效应",间接带来现金流入而已。现金流量是以现金的实际收付为基础进行核算,很少受到上述会计核算问题的影响,用它来评价投资的经济效益更具有客观性和准确性。

(3) 在投资分析中,现金流动状况比盈亏状况更重要。一个项目能否维持下去,不取决于一定期间是否盈利,而取决于有没有现金用于各种支付。但利润反映的是某一会计期间"应计"的现金流量,而不是实际的现金流量,故有利润的年份,不一定能产生多余的现金用来进行其他项目的再投资。

投资项目的现金流量由现金流入量和流出量构成,其差额称为净现金流量。现金流量按投资项目的时间不同又可分为期初现金流量、寿命期内现金流量和期终现金流量,它们分别包含不同的内容。

1. 现金流出量

现金流出量是指由于实施某项投资而引起旅游企业现金支出的增加量。

1) 直接投资支出

这项支出是指为了使生产经营能力得以形成而发生的各项现金支出,这是投资项目最基本、最主要的支出。直接投资支出可能在项目期初一次支出,也可能在项目建设中分期支出。

2) 垫支的流动资金

新投资项目的实施,往往扩大了旅游企业的生产经营能力,为了使生产经营能力得到充分利用,必须相应增加原材料产品的储备,也会引起其他流动资产的增加,旅游企业必须追加流动资金以满足需要,这些流动资金一般在项目开始投产时支出,并能够在寿命期终一次性收回。

并不是所有的投资项目均需增加流动资金,对于一些在旅游企业原有生产能力基础上进行的技术改造、生产设备的更新,由于生产效率的提高,节省了人力、物力、财力,不仅不会引起流动资金的增加,甚至会减少流动资金的占用。在投资项目分析和评价时,应结合实际加以考虑。

3) 付现成本

付现成本是指在生产经营期内每年发生的用现金支付的成本,它是当年的总成本扣除该年折旧额、无形资产摊销额、开办费摊销额等项目后的差额。每年的总成本中包含有一部分当年非现金流出的内容，这些内容虽然也是成本，但不需要动用现实货币资金支出，所以不属于付现成本的范畴。

4) 支付的各项税款

支付的各项税款是指生产经营期内企业实际支付的流转税、所得税等税款。

2. 现金流入量

现金流入量是指由于实施某项投资所引起的旅游企业现金流入的增加值，主要包括以下几点。

1) 营业现金流入

营业现金流入是指实施投资以后形成的生产经营能力开展正常的经营业务以后所产生的现金流入量，在投资决策分析中，营业现金流入量往往是以一个年度或一个生产周期核算的，通常包括营业利润和折旧。

营业利润是指投资项目实施以后，由于营业收入的增加或营业成本的降低而增加的利润。有些投资，如扩充型投资项目，其目的是扩大旅游企业的生产规模，增加产品的生产和销售，从而提高旅游企业的营业收入。以项目实施后增加的营业收入扣除因项目实施而增加的营业成本即形成投资项目的营业利润。对于其他投资，如重置型投资项目，其目的则是提高生产效率，节省原材料和能源，减少人工从而降低营业成本。

$$营业现金流入量=利润+折旧$$
$$=营业收入-(营业成本-折旧)$$
$$=营业收入-付现成本$$

2) 净残值收入

净残值收入指在投资项目寿命期终，出售报废资产时的残值收入。此项现金流入一般发生在项目计算期最后一年年末，即发生在项目计算期的终结点。

3) 回收的流动资金

回收的流动资金是指生产经营期结束时回收的原垫付的全部流动资金，此项现金流入只发生在项目计算期的终结点。

3. 净现金流量

净现金流量是指一定时期内现金流入量与现金流出量的差额。这时所说的"一定期间"，可以一年计，也可以整个项目持续年限计。当现金流入量大于现金流出量时，净现金流量为正值；反之，净现金流量为负值。在项目建设期内，净现金流量为负值，在经营期内，净现金流量一般为正值。进行资本投资决策时，应考虑不同时期的净现金流量，即计算年净现金流量，其公式为

$$年净现金流量=年现金流入量-年现金流出量$$

项目全过程的净现金流量的计算公式为

$$投资期净现金流量=直接投资支出+垫支的流动资金$$

经营期净现金流量=营业现金流入量

终结点净现金流量=经营期净现金流量+回收的净残值+回收的流动资金

二、现金流量的计算

为了正确评价投资项目的优劣,必须正确计算现金流量。

(1) 估计投资方案每年能产生的现金净流量。

(2) 在确定投资方案相关现金流量时遵循"增量现金流量"原则。所谓"增量现金流量",是指接受或拒绝某一个投资方案后,企业总现金流量因此发生的变动。

(3) 为了正确计算投资方案的增量现金流量,应注意以下几个方面。

① 项目实施后对企业现金流量的影响。投资决策往往是对某一个具体投资项目的决策,但投资项目又是企业的一个有机组成部分,因此,仅仅考虑投资项目本身的现金流量是不够的,还要注意投资项目对企业其他部门现金流量带来的影响。就整个企业而言,接受某一投资项目后,除了其本身带来的现金流量以外,还会影响其他部门的现金流量。

除了对现金流入要从增量角度考虑,现金流出同样也要从增量角度考虑,由于实施新项目而引起企业的成本、费用的增加,也要作为增量现金流出量计入该项目的现金流出量。

② 沉没成本不是相关现金流量。沉没成本是指已经发生,在投资决策中无法改变的成本。在投资决策中,只有与投资项目决策有关的成本才是相关成本,而沉没成本并不是相关成本。

③ 必须考虑机会成本。机会成本是指有经济价值的资源投资在某一项目中就失去了投资其他项目的机会,则投资其他项目可能产生的现金就形成了该项目占用这些资源的机会成本,这些资源包括资金、土地、生产设备等。机会成本是客观存在的,在投资决策中不容忽视。

④ 注意营运资金变动的影响。当企业投资某项新业务时,由于销售量的扩大,其对存货、应收账款等流动资金的需要量也会增加,企业必须筹措新的资金以满足营运资金增加的需求,增加的营运资金在项目投产时投入,在项目的寿命期内持续使用,当项目终止时,资金仍然可以收回,作为期末的现金流入量,因此在投资决策时,必须注意不能遗漏营运资金变动的影响。

⑤ 融资费用和利息支付不作现金流出。通常在评价和分析投资项目的现金流量时,会将投资决策和融资分开,假设全部投入资金都是企业的自有资金,即全投资假设。因此,即使企业投资所需资金是通过发行债券或借债筹款,与融资有关的费用支出和利息支出以及债务的偿还仍不作为投资项目的现金流出量。实际上,我们在计算现金流量时,采用的折现率已经隐含了该项目的融资成本,不再单独核算其流量。

下面以案例说明现金流量计算的过程。

【例 7-1】某旅游集团公司拟对一新建酒店购置一台大型设备,需投资 200 万元,一年安装完成,该设备可以使用 5 年,期末有 20 万元的净残值,采用直线法计提折旧,投产以后,预计每年的营业收入为 100 万元,营业成本为 70 万元。投产期初要垫支流动资金 30 万元,可在项目终结时一次收回。该公司适用所得税税率为 33%。计算这一投资的现金流量。

此投资的每年折旧额=(200-20)÷5=36(万元)

经营期各年净现金流量=(100-70)×(1-33%)+36=56.1(万元)

项目各年现金流量的计算如表 7-1 所示。

表 7-1　项目现金流量表

万元

年份	0	1	2	3	4	5	6
初始投资额	-200						
垫支流动资金		-30					30
经营净现金流量			56.1	56.1	56.1	56.1	56.1
残值							20
净现金流量	-200	-30	56.1	56.1	56.1	56.1	106.1

项目现金流量图如图 7-1 所示。

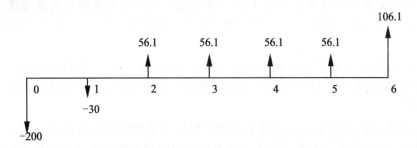

图 7-1　项目现金流量图

第二节　投资决策评价指标

投资决策方法是指通过对投资方案的经济效益进行评价和分析,从而决定是否选用该投资方案,或者对多个方案的经济效益进行比较和分析,从而选出方案的方法。目前,旅游企业常用的投资决策评价指标有非贴现现金流量指标和贴现现金流量指标两大类。

一、非贴现现金流量指标

非贴现现金流量指标,又叫静态指标,计算时不考虑货币的时间价值,认为不同时期的现金流量的价值是相同的,可以直接相加和比较,即现在发生的投资支出和垫付的资金,可以直接用以后若干年的收益来进行补偿,若取得的收益大于支出,则认为是有利的;反之,则认为是不利的。非贴现现金流量指标的最大优点是计算简单,但是欠科学性。常用的非贴现现金流量指标包括投资回收期和会计收益率。

1. 投资回收期

1) 投资回收期的模式

投资回收期是指投资项目的现金流量累计到与投资额相等时所需要的时间,通常所说的投资回收期是在不考虑资金时间价值的情况下计算出来的收回投资额所需的时间,也就是只需按时间顺序对各项的期望现金流量进行简单累计,当累计额等于原始投资时,其时间就是回收期。

(1) 原始投资一次性支出,每年净现金流量相等

$$投资回收期=\frac{投资总额}{年净现金流量}$$

(2) 每年净现金流量不等,或原始投资是分几年投入的,需要逐年计算,直到各年年末累计的现金净流量达到投资额的那一年为止。

2) 投资回收期的分析

投资回收期法是以投资回收的时间长短作为评价和分析项目可行性标准的一种方法。一般而言,投资者总是希望能尽快地收回投资,即投资回收期越短越好。运用投资回收期法进行决策时,如果投资方案的回收期短于期望回收期,则可以接受该投资方案;如果投资方案的回收期长于期望回收期,则不能接受该投资方案。

3) 投资回收期的应用

采用投资回收期法进行投资决策时,首先要确定一个旅游企业能够接受的期望投资回收期,然后将投资方案的投资回收期与期望投资回收期进行比较。

【例 7-2】华兴旅行社目前有两个项目可供选择,这两个项目预计现金流量如表 7-2 所示。

表 7-2 项目预计现金流量表

年 份	项目 A	项目 B
0	-10 000	-15 000
1	3 200	3 800
2	3 200	3 560
3	3 200	3 320
4	3 200	3 080
5	3 200	5 840

项目 A 每年的营业现金流量相等,所以有

$$项目 A 投资回收期=\frac{10\,000}{3\,200}=3.125$$

项目 B 每年的营业现金流量不相等,累计流量状况如表 7-3 所示。

表 7-3 项目现金累计流量状况表

年 份	0	1	2	3	4	5
现金流量	-15 000	3 800	3 560	3 320	3 080	5 840
累计流量	-15 000	-11 200	-7 640	-4 320	-1240	4 600

$$项目 B 投资回收期=4+\frac{1\,240}{5\,840}=4.2$$

4) 对投资回收期的评价

投资回收期指标是旅游企业进行投资方案评价时常用的指标,它的优点如下。

(1) 计算简单,使用方便,同时成本较低。

(2) 可以从一定程度上反映旅游企业投资方案的能力,对于一些资金较为紧缺的旅游企业,资金回收是旅游企业首先必须考虑的因素。

(3) 可以从一定程度上反映旅游企业投资方案的风险。

投资回收期法具有明显的缺点,主要是以下两方面。

(1) 投资回收期法不考虑投资回收以后的现金流量,只能反映投资回收的速度,不能反映投资在整个寿命期内的盈利能力。

(2) 投资回收期法不考虑资金的时间价值,即不考虑投资现金流量发生的时间性。

2. 会计收益率

1) 会计收益率的模式

会计收益率法是通过比较投资收益的大小评价方案的方法,是用平均每年所获得的净收益与投资额之比来反映投资的获利能力的指标,一般用 ARR 来表示。其特点是直接采用会计报表中的资料分析来评价投资方案,由于采用的投资额不同,其计算方法也有两种。

(1) 以投资总额为基础计算会计收益率。

$$ARR = 会计收益率 = \frac{年平均净收益}{投资总额}$$

该指标反映原始投资总额在整个寿命期内的平均年获利能力。

(2) 以平均投资总额为基础计算会计收益率。

$$ARR = 会计收益率 = \frac{年平均净收益}{平均投资额} = \frac{年平均净收益}{(投资总额+残值)/2}$$

2) 会计收益率法的分析

会计收益率法的评价原则是,一项投资方案的会计收益率越高越好。在投资方案评价时,首先要确定旅游企业期望的收益率,作为衡量的标准。在单个方案的可行性分析时,当投资方案的会计收益率大于或等于旅游企业期望的收益率时,接受该投资方案;当投资方案的会计收益率小于旅游企业期望的收益率时,拒绝该投资方案。在多个投资方案比较选择时,以满足期望收益率要求的方案中收益率最高的方案为最优方案。

3) 会计收益率的应用

(1) 以投资总额为基础计算会计收益率。

【例 7-3】以例 7-2 的数据计算会计收益率。

$$ARR_A = \frac{3\,200}{10\,000} = 32\%$$

$$ARR_B = \frac{(3\,800+3\,560+3\,320+3\,080+5\,840)\div 5}{15\,000} = 26.1\%$$

(2) 以平均投资总额为基础计算会计收益率。以投资总额计算的会计收益率是假设在投资项目整个寿命期内占用全部投资额,而实际上由于投资形成的固定资产逐年摊销,随着时间的推移,其占用的投资额逐渐减少,所以用平均投资额来计算会计收益率比较合理。

$$ARR_A = \frac{3\,200}{(10\,000 + 0) \div 2} = 64\%$$

$$ARR_B = \frac{(3\,800 + 3\,560 + 3\,320 + 3\,080 + 5\,840) \div 5}{(15\,000 + 0) \div 2} = 52.3\%$$

4) 对会计收益率的评价

会计收益率指标的优点如下。

(1) 计算简单，资料来源方便。

(2) 考虑了项目寿命期内的全部收益，能在一定程度上反映投资所产生的盈利水平，比投资回收期指标客观、全面。

但会计收益率指标也有明显的缺点，主要包括以下几点。

(1) 会计收益率仍然没有考虑货币的时间价值，将积年的收益简单地平均，忽略了不同时间收益的差异，容易导致决策的失误。

(2) 会计收益率指标只考虑投资收益，没有考虑投资的回收，计算时只是每年的净收益，不包括折旧费，从而没有体现投资的回收情况。

(3) 目标收益率的选择有很大的主观性，没有客观的选择标准。

二、贴现现金流量指标

贴现现金流量指标，又叫动态指标，计算时要根据货币时间价值的要求，将投资方案的现金流量按某一基础折算成同一时期的量，再对投资支出和各年现金流量的大小进行比较，以确定方案的可行性。由于贴现现金流量指标考虑了货币时间价值这一因素，与非贴现现金流量指标相比较，更为精确、客观，能较好地反映投资方案的优劣，但是其计算较为复杂。常用的贴现现金流量指标包括净现值、现值指数、内含报酬率。

1. 净现值

1) 净现值的模式

净现值是指投资项目的未来净现金流入量总现值与现金流出量总现值的差额，一般用 NPV 表示，该指标是评价投资项目是否可行的重要指标。由于投资项目的支出和收入发生在不同的时间，这就需要考虑到货币的时间价值，用一定的折现率(贴现率)将它们都折算成同一时点上的数值，即现值，这样才能准确地将支出与收入进行分析对比，从而对投资效果进行准确的测算。净现值计算公式为

$$NPV = \sum_{t=0}^{n}(CI - CO)_t(1+i)^{-t}$$

式中：CI——现金流入；

CO——现金流出；

$(CI-CO)_t$——第 t 年的净现金流量；

i——折现率。

净现值的计算步骤如下。

(1) 确定投资项目各年的净现金流量。

(2) 选择适当的折现率(一般为资金市场中长期贷款利率)，通过查表确定投资项目

各年的贴现系数。

(3) 将各年的净现金流量乘以相应的贴现系数求出其现值。

(4) 将各年的净现金流量现值加以汇总，便可得出投资项目的净现值。

2) 净现值的分析

计算出来的净现值无非有以下三种结果。

(1) $NPV=0$，说明该投资方案的盈利率正好等于折现率，从财务上说是"合格"项目，但它是一个边缘项目。

(2) $NPV>0$，说明该投资方案的盈利率大于折现率，从财务上说是"合格"项目，可以接受此方案。

(3) $NPV<0$，说明该投资方案盈利率达不到折现率水平，从财务上说是"不合格"项目，此方案应被舍弃。

由此可见，运用净现值法进行投资项目财务评价时，主要是看净现值的大小。净现值越大，说明收入与支出的差额越大，经济效益越好。如果有若干个方案可供选择，那么应该选择净现值最大的方案。从数量上增加现金的流入量或是从时间上提前实现现金的流入都可以增大净现值。

3) 净现值的应用

【例7-4】MS旅游公司有A、B、C三项投资机会，贴现率为10%。各方案有关数据如表7-4所示。

表7-4 各项目预计现金流量表

年 份	项目A	项目B	项目C
0	-20 000	-40 000	-60 000
1	12 000	8 000	-10 000
2	13 000	18 000	40 000
3	8 000	18 000	40 000
4		18 000	

各方案的净现值为

NPV_A = [12 000×(1+10%)$^{-1}$+13 000×(1+10%)$^{-2}$+18 000×(1+10%)$^{-3}$] -20 000

=(12 000 ×0.909+13 000 ×0.826+8 000×0.751)-20 000

=27 654-20 000

=7 654(元)

NPV_B =(8 000×0.909+18 000×0.826+18 000×0.751+18 000 ×0.683)-40 000

=47 952-40 000

=7 952(元)

NPV_C =(-10 000×0.909+40 000×0.826+40 000×0.751)-60 000

=53 990-60 000

=-6 010(元)

根据计算结果，可得出如下结论。

(1) A、B两方案的净现值为正数，说明两方案的报酬率超过了预定报酬率 10%，可行，C方案不可行。

(2) 比较A、B两方案的净现值，B方案优于A方案。

4) 对净现值指标的评价

净现值指标的优点如下。

(1) 它考虑了货币的时间价值，增强了投资经济性的评价。

(2) 考虑了项目计算期的全部净现金流量，能够反映出投资项目可获得的收益额。

(3) 考虑了投资风险性，折现率的大小与风险大小有关，风险越大，折现率就越高。

其缺点如下。

(1) 不能反映投资利润率的高低，特别是在投资额不等的几个方案进行比较时，仅看净现值绝对数是很难作出正确评价的，因此必须结合其他方法综合运用。

(2) 净现金流量的测算和折现率的确定比较困难，而其正确性对计算净现值有重要影响。

2. 现值指数

1) 现值指数的模式

净现值只是一个项目净利润绝对值的一个标志，很可能出现这样的情况，即净现值大的项目投资支出也大。为此，在进行比较选择方案时，我们可以借助于净现值比率这一指标来进行分析。现值指数，也称为盈利能力指数或获利指数，一般用 PI 来表示，是指投资收益现值与初始投资额之比。其计算公式为

$$PI = \frac{\sum_{t=1}^{n} \frac{CF_t}{(1+i)^t}}{CO_0} = \frac{NPV + CO_0}{CO_0} = 1 + \frac{NPV}{CO_0}$$

2) 现值指数的分析

现值指数的评价标准如下：投资项目的现值指数大于或等于1，说明该投资项目是可行的，应该接受该项目；投资项目的现值指数小于1，说明该投资项目是不可行的，应该拒绝该项目。

3) 现值指数的应用

【例7-5】以例7-4的数据计算净现值比率：

$$PI_A = 1 + \frac{7\,654}{20\,000} = 1.38$$

$$PI_B = 1 + \frac{7\,952}{40\,000} = 1.20$$

$$PI_C = 1 - \frac{6\,010}{60\,000} = 0.90$$

从计算结果可以得出如下两个结论。

(1) A、B两个投资项目的现值指数均大于1，说明其收益超过投资成本，即投资收益率超过预定的贴现率10%。而C投资项目的现值指数小于1，说明其收益率没有达到预定的贴现率。

(2) 在资金有限的条件下，因为A项目的现值比率高于B项目，所以优先选择A

项目进行投资。

4) 对现值指数的评价

现值指数和净现值的本质是相同的,只不过它是用相对数反映企业的投资效益,而净现值是用绝对数反映的。它的优点也与净现值相类似。

3. 内含报酬率

1) 内含报酬率的模式

内含报酬率,又称内部收益率,就是使投资项目各年净现金流量现值之和等于零的折现率,即反映投资方案预期可达到的报酬率,一般用 IRR 表示。用公式表示则为

$$\sum_{t=0}^{n}(CI-CO)_t(1+IRR)^{-t}=0$$

内含报酬率公式和净现值公式实际上是一样的。但是,使用净现值公式时,折现率是已知的,要求出净现值;而使用内含报酬率公式时,是令净现值为零,要求出使净现值等于零的折现率(即内含报酬率)。

当各年的现金流入量不相等时,计算内含报酬率可以用试算法,计算过程如下。

(1) 先估算一个折现率,将净现值计算出来。

(2) 如果该净现值为正值,说明该方案可达到的内含报酬率比估计的折现率要大,因此要提高折现率,可以重估一个较高的折现率进行计算。

(3) 如果净现值为负值,说明该方案可达到的内含报酬率比估计的折现率要低,因此要降低折现率,可再估计一个较小的折现率重新计算。

(4) 这样不断地试算,就可以找出令净现值一个为正值、一个为负值的两个相邻的折现率,然后用插值法计算出一个确切的收益率值。其公式为

内部收益率 = 估计的较低折现率 + 高低两个折现率的差额 × $\dfrac{\text{低折现率计算的净现值(正值)}}{\text{高低两个折现率计算的净现值的绝对值之和}}$

各年的现金流入量不等时必须用上述试算法计算收益率。如果各年的现金流入量相等,则计算收益率就更简单了,因为这时可以把各年的现金流入量看做与年金相仿。用年金现值公式求出现值系数,反查年金现值系数表即可求出内含报酬率。其计算公式为

年金的现值 = 年金 × 年金现值系数

年金现值系数 = 年金现值 ÷ 年金

= 原始投资额 ÷ 每年现金流入量

2) 内含报酬率的分析

将计算出来的内含报酬率与旅游企业的资金成本率进行比较,如果内含报酬率高于资金成本率,说明该方案的所得在抵补其资金成本以后还有一定的现金盈余,此方案可以接受;反之,如果内含报酬率低于资金成本率,此方案应被否决;如果几个相斥的方案其内含报酬率都高于资金成本率,则要选收益率最高的投资方案。

3) 内含报酬率的应用

【例 7-6】某旅游企业有一投资方案,其投资额为 80 万元,各年的净现金流量如表 7-5 所示,用内含报酬率分析一下能否接受此方案(资金成本率为 13%)。

表 7-5　各年净现金流量表

万元

年　份	1	2	3	4
净现金流量	40	35	20	12

用试算法计算内含报酬率,先用 15%估算,净现值如表 7-6 所示。

表 7-6　内含报酬率为 15%时的净现值表

年　份	净现金流量/万元	现值系数 IRR=15%	现值/万元
1	40	0.870	34.80
2	35	0.756	26.46
3	20	0.658	13.16
4	12	0.572	6.86
现值总额			81.28
减:投资额			80
净现值			1.28

净现值为正值,说明估计的折现率 15%偏低。若再以 17%估算,则净现值如表 7-7 所示。

表 7-7　内含报酬率为 17%时的净现值表

年　份	净现金流量/万元	现值系数 IRR=17%	现值/万元
1	40	0.855	34.20
2	35	0.731	25.59
3	20	0.624	12.48
4	12	0.534	6.41
现值总额			78.68
减:投资额			80
净现值			-1.32

可见,该投资方案的内含报酬率应在 15%~17%之间,可用插值法公式进行计算:

$$\text{内含报酬率}=15\%+(17\%-15\%)\times \frac{1.28}{1.28+|-1.32|}$$

$$=15.98\%$$

此方案内含报酬率高于其资金成本率(13%),说明此投资方案财务上可以接受。

【例 7-7】有一投资方案原始投资额为 15 万元,在未来的 7 年内每年现金流入量

为 3.29 万元，则有

$$\text{年金现值系数} = \frac{15}{3.29} = 4.559$$

反查年金现值系数表(在年金现值系数表中找到系数为 4.559 的地方，此点相对应的贴现率便为内含报酬率)，得 $IRR \approx 12\%$。

4) 对内含报酬率的评价

内含报酬率法与净现值法一样，都考虑了货币的时间价值，所不同的是内含报酬率能对不同投资规模的项目进行比较，并且能提供收益率大小的信息。

其缺点是假设前提与实际不符，即假设每期投入的净现金流量都按内含报酬率再投资。所以比较而言，净现值法运用得更为广泛些。

第三节 项目投资决策评价指标的应用

在对投资项目进行评价的过程中，通常用非贴现现金流量指标对项目进行初步的评价，而在对项目进行最终决策的时候，还是要通过贴现现金流量指标来进行评价，那么，对任何项目用净现值指标和内含报酬率指标进行分析，它们的分析结果是不是都一致呢？答案是否定的，必须根据具体情况进行分析。

一、单一投资方案的可行性评价

单一投资方案指接受或拒绝该项目时并不会影响其他项目的投资项目，或者说对某项目作出接受或拒绝的投资决策都不会影响其他项目的投资决策分析。例如，某酒店在对其管理部门进行办公自动化建设的同时，也计划对客房进行全面装修，在不考虑资本限制因素时，这两个项目只要能达到要求的最低投资回报标准就是可以接受的。这样的两个项目便是单一投资项目。

在用净现值法和内含报酬率法分析和评价单一、独立的常规方案时，两者得出的结论必然相同。

如果投资方案满足以下条件，则净现值法与内含报酬率法的评价会得出一致的结论。

(1) 分析和评价的投资方案是单一的，评价结果只有两种可能：接受或者拒绝。

(2) 分析和评价的投资方案是独立的，即方案是否实施不能对其他投资方案带来影响。

(3) 分析和评价的投资方案是常规方案，而不能是非常规方案，对于非常规方案，采用内含报酬率法会产生多个内含报酬率，不能正确评价投资方案。

只要投资方案的净现值在必要投资报酬率下大于零，其内含报酬率一定大于必要投资报酬率，因为这里要使净现值等于零，必须用大于必要投资报酬率的折现率来计算才行。

二、多个互斥方案的比较与优选

所谓互斥的投资方案是指两个以上相互排斥的待选方案中只能选择其中之一的投

资方案。比如有两个互斥的投资方案，我们可以同时拒绝这两个方案，但不能同时接受这两个方案，如果选择了其中一个方案必须放弃另一个方案。例如，一酒店对空调设备进行改造还是进行重置的决策便涉及两个互斥项目，即改造项目和重置项目，两者选其一。对于互斥方案的评价，净现值法与内含报酬率法可能会产生不同的结论。

【例 7-8】某旅游公司有甲、乙两个互斥投资项目，各项目的有关资料如表 7-8 所示。

表 7-8　甲、乙项目净现金流量表

元

年　份	甲项目净现金流量	乙项目净现金流量
0	−10 000	−10 000
1	7 000	1 000
2	3 000	4 000
3	2 000	8 000

若旅游公司要求的必要投资报酬率为 5%，分别计算两个方案的净现值和内含报酬率为

$NPV_甲=1\ 113$　　　　　　　　　　　　　$IRR_甲=12.49\%$

$NPV_乙=1\ 492$　　　　　　　　　　　　　$IRR_乙=11\%$

根据以上计算可以看到，如果用净现值法评价，则乙项目优于甲项目，用内含报酬率评价，则甲项目优于乙项目，两者产生了矛盾。为了进一步分析其间的关系，可以分别计算在不同必要投资报酬率下净现值的变化，结果如表 7-9 所示。

表 7-9　甲、乙项目净现值表

元

投资报酬率	甲项目的净现值	乙项目的净现值
0%	2 000.0	3 000.0
5%	1 113	1 490.8
10%	345.5	225.1
15%	−329.5	−846.0

从表中可以看出，随着必要投资报酬率的变动，两个方案净现值的变动程度不同，甲项目变动程度小，乙项目的变动程度大。在折现率为5%时，甲项目的净现值小于乙项目，而在折现率为 10%时，甲项目的净现值大于乙项目，由此可以断定这两个方案在 5%～10%之间的某一个折现率时净现值相同。可以计算出这一点的折现率。

即 $NPV_甲=NPV_乙$时，有

$7\ 000\times(1+i)^{-1}+3\ 000\times(1+i)^{-2}+2\ 000\times(1+i)^{-3}-10\ 000$

$=1\ 000\times(1+i)^{-1}+4\ 000\times(1+i)^{-2}+8\ 000\times(1+i)^{-3}-1\ 0000$

整理得 $6\ 000\times(1+i)^{-1}-1\ 000\times(1+i)^{-2}-6\ 000\times(1+i)^{-3}=0$

则 $i=8.685\%$。

在该点的净现值为 $NPV_甲=NPV_乙=538$。

通过两个项目的净现值图，可更直观观察它们之间的关系，如图 7-2 所示。

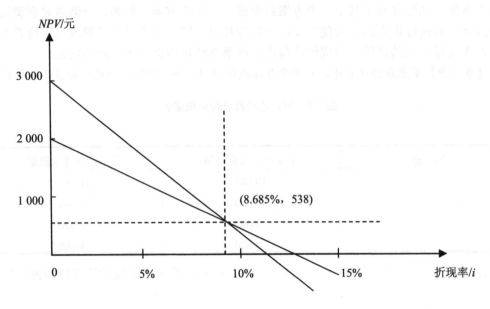

图 7-2　甲、乙项目的净现值图

从图 7-2 中可以看到，两个项目的净现值线相交于 i=8.685%处，如果企业要求的必要投资报酬率大于 8.685%，不管采用净现值法还是内含报酬率法，均会选择甲项目而放弃乙项目；如果企业要求的必要投资报酬率小于 8.685%，则净现值法认为乙项目优于甲项目，而内含报酬率法认为甲项目优于乙项目。从图中可以看出，产生这个分歧的原因是乙项目净现值线的斜率大于甲项目。一般而言，投资项目后期净现金流量越大，其净现值受折现率变动的影响也越大，尽管在折现率较低时乙项目的净现值大于甲项目，但随着折现率的提高，乙项目净现值的下降幅度快于甲项目，在折现率为 8.685%时，两者已相等，折现率超过 8.685%时，乙项目的净现值反而低于甲项目。

图 7-2 中两条净现值的交点是用净现值法评价和分析投资项目的转折点，经过这一点，净现值法的评价就会发生变动，图 7-2 中超过该点，用净现值法评价时，从选择乙项目转为选择甲项目。

从以上的分析可知，当企业要求的必要投资报酬率低于该交点时，用净现值法和内含报酬率法会产生矛盾，那么究竟哪一种方法是正确的？仍可对上例甲、乙两个项目分析。

假设该公司的必要投资报酬率为 5%，可以对乙项目进行修正。将乙项目第三年 8 000 元中的 6 000 元按 5%的折现率折合为第一年的价值，结果如表 7-10 所示。

表 7-10　修正后乙方案现金流量表

元

年　份	甲项目净现金流量	乙项目净现金流量	修正后乙项目现金流量
0	−10 000	−10 000	−10 000

续表

年　份	甲项目净现金流量	乙项目净现金流量	修正后乙项目现金流量
1	7 000	1 000	7 395
2	3 000	4 000	3 000
3	2000	8000	2000

对比甲项目和修正以后的乙项目的各年净现金流量可以看到，除了第一年以外其他各年的净现金流量相等，第一年乙项目的净现金流量比甲项目多 395 元，如果按内含报酬率法选择甲项目，企业相当于在第一年少获利净现金流量 395 元，所以用净现值法的评价结果是正确的。

净现值法与内含报酬率法的矛盾，其根本原因是两者对再投资的假设不同。前面已经分析，内含报酬率法是假设投资的净现金流量在下一期能以内含的报酬率进行再投资，而净现值法假设投资的净现金流量在下一期能以企业要求的必要投资报酬率进行再投资。表 7-9 中，若乙项目第三年和第二年的净现金流量以 11% 的折现率折合成第一年，则第一年的净现金流量合计为 6 779＜7 000，应选择甲项目。对于一般企业而言，获取的现金流量较有可能按照企业要求的必要投资报酬率进行再投资，所以净现值法的再投资假设比内含报酬率合理。

在非常规方案的评价时，由于内含报酬率法可能产生多个内含报酬率，无法合理判断投资方案的优劣，而净现值法则不受影响，所以内含报酬率法明显不如净现值法。

案例与点评

案例介绍

某旅游企业准备购入一设备以扩充生产能力。现有甲、乙两个方案可供选择。甲方案需投资 20 000 元，寿命 5 年，采用直线法计提折旧，5 年后无残值，5 年中每年销售收入为 15 000 元，每年付现成本为 5 000 元。乙方案需投资 30 000 元，采用直线法计提折旧，使用寿命也是 5 年，5 年后有残值收入 4 000 元，5 年中每年销售收入为 17 000 元，付现成本第一年为 5 000 元，以后逐年增加修理费用 200 元，另需垫支营运资金 3 000 元，假设所得税率为 40%，资金成本率为 12%。

要求：
(1) 计算两个方案的现金流量。
(2) 计算两个方案的净现值。
(3) 计算两个方案的现值指数。
(4) 计算两个方案的内含报酬率。
(5) 计算两个方案的投资回收期。
(6) 试判断应采用哪个方案。

案例分析

(1) 甲方案年折旧额 = 20 000/5 = 4 000(元)

乙方案年折旧额 = $\dfrac{30\,000 - 4\,000}{5}$ = 5 200(元)

甲方案每年营业现金流量=15 000-5 000-4 000-2 400+4 000=7 600(元)
乙方案第一年营业现金流量=17 000-5 000-5 200-2 720+5 200=9 280(元)
乙方案第二年营业现金流量=17 000-5 200-5 200-2 640+5 200=9 160(元)
乙方案第三年营业现金流量=17 000-5 400-5 200-2 560+5 200=9 040(元)
乙方案第四年营业现金流量=17 000-5 600-5 200-2 480+5 200=8 920(元)
乙方案第五年营业现金流量=17 000-5 800-5 200-2 400+5 200=8 800(元)
甲方案各年净现金流量分别为-20 000、7 600、7 600、7 600、7 600、7 600
乙方案各年净现金流量分别为-33 000、9 280、9 160、9 040、8 920、15 800

(2) $NPV_甲$=7 600×$(P/A, 12\%, 5)$-20 000=7 398(元)

$NPV_乙$=9 280×0.893+9 160×0.797+9 040×0.712+8 920×0.636+15 800×0.567-33 000
      =3 655.76(元)

(3) $PI_甲$=27 398÷20 000=1.37

$PI_乙$=36 655.76÷33 000=1.11

(4) 甲方案：
20 000=7 600×$(P/A, i, 5)$
$(P/A, i, 5)$=2.632
查表得

$$i = 25\% + \frac{2.689 - 2.632}{2.689 - 2.436} \times (30\% - 25\%) = 26.13\%$$

乙方案：
测试 i=16%
NPV=44.52(元)
测试 i=17%
NPV=-760.6(元)

$$i = 16\% + \frac{44.52 - 0}{44.52 - (-760.6)} \times (17\% - 16\%) = 16.06\%$$

(5) 甲方案投资回收期=20 000÷7 600=2.63(年)
乙方案投资回收期=3+(33 000-9 280-9 160-9 040)÷8 920=3.62(年)

(6) 选用甲方案。

练习与思考题

1. 为什么在投资决策中现金流量指标比利润指标更重要？
2. 试比较贴现指标与非贴现指标。
3. 已知某项目净投资为 20 000 元，预计未来 10 年每年净现金流入为 3 000，旅游公司要求报酬率为 12%。

要求：用净现值及获利指数判断是否应接受该项目。

4. 某现代旅游企业欲购置一台新设备，其成本为 210 000 元，该设备可使用 10 年，每年可节约扣税前成本 28 000 元，最终残值 14 000 元，企业所得税率为 33%，资本成本为 5%，采用直线法计提折旧，税法规定残值为原值的 10%。

要求：
(1) 计算该方案的税后净现值。
(2) 计算该方案税后内含报酬率。
(3) 说明是否购置该设备。

5. 已知某旅游公司有两个备选互斥项目，公司要求的必要报酬率为 14%。它们的预计现金流量如下表所示。

年份	0	1	2	3	4	5
项目 A	-30 000	10 000	10 000	10 000	10 000	10 000
项目 B	-60 000	20 000	20 000	20 000	20 000	20 000

要求：
(1) 计算项目的内含报酬率。
(2) 计算项目的净现值。
(3) 计算项目的盈利能力指数。
(4) 计算项目的回收期。
(5) 公司应接受哪个项目？为什么？

复习自测题

1. 某酒店购入设备一台，须一次性投资 100 万元，该设备可用 5 年，按直线法计提折旧，预计净残值率为 5%，设备投入运营后每年可新增利润 20 万元。

要求：
(1) 计算使用期内各年的净现金流量。
(2) 若贴现率为 10%，计算净现值。

2. 东方公司有一台设备，是 3 年以前购买的，购价 38 000 元，预计可以使用 8 年，第 4 年需支出大修理费 7 000 元，寿命终了时还有净残值 4 000 元。该设备每年的运营成本为 9 000 元，目前可以 15 000 元出售。市场上出售的新设备售价为 45 000 元，可以使用 10 年，10 年后有净残值 8 000 元，新设备每年的运营成本为 9 000 元，不需大修。公司要求的投资报酬率应达到 12%，东方公司是否应更新旧设备？

第八章 旅游企业证券市场投资决策

【本章导读】

投资既包括现实投资,也包括虚拟投资,即证券市场投资。投资者将资金投向于股票、债券等各种有价证券,目的是要通过买卖来获取相应的收益。然而,正如其他投资一样,证券投资也具有很高的风险,投资者通过证券投资分析,力求在风险和投资收益之间达到均衡。

【关键词】

证券投资　债券　股票　基金　期货　期权

【知识要点】

1. 证券市场投资概述。

2. 证券市场投资分类。

3. 证券投资的交易规则及投资策略。

小贴士

财富故事

"股神"巴菲特

如果你在1956年将1万美元交给沃伦·巴菲特,它今天就大约变成了2.7亿美元,而这仅仅只是税后收入。沃伦·巴菲特是一名极具传奇色彩的股市投资奇才,从11岁那年,把父亲给他买糖果的钱投进了股票市场。60多年来他干得不赖,现在已拥有440多亿美金资产,创造了39年投资盈利2595倍,100美元起家到获利429亿美元财富的投资神话,被誉为"当代最成功的投资者"。巴菲特不同于其他商人,他是一个纯粹的投资者,仅仅从事股票和企业投资,成为20世纪世界第二富豪,因此他有了一个著名的绰号——"股神"。

对巴菲特来说,花钱似乎比挣钱更具难度。1986年《财富》发表了巴菲特的《你应该把所有财富都留给孩子吗》的文章,文章深入思考了财富创造与社会改良等一系列问题。这篇文章也极大震撼了时年30岁的商界才俊比尔·盖茨,他说"我开始意识到,把所有东西都抓在手里也许是个错误。"2006年6月26日,76岁的巴菲特将总额370亿美元——这个数额相当于他所有财富的85%,捐赠给一家以改善全球健康和教育状况为宗旨的人类改良组织——比尔与梅琳达·盖茨基金会,一个拥有280亿美元资金的全球最大慈善组织。

财富人生,人生财富,你怎样看待金钱呢?什么才是人生真正的财富呢?(资料来源:编者根据相关材料整理而成)

第一节 证券投资概述

一、证券投资的概念

证券投资即有价证券投资,指投资者将资金投向于股票、债券等各种有价证券,通过买卖来获取相应收益的一种投资行为。

1. 证券投资的构成要素

一般来讲,证券投资主要由三个要素构成:收益、风险和时间。

(1) 收益,即证券投资的全部收入或报酬,主要包括当前收入(股息、利息)和资本收益(证券买卖差价收益)两部分。

(2) 风险,即证券投资风险,指影响证券投资收益的各种不确定性。一般分为系统风险和非系统风险,两者之和称为总风险。

(3) 时间,即证券投资的时间长短。

证券投资的三要素是密切联系、相互作用的,一般来说,收益和风险成正比例关系;风险和时间也成正比例关系;当收益一定时,时间越长,收益率越低,收益率为正时,时间越长,收益越高。

2. 证券投资的经济效用

在我国国民经济建设中，证券和证券市场发挥着越来越重要的作用。

1) 发行证券是企业筹措资金的重要手段

随着市场经济的发展和生产规模的扩大，创办新企业和维持现有企业都需要巨额资金。巨额的资金需求仅靠企业自身的积累和内部的集资远远不能得到满足，必须从企业外部开辟资金来源渠道。我国企业资金普遍偏紧，银行贷款压力很大，信贷资金来源与运用的矛盾十分突出，因此，发行有价证券(主要是股票和债券)有利于满足企业投资于机器、设备及厂房等固定资产上的长期资金需求。

2) 证券和证券市场的发展有利于促进资金的合理流动，优化资源配置

证券和证券市场的这种作用是通过投资者和证券发行者两方面的行为发挥出来的。从投资者的角度看，投资者的目的在于从企业获得投资报酬，这种行为客观上有利于社会资金流向高效率的产业和企业。

从证券发行者的角度看，在满足投资者利益的压力下，企业只能加强管理，提高资金的使用效率。从整个社会的角度看，起到了社会资源的优化配置。

3) 证券和证券市场的发展有助于促进信用体系的发展与完善

企业运用证券市场直接融资，能满足企业日益增长的资金需要，缓解间接融资的资金压力，有助于我国信用体系的发展与完善。

4) 证券和证券市场是国家实现产业政策，实行宏观调控的重要工具

产业政策是国家制定的、利用多种手段、通过规划产业结构的目标，干预产业结构的形成，最终实现国民经济各产业部门均衡发展的产业指导原则。投资者按照国家产业政策的要求进行投资，就能在国家实行的各种优惠政策的作用下取得较好的投资效益。

5) 证券和证券市场还能发挥调控货币流通量的作用

货币流通量取决于货币供给量，决定货币供应量的因素有多种，这些因素都直接或间接地受市场上有价证券的数量及其流通状况的影响。如果发行的有价证券数量多，流通状况好，则意味着大量的手持现金转化成了证券，从而可以减少流通中的现金量，降低现金漏报率和资金闲置系数。此外，有价证券还能影响流通中的货币结构，这主要是指中央银行运用货币政策，来改变货币在证券市场与商品市场的流通比例以及在不同地区的流通比例，进而改变货币的流通量。

二、证券投资交易程序

1. 开立证券账户

开户手续一般在各地证券登记清算机构办理，投资者应首先备好基本资料，个人投资者需持本人身份证(代办时，则应同时出示代办人居民身份证)；机构法人开户所需的资料包括：①有效法人证明文件(营业执照)复印件，并加盖公章；②法人代表授权委托书(加盖法人代表名章和公章)；③受托人(经办人)居民身份证。

2. 委托

投资者办好证券账户后，就可以进行证券的委托买卖了。委托交易的具体方式有

下面几种。

1) 填单委托方式

填单委托是指投资者通过填写委托单将本人的证券买卖指令下达给受托证券商,委托其代为交易。在此种委托方式下,客户填写的委托买卖证券的委托单是客户与证券商之间确定代理关系的文件,具有法律效力,同时也是评价委托完成情况、区分投资者和证券经营机构不同权利、义务的直接凭证。填单委托买卖在证券商处办理。

2) 磁卡委托方式

自助委托查询系统为在证券营业部内进行委托的投资者提供了非常方便的手段,这种委托方式一般适用于磁卡。投资者只要记住密码即可进行操作,不需要股东卡和身份证。

3) 触摸屏委托方式

触摸屏委托方式与磁卡委托方式相比,在使用方法和操作步骤上几乎完全相同。它们之间的不同点在于,在触摸屏委托方式下,投资者只要用手触摸相关的屏幕信息即可进行操作。

4) 电话委托查询系统

电话委托查询系统是指投资者通过电话按键表达委托意向,提出委托要求。此处所讲的电话委托是指投资者通过证券营业部的电话委托查询系统将自己的委托单输入营业部的计算机主机,再由营业部的计算机将委托单传输入到相应交易所的计算机的整个过程。

3. 交易规则

投资者买卖证券时,通过选定的委托方式向证券交易所申报。具体的处理方法是:证券买卖双方分别将买价和卖价通过计算机终端输入所在证券营业部的计算机系统,该系统先根据申报的价格和时间进行排队,由卫星传送到各交易所的计算机主机,再根据申报者的申报价格和申报时间对申报单进行排队,然后自动将其配对撮合。

买卖撮合的原则是,"价格优先,时间优先";成交的原则是,所有的买单均应以等于或低于申报买价的价格成交,而所有的卖单均应以等于或高于申报卖价的价格成交。

(1) 交易品种:A股、B股、国债现货、企业债券、国债回购、基金。

(2) 报价单位:A股、B股以股东为报价单位,基金以基金单位为报价单位,债券以"100元面额"为报价单位;国债回购以"资金年收益率"为报价单位。

(3) 价格变化档位:A股、债券、基金为0.01元;深市B股为0.01港元,国债回购为0.01%;沪市A股、债券、基金为0.01元,B股为0.001美元。

(4) 委托买卖单位与零股交易:A股、B股、基金的委托买单位为"股"(基金按"基金单位"),但为了提高交易系统的效率,必以100股或其整数倍进行委托买卖。如有低于100股的零股需要交易,必须一次性委托卖出。同时,也不能委托买进零股,债券、可转换债券的委托单位为1 000元面值(手)。

(5) 交易时间:每周一至周五,每天上午9:30~11:30,下午1:00~3:00。法定公众假期除外。

(6) 集合竞价：上午 9:15～9:25。

(7) 连续竞价：上午 9:30～11:30，下午 1:00～3:00。

(8) 涨跌幅限制：涨跌停板制度源于国外早期证券市场，是证券市场中为了防止交易价格的暴涨暴跌，抑制过度投机现象，对每只证券当天价格的涨跌幅度予以适当限制的一种交易制度，即规定交易价格在一个交易日中的最大波动幅度为前一交易日收盘价上下百分之几，超过后停止交易。计算公式为：$(1\pm10\%)\times$上一交易日收盘价，超过涨跌幅度的委托为无效委托。

我国证券市场现行的涨跌停板制度是 1996 年 12 月 13 日发布，1996 年 12 月 16 日开始实施的，旨在保护广大投资者利益，保持市场稳定，进一步推进市场的规范化。制度规定，除上市首日之外，股票(含 A、B 股)、基金类证券在一个交易日内的交易价格相对上一交易日收市价格的涨跌幅度不得超过 10%，实施特别处理的股票(ST 股票)涨跌幅度限制为 5%，根据最新规定，实行 PT 的股票涨幅不得超过 5%，跌幅不受限制。超过涨跌限价的委托为无效委托。

我国的涨跌停板制度与国外制度的主要区别在于股价达到涨跌停板后，不是完全停止交易，在涨跌停价位或之内价格的交易仍可继续进行，直到当日收市为止。

4. 结算、清算交割和过户

结算、清算交割和过户是证券买卖的最后一道手续。由于在交易所上市的所有证券均采用无纸化的记名方式，当证券买卖时，即表明证券所有权的转让。

由于证券结算、清算交割和整个过户工作由交易所通过计算机系统统一办理，在证券清算交割时，即已办妥过户手续。因此，投资者无论买卖哪个交易所的证券，都可以在买卖的次日到各受托证券商办理成交过户交割手续。

第二节　证券投资分类

一、债券投资

1. 债券的主要种类

债券根据发行主体不同，可以划分为国家公债(国债)、地方政府公债、金融债券、公司债券和企业债券、国际债券等几大类，这是最主要的一种分类方式。

1) 国债

国债是指中央政府为筹措财政资金，凭其信誉按照一定程序向投资者出具的，承诺在一定时期支付利息和到期偿还本金的一种格式化的债权债务凭证。狭义的国债概念指的是期限在一年以上的中央政府债券；广义的国债则包括期限一年以上的国债和期限一年以下的国库券。

2) 地方政府债券

除中央政府发行债券之外，不少国家中有财政收入的地方政府及地方公共机构也发行债券，它们发行的债券称为地方政府债券。发行地方政府债券的目的是为当地开发公共建设项目融资。一般用于交通、通信、住宅、教育、医院和污水处理系统等地方性公共设施的建设。同中央政府发行的国债一样，地方政府债券一般也是以当地政府的税收能力作为还本付息的担保。

地方政府债券的安全性较高，被认为是安全性仅次于国债的一种债券。而且，投资者购买地方政府债券所获得的利息收入一般都免交所得税，这对投资者有很强的吸引力。目前我国地方政府尚不能发行债券。

3) 金融债券

金融债券是由银行等金融机构发行的债券。金融债券能够较有效地解决银行等金融机构的资金来源不足和期限不匹配的矛盾。金融债券的资信通常高于其他非金融机构债券，违约风险相对较小，具有较高的安全性。所以，金融债券的利率通常低于一般的企业债券，但高于风险更小的国债和银行储蓄存款利率。

4) 企业债券

企业债券是由企业附息的长期债券，期限大多为 10~30 年。在我国，企业发行债券是为筹措长期资金而发行的一种债务契约，承诺在未来的特定日期，偿还本金并按照事先规定的利率支付利息。例如，目前在沪深交易所上市的三峡债券、铁路债券、吉化债券、梅山债券都是记账式债券，并且信用等级都为 AAA 级，但其流通量小适合中小投资者购买。与政府公债相比，企业债券的风险相对较大，利率也较高。

5) 国际债券

国际债券是在国际金融市场上发行和交易的债券。发行国际债券筹措资金的主要目的有：弥补发行国政府的国际收支逆差、弥补发行国政府的国内预算赤字、筹集大型工程项目资金、增加大型跨国公司资本等。按照发行地及债券币种的不同，国际债券分为外国债券和欧洲债券两类。

外国债券是指由国外筹资人发行的，以发行地所在国货币标值并还本付息的债券，外国债券通常要在发行地国家的一个市场注册，由该市场内的公司负责包销。发行地在美国的外国债券被称为"扬基债券"，发行地在日本的外国债券被称为"武士债券"。

欧洲债券是指在国际金融市场上发行的，不以发行地所在国货币标值、而以另一种可自由兑换的货币标值并还本付息的债券。欧洲债券除可以用单独货币(美元、英镑、德国马克)发行外，还可以用综合性的货币单位发行，如特别提款权、欧洲货币单位等。欧洲债券无须像外国债券那样受发行所在国有关法规的限制。

2. 债券交易实务

1) 债券的交易方式

债券的交易方式主要有三种：现货交易、期货交易和回购交易。

(1) 现货交易。债券的现货交易指债券的买卖双方同意于成交时即进行清算交割的交易方式(证券交易所内进行)。

(2) 期货交易。债券的期货交易指在债券成交后，买卖双方按契约中规定的价格在将来的一定日期(如三个月或半年)后进行交割清算的交易。期货交易都在期货交易所中进行的。在期货交易中，实行保证金制度，当保证金随着债券的价格变动而相对减少时，要追加保证金。

利用债券的期货市场，投资者可达到三个目的：套期保值、投机、价格发现。套期保值是指投资者在现货市场与期货市场上做两笔金额大致相等、方向相反的交易。由于现货市场价格与期货市场的联动性，现货市场的价格风险被抵消了。若投资者预期债券的行情变化，则可在期货市场上做投机，即买进期货合约做"多头"，或卖出期货合约做"空头"。但做投机时，投资者须承担较大的价格变动的风险。由于套期保值和投机的作用，期货市场的价格往往能准确地反映现货市场的价格走向，这就是价格发现功能。

(3) 回购交易。回购交易是指债券的买卖双方按预先签订的协议约定在卖出一笔债券后，在一段时间后，再以约定的价格买回这笔债券，并按商定的利率付息的交易。这种有条件的债券交易实际上是一种短期的资金借贷。回购协议的利率是由协议双方根据回购期限、货币市场行情以及回购债券的质量等因素议定的，与债券本身的利率没有直接关系。

2) 债券投资收益率的计算

人们投资债券时，最关心的就是债券收益有多少。为了精确衡量债券收益，一般使用债券收益率这个指标。债券收益率是债券收益与其投入本金的比率，通常用年率表示。债券收益不同于债券利息，债券利息仅指债券票面利率与债券面值的乘积。但由于人们在债券持有期内，还可以在债券市场进行买卖，赚取价差，因此，债券收益除利息收入外，还包括买卖盈亏差价。

决定债券收益率的主要因素，有债券的票面利率、期限、面值和购买价格。最基本的债券收益率计算公式为：

债券收益率=(到期本息和-发行价格)÷(发行价格×偿还期限)×100%

由于债券持有人可能在债券偿还期内转让债券，因此，债券的收益率还可以分为债券出售者的收益率、债券购买者的收益率和债券持有期间的收益率。各自的计算公式如下：

债券出售者的收益率=(卖出价格-发行价格+持有期间的利息)
÷(发行价格×持有年限)×100%

债券购买者的收益率=(到期本息和-买入价格)÷(买入价格×剩余期限)×100%

债券持有期间的收益率=(卖出价格-买入价格+持有期间的利息)
÷(买入价格×持有年限)×100%

【例8-1】如某人于1995年1月1日以102元的价格购买了一张面值为100元、利率为10%、每年1月1日支付一次利息的1991年发行5年期国库券，并持有到1996年1月1日到期，则该债券购买者和出售者的收益率分别为多少？

债券购买者的收益率 = (100+100×10%-102)÷(102×1)×100% = 7.8%

债券出售者的收益率 = (102-100+100×10%×4)÷(100×4)×100% = 10.5%

【例8-2】再如某人于1993年1月1日以120元的价格购买入面值为100元、利率为10%、每年1月1日支付一次利息的1992年发行的10年期国库券，并持有到1998年1月1日以140元的价格卖出，则该债券出售者的收益率为多少？

债券持有期间的收益率 = (140-120+100×10%×5)÷(120×5)×100%=11.7%

以上计算公式没有考虑把获得的利息进行再投资的复利因素。所谓复利就是每年把投资本金所得到的利息收入加进投资本金内,构成新的投资本金,进行再投资所得到的收益的比率。在欧美债券市场,通常都使用复利。目前,我国债券基本上不计算复利,但随着债券交易的活跃,也会出现计算复利的债券。由于复利的计算方法比较复杂,这里暂不介绍。

二、股票投资

1. 股票的价格及收益

股票作为一种资本证券,通过有偿转让,能给持有者带来收益,这就产生了股票的价格。在一级市场和二级市场上,股票有各自不同的价格即发行价格和交易价格。

1) 发行价格

发行价格是股票在一级市场上发行时的价格。股票的发行价格不可随意制订,要考虑以下因素:市盈率,即市场价格与每股税后利润的比值;每股税后利润;类似上市公司的股价;每股净资产;预计的股利。

2) 交易价格

交易价格是指在证券市场上买卖股票时,由买卖双方所决定的价格。股票的交易价格包括开盘价、收盘价、最高价、最低价、买入价、卖出价和成交价等多种。

(1) 开盘价又称开市价,是指某种证券在证券交易所每个交易日开市后的第一笔买卖成交价格。

(2) 收盘价又称收市价,通常指某种证券在证券交易所每个交易日的最后一笔买卖成交价格。

(3) 最高价:指某种证券在每个交易日从开市到收市的交易过程中所产生的最高价格。

(4) 最低价:指某种证券在每个交易日从开市到收市的交易过程中所产生的最低价格。

(5) 买入价:该股票即时的最高申报买入价。

(6) 卖出价:该股票即时的最低申报卖出价。

(7) 成交价:该股票的当笔买卖撮合成交价。

股票的交易价格与发行价格不同,发行价格只有一种,一经确定就固定不变;而股票的交易价格是永远处于变动之中,随着股市中的供求关系的变化而上下波动。

3) 股票的收益

股票的收益是指投资者通过买卖股票而获得的全部投资报酬,包括股利收益和资本收益。

(1) 股利收益,是指投资者从股份公司那里得到的投资报酬,实质上就是股份公司支付给股东的那部分税后利润。股利分为优先股股利和普通股股利。优先股股利先于普通股股利分发,其股利是固定的,普通股股利不固定,随公司的业绩变动而增减。

(2) 资本收益,是指投资者通过市场交易得到的股票买卖差价收益,即投资者以较低的价格买进股票,以后以较高的价格卖出股票,获得这部分差价。在我国证券市场中由于股利收益比较低,大部分投资者期望得到的是资本收益。

2. 股票市场发展概况

旧中国的证券交易所始建于 1918 年，1921 年 5 月成立了上海华商证券交易所，1947 年民国政府批准上海证券交易所成立，1949 年上海证券交易所被迫关闭。此后，中国内地的证券交易所进入较长时期的空白期。

1984 年 12 月，上海飞乐股票成为新中国第一只公开发行的股票。我国建有上海和深圳两个社会公众股证券交易所。

深圳证券交易所于 1989 年 11 月 15 日筹建，1990 年 12 月 1 日开始集中交易，1991 年 4 月 11 日由中国人民银行总行正式批准成立。

小贴士

表 8-1　2006 年深圳证券市场概况(截至 2006.12.29)

指标名称	数值	比年初±	增减(%)
上市公司数	579	35	6.43
其中：中小企业板	102	52	104
上市股票数	621	35	5.97
其中：中小企业板	102	52	104
总股本(亿元)	2 375.83	242.18	11.35
其中：中小企业板	143.21	87.06	155.07
流通股本(亿元)	1 176.90	242.6	25.97
其中：中小企业板	54.68	32.48	146.27
总市值(亿元)	17 791.52	8 457.37	90.61
其中：中小企业板	2 015.30	1 533.74	318.5
流通市值(亿元)	8 575.31	4 699.40	121.25
其中：中小企业板	723.63	538.33	290.53
总市值占 GDP 比重	9.76	4.64	90.61
综合指数	550.59	271.85	97.53
成分指数	6 647.14	3 783.53	132.12
B 股指数	433.32	237.7	121.52
中小企业板指数	2 493.26	1 077.61	76.12
加权平均股价(元/股)	7.49	3.11	71.19
其中：中小企业板	14.07	5.49	64.07
平均市盈率	32.72	16.36	100
其中：中小企业板	42.03	17.54	71.62
投资者开户总数(万)	3 812.03	274.96	7.77
本年累计股票成交金额(亿元)	32 652.29	20 284.92	164.02

(资料来源：www.sse.org.cn)

上海证券交易所成立于 1990 年 11 月 26 日，同年 12 月 19 日开业，是不以营利为目的的会员制事业法人，归属中国证监会直接管理。上海证券交易所坐落在上海浦东南路 528 号证券大厦，其规模宏大，采用无形席位为主，有形席位为辅的交易模式，拥有亚太地区最大的交易大厅，设有 1608 个交易席位，交易网络连接交易终端 5700 个。覆盖全国、连通海外的卫星通信网每天为 3000 个卫星接收站传达即时行情和相关信息。截至 2007 年 1 月，现有上市公司 843 家，上市证券 1128 只，上市股票 887 只。去年股票累计成交金额达到 5.3 万亿元，在全球交易所中排名第 15 位，同比增长 173%，位居全球第一，上海证券市场在国民经济中已经占有重要地位。

小贴士

纽约证券交易所(NYSE)

纽约证券交易所是世界上第二大证券交易所。它曾是最大的交易所，直到 1996 年它的交易量被纳斯达克超过。纽约证券交易所的总部位于美国纽约州纽约市百老汇大街 18 号，在华尔街的拐角南侧。纽约证券交易所有大约 2 800 家公司在此上市，全球市值 15 万亿美元。至 2004 年 7 月，30 家处于道琼斯工业平均指数中的公司除了英特尔和微软之外都在 NYSE 上市。纽约证券交易所的起源可以追溯到 1792 年 5 月 17 日，当时 24 个证券经纪人在纽约华尔街 68 号外一棵梧桐树下签署了"梧桐树协议"。1817 年 3 月 8 日这个组织起草了一项章程，并把名字更改为"纽约证券交易委员会"，1863 年改为现名。

纳斯达克证券市场(NASDAQ)

纳斯达克证券市场分为全国性市场及小资本市场，在 2000 年初已经成为全世界最大的电子股票交易市场。目前有 5 500 多家上市公司，每天的成交股数超过 20 亿股，全市场的总市值已经超过了 5 兆美元，监督 5 600 家证券公司、63 000 家分公司和 550 000 名以上登录的证券专家。10 年来不仅因为成为微软、英特尔、亚马逊和雅虎的资金摇篮而名噪一时，高科技类股公司也因为"她"不限国别、不限行业、不限成立年限、不限获利、不限所有制的宽松门槛，在他们有更大规模资金需求的时候，往往第一个想到的就是纳斯达克，而纳斯达克又经常对高成长性的中小企业给予最热情的拥抱。与纽约证券交易所和美国证券交易所不同的是，该市场不是一个有形交易市场，没有一个公开的交易大厅，全部的买卖都是通过计算机自动报价交易系统进行。

英国伦敦证券交易所(LSE)

作为世界第三大证券交易中心，伦敦证券交易所是世界上历史最悠久的证券交易所，有大约 300 年的历史。它的前身为 17 世纪末伦敦交易街的露天市场，是当时买卖政府债券的"皇家交易所"，1773 年由露天市场迁入司威丁街的室内，并正式改名为"伦敦证券交易所"。1802 年，交易所获得英国政府正式批准。1995 年 12 月，该交易所分为两个独立的部分，一部分归属爱尔兰共和国，另一部分归属英国，即现在的伦敦证券交易所。与世界上其他金融中心相比，伦敦证券交易所具有三大特点：①上市证券种类最多，除股票外，有政府债券，国有化工业债券，英联邦及其他外国政府债券、地方政府、公共机构、工商企业发行的债券，其中外国证券占 50% 左右；②拥有数量庞大的投资于国际证券的基金，对于公司而言，在伦敦上市就意味着自身开始同国际金融界建立起重要联系；③它运作着四个独立的交易市场。

东京证券交易所

东京证券交易所于 1878 年 5 月成立，第二次世界大战后，日本在 1965 年、1990 年和 1997 年先后爆发了三次较大的"证券危机"。在经历了一次又一次的"证券危机"后，东京证券交易所日趋成熟，特别在组织管理上，既吸取英国自主管理的"自律"原则，又摒弃其管理较松的做法，参照美国管理模式建立了严格的管理制度。目前，东京证券交易所的上市公司数近 2000 家，其中外国公司近 100 家。(资料来源：编者根据相关材料整理而成)

3. 股票交易常识

行情表在屏幕显示器上，一般包括股票名称、昨收盘、今开盘、最高价、最低价、买入价、卖出价、成交价、涨跌幅、当笔成交量、总成交量等。

分时走势图(即时走势图)是把股票市场的交易信息实时地用曲线在坐标图上加以显示的技术图形。坐标的横轴是开市的时间，纵轴的上半部分是股价或指数，下半部分显示的是成交量。分时走势图是股市现场交易的即时资料。

分时走势图分为指数分时走势图和个股分时走势图。

(1) 指数分时走势图。以上证指数为例，如图 8-1 所示，图中白色曲线表示上证交易所对外公布的通常意义下的大盘指数，也就是加权数。

黄色曲线是不考虑上市股票发行数量的多少，将所有股票对上证指数的影响等同对待的不含加权数的大盘指数。

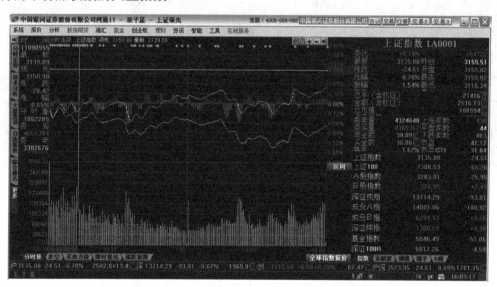

图 8-1　上海股票价格指数分时走势图

参考白色、黄色曲线的相对位置关系，可以得到以下信息：当指数上涨，黄色曲线在白色曲线走势之上时，表示发行数量少(盘小)的股票涨幅较大；而当黄色曲线在白色曲线走势之下，则表示发行数量多(盘大)的股票涨幅较大。当指数下跌时，如果黄色曲线仍然在白色曲线之上，表示小盘股的跌幅小于大盘股的跌幅；如果白色曲线反居黄色曲线之上，则说明小盘股的跌幅大于大盘股的跌幅。

红色、绿色的柱线反映当前大盘所有股票的买盘与卖盘的数量对比情况。红柱增长，表示买盘大于卖盘，指数将逐渐上涨；红柱缩短，表示卖盘大于买盘，指数将逐渐下跌。绿柱增长，指数下跌量增加；绿柱缩短，指数下跌量减小。

黄色柱线表示每分钟的成交量，单位为手(100 股/手)。

(2) 个股分时走势图，如图 8-2 所示。白色曲线表示该种股票的分时成交价，黄色曲线表示该种股票的平均价格，黄色柱线表示每分钟的成交量，单位为手(100 股/手)。

分时走势图中经常出现的名词及含意有：①外盘，成交价是卖出价时成交的手数总和。②内盘，成交价是买入价时成交的手数总和。

当外盘累计数量比内盘累计数量大很多，而股价也在上涨时，表明很多人在抢盘买入股票。

当内盘累计数量比外盘累计数量大很多，而股价下跌时，表示很多人在抛售股票。

买一、买二、买三为三种委托买入价格，其中买一为最高申买价格。

卖一、卖二、卖三为三种委托卖出价格，其中卖一为最低申卖价格。

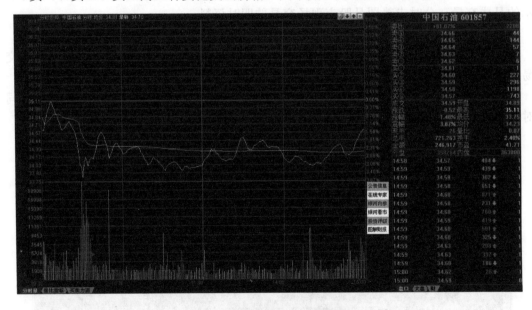

图 8-2 中石油 A 分时走势图

三、证券投资基金

1. 证券投资基金的定义

证券投资基金是一种利益共享、风险共担的集合证券投资方式，即通过发行基金单位，集中投资者的资金，由基金托管人托管，由基金管理人管理和运用资金从事股票、债券、外汇、货币等金融工具投资，以获得投资收益和资本增值。在我国，基金托管人必须由合格的商业银行担任，基金管理人必须由专业的基金管理公司担任。基金投资人享受证券投资基金的收益,也承担亏损的风险。

证券投资基金在不同国家或地区称谓有所不同,美国称为"共同基金",英国和中国香港称为"单位信托基金",日本和中国台湾称为"证券投资信托基金"。

2. 证券投资基金的种类

根据不同标准可将证券投资基金划分为不同的种类。

(1) 根据基金单位是否可增加或赎回,投资基金可分为开放式基金和封闭式基金。

开放式基金是指基金设立后,投资者可以随时申购或赎回基金单位,基金规模不固定的投资基金;封闭式基金是指基金规模在发行前已确定,在发行完毕后的规定期限内,基金规模固定不变的投资基金。

(2) 根据组织形态的不同,投资基金可分为公司型投资基金和契约型投资基金。

公司型投资基金是具有共同投资目标的投资者组成以营利为目的的股份制投资公司,并将资产投资于特定对象的投资基金;契约型投资基金也称信托型投资基金,是指基金发起人依据其与基金管理人、基金托管人订立的基金契约,发行基金单位而组建的投资基金。

(3) 根据投资风险与收益的不同,投资基金可分为成长型投资基金、收入型投资基金和平衡型投资基金。

成长型投资基金是指把追求资本的长期成长作为其投资目的的投资基金;收入型基金是指以能为投资者带来高水平的当期收入为目的的投资基金;平衡型投资基金是指以支付当期收入和追求资本的长期成长为目的的投资基金。

(4) 根据投资对象的不同,投资基金可分为股票基金、债券基金、货币市场基金、期货基金、期权基金、指数基金和认股权证基金等。

股票基金是指以股票为投资对象的投资基金;债券基金是指以债券为投资对象的投资基金;货币市场基金是指以国库券、大额银行可转让存单、商业票据、公司债券等货币市场短期有价证券为投资对象的投资基金;期货基金是指以各类期货品种为主要投资对象的投资基金;期权基金是指以能分配股利的股票期权为投资对象的投资基金;指数基金是指以某种证券市场的价格指数为投资对象的投资基金;认股权证基金是指以认股权证为投资对象的投资基金。

(5) 根据投资货币种类,投资基金可分为美元基金、日元基金和欧元基金等。

美元基金是指投资于美元市场的投资基金;日元基金是指投资于日元市场的投资基金;欧元基金是指投资于欧元市场的投资基金。

表 8-2 富国天益价值证券投资基金产品概况

基金名称	富国天益价值证券投资基金
基金代码	前端申购方式　100020
	后端申购方式　100021
基金类型	契约型开放式证券投资基金

续表

基金管理人	富国基金管理有限公司
基金托管人	交通银行
基金合同生效日	2004年6月15日
最低申购金额	1000元
基金管理费	1.5%/年
基金托管费	0.25%/年

3. 证券投资基金的主要特点

1) 证券投资基金是由专家运作、管理并专门投资于证券市场的基金

我国《证券投资基金管理暂行办法》规定，证券投资基金投资于股票、债券的比例，不得低于该基金资产总值的80%。基金资产由专业的基金管理公司负责管理。基金管理公司配备了大量的投资专家，他们不仅掌握了广博的投资分析和投资组合理论知识，而且在投资领域也积累了相当丰富的经验。

2) 证券投资基金是一种间接的证券投资方式

投资者是通过购买基金而间接投资于证券市场的。与直接购买股票相比，投资者与上市公司没有任何直接关系，不参与公司决策和管理，只享有公司利润的分配权。投资者若直接投资股票、债券，就成了股票、债券的所有者，要直接承担投资风险。而投资者若购买证券投资基金，则是由基金管理人来具体管理和运作基金资产，进行证券的买卖活动。因此，对投资者来说，证券投资基金是一种间接证券投资方式。

3) 证券投资基金具有投资小、费用低的优点

在我国，每份基金单位面值为人民币1元。证券投资基金最低投资额一般较低，投资者可以根据自己的财力，多买或少买基金单位，从而解决了中小投资者"钱不多、入市难"的问题。

基金的费用通常较低。根据国际市场上的一般惯例，基金管理公司就提供基金管理服务，收取的管理费一般为基金资产净值的1%～2.5%，而投资者购买基金需缴纳的费用通常为认购总额的0.25%，低于购买股票的费用。

4) 证券投资基金具有组合投资、分散风险的好处

根据投资专家的经验，要在投资中做到起码的分散风险，通常要持有10个左右的股票。投资学有一句谚语："不要把你的鸡蛋放在同一个篮子里。"我国最近颁布的《证券投资基金管理暂行办法》规定，1个基金持有1家上市公司的股票，不得超过该基金资产净值的10%。换言之，如果某基金将其80%的资产净值投资于股票的话，它至少应购买8家公司的股票。

5) 证券投资基金流动性强

基金的买卖程序非常简便，对开放式基金而言，投资者既可以向基金管理公司直接购买或赎回基金，也可以通过证券公司等代理销售机构购买或赎回，或委托投资顾问机构代为买入。国外的基金大多是开放式基金，每天都会进行公开报价，投资者可随时据以购买或赎回。我国试点的封闭式基金都在证券交易所上市交易、买卖程序与股票相似。

4. 证券投资基金与股票、债券的区别

1) 反映的关系不同

股票反映的是所有权关系，债券反映的是债权债务关系，而基金反映的是基金投资者和基金管理人之间的一种委托代理关系。

2) 筹集资金的投向不同

股票和债券是融资工具，筹集的资金主要是投向实业，而基金主要是投向其他有价证券等金融工具。

3) 风险水平不同

股票的直接收益取决于发行公司的经营效益，不确定性强，投资于股票有较大风险。债券的直接收益取决于债券利率，而债券利率一般是事先确定的，投资风险小。基金主要投资于有价证券，而且其投资选择相当灵活多样，从而使基金的收益有可能高于债券，投资风险又可能小于股票。因此，基金能满足那些不能或不宜于直接参与股票、债券投资的个人或机构的需要。

四、期权投资

1. 期权的定义

期权又称选择权(Option)，是指一种能在未来某特定时间以特定价格买入或卖出一定数量的某种特定商品的权利。期权实际上是一种权利，一种选择权，期权的持有者可以在该项期权规定的时间内选择买或不买、卖或不卖，他可以实施该权利，也可以放弃该权利，而期权的出卖者则只负有期权合约规定的义务。

期权的买方向卖方支付一定数额的权利金后，就获得这种权利，即拥有在一定时间内以一定的价格(执行价格)出售或购买一定数量的标的物(实物商品、证券或期货合约)的权利。期权行使权利时，卖方必须按期权合约规定的内容履行义务。相反，买方可以放弃行使权利，此时买方只是损失权利金，同时，卖方则赚取权利金。总之，期权的买方拥有执行期权的权利，无执行的义务；而期权的卖方只是履行期权的义务。

2. 期权的分类

期权按不同的标准可以分为以下内容。

1) 按期权所赋予的权利分为买入期权和卖出期权

买入期权(call option)又称看涨期权，是指在期权合约有效期内按执行价格买进一定数量标的物的权利。卖出期权(put option)又称看跌期权，是指卖出标的物的权利。当期权买方预期标的物价格会超出执行价格时，他就会买进看涨期权，相反就会卖出看跌期权。

【例 8-3】看涨期权：1月1日，标的物是铜期货，它的期权执行价格为1850美元/吨。A买入这个权利，付出5美元；B卖出这个权利，收入5美元。2月1日，铜期货价上涨至1905美元/吨，看涨期权的价格涨至55美元。A可采取两个策略：

(1) 行使权利——A有权按1850美元/吨的价格从B手中买入铜期货；B在A提出这个行使期权的要求后，必须予以满足，即便B手中没有铜，也只能以1905美元/吨的市价在期货市场上买入而以 1850 美元/吨的执行价卖给 A,而 A 可以 1905 美元/吨的市价在期货市场上抛出,获利 50 美元。B 则损失 50 美元。

(2) 售出权利——A 可以 55 美元的价格售出看涨期权,A 获利 50 美元(55-5)。

如果铜价下跌,即铜期货市价低于敲定价格 1850 美元/吨,A 就会放弃这个权利,只损失 5 美元权利金,B 则净赚 5 美元。

【例 8-4】看跌期权:1 月 1 日,铜期货的执行价格为 1750 美元/吨,A 买入这个权利,付出 5 美元;B 卖出这个权利,收入 5 美元。2 月 1 日,铜价跌至 1695 美元/吨,看跌期权的价格涨至 55 美元。此时,A 可采取两个策略:行使权利——A 可以按 1695 美元/吨的市价从市场上买入铜,而以 1750 美元/吨的价格卖给 B,B 必须接受,A 从中获利 50 美元,B 损失 50 美元。

售出权利——A 可以 55 美元的价格售出看跌期权。A 获利 50 美元。

如果铜期货价格上涨,A 就会放弃这个权利而损失 5 美元,B 则净得 5 美元。

2) 按期权交易的标的物分为股票期权、外汇期权和利率期权

股票期权(stock option)是指买方在交付了期权费后,即取得在合约规定的到期日或到期日以前按协议价买入或卖出一定数量相关股票的权利。

外汇期权(foreign option)是指期权买方在支付一定数额的期权费后,有权在约定的到期日按照双方事先约定的协定汇率和金额同期权卖方买卖约定的货币,同时权利的买方也有权不执行上述买卖合约。

外汇期权分为买权和卖权两种。为了取得上述买或卖的权利,期权(权利)的买方必须向期权(权利)的卖方支付一定的费用,称作期权费(premium)。因为期权(权利)的买方获得了今后是否执行买卖的决定权,期权(权利)的卖方则承担了今后汇率波动可能带来的风险,而期权费就是为了补偿汇率风险可能造成的损失。这笔期权费实际上就是期权(权利)的价格。

【例 8-5】某人以 1000 美元的权利金买入了一张价值 100 000 美元的欧元/美元的欧式看涨合约,合约规定期限为三个月,执行价格为 1.1500。三个月后的合约到期日,欧元/美元汇率为 1.1800,则此人可以要求合约卖方以 1.1500 卖给自己价值 100 000 美元的欧元,然后他可以再到外汇市场上以 1.1800 抛出,所得盈利减去最初支付的 1000 美元即是其最后的盈利。如果买入期权合约三个月后,欧元/美元汇率为 1.1200,此时执行合约还不如直接在外汇市场上买合算,此人于是可以放弃执行合约的权利,损失最多 1000 美金。

利率期权(interest option)是指买方在支付了期权费后,即取得在合约有效期内或到期时以一定的利率(价格)买入或卖出一定面额的利率工具的权利。利率期权合约通常以政府短期、中期、长期债券,欧洲美元债券,大面额可转让存单等利率工具为标的物。

3) 按执行时间的不同,期权可分为欧式期权和美式期权

欧式期权(european option)是指只有在合约到期日才被允许执行的期权,它在大部分场外交易中被采用。美式期权(american option)是指可以在成立后有效期内任何一天被执行的期权,多为场内交易所采用。

通过上面的例子,可以得出以下结论:①作为期权的买方(无论是看涨期权还是看跌期权)只有权利而无义务,他的风险是有限的(亏损最大值为权利金),但在理论上获

利是无限的；②作为期权的卖方(无论是看涨期权还是看跌期权)只有义务而无权利，在理论上他的风险是无限的，但收益是有限的(收益最大值为权利金)；③期权的买方无须付出保证金，卖方则必须支付保证金以作为必须履行义务的财务担保。

期权是适应国际上金融机构和企业等控制风险、锁定成本的需要而出现的一种重要的避险衍生工具。1997年诺贝尔经济学奖授给了期权定价公式(布莱克-斯科尔斯公式)的发明人，这也说明国际经济学界对于期权研究的重视。

衍生金融工具定义

衍生金融，是指具有下列特征的金融工具或其他合同：

(1) 其价值随特定利率、金融工具价格、商品价格、汇率、价格指数、费率指数、信用等级、信用指数或其他类似变量而变动，变量为非金融变量的，该变量与合同的任一方不存在特定关系；

(2) 不要求初始净投资，或与对市场情况变化有类似反应的其他类型合同相比，要求很少的初始净投资；

(3) 在未来某一日期结算。

衍生工具包括远期合同、期货合同、互换和期权，以及具有远期合同、期货合同、互换和期权中一种或一种以上特征的工具。(资料来源：财政部2006年2月《企业会计准则第22号——金融工具确认和计量》)

五、期货投资

1. 期货的定义

期货合约(futures contract)简称期货，是由合约双方订立的、约定在未来某个时间按成交约定的价格交割一定数量的某种商品的标准化合约。合约的内容是统一的、标准化的，唯有合约的价格，会因各种市场因素的变化而发生大小不同的波动。合约对应的"货物"称为标的物，通俗地讲，期货要炒的那个"货物"就是标的物，它是以合约符号来体现的。例如，CU0602是一个期货合约符号，表示2006年2月交割的合约，标的物是电解铜。

期货交易买卖的是"合约符号"，并不是在买卖实际的货物，所以，交易者在买进或卖出期货时，就不用考虑是否需要或者拥有期货相应的货物，而只考虑怎样买卖才能赚取差价，其买与卖的结果只体现在自己的"账户"上，代价就是万分之几的手续费和占用5%左右的保证金，这一点可简单地用通常所说的"买空卖空"来理解。期货交易可进行双向交易，即根据自己对将来行情涨跌分析，可先买进开仓，也可先卖出开仓，等价差出现后，再进行反向的卖出平仓或买进平仓，以抵消掉自己开仓的合约。这样自己的"账单"上就只留下开仓和平仓之间的价差，同时，开仓占用的保证金自动退回，从而完成了一次完整的交易。

当然，期货这种合约也可实际交割。一个开仓的买入合约，一直不平仓，到期限后(一般几个月)，交易者就必须付足相应货物的货款，得到相应的货物。如果是卖出合约,就应交出相应货物,从而得到全额货款。作为投机者就应在合约到期前平掉合约。

【例 8-6】 假设一客户认为,大豆价格将要下跌,于是以 3000 元/吨卖出一手期货合约(每手大豆是 10 吨,保证金比例约 9%),而后,价格果然跌到 2900 元/吨,该客户买进一手平仓了结,完成一次交易。

毛利润为:(3000−2900)×10=1000(元)

以上交易全部体现在账单上,资金大约投入:

3000×10×9%=2700 元,还应扣除交易费用大约 10 多元。

2. 期货交易的种类

期货的种类相当丰富,一般分为商品期货和金融期货两大类。

1) 商品期货

(1) 农产品期货(commodity futures):包括玉米、小麦、大豆等粮食类期货和活牛、鸡等畜产品期货。

(2) 软性商品期货(soft commodity futures):包括咖啡、可可等特殊经济作物。

(3) 金属期货(metal futures):包括黄金、白金、白银等贵金属期货和铜、锡等工业金属期货。

(4) 能源期货(energy futures):包括石油及石油附属商品期货。

2) 金融期货

(1) 外汇期货(foreign currency futures):又称货币期货,是以外汇为标的的期货合约,是最早的金融期货产品。

(2) 利率期货(interest rate futures):是以各种固定利率的有价证券为标的的期货合约。

(3) 股票指数期货(stock index futures):是以股票价格指数为标的的物的期货交易,是 20 世纪 80 年代金融创新中出现的最重要、最成功的金融工具之一。

3. 参与期货交易的基本程序

1) 开户

仔细阅读并理解《期货交易风险说明书》,对期货交易的风险做到心里有数。签署《期货经纪合同》以及《期货市场投资者开户登记表》,确立客户与期货公司的经纪关系。期货经纪公司即向各交易所申请客户交易编码(类似于股票交易中股东代码)和统一分配客户资金账号。《期货经纪合同》中最重要的两点是,明确了交易指定人(居间人),约定出金时的印鉴和出金方式。

2) 入金、出金

客户向期货公司保证金封闭运行账户缴纳期货交易保证金方法:到期货公司或其营业部现场办理;从银行汇兑到期货公司指定账户(须备注资金汇入的客户姓名及客户资金账号);通过银期转账或期证转账系统自助办理。

客户出金时,须提供《期货经纪合同》中约定的印鉴和身份证才能办理,并以合同中约定的方式出金给客户。远程客户可用约定方式将出金汇兑到指定账户。

3) 交易方式

国内期货交易委托方式有:书面委托下单(书面委托居间人)、电话委托。

210

期货交易竞价方式为计算机撮合成交的竞价方式,这与股票是一样的,并遵循价格优先,时间优先的原则,在出现涨跌停板的情况时,则要遵循平仓优先的原则。

4) 交易结束

每天交易结束后,期货公司对客户期货账户进行无负债结算,即根据当日交易结果对交易保证金、盈亏、手续费、出入金、交割货款和其他相关款项进行计算、划拨。

5) 账单确认

客户对当日交易账户中记载事项有异议的(远程客户可通过电话或网上查询),应当在下一交易日开市前向期货经纪公司提出书面异议;客户对交易账户记载无异议的,视为对交易结算的自动确认。

6) 销户

客户不需要保留其资金账户时,在对其资金账户所有交易和资金进出确认无误,且资金账户中无资金和持仓,填写《销户申请表》,即可办理销户。远程客户可以用约定方式异地办理。

我国主要的期货交易所:上海交易所,以黄色贵金属为主,主要品种有铜、铝、天然橡胶、燃油。大连交易所,以农产品为主,主要品种有大豆、豆粕、玉米、豆油。郑州交易所,以农产品为主,主要品种有硬冬麦、强筋麦、棉花。

小贴士

1000 万元买来的套期保值案例

今年初,我国南方地区遭受了史上罕见的雨雪冰冻灾害。包括株冶集团在内,多家湖南、江西和贵州等地的有色金属冶炼企业纷纷由于雪灾导致的电力供应紧张而在 1 月中下旬宣布减产甚至停产。作为全球最大的锌生产国——中国的锌冶炼企业普遍出现产能中断,直接导致伦敦、上海两市对于锌价的一片看涨气氛。

在此情况下,株冶管理层对于是否继续持有因套期保值需要而建立的空头头寸发生了分歧。

1 月 29 日,株冶集团发布公告称,由于电力供应紧张,株冶集团暂停主要生产系统生产。面对由于电力中断而导致的锌价上涨预期,株冶集团董事长傅少武在当天的保值方案决策小组会议上提出建议,可以将去年 11 月建立在上期所锌期货 0803 合约上的 8000 吨空头头寸暂时平仓,在产能中断推高锌价后再建立空头头寸,这样能使锌锭销售时获得更高的收益。

但这一建议却在当天的会议上受到公司管理层其他成员的反对。有人提出,首先雪灾造成的不仅是锌产能的中断,同时也将影响锌的消费,所以锌价仍然存在下跌的风险;而且从执行套期保值计划的角度考虑,也不应中途平仓。

最终,经过小组投票,傅少武的平仓建议被否决,管理层决定继续保持原有头寸。而期价的变化也正如傅少武所预料的那样,由于受到国内锌冶炼产能中断消息的支持,沪锌期货 0803 合约的结算价从 1 月 29 日的 19060 元/吨上涨至 2 月 4 日的 20745 元/吨,涨幅达到 1685 元。以 8000 吨锌的头寸计算,株冶集团在期货上"少赚"了 1000 多万元。

傅少武说:"这等于是花了 1000 多万买了个套期保值案例。但在民主决策的套期保值制度框架下，我必须接受决策小组的决定。"

上海市律师协会证券期货法委员会委员余红征律师认为，即使当时株冶执行了傅少武的建议，也并不存在违规。只要不是以投机为目的，套期保值头寸建立和平仓的频率并不会改变套保的实际意义。尽管株冶和其他冶炼企业的停产公告对提高锌价有支持作用，但信息披露是上市公司的义务，这只是在客观上为公司的卖出套保创造了更好的价位。(资料来源：中国证券报，2008-04-23)

第三节 证券投资策略

一、证券投资分析

证券投资分析是通过各种专业性的分析方法和分析手段对来自于各个渠道的、能够对证券价格产生影响的各种信息进行综合分析，并判断其对证券价格发生作用的方向和力度。证券投资分析作为证券投资过程不可或缺的一个组成部分，是进行投资决策的依据，在投资过程中占有相当重要的地位。

理性的证券投资过程通常包括以下几个基本步骤：确定证券投资政策、进行证券投资分析、组建证券投资组合、投资组合的修正、投资组合业绩评估。

1. 证券投资分析的信息来源

信息在证券投资分析中起着十分重要的作用，是进行证券投资分析的基础。来自各个渠道的信息最终都将通过各种方式对证券的价格发生作用，导致证券价格的上升或下降，从而影响证券的收益率。因此，信息的多寡、信息质量的高低将直接影响证券投资分析的效果，影响分析报告的最终结论。一般来说，进行证券投资分析的信息主要来自于以下三个渠道。

1) 历史资料

历史资料是指过去通过各种渠道发布或获得的影响证券市场或对证券投资分析有借鉴意义的信息资料。它包括有关世界政治经济、某个国家的政治经济以及某个地区经济政策方面的信息，还包括某个行业发展状况，某个公司生产、销售、管理、财务、股票状况的信息以及某项产品生产与销售状况的信息。

2) 媒体信息

媒体信息主要是指通过各种书籍、报纸、杂志、其他公开出版物以及电视、广播、互联网等媒体获得公开发布的信息。它包括国家的法律法规、政府部门发布的政策信息、上市公司的年度报告和中期报告等。

3) 实地访查

实地访查是指证券投资分析人员直接到有关的上市公司、交易所、政府部门等机构去实地了解进行证券分析所需的信息资料。

2. 证券投资分析的主要方法

证券投资分析有三个基本要素：信息、步骤和方法，其中证券投资分析的方法直接决定了证券投资分析的质量。目前，进行证券投资分析所采用的分析方法主要有两大类：第一类是基本分析，第二类是技术分析。前者主要是根据经济学、金融学、投资学等基本原理推导出结论的分析方法，后者则是主要根据证券市场本身的变化规律得出结果的分析方法。除以上两类以外，还有K线图分析。

1) 基本分析法

(1) 定义。基本分析又称基本面分析，是指证券投资分析人员根据经济学、金融学、财务管理学及投资学等基本原理，对决定证券价值及价格的基本要素，如宏观经济指标、经济政策走势、行业发展状况、产品市场状况、公司销售和财务状况等进行分析，评估证券的投资价值，判断证券的合理价位，提出相应的投资建议的一种分析方法。

(2) 理论基础。基本分析的理论基础建立在以下一个前提条件之上，即任何金融资产的"真实"(或"内在")价值等于这项资产所有者的所有预期收益流量的现值。

(3) 内容。①宏观经济分析。宏观经济分析主要探讨各经济指标和经济政策对证券价格的影响。经济指标又分为三类：先行性指标，这类指标可以对将来的经济状况提供预示性的信息；同步性指标，这类指标的变化基本上与总体经济活动的转变同步；滞后性指标，这类指标的变化一般滞后于国民经济的变化。除了经济指标之外，主要的经济政策有：货币政策、财政政策、信贷政策、债务政策、税收政策、利率与汇率政策、产业政策、收入分配政策等。②行业分析与区域分析。行业分析和区域分析是介于经济分析与公司分析之间的中观层次的分析。前者主要分析产业所属的不同市场类型、所处的不同生命周期以及产业的业绩对于证券价格的影响；后者主要分析区域经济因素对证券价格的影响。一方面，产业的发展状况对该产业上市公司的影响是巨大的，从某种意义上说，投资于某个上市公司，实际上就是以某个产业为投资对象；另一方面，上市公司在一定程度上又受到区域经济的影响，尤其在我国，各地区的经济发展极不平衡，从而造成了我国证券市场所特有的"板块效应"。③公司分析。公司分析是基本分析的重点，无论什么样的分析报告，最终都要落实在某个公司证券价格的走势上。如果没有对发行证券的公司状况进行全面的分析，就不可能准确地预测其证券的价格走势。公司分析侧重对公司的竞争能力、赢利能力、经营管理能力、发展潜力、财务状况、经营业绩以及潜在风险等进行分析，借此评估和预测证券的投资价值、价格及其未来变化的趋势。④优缺点。基本分析的优点主要是能够比较全面地把握证券价格的基本走势，应用起来也相对简单。基本分析的缺点主要是预测的时间跨度相对较长，对短线投资者的指导作用比较弱；同时，预测的精确度相对较低。⑤适用范围。基本分析主要适用于周期相对比较长的证券价格预测、相对成熟的证券市场以及预测精确度要求不高的领域。

2) 技术分析法

(1) 定义。技术分析是仅从证券的市场行为来分析证券价格未来变化趋势的方法。证券的市场行为可以有多种表现形式，其中证券的市场价格、成交量、价和量的变化以及完成这些变化所经历的时间是市场行为最基本的表现形式。

(2) 理论基础。技术分析的理论基础是建立在以下三个假设之上的。这三个假设是：市场的行为包含一切信息、价格沿趋势移动、历史会重复。

(3) 内容。技术分析理论的内容就是市场行为的内容。粗略地进行划分，可以将技术分析理论分为以下几类：K线理论、切线理论、形态理论、技术指标理论、波浪理论和循环周期理论。

(4) 优缺点。技术分析的优点是同市场接近，考虑问题比较直观。与基本分析相比，利用技术分析进行证券买卖见效快，获得收益的周期短。此外，技术分析对市场的反应比较直接，分析的结果也更接近市场的局部现象。

技术分析的缺点是考虑问题的范围相对较窄，对市场长远的趋势不能进行有益的判断。正是由于这个原因，技术分析在给出结论的时候，只能给出相对短期的结论。因此，在中国证券市场，要得到较准确的长期预测结论，仅仅依靠技术分析是不够的。

(5) 适用范围：理论上讲，技术分析既可以用于长期的行情预测，也可以用于短期的行情预测。就我国国内现实市场条件来说，技术分析更适用于短期的行情预测，要进行周期较长的分析必须结合其他的分析方法，这是应用技术分析最应该注意的问题。技术分析所得到的结论仅仅具有一种建议的性质，并且是以概率的形式出现的。

3) K线图分析

(1) K线图的含义。K线是将股市中每日开盘价、收盘价、最高价及最低价，用粗线及细线的方法记录下来，画成蜡烛样的图形，用其阳或阴来表示开盘价与收盘价之间的关系。K线图可以使投资者非常明确地看到当日的股价走势，并且将多个K线连接之后可以形成一个趋势线，进而可以预测未来的股价走势。

K线图最早是日本德川幕府时代大阪的米商用来记录一天、一周或一月中米价涨跌行情的图示法，后因其细腻独到的画图方式而被引入到股市及期货市场。目前，这种图表分析法在我国以至整个东南亚地区均尤为流行。由于用这种方法绘制出来的图表形状颇似一根根蜡烛，加上这些蜡烛有黑白之分，因而也叫阴阳线图表。

(2) K线图的种类及其研判。通过K线图，我们能够把每日或某一周期的市况表现完全记录下来。K线图有直观、立体感强、携带信息量大的特点，蕴涵着丰富的东方哲学思想，能充分显示股价趋势的强弱、买卖双方力量平衡的变化，预测后市走向较准确，是各类传播媒介、计算机实时分析系统应用较多的技术分析手段。其记录方法如图8-3所示。

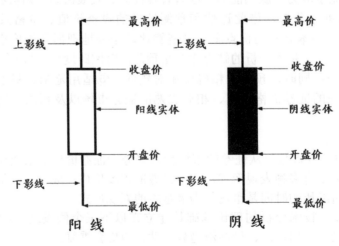

图8-3　K线图

日K线是根据股价(指数)一天的走势中形成的四个价位：开盘价、收盘价、最高价、最低价绘制而成的。

二、证券投资的灵活操作方法

1. 顺势投资法

对于那些小额股票投资者而言，谈不上能够操纵股市，要想在变幻不定的股市战场上获得收益，只能跟随股价走势，采用顺势投资法。当整个股市大势向上时，以做多头或买进股票持有为宜；而股市不灵或股价趋势向下时，则以卖出手中持股而拥有现金以待时而动较佳。这种跟着大势走的投资做法，似乎已成为小额投资者公认的"法则"。凡是顺势的投资者，不仅可以达到事半功倍的效果，而且获利的概率也比较高；反之，如果逆势操作，即使财力极其庞大，也可能会得不偿失。

采用顺势投资法必须确保两个前提：一是涨跌趋势必须明确；二是必须能够及早确认趋势。这就需要投资者根据股市的某些征兆进行科学准确的判断。

2. "拔档子"操作法

所谓"拔档子"是指投资者先卖出自己所持有的股票，待其价位下降之后，再买入补回的一种以多头降低成本，保存实力的方法。投资者"拔档子"并不是对后市看坏，也不是真正有意获利了结，只是希望趁价位高时，先行卖出，以便自己赚自己一段差价。通常"拔档子"卖出与买回之间相隔不会太久，短则相隔一天即回补，长则可能达一两个月之久。

"拔档子"的动机有两种，其一为行情上涨一段后卖出，回降后补进的"挺升行进间拔档"；其二为行情挫落时，趁价位仍高时卖出，等价位跌低时再予回补的"滑降间拔档"。前者系多头推动行情上升之际，见价位已上升不少，或者遇到沉重的压力区，干脆自行卖出，希望股价回落，以化解涨升阻力，待方便行情时再度冲刺；后者则为套牢多头，或多头自知实力弱于卖方，于是在股价尚未跌低之前，先行卖出，等价位跌落后，再买回。

"拔档子"做对了，可降低成本，增加利润，万一做错了则吃力不讨好。通常的做法应是见好就收，以免压低行情，白白让别人捡便宜。

3. 保本投资法

保本投资法是一种避免血本耗尽的操作方法。保本投资的"本"和一般生意场上"本"的概念不一样，并不代表投资人用于购买股票的总金额，而是指不容许亏蚀净尽的数额。因为用于购买股票的总金额，人人各不相同，即使购买同等数量的同一种股票，不同的投资者所用的资金也大不一样。通过银行融资买进的投资者所使用的金额，只有一般投资者所用金额的一半(如美国联邦储备银行规定从事卖空者在进行交易是需支付当时股票市场价格 50%的保证金)；以垫款买进(当然是非法的)的投资者所用的金额，更是远低于一般投资者所用的金额。所以"本"并不是指买进股票的总金额。"不容许亏蚀净尽的数额"则是指投资者心中主观认为在最坏的情况下不愿被损失的那一部分，即所谓损失点的基本金额。

这种方法比较适用于经济景气明朗时，股价走势与实质因素显著脱节时，以及行情变化怪异难以估量时，操此法进行投资的人，切忌贪得无厌。

4. 守株待兔法

守株待兔是一家喻户晓的成语，将这一成语运用到股票投资中，并非要求投资者将自己的希望吊在一棵"树"上，而是为了获利，要求广泛撒网，守住很多树(最好是全部树)，既买进交易所挂牌且每天均有交易的多数或全部股票。对于普遍的投资者来讲，选择合适的投资对象非常关键，而且不易把握，如果缺乏正确可靠的消息来源和行家的指导，自己无法确定投资对象时，不妨采用此法。

具体的做法是，投资者可以将每天挂牌上市的股票各购进一股或几股。这样一来，任何股票涨跌都有可能获得收益而不至于全亏(当然，由于系统性风险而引起的整个股市下跌是一种例外情况)。

操这种方法的人应该自己首先订立一个原则，如涨跌幅度超过二成则可售出或买进。甲股票涨了二成卖掉它，乙股票涨了二成也卖掉它；丙股票跌了二成买进，丁股票跌了二成也补进。这样做就不必为股票的选择而大动脑筋，省去甚多麻烦，也降低了投资对象选择中的风险，收益可观。

5. 摊平操作法

俗话说，智者千虑必有一失。任何精明的投资人，都不可避免地有时会做出错误的决策，如买进的时机不对，或者买进价格高了等。因此，有经验的股票投资者都必定会摒弃赌徒心理，讲求逐步操作，即任何买卖进出都不用尽全部财力，以便下档摊平，或上档加码。

下档摊平的操作方法，是指投资人在买进股票后，由于股价下跌，使得手中持股形成亏本状态，当股价跌落一段时间后，投资人以低价再买进一些以便匀低成本的操作方式。下档摊平的操作方法大体上可以分为三种：

(1) 逐次平均买进摊平法。即将要投入股票的资金分成三部分，第一次买进全部资产的1/3，第二次再买进1/3，剩余的1/3最后买进，这种方法不论行情涨跌，都不会冒太大的风险。

(2) 加倍买进摊平法。加倍买进摊平法有二段式和三段式两种。二段式为将总投资资金分成三份，第一次买进 1/3，如果行情下跌，则利用另外的 2/3。三段式是将总投资资金分成七份，第一次买进 1/7，如行情下跌，则第二次买进 2/7，如行情再下跌，则第三次买进 4/7，此法类似于"倒金字塔买进法"，适用于中、大户的操作。

(3) 加倍卖出摊平法。加倍卖出摊平法是将资金分成三份。第一次买进 1/3，如发现市场状况逆转，行情确已下跌，则第二次卖出 2/3，即要多卖出一倍的股票。这样可以尽快摊平，增加获利机会。

上档加码就是买进股票之后，股价上升了，再加码买进一些，以使持股数量增多，扩大获利的比率。

6. 分散投资组合法

这种投资组合的主要含义是：

(1) 购买股票的企业种类要分散，不要集中购买同一行业企业的股票，不然的话，若碰上行业性不景气，由于本行业股价受不景气的影响会全部大幅下跌，会使投资者蒙受极大损失。

(2) 购买股票的企业单位要分散，不要把全部资金投资于一个企业的股票，既使该企业目前经营业绩很好也要避免这种情况。

(3) 投资时间要分散。购买股票前应当先了解一下各种股票的派息时间，一般公司是每年 3 月份召开股东代表大会，4 月份派息，也有半年派一次息的。购买股票时可按派息时间岔开选择购买。因为按以往情况分析，派息前股价都会升高，即使投资者购买的某种股票因利率、物价等变动而在这一时间蒙受公共风险，投资者还可以期待到另一时间派息的股票上获利。

(4) 投资区域也要分散。由于各地的企业会受当地市场、税负、法律政策等多方面因素的影响而产生不同的效果，分开投资，便可收东方不亮西方亮之效。

证券投资中常用术语

(1) 多头市场。多头，原称"牛"，是指投资者对股市前景看好，预计股价就会上涨而逢低买进证券，等股价上涨至一定价位再卖出证券，以获取差价收益的投资行为。多头市场是指证券价格呈上涨趋势时的市场氛围。

(2) 空头市场。空头，原称"熊"，是指投资者对股市前景看坏，预计股价就会下跌，而逢高卖出证券，等股价下跌至一定价位再买回证券，以获取差价收益的投资行为。空头市场是指证券价格呈长期下跌趋势时的市场氛围。

(3) 利多，是指能够刺激股价上涨的消息，如减息、经济形势好转等。

(4) 利空，是指能够促使股价下跌的消息，如加息、股市扩容等。

(5) 整理，是指证券市场价格经过一段时间的上涨或下跌后，股价开始出现小幅度上下跳动的现象，并保持一段时间。幅度变化一般在 10%～15%之间。

(6) 缺口，又称跳空，是指在某一市场价格水平买卖双方没有交易达成时，股价在走势图上出现空白区域。

(7) 底，是指股价下跌至某一价位时，支撑力量使股价止跌回升。按出现次数和时间可分为短期底部、中期底部和长期底部。

(8) 顶，又称头，是指股价上涨至某一价位时，股价停止上升并急速回跌。

(9) 手，是国际上通用的计算成交股数的单位。必须是手的整数倍才能办理交易。

(10) 换手率，是指在一定时间内市场中证券转手买卖的频率，是反映证券流通性的指标之一。计算公式为：换手率=(某一段时间内的成交量/流通股数)×100%。一般来说，当股价处低位时，当日换手率达到 4%左右时应引起投资者的关注，而上升途中换手率达到 20%左右时则应引起警惕。新股首日上市尤其应该注意这个指标。(资料来源：编者根据相关材料整理而成)

案例与点评

雅戈尔不务正业，投资浮亏 6.7 亿

案例介绍

雅戈尔 1993 年 3 月 18 日，由宁波青春服装厂、鄞县石矸镇工业总公司、宁波盛达发展公司共同发起，以原宁波青春发展公司为基础，采用定向募集的方式，改制设立。主营业务服装、服饰产品及服装辅料的设计、制造、销售、进出口贸易。

雅戈尔 2007 年度净利润与去年同期相比，增长幅度将达 210%以上。天相投资顾问有限公司纺织服装行业分析师于化海对雅戈尔进行专访调研后在报告中写道，雅戈尔 2007 年全年减持中信证券 4000 万股左右，致使投资收益大幅增加，预计投资收益对净利润的贡献约为 16 亿元，仅股权投资收益就贡献了雅戈尔 2007 年度 68%的业绩。

在外界看来雅戈尔已经将主要精力转向投资和房地产。美国《商业周刊》认为，上市公司以股票投资为主的投资收益占利润总额绝大部分的情况非常可怕，它在近期的一篇文章里更是公开嘲讽雅戈尔，"近来，除股票投资业务外，该公司的其他业务都已变得无足轻重。"

随着 2007 年 11 月以来 A 股一路波动，到今年 3 月，雅戈尔持有海通证券的市值也缩水至 29.18 亿元，与初始成本相比，亏损了 6.7 亿元。其他五项亏损包括持有 15 万股中国人寿浮亏 441.35 万元，23 万股上实发展浮亏 335.92 万元，20 万股京能热电浮亏 106.4 万元，16 万股烟台万华浮亏 114.92 万元和 40 万股关铝股份浮亏 492.4 万元。

美国《商业周刊》对中国投资人的成熟程度提出了质疑，并引用摩根斯坦利公司中国研究部负责人娄刚的观点说，"人们高估了中国投资者的成熟度，需要有人指出皇帝没穿衣服。"

案例点评

从上市公司发展的角度来看，投资收益在上市公司业绩中所占的比重越大，对上市公司发展的负面影响也就越大。投资收益带来上市公司业绩的增加，当然是一件好事。但问题是，投资收益是一次性的收益，上市公司不可能永远获取，而一旦失去了这些投资收益的来源，上市公司发展的后劲何在？在投资收益的掩盖下，上市公司业绩不佳的问题被淡化了，但一旦投资收益不存在，上市公司的问题还是会暴露出来。毕竟这种投资收益是一种短期收益，而一旦这份投资收益不复存在了，上市公司的业绩就会大幅减少，进而造成行情的急剧下挫。特别是一旦熊市来临，当前投资收益越大的上市公司，也就是熊市行情中下挫最为剧烈的公司。

因此，投资收益再好，不如上市公司主营利润稳步增加的好，上市公司专心致志地搞好自己的主营，才是投资者真正的福音。（资料来源：http//www.p5w.net/）

练习与思考题

1. 试述证券投资的特征。
2. 证券投资构成的三个主要要素指什么?
3. 试述证券投资基本面分析。
4. 阐述一级市场与二级市场的区别和联系。
5. 阐述涨跌停幅制度。
6. 阐述封闭式基金与开放式基金的区别。

第九章　旅游企业成本及收益管理

【本章导读】

获取收益是企业经营的根本，成本费用的控制成为竞争中的关键环节。本章内容将介绍旅游企业成本控制的方法；收入的构成、特征和管理方法；以利润为导向，合理分配利润，为企业的生存发展提供资金保障。成本费用的控制成为竞争中的关键环节。

【关键词】

营业成本　营业费用　成本控制　营业收入　营业利润　净利润　利润分配　股利理论　股利政策

【知识要点】

1. 熟悉旅游企业成本费用划分及控制方法。
2. 熟悉旅游企业收入来源及方法。
3. 熟悉旅游企业利润分配顺序。
4. 了解股利政策。

小贴士

财富故事

如何做到财务控制?

Ralph 最近才到银河电影院工作。偶尔的,他会既负责卖票又负责在顾客进门时收票。标准程序要求 Ralph 撕掉票,将其中一半给顾客,另一半由他自己保存。为了对现金收款进行控制,电影院经理将每晚的现金收款和 Ralph 手中的电影票留存联数目对比。

在这个案例中,财务内部控制的缺点在哪里呢?如果一个不诚实的员工想偷钱他会怎么做?为了加强现金收款的控制经理应增加什么程序?

财务内部控制的缺点在于缺乏职权分离:Ralph 不仅收款而且管电影票。好的内部控制应该要求 Ralph 负责两个职权之一而不是两个。如果他不诚实的话,他就会不收票,然后留着顾客的票款。要控制这种不诚实的行为发生,经理应该亲自数一数看电影的人数并将其与电影票存根数比较;否则,不诚实的员工就会私自撕毁一些存根然后私吞顾客票款。要抓住这种不诚实的行为,经理可以把所有电影票存根顺序编号。遗漏的号码就会引起怀疑和进一步的调查。(资料来源:编者根据相关材料整理而成)

第一节　旅游企业成本控制

一、旅游企业成本费用控制原则

旅游企业成本费用管理是旅游企业财务管理中的重要内容。降低成本费用是企业增加盈利的基础,加强旅游企业成本费用的管理是企业进行目标管理、提高经济效益的根本途径。

1. 旅游企业成本费用的概念

旅游企业在一定期间内,经营旅游业务的过程中,为旅游者提供商品和劳务所发生的各项耗费,就是旅游企业的成本费用。

2. 旅游饭店成本费用管理的原则

1) 目标管理原则

成本费用管理中最重要的管理思想就是目标管理,它要求企业必须以目标成本为依据,作为企业经济管理活动的标尺,力求以最少的成本费用,获得最佳的经济效益。

2) 责权利相结合的原则

成本费用管理制度最关键,必须严格按照经济责任制的要求,贯彻责权利相结合的原则,明确负责部门和负责人的成本费用控制的责任以及相应的权利,并对成本费用管理的结果好坏,进行奖惩。

3) 全面成本管理的原则

旅游企业成本费用是在整个经营过程中逐步形成的,它涉及各个部门、班组和个人，因此必须实行全面的成本管理。全面的成本管理有三层含义：一是全员成本管理，企业必须充分调动所有人员，做到人人、处处、时时控制成本；二是全过程成本管理，以产品生命周期的全过程为控制领域，对每一环节的成本发生均实施监控管理；三是全方位成本管理，是以整个企业为成本管理的范围，无论是业务部门，还是非业务管理部门，都要进行成本费用管理，只有这样，才能从各个方面堵塞漏洞，杜绝浪费。

二、旅游企业成本费用的内容及分类

1. 旅游企业成本费用的内容

根据现行《旅游、饮食服务企业财务制度》规定，旅游企业成本费用的内容有如下几个方面。

1) 营业成本

营业成本是旅游企业在经营过程中发生的各项直接支出，主要包括：

(1) 餐饮成本，制作食品菜肴和饮料的原材料、配料的买价。

(2) 商品成本，酒店企业销售商品的进价，分国内购进商品进价成本和国外购进商品进价成本。

(3) 洗涤成本，酒店企业洗衣房洗涤衣物时使用的用品、用料的支出。

(4) 其他成本，其他营业项目所支付的直接成本，如复印用的复印纸等。

2) 营业费用

旅游企业营业费用是指各营业部门为管理和组织经营活动而发生的支出。

(1) 酒店企业费用主要包括：运输费、装卸费、包装费、保险费、燃料费、水电费、展览费、广告宣传费、邮电费、差旅费、洗涤费、清洁卫生费、低值易耗品摊销、物料消耗、经营人员的工资(含奖金、津贴和补贴)、职工福利费、工作餐费、服装费及其他营业费用。

(2) 餐饮企业费用包括：工资、福利费、燃料费、电费、水费、餐具损耗、布件、合同服务、音乐与娱乐、洗涤费、清洁用品、装饰绿化、维修费、客用品、办公费用、通信费、广告促销费、交际应酬费、培训费、工作服、其他管理费用、长期待摊费用摊销、折旧费、财产保险费、房租、利息。

(3) 旅行社营业成本的内容与其营业收入的内容是相同的，具体包括：组团外联成本(它是指由组团社自组外联接待包价旅游团体或个人按规定开支的房费、餐费、旅游交通费、陪同费、文杂费和其他费用)、综合服务成本(它是指旅行社接待包价旅游团体或个人按规定开支的住房费、餐费、旅游交通费、陪同费、文杂费和其他费用)、零星服务成本(它是指接待零星旅游者和受托代办事项而支付的费用)、劳务成本(它是指旅行社派出翻译、导游人员或聘请兼职导游人员参加全程陪同而支付的费用)、票务成本(它是指旅行社办理代售国际联运客票和国内客票而发生的订票手续费、包车费用和退票损失等)、地游及加项成本(它是指接待旅游者计划外增加游览项目和风味餐等时发生的费用)、其他服务成本(它是指不属于以上各项的其他服务成本)。

3) 期间费用

为整个企业进行管理和组织经营活动而发生的支出为期间费用，它包括两部分内容，即管理费用和财务费用。

(1) 管理费用。为组织和管理整个企业经营活动而发生的费用，以及由旅游企业统一负担的费用称为管理费用，包括公司经费、工会经费、职工教育经费、劳动保险费、待业保险费、劳动保护费、董事会会费、外事费、租赁费、咨询费、审计费、诉讼费、排污费、绿化费、土地使用费、土地损失补偿费、技术转让费、研究开发费、税金、燃料费、水电费、折旧费、修理费、无形资产摊销、低值易耗品摊销、开办费摊销、交际应酬费、坏账损失、存货盘亏和毁损、上级管理费及其他管理费用。

(2) 财务费用。酒店企业经营期间为筹集所需资金而发生的一般财务费用，即利息净支出、汇兑净损失、金融机构手续费、加息及筹资发生的其他费用。

2. 旅游企业成本费用的分类

按照成本习性，即成本总额与特定业务量之间的相互依存关系，旅游企业成本费用与接待业务之间的数量关系，旅游企业成本费用最终可分为以下两种。

1) 固定成本费用

固定成本费用是指不随经营业务量的增减而变动的成本费用，是相对固定的，如工资福利费、折旧费、保险费、租赁费、利息费用等。例如，客房部固定资产折旧不会因为客房出租数量增加而增加，也不会因为客房出租量减少而减少，每月所提折旧固定。因此，折旧为固定费用。

2) 变动成本费用

变动成本费用是指随着经营业务量的增减而变动的成本费用，是相对变动的，如物料消耗、食品原材料及饮料消耗等。例如，餐饮部食品原材料及饮料是随着客人消费的增加而增加、减少而减少的，餐饮收入越多，食品原材料及饮料消耗也越多；餐饮收入越少，食品原材料及饮料消耗也越少。

三、成本费用控制的基本方法

旅游企业成本费用控制是指按照成本费用管理规定的成本预算要求，对形成整个过程的每项具体活动进行监督，使成本费用管理由事后算账转为事前预防性管理。具体来说应是：采用一定的控制标准；对成本费用形成过程进行监控；采取有效措施及时纠正脱离标准的偏差；使经营耗费和支出限额在规定的标准范围内。

1. 旅游企业成本控制的基本思路

要对旅游企业成本费用实施有效的控制，其基本思路应该是：

(1) 确定控制标准，即旅游企业经营活动发生之前，针对旅游企业经营的各环节，确定其应该发生的标准。

(2) 要求能够在旅游企业经营业务发生的同时，将旅游企业成本的实际发生情况，真实、全面、及时地加以反映，编制旅游企业实际成本的月报表和日报表。旅游企业管理人员将实际经营业绩和各项制定的标准相对比，以此来考核各项标准的实际执行情况。

(3) 对旅游企业经营中实际经营成本和标准成本之间的差异，进行认真仔细的差异分析，力求找出成本差异形成的地点和原因，将形成成本差异的责任具体落实到相应的责任部门和个人，约法三章，奖优惩劣。

2. 成本费用控制的基本方法

成本费用控制的方法较多，基本方法有预算控制法、制度控制法、标准成本控制法、保本点分析法等。

1) 预算控制法

预算是旅游企业未来一定时期计划的货币数量表现。预算成本是按标准成本计算的一定业务量下的成本开支额。这种控制方法是以预算指标作为控制成本费用支出的依据，通过分析对比，找出差异，采取相应的改进措施，来保证成本费用预算的顺利实现。

为了与现行的会计核算制度相衔接，更好地实现预算控制，必须按不同的经营项目，分别预算营业成本与营业费用，并且将预算时期进行更细的划分，如划分为月度成本预算或更细的成本预算。这样才便于分部门、分项目、分时期地进行成本费用控制。

为了更好地实现预算控制，必须编制弹性预算，以控制不同业务量下的成本费用支出额。

2) 制度控制法

制度控制法是利用国家及旅游企业内部各项成本费用管理制度来控制成本费用开支。从财务管理的角度出发，国家规定了成本开支范围及费用开支标准，财政、税务及上级主管部门也都有各自的规定，这些都是旅游企业在进行成本费用控制时应该遵循的。作为旅游企业本身来讲，为有效地控制成本费用，必须建立健全各项成本费用控制制度和相应的组织机构。例如，各项开支消耗的审批制度、日常考勤考核制度、设备设施的维修保养制度，各种材料物资的采购、验收、保管、颁发制度，以及程序、报审批制度等。成本费用控制制度中还要包括相应的奖惩制度规定，对于努力降低成本费用有显著效果的要予以重奖，对成本费用控制不力造成损失的要给以惩罚，只有这样才能真正调动员工节约成本、降低消耗的积极性。

3) 标准成本控制法

标准成本实际上就是单位成本消耗定额，它是采用科学的方法，经过调查、分析和测算而制定的在正常生产经营条件下应该实现的一种目标成本。它是控制成本开支、评价实际成本高低、衡量工作质量和效果的重要依据。例如，客房部出租单位客房的物料用品消耗定额、餐饮部制作单位餐食制品应消耗的原材料定额、提供单位产品服务所消耗的人工费定额等，这些定额作为标准成本发挥着控制成本支出的作用。

4) 保本点分析法

保本点是指旅游企业经营达到不赔不赚时，应取得的营业收入的数量界限。保本点有两个指标，即保本业务量和保本营业额。保本点分析法是一种颇为有用的方法，是财务管理者必须掌握的一种方法。

学习、掌握和运用好保本点分析法就必须深刻理解另一个重要概念，即边际贡献。边际贡献是指每增加一个单位业务量所得到的营业收入扣除单位变动成本后的余额，它首先用来补偿固定成本，余额才能为酒店企业提供利润。边际贡献常用绝对数和相对数指标表示。当边际贡献与固定成本相等时，酒店企业经营活动处于保本状态。

【例 9-1】下面是华星酒店企业每日客房出租盈亏分析表。该酒店企业每日固定费用 15 000 元,出租单位客房的变动费用 20 元,客房出租价格为 200 元,共有客房 250 间,客房部每日客房出租盈亏状况,如表 9-1 所示。

表 9-1 华星酒店企业客房部每日客房出租盈亏分析表

客房出租量 /套	变动成本额 /元	固定成本额 /元	营业成本总额 /元	营业收入额 /元	盈亏状况 /元
10	200	15 000	15 200	2 000	−13 200(亏)
20	400	15 000	15 400	4 000	−11 200(亏)
60	1 200	15 000	16 200	12 000	−4 200(亏)
80	1 600	15 000	16 600	16 000	−600(亏)
85	1 700	15 000	16 700	17 000	+300(盈)

观察表 9-1,我们可以发现,当每日客房出租量在 10~80 套的情况下,都处于亏损状态。然而,当每日客房出租量为 85 套时,就有 300 元盈利。这说明,每日客房出租量在 80~85 套之间的某个数量时,客房出租业务处于不亏不盈的状况。实际上,这个使客房出租处于不亏不盈的出租量就是我们所说的保本点。

$$边际贡献率 = \frac{单位销售价格 - 单位变动成本}{单位销售价格} \times 100\%$$

$$保本营业额 = \frac{固定成本额}{边际贡献率}$$

(1) 保本点分析的盈亏平衡图。除了直接利用公式之外,我们还可以绘制盈亏平衡图来进行保本点分析,直观地看出业务量、成本与利润之间的变动关系。如图 9-1 所示。

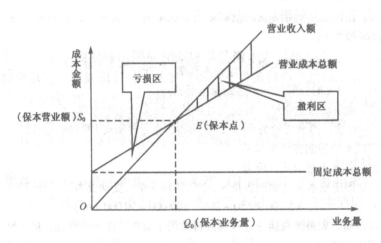

图 9-1 保本点分析的盈亏平衡图

(2) 保本点分析法在酒店企业成本管理中的运用。
① 客房部保本点的分析。由于客房出租率是酒店企业管理者十分关注的一个综合经营效果指标,因此,当我们计算出保本出租量时,也可用以下公式同时计算出保本出

租率。

$$客房保本出租率 = \frac{客房保本出租量}{可供出租客房数 \times 计算期天数} \times 100\%$$

② 餐饮部门保本点的分析。由于食品菜肴的品种比较多，价格也比较复杂。实际上，边际贡献率的概念与餐厅使用的毛利率的概念是相似的。因此，对于餐饮部门的保本点公式也可调整为：

$$保本营业额 = \frac{固定成本额}{毛利率}$$

上式中的毛利率一般采用综合毛利率。综合毛利率是以各个菜肴或饮品销售额所占销售总额的比重为权数，计算出的若干菜肴或饮品的加权平均毛利率。

【例 9-2】某旅游饭店拥有客房 250 间，每天分摊固定费用 15 000 元，客房出租房价为 150 元，单位变动费用为 30 元，计算客房保本销售量为：

$$月保本销售量 = \frac{15\,000 \times 30}{150 - 30} = 3\,750(间)$$

客房保本销售额为：

$$月保本销售额 = \frac{15\,000 \times 30}{1 - \dfrac{30}{150}} = 56.25(万元)$$

$$客房保本出租率 = \frac{3\,750}{250 \times 30} \times 100\% = 50\%$$

客房经营如果只达到保本是远远不够的，它还要获得一定的盈利。如果要求客房部实现利润 15 万元，那么出租量和销售额要达到什么样的水平才能满足目标利润的要求？对此可以用下面的公式来计算：

$$目标销售量(额) = \frac{固定成本 + 目标利润额}{边际贡献(率)}$$

上例中目标销售量应为：

$$目标销售量 = \frac{15\,000 \times 30 + 150\,000}{150 - 30} = 5\,000(间)$$

$$目标销售额 = \frac{15\,000 \times 30 + 150\,000}{1 - \dfrac{30}{150}} = 75(万元)$$

实现目标利润下的出租率应为：

$$目标出租率 = \frac{5\,000}{250 \times 30} \times 100\% = 67\%$$

【例 9-3】某旅游饭店餐饮部预算期固定成本为 18 万元，综合毛利率为 52.5%，则：

$$保本点营业额 = \frac{180\,000}{52.5\%} = 34.3(万元)$$

即月收入达到 34.3 万元时，餐饮部可保本经营。

四、旅游企业成本费用的日常控制

1. 旅游饭店客房成本费用的日常控制

客房经营作为旅游饭店经营的主要项目,其租金收入占整个旅游饭店的 50%左右,因此,加强客房营业费用的日常控制与管理,对降低整个旅游饭店的费用支出具有重要的意义。

客房经营过程中发生的各项支出是通过营业费用进行核算的。客房营业费用的高低与客房出租率的高低有直接的关系。客房出租率是指已出租客房占可以出租客房的比例,可用下列公式计算:

$$客房保本出租率 = \frac{计算期客房实际出租间天数}{可供出租客房数 \times 计算期天数} \times 100\%$$

客房实际出租间天数,是指在一定时间内每间可出租的客房实际出租天数之和。可供出租的客房数量,一般情况下是一个常量。

如前所述,客房费用可以分为固定费用和变动费用两部分。固定费用总额不会随出租率的高低而变化,但从每间客房分担的固定费用来讲,则会随着出租率的提高而减少。变动费用却与此相反,变动费用总额会随着出租率的提高而增加,但每间客房的变动费用却是个常数。因此控制客房费用的支出,降低消耗,需从两方面入手。

(1) 降低单位固定费用,其途径是提高客房出租率,通过出租数量的增加来降低每间客房分摊的固定费用。虽然出租率对于降低单位固定费用至关重要,但是过分依赖降低价格来提高出租率,即使单位固定费用下降了,但是有可能造成其他方面的支出增加,结果是得不偿失的。

(2) 控制单位变动费用,主要是按照客房消耗品标准费用(即消耗品定额)控制单位变动费用支出。消耗品定额是对变动费用进行控制的依据,必须按旅游饭店的不同档次,制定消耗品的配备数量和配备规定。对一次性消耗品的配备数量,要按照客房的出租情况落实到每个岗位和个人,领班和服务员要按规定领用和分发各种消耗品,并作好登记,以便对每个人所管辖的客房消耗品数量进行对比和考核,对费用控制好的班组和个人要给以奖励,对费用支出超出定额标准的要寻找原因,分清责任,对因主观因素造成的超标准支出要给以一定处罚。对于非一次性用品的消耗,要按旅游饭店的档次和正常磨损的要求确定耗用量,尽量减少使用不当造成的损耗,加强布件房的领发控制和安全保卫工作,减少丢失。通过对固定费用和变动费用的有效控制和管理,就能达到降低消耗,增加盈利的目的。

2. 餐饮成本费用的日常控制

餐饮经营也是旅游饭店经营的一大主要项目,而且这一经营项目降低成本费用的潜力相对于客房来讲是较大的,因为客房出租数量总是有限度的,而餐饮却不同,无论是就餐人次还是客人的消费水平,都比客房有更大的灵活性。在客房出租率、房价不变的情况下,餐饮的经营是比较灵活的,同时难度也是比较大的。因此制定有效的餐饮成本管理制度,实行严格的成本控制,对于减少浪费、提高旅游饭店经济效益具有重要作用。

餐饮的成本包括直接成本和费用两部分，下面从日常控制的角度分别介绍一下。

1) 餐饮直接成本的控制

对餐饮直接成本的控制要结合其成本形成的过程，实行全过程成本控制，将过程中的每一环节、环节之间的衔接点控制好，避免更多的成本泄露点的出现，为此需要按照全过程控制的思想注意以下几个环节的控制管理。

(1) 采购环节的控制。采购环节控制是餐饮成本控制的第一步，首先，必须制定标准采购规格。采购规格的制定，一方面有助于采购员更好地明确每次采购的质量要求，另一方面有助于库房验收员更客观地评价采购结果，在接收原料或拒收原料时有章可循。另外，采购到合乎规格要求的原料才有可能提高原材料的利用率，即提高成货率，降低单位成本，提高毛利率，增大毛利额。

采购规格确定后在一定时期具有稳定性，但是随着旅游饭店的发展、旅游饭店设备的更新换代、市场环境的变化、菜单的更替等，采购规格必然会随之发生变化或调整，以适应新的需要。

(2) 验收入库环节的控制。首先，原料入库之前要由验收员和使用部门的人员共同对原料进行验货，防止不符合采购要求的原料入库，导致加工的制成品质量下降或成本上升；其次要认真实施验收，对采购原料的数量、质量、价格进行检验。

(3) 仓储环节控制。仓储管理的基本任务是数量安全、质量保证、信息提供。为实现保证供应的目的，达到经济合理的标准，必须从数量、时间、结构上进行优化，为此要建立定期盘点制度，除日常的常规盘点外，必要时还要搞临时盘点。

仓储环节的日常控制主要是做好以下几点：①分类存放，防止原料串料、变潮，影响质量；②合理码放，贯彻物流的先进先出原则；③保质期控制，及时将这方面信息反馈到生产部门，以利于及时消化存放时间较久的原料；④安全保证，防止原料存放中的不安全事故的发生，减少损失和浪费。

(4) 领发料环节控制。领发料环节是控制原料出库的环节。在这一环节控制中健全领料单制，领料单是领料和发料的凭证。

(5) 生产环节控制。首先，制定实施标准菜谱(即标准成本卡)，这是制作食品菜肴的标准配方卡，上面标明每一种食品菜肴所需各种原料、配料、调料的确切数量、制作成本、烹饪方法、售价等，以此作为控制成本的依据。

确定了标准成本后，将它与实际成本进行比较，如果实际成本超过标准成本，此差异表现为正数，即为不利差异；为负数，则为有利差异。发现差异后，要进一步分析形成差异的原因，提出改进措施，从而提高成本控制水平。

【例 9-4】华星餐厅生产凤尾虾仁菜，按照标准需投主料虾仁 500 克，采购价为 25 元/500 克，生产 20 份共需 10 000 克，计 500 元。而实际是按 23 元/500 克采购来的，实际投入了 12 000 克，计 552 元。按标准成本计应为 500 元，而实际成本为 552 元，实际成本比标准成本多支出 52 元，这是不利差异，需寻找原因，进一步分析发现形成该差异的原因是实际耗用量和采购价与标准不一致。

由于耗用量而形成的差异：

$$(12000-10000)\div 500\times 25=100(元)$$

由于采购价而形成的差异：

$$(23-25)\times 12\,000 \div 500 = -48(元)$$

两者合起来共使成本多支出 52 元。实际耗用量比标准多出 2 000 克，原因可能是被偷盗、损耗、浪费，也有可能是由于采购规格不符合要求，降低了成货率，使耗用的原材料数量增加。实际价格比标准价低 2 元，也许是由于批量购买而享受了价格折扣，也许是降低了采购规格使价格降低。如果是由于后一种原因而降低采购价是得不偿失的，因为虽然价格上稍有降低，却带有使消耗量增加、净料价格上升、降低食品质量的危险。价格上的原因主要应由采购人员负责，消耗量上的原因主要是由厨房生产人员负责。

(6) 楼面服务环节的控制。首先，注意领发菜控制，防止缺货、缺记等现象的频繁发生；其次，进餐服务过程的控制；最后，加强收银环节控制。健全顾客账单控制体系，服务人员领用顾客账单要填写顾客账单编号登记簿，按编号领用和退还，防止丢失和逃账。

2) 餐饮费用的控制

餐饮部的营业费用包括人工费、经营用品费、水电燃料费及其他费用。人工费用一般情况下是基本不变的，但是在有些情况下会发生变化，如旺季营业量大增，需雇佣一些临时工，为此会增加开支；或不增加人数，而提高现有员工服务强度，延长工时，会由于提高工资率而造成开支增大。为此需确定合理的工时标准和工资率标准，依据淡旺季不同加以调整。

水电燃料消耗是餐饮费用的一大支出项目，要严格加以控制。由于接待业务量不同，水电燃料的开支也不同，因此要编制弹性费用预算，通过标准费用消耗额进行控制。在确定每月标准费用消耗额时，要结合淡旺季特点予以合理分配。其公式为：

某项费用月度标准消耗额=该费用年度预算总额×季度指数

季节指数是利用相对数将费用的季节变动规律反映出来，使各季应分摊的费用更加合理。它的计算过程是将近年各季(或各月)发生的费用额找出来，计算各季(各月)的总平均额，以总平均额为 100%，计算各季(各月)的百分数，该百分数即为季节指数。季节指数大，表明该季(该月)是旺季，反之是淡季。在此基础上编制各项费用差额分析表，如表 9-2 所示。

表 9-2　餐饮部水电燃料费用差额分析表

万元

项目	年度预算 ①	某月指数 ②	单位费用 ③	某月消耗量 ④	标准费用 ⑤=①×②	实际费用 ⑥	成本差异 ⑦=⑥-⑤	合计 ⑧
水费								
电费								
燃料费								

通过该分析表可以发现费用支出中哪些是有利差异，哪些是不利差异，从而进一步寻找原因，对主观能控制的因素提出解决的措施，从而降低费用开支。

餐饮费用控制的另一个重点是餐具的损耗。餐具是指供客人就餐时使用的碗、碟、杯、刀、叉、勺、筷子等。这些物品极易丢失和损坏，控制不好，会造成费用的大幅度上升。为了降低损耗率，需要对这些物品实行管用相结合的办法，制定出合理损耗率来作为控制依据，为此要建立餐具损耗统计表，员工损坏餐具要如实填上，并按合理损耗率进行考核，对超过合理标准的，要予以相应的处罚；对控制损耗有突出贡献的，要依一定标准予以奖励，从而调动员工爱护餐具，降低损耗的积极性。

3. 旅行社成本与费用的日常控制

旅行社成本费用的控制主要是对其营业成本的控制。由于旅行社组团、接团成本的构成有一定的差异，所以控制的方法略有不同。

1) 组团成本

在组团成本中，绝大部分是旅行社因组团需向旅游服务供应部门支付的费用和企业采购旅游服务产品的费用，旅行社组团的成本费用主要由两块组成：

(1) 按标准向接团社拨付的综合服务费，此项费用占组团费用的绝大部分。

(2) 旅行社从事组团业务发生的各种费用。

旅行社在核算组团成本时，应首先建立、健全各项基础工作，如严格成本开支范围，正确划分各月份的成本界限、按月结算，不得以计划成本、估计成本、定额成本代替实际成本。

2) 接团成本

旅行社接团成本费用构成如下：

(1) 向各景区景点、餐厅、汽车公司等支付的门票费、房费、餐费、车费和杂费等。

(2) 经营接团业务发生的各项费用，主要指旅行社员工的固定工资、固定资产折旧、修理等费用。

接团旅行社财务部门审核成本费用应依据组团社下达的委托书、地陪签字确认凭据和组团社与接团社有关协议价格标准审核，主要审核旅游者的房费是否与计划过夜数、房价标准一致；用餐人数、次数、标准是否与委托要求一致；汽车费、专项活动费、旅游景点费等款项是否按委托内容和价格执行，审核其他有无违反财经纪律的情况等。

旅行社成本与费用控制应贯穿于旅行社经营活动的全过程。从产品设计、采购，到团队组织和售后服务等一系列工作，旅行社都要考虑成本与费用的因素，只要一个环节成本与费用管理不力，所有的努力便前功尽弃。在旅行社营业成本中，代收代付成本比重比较大，如组团社成本费用的 80%系代收代付，而接团社则占 60%。因此，旅行社的成本费用控制的主要途径是提高营业收入，减少固定费用，加强计划管理，紧缩编制，提高清算率，以避免坏账损失。

4. 旅游景区成本费用的日常控制

旅游景区经营项目多样，各项成本费用控制方法不尽相同。

1) 景区住宿成本费用的控制

对于旅游景区内的住宿设施成本管理，首先，可以采用成本费用总额控制法，针对景区不同档次和规格的设施实行消耗定额，如重点针对棉织品的消耗量进行重点控制，降低可变成本的发生；其次，对住宿设施中属于固定成本的项目，要通过努力提高设施的利用率来实现成本费用的相对控制。

2) 景区餐饮成本费用的日常控制

景区餐饮成本管理可参照上文饭店餐饮费用控制措施,其中直接成本,可以采用制作标准成本单的方法,作好消耗材料的管理;同时,还可以通过提高餐位的利用率等方法控制餐饮成本费用的发生。

3) 景区商店成本费用的日常控制

在商品销售成本中商品直接成本(商品进价)以外的另一个组成部分就是商品销售费用,它包括运杂费、保管费、包装费、商品损耗、保险费、工资、职工福利费、低值易耗品摊销等。商店成本费用控制的重点应是销售费用。

(1) 组织适销对路的商品。旅游商店、景区商品部与一般商场不同,所售商品必须符合游客的消费倾向,适时组织和开发商品品种,以扩大商品销售额,这是节约商品销售费用的基本途径。

(2) 确定合理的储备定额,减少资金占用,对商品的采购要坚持就近不就远的原则,以减少各项费用的支出。

(3) 加强库存商品的保管工作,降低食品商品的自然损耗率,加强对各类商品的保管护理工作,防止由于商品霉烂、变质、变形造成的报废和贬值。

第二节 旅游企业收入管理

一、旅游企业营业收入概述

1. 旅游企业营业收入的概念

旅游企业营业收入是指旅游企业在经营活动过程中向消费者提供服务或销售商品等所取得的收入。企业在日常活动中实现的收入包括三种类型:销售商品形成的收入、提供劳务形成的收入及让渡资产使用权形成的收入,其中让渡资产使用权形成的收入主要由利息收入和使用费收入方式组成,属于投资收益,商品销售收入、劳务收入则属于营业收入。

2. 旅游企业营业收入的特征

(1) 营业收入可能表现为旅游企业资产的增加,也可能表现为负债的减少,或者二者兼而有之。

(2) 营业收入能导致旅游企业所有者权益的增加。

(3) 营业收入只包括本旅游企业经济利益的流入,不包括为第三方或客户代收的款项。

(4) 营业收入是从旅游企业的日常活动中形成的,而不是从企业偶发的交易事项中形成的。

二、旅游企业营业收入的构成

1. 按经营业务的主次分类

按经营业务的主次,可以分为主营业务收入和其他业务收入。

(1) 主营业务收入是指旅游企业日常经营主要活动的收入，是营业收入的主要部分，可以根据营业执照上注明的主要业务范围来确定，如饭店的房务收入、餐饮收入等收入。

(2) 其他业务收入是指主营业务以外的其他日常活动的收入，是营业收入的次要部分，具有不稳定的特点，可以通过企业营业执照上注明的兼营业务范围来确定，如旅游企业的固定资产出租、无形资产转让等收入。

2. 按旅游企业的性质分类

按旅游企业的性质，可分为旅行社的营业收入、旅游车船公司的营业收入、旅游景区的营业收入和旅游饭店的营业收入等。

1) 旅行社的营业收入

旅行社的营业收入是指旅行社在经营服务过程中，为旅游者提供各种服务，并按照国家规定的旅游收费标准，向旅游者收取的包括交通费、房费、餐费、文娱费等全部收入。从营业收入构成看，包括综合服务收入、组团外联收入、零星服务收入、劳务收入、票务收入、地游及加项收入、其他服务收入。

2) 旅游车船公司的营业收入

旅游车船公司的营业收入是指车船公司为旅客提供参观服务，按照规定的收费标准取得的收入。从营业收入构成看，包括车船票收入或包车船收入、餐饮收入、商品销售收入、临时租价、空驶费、退车船费以及其他业务收入。

3) 旅游饭店的营业收入

旅游饭店的营业收入是指饭店在经营过程中提供劳务、商品等所获得的收入，包括房务收入、餐饮收入、商品销售收入、康乐收入、洗衣收入、汽车收入、商务收入以及其他收入。

三、旅游企业营业收入的管理

1. 旅游企业营业收入的管理原则

(1) 遵守市场营销规律，合理制订商品及劳务的价格，以有利于旅游企业营业收入的实现。

(2) 健全销售岗位责任制，有效地进行旅游企业营业收入的控制，缩短应收账款的回收期，尽量减少坏账损失。

(3) 应加强旅游企业同行之间的业务合作，争取客源，扩大企业营业收入。

(4) 应加强现金收取控制。由于旅游企业绝大多数直接面向消费者服务，现金结算频繁，因此保证现金收入的安全、完整非常重要。

① 业务部门收取现金并出具收据和发票；每日终了要核对款项并编制收款日报表，并与收款凭证相核对，及时将款项存入银行，每日终了根据银行回单编制收款凭证并登记日记账后送会计人员。

② 会计人员核对收款凭证、银行回单和会计记录并登记明细账或总账。对于营业

收入以外的现金收入,如对外借款、发行债券、收回对外投资、取得投资收益、出售固定资产和无形资产、收取租金、押金、赔款等,也应严格控制。

2. 旅游企业营业收入的日常控制

1) 饭店客房收入的日常控制

建立、健全饭店企业客房收入的内部控制制度。饭店企业客房收入的内部控制是指通过客房收入的发生、确认、计算、取得、汇总等一系列活动,对饭店企业客房收入进行的管理控制活动。

(1) 饭店企业客房收入内部控制的原则。①合法性。客房收入的内部控制必须在合法的前提下进行,无论是客人入住手续,还是房费的计价、增减,都应符合相关法律法规、有关部门及酒店企业管理的程序。②完整性。饭店企业的所有客房收入都必须无一例外、一分不漏地全部统计在内。③准确性。饭店企业的客房收入应用科学的方法准确地计量,并在相当长的一段时间内,保持计量方法的一致性。④及时性。饭店企业的客房收入应按规定及时入账,暂时收不回来的,应该有相应的措施加以催收。

(2) 客房收入内部控制的环节。客房收入内部控制的环节是销售、服务、收款互相独立、互相牵制的控制体系。这三项工作分散在公关销售部(或前台部)、客房部、财务部,相互独立又相互牵制,相互对证,相互监督,杜绝舞弊行为的发生。

销售、服务、收款互相分离的控制体系应建立在以前台结账为中心的收入信息系统上,一切涉及客房收入的信息应全部准确而快速地转到前台结账处。它包括:

① 建立、健全并妥善保管入住客人的各种原始记录,如入住登记表、餐单、账单、预订金收据及其他有关单据等。

② 按房间及住店客人姓名建立客人分户账,归集客人发生的费用和付款情况。

③ 建立客人入住、离店的信息系统。

④ 建立能及时准确地将客人在饭店发生的各项费用登记到客人分户账中去的处理系统:即计算机结算系统。

2) 饭店餐饮收入的内部控制

(1) 餐饮收入的内部控制。

① 餐厅种类多,收银点也多。饭店设置各种类型的餐厅,如中餐厅、西餐厅、自助餐厅、宴会厅、酒吧、大堂吧等,相应各餐厅应设置收银点。

② 餐厅服务项目繁多,价格差异较大。各种类型的餐厅提供的服务项目繁多,有食品、菜肴、酒水、饮料、香烟及其他有关服务。各服务项目收费标准不一,有的是高消费,有的是低消费,有的要给予折扣,名目繁多,价格差异较大。

③ 餐厅空间大,人员流动性大。餐厅的服务和管理需要较多人员,根据餐饮特点,客人和服务人员都处于流动之中,因此给控制餐饮收入的发生、计算及取得增加了一定的难度。

(2) 餐饮收入内部控制的手段。

餐饮收入内部控制的主要手段是单据控制,因此必须设计和运用适当种类及数量的单据，如应用取菜单、餐费账单、内部交款单、收银日报单等来控制餐饮收入的发生、取得和入账。特别要做到单单相扣、环环相接，任何一单一环的短缺，都会使整个控制产生脱节，然后错误和舞弊可能会随之而来。

(3) 餐饮收入内部控制的"三线两点"方法。

餐饮收入"三线两点"控制方法和程序：所谓"三线两点"是指把钱、单、物分离成三条互相独立的线进行传递，即物品传递线、餐单传递线、现金传递线。在三条线的两个终端设置两个核对点，即取菜单与餐单核对点、餐单与现金核对点，以连接三线进行控制。

餐饮收入活动涉及钱、单、物三个方面。物品消耗掉，账单开出去，现金收进来，完成餐饮收入活动的全过程。其中物品是前提，有物品消耗掉才有单和钱；钱是中心，因为所有控制都是紧紧围绕款项收进而进行的，保证正确无误地将款收进来是内部控制的基本任务；单据是手段，物品是根据单据制作和发出的，钱是根据单据计算和收取的，失去了单据，控制就失去了依据。因此将钱、单、物三者既有机地进行联系又分开单独进行控制就成为"三线两点"的控制方法。

(4) 收银机的控制。

凡是点菜、账款等资料应全部输进收银机，有关人员不得改动，一有改动，收银机应留下改动的相应记录，在稽核人员清机审查时，收银机里的所有记录都将会全部被打印出来，容易发现有疑点的记录。这会大大增强收银机的控制作用，杜绝餐饮收入跑漏现象。

四、旅游企业商品价格管理

旅游企业商品价格是旅游市场最敏感和复杂的问题，它直接影响到现代饭店的经济收入和市场竞争能力。旅游企业商品价格是成本费用、利润、税金等综合性的反映，合理制定价格，始终保持价格和市场的最佳适应性，是饭店价格管理的重要任务。

1. 旅游企业商品交换活动的类型

(1) 以实物形式和客人发生交换关系，交换过程中产品所有权同时发生转让。它以饮食制品和商品经营为主。

(2) 以设施、设备为依据向客人提供劳务而产生交换关系，交换过程中只提供产品使用价值，不发生实物转让。它以客房、厅堂、康乐、娱乐设施、游船、汽车等为主。

(3) 以旅游路线(指旅游者从离开家开始旅行到结束旅行回到家整个过程中为娱乐、休息、求知或其他目的的一次经历，即为旅游者设计和安排路程)为依托向旅游者提供劳务而发生交换关系，在交换过程只提供产品的使用价值，不发生实物转让。它以提供旅游路线为主。

2. 旅游企业商品价格的特点

由于旅游企业是一种综合性服务行业，产品类型多，具体价格形式也各不相同，这就决定了旅游企业商品价格具有自己的特点。

(1) 复杂性。旅游企业产品种类和服务项目多种多样，各种产品和服务项目的价格及价格构成均不相同，使价格管理比较复杂。

(2) 灵活性。为了增加销售，产品价值必须随着市场需求的变化有升有降。只有灵活运用价格这一经济杠杆，才能达到促销目的。常用的灵活价格有：淡季价、浮动价、优惠价、地区差价等。

(3) 时令性。具有时令性的食品原材料，其饮食制品的价格则波动性较大，必须坚持高进高出、随行就市、时菜时价的原则，做到产品能适应市场价格的变化，保证经济收入，提高经济效益。

(4) 供求关系和季节性。为适应市场需求，供不应求的产品的价格可以略高一些，供过于求的产品的价格则可以略低一些；热点旅游城市旅游产品的价格可以略高一些，温、冷点旅游城市旅游产品的价格可以略低一些；旺季可以高一些，平、淡季可以略低一些。

第三节 旅游企业利润管理

一、旅游企业利润管理概述

旅游企业生产经营活动的主要目的，就是要不断提高企业的盈利水平，增强企业获利能力。企业只有最大限度地获取利润，才能为国家积累资金，不断促进社会生产的发展，满足人们日益增长的物质文化生活水平的需要。因此，利润水平的高低不仅反映企业的盈利水平，而且反映企业为整个社会所做的贡献。

利润是旅游企业在一定营业期间的经营成果，包括营业利润、利润总额和净利润。

1. 利润总额的计算

旅游企业的利润，就其构成来看，既有通过生产经营活动获得的，也有通过投资活动获得的，还包括那些与生产经营活动无直接关系的事项所引起的盈亏。我国《企业会计准则》和《企业会计制度》规定，旅游企业的利润总额是指营业利润加上投资净收益、补贴收入、营业外收入，减去营业外支出后的金额。

1) 营业利润

营业利润是旅游企业利润的主要组成部分，是企业日常经营业务的成果。企业一定时期的营业利润等于同期营业收入减去营业成本、营业税金及附加、管理费用、销售费用和财务费用等。其计算公式为：

营业利润=营业收入-营业成本-营业税金及附加-管理费用-销售费用-财务费用-资产减值损失+公允价值变动收益+投资净收益

2) 营业外收入和营业外支出

营业外收入和营业外支出，是指与企业生产经营无直接关系的各项收入和各项支出。

按现行制度规定，旅游企业的营业外支出具体包括固定资产盘亏、处理固定资产损失、非常损失、罚款支出和公益救济性捐赠、计提的无形资产减值准备、计提的固定资产减值准备、计提的在建工程减值准备等。

根据上述内容分析，旅游企业利润总额的计算公式可归纳为：

$$利润总额=营业利润+营业外收入-营业外支出$$

2. 净利润的核算

旅游企业的净利润是指企业当期实现的利润总额扣除所得税后的余额，又称税后利润。用公式表示为：

$$净利润=利润总额-所得税$$

二、利润分配的基本程序

每年年末，企业的所有者对本年度的净利润进行分配。旅游企业管理者必须正确地组织企业利润分配，遵守国家的财经法规，兼顾国家、所有者和企业各方面的利益，尊重企业的自主权，加强企业的经济责任，使利润分配机制发挥利益激励与约束功能，以及对再生产调节功能，充分调动各方面的积极性，促进企业生产的发展，从而实现提高企业的经济效益的目标。

1. 亏损税前弥补

按照国家规定，纳税人发生年度亏损的，可以用下一年度的税前利润弥补，如果不足以弥补的，可以在 5 年内延续弥补，但不得超过 5 年；若延续 5 年尚未弥补的亏损，就需用所得税后利润弥补。

2. 利润分配的顺序

旅游企业实现的利润总额，要在国家、企业的所有者和企业法人之间进行分配，形成国家的所得税收入、分给投资者的利润和企业的留用利润(包括盈余公积金、公益金和未分配利润)等不同项目。利润分配的程序就是按照国家财务制度和企业章程将利润总额划分为上述各项目的步骤或顺序。企业的利润首先应按国家规定作相应的调整，增减有关收支项目，然后依法交纳所得税。旅游企业税后利润除国家另有规定外，应按下列顺序进行分配：

(1) 支付被没收财物损失和各项税收的滞纳金、罚款。

(2) 弥补企业以前年度亏损(指超过用所得税前的利润抵补亏损的期限，仍未补足的亏损)。

(3) 提取法定盈余公积金，比例为当年税后利润(减弥补亏损)的 10%，已达注册资金的 50%时可以不再提取。

(4) 提取公益金，比例为当年税后利润的 5%～10%，主要用于职工集体福利设施支出。

(5) 公司在税后利润中提取法定公积金后，经股东会决议，可以提取任意公积金。

(6) 向投资者分配利润。

对于股份制旅游企业在提取公益金后按下到顺序分配：

(1) 支付优先股股利。
(2) 按公司章程或股东会议提取任意盈余公积金。
(3) 支付普通股股利。

旅游企业当年没有利润时，不得向投资者分配利润，但如果用盈余公积金弥补亏损后，经股东会特别决议，可以按不超过股票面值 6%的比率用盈余公积金分配股利。如果这样做，必须保证分配股利后的法定盈余公积金不低于注册资金的 25%。如果将盈余公积金转增资本金，剩余盈余公积金也不应少于注册资金的 25%。

企业税后利润进行以上分配后的结余部分，称为未分配利润，可留待以后年度进行分配。

三、股利政策

对股份制旅游企业来讲，将所获利润中的多少作为股利分配给股东，多少留在公司作为再投资使用，这是需要认真权衡的问题，即股利政策。

1. 利润分配与股利

1) 对股利分配的认识

如前所述，我国规定公司实现的利润总额，首先应依法缴纳所得税。税后利润在弥补以前年度亏损、提取公积金、公益金后才能向投资者分配利润。向投资者分配利润的基础，不仅包括公司本年度盈余，而且还可以将公司以前年度未分配的利润并入本年度。由此可以看出，股利分配是利润分配的最后一个步骤。

股利是股息和红利的总称，它由公司董事会宣布从公司的净利润中分配给股东，作为股东对公司投资的报酬。

2) 股东对股利分配的态度

一般意义上讲，股东本质上与公司的利益应当是一致的。但是，股东购买股票的目的并非完全一致，因而对股利分派的态度也就不一致。从这个角度出发，我们将公司股东分为三类，分别加以简单的分析，这样有助于对股利政策的理解。

(1) 董事类型的股东。这类股东长期持有公司股权，通过股权将自己与公司紧密地联系起来，并希望这种关系是永久性的。公司董事往往属于这类股东，他们了解并熟悉公司的内情，大多是有权决定公司重要政策的人物，他们把公司看做是自己的"事业"，与公司有着密切而长久的利害关系，他们自然希望尽量少地将利润分配给广大股东，而是将利润留存于公司内使用。例如，他们可以利用其对公司的影响力，使董事会有权高估各项预计费用，并尽量将各项应摊销的大额费用在当期收入中抵扣，从而满足低估利润的愿望。这样操作的结果，自然可供分配给股东的利润就少了，而实际上利润是留在了公司。

(2) 投资类型的股东。这类股东也较长期地持有股份，他们购买股票的目的是为了获取股利，属投资性质。他们可以说是公司股东中的"栋梁"，因为他们坚定地持有公司的股票。但他们与董事类型的股东又不同，他们并没有将公司视为自己的"归属"，因为他们往往另有职业，就其自身而言，与公司的利害关系并非是第一位的。所以，这类股东只要求董事会真实地反映盈亏，既不低估也不高估盈亏，不要损害他们的利益，也不要损害公司的利益。

(3) 投机类型的股东。这类股东购买股票的目的就是希望通过在股票市场上低吸高抛来赚取价差，他们根本没有打算长期持有公司的股票，与公司保持长久的关系。在我国，人们对这类股东有个不准确但十分形象的说法：股民。因为他们中的多数人在股市上今天买、明天卖的时候，甚至都不清楚他暂时持有股票的这家公司是干什么的，因而他们更不关心公司的长远利益。当然，这类股东中也不乏大的投机家。对一个投机者来讲，他实际上并没有把自己当做公司的股东，他只希望在他买进股票的这个短暂时间内，公司短期收益提高，多派股息，从而导致股票价格上涨，以便他在价格高位时将股票抛出去。

2. 股利理论

如上所述，公司所获净利润主要有两个用途：一是作为股利发放给股东，一是留存公司作为再投资使用。股利理论所要分析的是公司净利润的这两项用途之间的分配对公司股票价格、公司价值是否有影响，是否存在最佳的股利支付比率。在西方，最具代表性的是截然相反的两种股利理论：股利无关论和股利相关论。

1) 股利无关论

股利无关论认为股利分配对公司的股票价格不会产生影响。该理论由美国经济学家米勒和莫迪利亚尼于 1961 年创立。

(1) 股利无关论的假定。①存在一个完整无缺的市场；②不存在个人或公司所得税；③没有股票的发行费用和交易费用；④公司的投资决策和股利决策彼此独立；⑤公司投资回收没有风险。

(2) 股利无关论的基本观点。在上述五个假设前提的基础上，股利无关论有下述三个基本观点：

① 在完全资本市场中，理性投资者的股利收入与资本增值两者之间不存在区别。如果公司股利支付率太低，投资者可以卖掉一部分股票，以弥补股利的不足；如果公司股利支付率太高，投资者可以用多余的股利另外购入一些股票，以扩大投资。所以，投资者并不关心公司的股利政策，他认为获得股利与在股票上获得资本是一样的。也就是说，无论公司是选择将净利润留存用作再投资，还是选择支付股利，投资者都可以通过买卖股票使自己处于相同的境地。因此，无论公司制定何种股利政策，投资者对股利和资本并无偏好。

② 股利政策无优劣之分，它对公司的股票市价不会产生任何影响。也就是说，股利支付比率高低不影响公司的股价。

③ 股票价格主要由公司的获利能力所决定。

上述股利无关论建立在严格的假设前提上，并通过数学证明得出严谨的结论。但理论与实践产生了较大的差距，如何解释这个现象呢？问题的主要原因在于该理论的几个基本假设过于偏离现实。理论研究中的假设，可以使复杂问题简单化，有助于人们思路更清晰，但假设与现实偏差过大，则可能产生错误。由于这些假设描述的是一个完整无缺的市场，所以该理论也称作完整市场理论。

2) 股利相关论

股利相关论认为，公司的股利政策对公司的价值并非无关，而是相关。这一理论是美国学者格雷厄姆和多德于 1951 年提出的。他们认为股票投资者大多数是希望公司多支付股利，而非支付少量的股利，股票投资者在购买股票时肯定会考虑到股利这一因素的。根据这个理论，股利政策影响着股票市价，支付的股利越多，股票的价格越高，反之则低。

股利相关论的基础是对投资者心理状态的分析，其主要论点是：由于投资者对风险有天生的反感，而且认为风险将随着时间延长而增大，所以宁愿目前收到较少的股利，也不愿意等到将来再收回不肯定的较多的股利或以较高的价格出售股票。也就是说，他们认为股利收入要比由留存收益带来的资本收益更为可靠。在此观点下，公司只有采取较高的股利支付率，才能有效地吸引投资者购买公司发行的股票，因而公司应定期地向股东支付较高水平的股利。

股利无关论者对此观点持不同看法，认为它混淆了公司的股利政策和投资政策对股票市价的影响。因为公司用留存收益进行再投资形成的资本利得的风险，取决于公司的投资决策而不是股利政策。

股利无关论与股利相关论是相互矛盾的，到底以谁为准呢？事实上，在实践中各公司都是根据本公司的特点选择适合自己的观点加以应用，在股利支付比率问题上一般采取中间路线。

在实际生活中，公司和股东对股利发放的比例，各有自己的考虑。从公司的立场出发，主要考虑：

(1) 公司过去实施的股利政策，会对当前采取什么股利政策产生影响。

(2) 公司在考虑扩充产能，亟须资本来源时，就会减少股利的发放。

(3) 在公司资本结构中，当债务比较大时，公司会考虑多保留一些盈余。

(4) 当公司发行新股，由于稀释效应，要想保持每股股利不变，就要提高股利支付比例。

从股东的立场出发，主要考虑两个方面：一是稳定的股利可以增强股东对公司的信心，也有利于投资者分析股票价格的合理性，确定股价合理波动范围；二是不同类型的股东有不同的投资目的，公司不能偏于某一类型股东的要求，而冷落其他股东的愿望。因此公司应权衡利弊，在股东的不同要求之间，选择适当的股利支付比例。

3. 股利政策

在进行股利分配时，公司比较常用的股利政策主要有以下几种。

1) 剩余股利政策

采取剩余股利政策，就是将公司的盈余首先用于良好的投资项目，然后将剩余的盈余作为股利进行分配。

实施剩余股利政策有以下四个步骤：

(1) 测定合理的资本结构，也就是要确定自有资本与借入资本二者的比例关系，并在此资本结构下，使加权平均资本成本达到最低水平。

(2) 确定在此资本结构下投资所需要的自有资本数额。

(3) 最大限度地使用留存收益来满足投资方案所需要的自有资本数额。

(4) 投资方案所需要的自有资本数额完全满足后，若还有剩余盈余，再将其作为股利发放给股东。

我们知道，旅游企业的投资计划和实现的利润每年都会不尽相同，如果严格地执行剩余股利政策将会导致股利的波动。例如，在遇到好的投资机会的年份，公司就会不派发股利。假设在下一年，投资机会很差，公司又会宣布发放大量股利。另外，即使投资机会稳定，现金流量的波动也会导致股利的变化。因此，公司在进行股利决策时几乎不可能照搬剩余股利政策。但是，许多公司在实际工作中经常应用剩余股利政策来帮助设立一个长期的目标股利支付率。

2) 固定股利额政策

采用固定股利额政策，就是公司不论税后利润为多少，都支付给股东一定数额的固定股利，并不因为公司税后利润的变化而调整股利数额。公司只有在确信未来收益可以维持新股利数额的时候才会宣布增加股利。制定这一政策的指导原则就是尽量避免减少年股利数额。

不过，考虑到通货膨胀的影响，有些公司过去采用固定股利额政策，后来转而实行"稳定增长的股利政策"，即公司制定一个目标股利增长率，例如每年增长 2%，公司就可以在支付固定股利额的基础上，努力按照这个幅度增长，逐步提高股利支付水平，并免除通货膨胀的损失。当然，只有在利润稳定增长的前提下，这一政策才是可行的。

在实际工作中，许多公司都愿意采取这种股利政策，这是因为：

(1) 股利支付数额的波动将会导致股票价格的波动，并因此提高公司普通股股本的成本。

(2) 稳定的股利向市场传递着公司正常运营的信息，有利于树立公司良好的形象，稳定股票的价格。

(3) 利用股利来支付当期消费的股东，通常希望能依靠固定的股利收入来维持其日常生活支出，如果股利派发不稳定，就不会受到此类股东的欢迎，会使公司的股票需求下降。

(4) 有些公司主管通常会认为，削减股利并不是最明智的，他们为维持稳定的股利水平，会采取延缓某些投资计划，将实际资本结构脱离目标资本结构或出售普通股以筹措资金等措施。

该股利政策虽受许多公司的欢迎，但也存在股利的支付与公司的盈余相脱节的缺点。当公司收益较低时仍要支付固定的股利，就可能导致资金短缺，财务状况恶化；同时不能像采取剩余股利政策那样保持较低的资本成本。

3) 固定股利支付率政策

采取固定股利支付率政策，就是由公司确定一个股利占盈余的比率，长期按照这个比率支付股利。在这个股利政策下，公司各年支付的股利额随公司获得盈利的多少而上下波动。在公司赚取巨额利润的年份，其支付的每股股利将很多，但在利润较低的年份，其每股股利必将很低。虽然从股利与盈利二者的相互联系的角度看，这一政策是采取了固定股利政策。但在实际工作中，采取这种政策的公司比较少。这是因为，一方面由于公司的盈余每年都会有变化，采取该股利政策会导致股利每年都有变动，而股利的频繁变动对公司和投资者都不利；另一方面，采取该政策也不可能达到公司价值最大化的目的。

4) 低正常股利加额外股利政策

采取这种政策，就是在一般情况下，公司每年只支付数额较低的股利。在公司经营业绩非常好时，除定期股利外，再增加支付额外的股利，这样可以使额外支付的股利不是固定的，并不意味着公司永久地提高了规定的股利率。这一政策实际上是上述第二、第三项政策的折中办法。

采取这种股利政策的有利之处在于：

(1) 该股利政策使公司具有较大的灵活性。当公司盈余较少或因投资需用较多资金时，可维持设定的较低但正常的股利；当盈余有较大幅度增长时，则可适当增加股利发放的幅度。这样，较低的但属正常股利部分可以保证不致使股东有较强的股利跌落感；而增加的额外股利会使股东享受到公司获利的成果，增强对公司投资的信心，有利于稳定公司股票市价。

(2) 该股利政策可以使那些依靠股利收入维持日常生活支出的股东每年至少可得到一笔数额虽少、但是稳定的股利收入，从而吸引住这类股东的投资。

该股利政策虽有上述好处，但是，对投资者来讲，股利将变得不太确定。从公司来讲，在盈余和现金流量变动很大时，这种政策可以看做是一个最佳选择。公司可以设定一个相当低的正常股利，甚至低到低利润年度或计划高额投资的年度都可维持的水平，然后在有额外盈余的年度，再发放额外股利，但注意支付额外股利的次数不易频繁，否则，股东会认为股利会持续提高，这样将失去额外股利的意义。该项股利政策通常为季节性盈余较高的公司所采用。

4. 股利的形式

我国股利发放的形式主要有现金股利和股票股利。

1) 现金股利

股票股利和实物股利等以公司当年盈利或积累的留存收益用现金形式支付给股东的股利叫做现金股利，这是最常见的一种股利发放形式。现金股利主要有以下几种：

(1) 正常股利。公司根据其经营状况和盈利能力，有把握在未来一定时期按时按量向股东支付股利，这是一种稳定的现金股利支付形式。

(2) 额外股利。这是在固定股利之外，公司根据其本期盈利状况决定额外支付的股利，这类股利公司并不承诺发放的连续性。公司额外股利的发放与否、数额大小与公司当年的盈利状况和投资决策密切相关。

正常股利和额外股利都是对股东权益和税后利润的分配。

(3) 清算股利。在公司清算资产时，将偿还债权人后的剩余部分在股东之间进行分配。清算股利与上述两种股利不同，它不是来源于公司的现金和留存收益，而是来源于公司资产的减少。

2) 股票股利

采取股票股利方式，实际上是颁发一种额外增发的股票。公司颁发这种股票，只不过是将公司的留存收益转移到股本账户上去。由于它并不实际向股东支付现金，只是引起公司利润在账面上的转移，所以不会影响公司和股东的资产价值。

(1) 我国上市公司在支付股票股利时的做法。①送股，这种做法是公司将公积金转为股本，将增加的股票数按比例派送给股东。例如，5%的股票股利可使持有100股的股东无偿分到5股。②配股，这种做法是公司在增发股票时，以一定比例按优惠价格配给老股东股票。例如，在公司股票市价每股11元时，公司以每股7元价格，10股配3股给老股东，那么，持有100股的股东就可以支付210元购入30股配股。

配股与送股的区别在于：配股是有偿的；配股不会减少公司公积金；配股实质上是给予老股东的补偿，是一种优惠购买股票的权利。

(2) 公司采取股票股利方式的原因。①在公司盈利和现金股利预期不会增加的情况下，发放股票股利可以使股票价格降低，以便吸引投资者的投资兴趣。②采取这种方式可以使股东分享公司的盈利，但又不必支付现金，而且配股还可以收进一笔现金。这样公司可以将更多的现金留存下来，用于再投资，加快公司的发展步伐。

(3) 公司采取股票股利方式的条件。公司采取股票股利方式尽管有这些好处，但不能滥用，它是有一定条件的：

① 具有足够的公积金。在我国，公司将公积金转为股本，必须保证法定准备金不低于原股本的25%。没有足够的公积金，就不能采取送股的方式。

② 控股者是否欣赏该方法。首先，送股对于控股者来讲只是一种账面游戏。例如，某公司目前股票市价为每股20元，若该公司宣布发放10%的股票股利，则每股市价降为18.18元(1÷1.1×20=18.18)。此时，某人持有该公司股票1 000股，股票市值为20 000元。送股后，每股市价由20元降至18.18元，但由于持有股票数量增至1 100股，其拥有的股票市值仍为20 000元(18.18×1 100)。因此，股票股利并不能增加股东所拥有的财富。其次，采用配股的方式需要持股者付出现金。由于控股者所持股票数量大，需大笔现金，若不能买回配股份额，就意味着控股地位的削弱。

③ 选择有利时机。送股配股能否给投资者带来实际利益，关键在于选择送配的有利时机。股市为"牛市"时，市场为多头主导，公司股价坚挺，此时为送配股的大好时机；反之，在"熊市"时，则有可能给持股者带来损失。

案例与点评

收益管理系统——饭店获取最佳收益的法宝

收益管理系统(revenue management system)是根据收益管理原理设计开发的一种计算机辅助决策管理系统。收益管理是一种现代科学管理方法，是一种指导企业如何在合适的时间、以合适的价格、把合适的产品、卖给合适的顾客的科学管理方法。

收益管理系统最早由美洲航空公司(American Airlines)在1985年1月首先开发使用。通过使用该系统，美洲航空公司不仅很快赢回了其原有的市场占有率，而且还扭亏为盈。据该子公司 SABRB 技术解答公司 1997 年统计，当年美洲航空公司仅由于使用收益管理系统所增加的额外收益就达 10 亿美元。

经过近 20 年的实际运用与不断完善，收益管理系统在欧美航空客运业已经极为成熟，它能准确地预测市场的变化、优化票价制订和动态调控座位售卖。今天，收益管理系统已成为欧美各大航空公司不可或缺的决策管理工具。

目前美国的收益管理系统已成功用于诸如宾馆饭店、汽车租赁、豪华游船、铁路客运、公寓出租、电视广告等服务行业。美国著名的《华尔街日报》曾多次报道有关收益管理系统在多行业成功应用的文章，并将它誉之为 21 世纪最重要的和投资回报率最高的边缘产业之一。一般来说，不同的宾馆饭店由于其各自的市场定位、顾客来源、管理理念及控制机制的不同，其开发使用的收益管理系统也各有差异。但是，这些收益管理系统均具有两大共同功能：需求预测和优化调控。需求预测功能可准确地预测未来旅客需求及客户供给的情况，使得管理者们对今后的市场变化有个较为清晰的认识。该功能在分析宾馆饭店有关以往客房征订的历史资料以及当前旅客预订的情况后，可正确估计出未来每天的旅客需求和空房的供给。优化调控功能可制订最佳房价并推荐最佳空房分配方案，以供管理者们决策参考。

宾馆饭店业最先开发使用收益管理系统的是玛丽奥特国际饭店(Mariott International Hotels)。玛丽奥特国际饭店董事长兼首席执行官比尔·玛丽奥特曾说："收益管理不仅为我们增加了数百万美元的收益，同时也教育了我们如何更有效地管理。"近年来美国许多中高档宾馆饭店如大家熟悉的假日饭店、希尔顿饭店、凯悦饭店、韦斯汀酒店等饭店集团，均先后开发了各自的收益管理系统。据报道：自从收益管理系统建立以来，凯悦摄政俱乐部客房的预订率上升了 20%，各个预订中心平均房价也有所上调。希尔顿饭店公司已经创造了空前收入的纪录。此外，凯悦和希尔顿都声称销售和预订之间的沟通，有了显著的加强。(信息来源：http://news.bjhotel.cn/，2007-12-26)

练习与思考题

1. 什么是旅游企业营业收入及构成内容？旅游饭店如何对营业收入进行日常管理？
2. 旅游企业价格的特点是什么？旅游企业在制订价格时的基本原则是什么？
3. 如何理解旅游企业营业收入管理的基本要求？
4. 如何对旅游饭店餐饮成本进行全过程有效控制？
5. 如何对旅游饭店成本费用进行考核分析？
6. 旅游饭店利润分配的顺序是什么？
7. 简述股利理论的基本内容。
8. 简述影响股利政策的主要因素。
9. 某旅游饭店拥有客房248间，每天分摊固定费用15 000元，客房出租价格平均为150元，单位变动费用30元，该旅游饭店月客房保本出租率为多少？如果要实现月利润15万元，那么出租率需要提高到多少？

第十章　旅游企业财务分析

【本章导读】

旅游企业财务分析目的在于通过有效利用财务数据信息实现正确的经营决策。旅游企业的经营情况和财务状况可以通过《资产负债表》《利润表》《现金流量表》反映出来，通过对三大报表数据的分析，不但使企业经营者可以了解企业实现利润和偿债能力的高低，而且可以发现企业经营风险的大小和企业资金结构的优劣，使经营者在企业运营的诸多方面做出正确的决策，用最小的风险、最健康的财务状况来实现最大的利润。

【关键词】

趋势分析法　比率分析法　速动比率　资产负债率　流动比率　产权比率　资产周转率　净资产收益率　市盈率

【知识要点】

1. 旅游企业财务分析的主要内容与主要原则。
2. 旅游企业财务分析的目的。
3. 旅游企业财务报表分析的主要方法。
4. 旅游企业财务报表分析的主要指标。
5. 杜邦分析法在旅游企业财务分析中的综合运用。

第一节　旅游企业财务分析概述

随着我国旅游市场不断完善和发展，如何建立一个产权清晰，权责明确、管理科学的现代旅游企业管理制度已成为旅游行业管理的共同认识。

一、财务分析的意义

旅游企业财务分析是运用财务报表数据对旅游企业过去的财务状况和经营成果，以及未来的发展前景所作的综合评价。通过这种分析评价，可以为旅游企业的财务决策、计划和控制提供广泛的帮助。

近年来，旅游市场竞争相当激烈，这迫使旅游企业在经营管理方式上做文章，在竞争中求发展。随之而来的经营管理问题也迫切地摆在我们面前。财务管理作为旅游企业管理的重要组成部分，始终处于制约和促进其发展的重要地位。例如，旅行社资金流动量较大，大部分团款属代收代付性质，因此，对于旅行社的资金管理、筹集与运用、收入与支出、资金节余及分配等，管理者都相当重视。只有管好用好资金，才能使旅行社的利润实现最大化和所有者权益最大化。作为旅行社财务状况、经营成果和现金流量综合反映的财务报告及其财务分析，具有帮助人们了解企业财富产生过程的作用。旅行社管理人员、投资者和会计专业人员均对财务报表分析表现出不断增长的兴趣。

旅游企业财务分析具有广泛的用途。人们用它来寻找投资对象和兼并对象，预测企业未来的财务状况和经营成果，判断投资、筹资和经营活动的成效，评价旅游企业管理业绩和企业决策。旅游财务分析帮助我们改善了决策，减少了盲目性。

旅游企业财务分析的对象是企业的各项资金运动。旅游企业的任何资金活动都体现为款项的收付和收入费用的发生，并形成各种经济业务即会计事项。这些会计事项经过分类、计算和汇总等处理，被编制成财务报表。财务报表是企业活动的高度综合，含有大量的有用信息。旅游企业财务分析就是从报表中获取符合报表使用人分析目的的信息，认识旅游企业经济活动的特点，评价其业绩，发现存在的问题。因此，旅游企业财务分析的对象是财务报表所反映的企业活动。

旅游企业经济活动的内容丰富，形式多样，财务报表并不反映旅游企业的全部活动，而只是反映其基本活动。旅游企业财务分析的起点是阅读财务报表，终点是做出某种判断，包括评价和找出问题，中间的财务报表分析过程，由比较、分类、类比、归纳、演绎、分析和综合等认识事物的步骤和方法组成，其中分析与综合是两种最基本的逻辑思维方法。因此，旅游企业财务分析的过程也可以说是分析与综合的统一。

例如，旅游企业在进行财务分析时需要把整个财务报表的数据重新进行组织，分成偿债能力的信息、收益能力的信息、财务风险的信息、投资报酬的信息等若干部分，以便我们分门别类地认清事物的本质和发展情况。

二、财务分析的目的

旅游企业财务分析的目的决定于分析主体，不同的利益相关者所处立场的不同，其关心的侧重点也有所区别，从财务报表分析中获得益处的人主要是报表使用人即企业的利益关系人。他们拿到报表后，要进行分析，获得对自己决策有用的信息。旅游企业财务报表的使用人有许多种，包括旅游企业的投资人、债权人、经理人员、政府机构和其他与企业有利益关系的人士。他们出于不同目的使用财务报表，需要不同的信息，采用不同的分析程序。

旅游企业财务信息的使用者大致可以分为以下几种。

1. 投资者

投资者是指旅游企业的权益投资人即(普通)股东。旅游企业对权益投资人并不存在偿还的承诺。普通股东投资于旅游企业的目的是扩大自己的财富，他们所关心的主要是企业的偿债能力、收益能力以及风险等。

权益投资人的主要决策包括：是否投资于某企业以及是否转让已经持有的股权，考查经营者业绩以决定更换或不更换主要的管理者，决定股利分配政策。

由于普通股东的权益是剩余权益，因此他们对财务报表分析的重视程度，会超过其他利益关系人。权益投资人进行审慎的财务分析，是为了在竞争性的投资机会中作出选择。

2. 债权人

债权人是指借款给企业并得到企业还款承诺的人。债权人期望在一定时间时偿还其本金和利息，自然关心旅游企业是否具有偿还债务的能力。债权人有多种提供资金的方式，融通资金的目的也不尽相同。大体上可以分为两大类：一类是提供商业信用的旅游企业，另一种是为旅游企业提供融资服务的金融机构。

无论何种信用，其共同特点是在特定的时间企业需要支付规定数额的现金给债权人。偿付的金额和时间，不因为企业经营业绩好或不好而改变。但是，一旦企业运营不佳或发生意外，陷入财务危机，债权人的利益就会受到威胁。因此，债权人必须事先审慎分析企业的财务报表，并且对企业进行持续性的关注。

债权人的主要决策是决定是否给企业提供信用，以及是否需要提前收回债权。

3. 经理人员

经理人员是指被企业所有者聘用的、对企业资产和负债进行管理的人。旅游行业的一些佼佼者随着现代社会的发展，其规模和发展速度已有了长足的进步，集团化规模化使得这些企业需要众多的经理人员来进行企业的经营管理。

经理人员关心企业的财务状况、盈利能力和持续发展的能力。他们管理企业，要随时根据变化的情况调整企业的经营，而财务分析是他们监控企业运营的有力工具之一。他们可以根据需要随时获取各种会计信息和其他数据，因而能全面地、连续地进行财务分析。

经理人员可以获取外部使用人无法得到的内部信息。但是，他们对于公开财务报表的重视程度并不小于外部使用人。由于存在解雇和收购威胁，他们不得不从外部使用人(债权人和权益投资人)的角度看待企业。他们通过财务报表分析，发现有价值的线索，设法改善业绩，使得财务报表能让投资人和债权人满意。他们分析报表的主要目的是完善报表。

4. 雇员和工会

雇员和工会是指企业的职工和代表雇员利益的工会组织。旅游行业的经营特点决定了员工的自身利益与经营成果密切相关,旅游企业的雇员、职工和工会主要关心他们的劳动报酬、保险、福利等是否符合劳务合同及政府法规的要求,工资和福利是否与企业的盈利相适应。

5. 政府机构

政府机构是企业财务报表的基本使用人,包括税务部门、国有企业的管理部门、证券管理机构、监管机构和社会保障部门等。他们使用财务报表是为了履行自己的监督管理职责。

我国的政府机构既是财务报表编制规范的制定者,也是会计信息的使用者。税收管理部门通过财务报表分析,可以审查企业是否依法纳税;国有企业管理部门通过财务报表分析,可以评价管理国有企业的政策的合理性;证券管理机构通过财务报表分析,可以评价上市旅游企业遵守政府法规和市场秩序的情况;财政部门通过财务报表分析,可以审查遵守会计法规和财务报表编制规范的情况;社会保障部门通过财务报表分析,可以评价旅游企业雇员的收入和就业状况,以及执行国家社保政策的情况。

6. 中介机构

中介机构是指审计师、财务分析师和注册会计师事务所等社会机构。按照国家法律规定,旅游企业的有关财务信息需要经过公证的社会中介机构审计和核查,才具有公信力,审计师通过财务分析可以确定审计的重点。他们通过分析性检测程序,发现异常变动,并对引起变动的项目实施更细致的审计程序。专业的财务分析师,以其专业能力为报表使用人服务。他们通过财务报表分析寻找潜在的投资对象,评估企业的经济价值,给投资者以咨询。

总的来说,财务分析总是针对特定的目的。每个分析人收集与特定目的有关的各种资料,予以适当组织,用来显示各项资料的相关联系,然后解释其结果,以达到特定的目的。旅游企业财务分析因使用人的不同,目的客观上存在差异,但就普遍的一般目的不外乎三个方面:总结过去的经营业绩、评价现在的财务状况、预测未来的发展趋势。

三、财务报表

财务报表是根据统一规范编制,反映一定时期企业财务状况、经营成果及现金流量的书面文件。

旅游企业财务分析使用的主要资料是旅游企业对外发布的财务报表,应该了解财务报表不是财务分析唯一的信息来源。因为旅游企业通常还以各种形式发布补充信息,分析时经常需要查阅这些补充来源的信息。

1. 资产负债表及其附表

资产负债表是反映企业会计期末全部资产、负债和所有者权益情况的报表。

资产负债表是根据会计恒等式 "资产=负债+所有者权益"来编制的。

资产负债表不但要列出期末的资产、负债和所有者权益,还要列出各项目的期初金额，以揭示会计期间的资金来源和资金占用的变化。

从企业基本活动看是"投资=筹资"。投资和筹资是平衡的，筹资总是以投资(包括现金)的形式出现，投资额不能超过筹资额。如果投资需求增加，企业就要扩大筹资。通常，首先是加大收益留存的比例，从内部筹资；其次是在合理的负债率内增加借款，用负债筹资；最后是要股东投入，用股权筹资。如果投资需求萎缩，找不到可以增加股东财富的机会，就应把钱还给资金的提供者。

该表的左方列示资产。资产是投资活动的结果，也是可供经营活动使用的物质资源，该资源会给旅游企业带来未来的经营活动收益。现代旅游企业为了在激烈的市场竞争中占领制高点，在竞争中处于有利位置，经营活动中必须将获得的现金投资于各类实物资产。但是，就旅游企业而言资产规模并不是企业成败的标志，大多数旅游企业只需要有限的资产，如旅行社、餐饮企业等。而有的集团或酒店、宾馆则需要较多的资产，会需要大量的实物资产。运用这些资产的关键是能否为股东增加财富，而不是资产的多少。不同的经营活动需要不同的资产，虽然旅游企业的行业性质相近，但各类企业的经营特点各异，资产的总量与结构应当适合经营活动的规模和类型，以求资产能发挥最大效用。资产负债表与企业的基本活动，如表10-1所示。

表10-1 资产负债表与企业的基本活动

资产类		负债及所有者权益类	
流动资产	日常经营所需资金	流动负债	信用筹资
长期投资	控制子企业经营	长期负债	长期负债筹资
固定资产	企业经营的实物资产	股东权益	权益筹资
无形及其他资产	经营中的非实物资产	资本公积	内部筹资
资产总额	经营活动占用的资源	权益总额	筹资活动的结果

该表的右方列示企业的资金来源即负债和所有者权益项目，反映的是筹资活动结果，显示了企业的义务。负债是来自债权人的资金，代表企业对债权人的义务，履行该义务会在将来导致企业经济利益流出。所有者权益是股东投入资本和留存收益之和，反映了企业的净资产，代表企业对股东的义务，在持续经营状态下它是所有者要求收益的权利，在进入清算后它是所有者对企业的索偿权。由于债务到期时必须偿还，债务越多则对企业经营活动的影响就越大，在未来不确定的经济环境里，出现破产的概率也较大，因此债务占整个资金来源的比重可以反映企业的破产风险。

资产负债表有3张附表，包括资产减值明细表、所有者权益(股东权益)增减变动表和应交增值税明细表。

资产减值明细表，是对已计提减值准备的资产项目的进一步说明。按照现行制度规定，在年末应对应收款项、短期投资、存货、长期投资、固定资产、无形资产、在建工程和委托贷款8项资产计提减值准备。资产减值是市场价格变动引起的，未减值的金额是资产的购置成本，减值后的余额代表按当前市场价格水平预计的资产可回收金额。资产按减值后的余额报告，而将减值损失计入利润表，可以使报告收益变得比较谨慎。

所有者权益增减变动表，是对资产负债表中"所有者权益"项目的进一步说明。在资产负债表中，所有者权益类的项目包括实收资本、资本公积、盈余公积、公益金和未分配利润 5 项。所有者权益的增长，反映收益再投资的数额。一个具有发展潜力的企业，所有者权益应当不断增长。

应交增值税明细表，是对资产负债表中"应交税金"项目的进一步说明。通过该表，可以看出增值税纳税义务的形成和交纳情况。

2. 利润表及其附表

利润表是反映企业在一定期间全部活动成果的报表，是两个资产负债表日之间的财务成果。我国的利润表采用多步式格式，分为营业收入、营业利润、利润总额和净利润，分步反映净利润的形成过程。

利润表和企业基本活动的关系，如表 10-2 所示。

表 10-2　利润表与企业的基本活动

损益表项目	企业的基本活动
一、营业收入	经营活动收入
减：营业务成本	经营活动费用
营业务税金及附加	经营活动费用
销售费用	经营活动费用
管理费用	经营活动费用
财务费用	筹资活动费用(债权人所得)
资产减值损失	
加：投资收益	投资活动收益
公允价值变动收益	
二、营业利润	全部经营活动利润(已扣债权人利息)
加：营业外收入	投资和其他非经营活动收益
减：营业外支出	投资和其他非经营活动损失
三、利润总额	全部活动净利润(未扣除政府所得)
减：所得税	全部活动费用(政府所得)
四、净利润	全部活动净利润(所有者所得)

在财务分析中，区分经营活动损益与非经营活动损益非常重要。经营活动损益是正常的、有目的的经营活动的产物，与企业经营管理的水平密切相关，可以反映企业的获利能力。而非经营活动损益是非正常的损益或者并非原定的目的损益，与经营管理水平不密切，不能代表企业的获利能力。濒临破产企业的一个特征就是经营利润逐年减少，而非经营损益的比重逐步增加。获利能力下降的企业，总是本能地利用其他途径粉饰报表，如利用证券买卖、资产置换、债务重组等非经营活动"制造"利润。值得注意的是，"投资收益"也不是属于原定目的的收益。投资活动的利益将体现在经营收益之中。如果单纯为取得投资收益，还不如把钱还给股东，让他们自己去投资，可以节约交易费用，更有利于增加股东财富。一般企业对外投资的收益，只是获得控制权的附带成果。至于短期证券投资，只是现金管理的一种形式，以此减少持有现金的机会成本，而非企业获利的基本手段。

利润表有 3 张附表,包括利润分配表、业务分部报表和地区分部报表。利润分配表反映企业利润分配的情况,包括本年净利润、可供分配利润、已分配利润和年末未分配利润等。

3. 现金流量表

现金流量表是反映企业在一定期间现金和现金等价物流入和流出的报表。编制现金流量表,主要是为企业提供一定会计期间内现金和现金等价物流入和流出的信息,以便于报表使用者了解和评价企业获得现金和现金等价物的能力、企业偿债能力、支付能力和周转能力,并据以预测企业未来现金流量,分析企业投资和理财活动对经营成果和财务状况的影响,评价企业收益的质量。

该表的项目,按经营活动、投资活动和筹资活动三项基本活动分别列示。

现金流量表与企业的基本活动,如表 10-3 所示。

表 10-3 现金流量表与企业的基本活动

现金流量表项目	企业的基本活动
经营现金流入	经营活动:会计期间经营活动现金流动量
经营现金流出	
经营现金流量净额	
投资现金流入	投资活动:会计期间投资活动现金流动量
投资现金流出	
投资现金流量净额	
筹资现金流入	筹资活动:会计期间筹资活动现金流动量
筹资现金流出	
筹资现金流量净额	

现金流量表,是对资产负债表和利润表的补充说明。它的补充,主要表现在反映现金流量状况方面。对于经营活动业绩,利润表以权责发生制为基础进行反映,而现金流量表以收付实现制为基础进行反映。对于筹资和投资活动,资产负债表反映其在会计期末的"存量",而现金流量表反映其整个会计期间的"流量"。

上述 3 张主要的财务报表,分别从一个侧面反映三项基本活动。无论是分析企业的经营活动,还是筹资或投资活动,都会涉及 3 张报表,而不是 1 张报表。

4. 股东权益变动表

股东权益变动表是反映公司本期(年度或中期)内截至期末股东权益增减变动情况的报表。

5. 财务报表附注

报表附注是对财务报表编制基础、编制依据、编制原则和方法及主要项目所作的解释。一般至少应包括以下内容:会计政策和会计估计及其变更情况的说明,重大会计差错更正说明,关键计量假设说明,或有事项和承诺事项说明,资产负债表日后事项的说明,关联方关系及其交易说明,重要资产转让及出售说明,有助于理解和分析会计报表需要说明的其他事项。

6. 财务情况说明书

财务情况说明书一般包括：企业生产经营的基本情况，利润实现和分配情况，资本增减和周转情况，对企业财务状况、经营成果和现金流量有重大影响的其他事项。

四、财务分析的内容

在现代企业制度条件下，对财务报表分析的内容通常是将其分成五项内容：

1. 偿债能力分析

偿债能力是指企业对债务的清偿能力或保证能力，主要评价企业偿还到期债务能力的强弱，包括短期和长期偿债能力分析。

2. 营运能力分析

营运能力是指资产运用的效率，反映了企业单位资产创造营业收入的能力。它主要取决于收入对资产的比例关系。资产运用的效率既影响偿债能力，又影响收益能力。因此，评价企业的经营理财水平，主要就是观察企业是否有效地运用了资金。

3. 获利能力分析

获利能力在这里是指运用资产赚取利润的能力。它主要取决于利润与获取利润的资产或销售收入的比例关系。获利是企业经营理财的核心，获利能力的大小是评价企业经营管理水平的试金石，是企业经营管理能力的综合表现。

4. 投资报酬分析

投资报酬在这里是指股权投资所获得的报酬。投资报酬分析是从股东角度评价企业的收益能力。股东投资报酬的高低，不仅取决于资产的获利能力，还受资本结构的影响。

5. 现金流量分析

如果说企业的业绩主要反映在它的盈利状况，那么企业的价值则主要反映在它的现金流动状况之中。现金流是企业价值的最终驱动力，股东对未来现金流的预期是确定股票价值的基础，因此人们越来越重视现金流动状况的分析。通过现金流动状况的分析，可以了解一项业务(生产经营、投资或筹资)产生或消耗现金的程度，使人们对偿债能力有新的认识，并且对利润的质量作出判断。市场经济条件下，企业的现金流转情况在很大程度上影响着企业的生存和发展。旅游企业现金充裕，就可以及时垫付团款、机票款以及相关费用，购入必要的材料物资和固定资产、及时支付工资、偿还债务、支付股利和利息；反之，现金周转不畅，将会影响旅游企业的正常经营，甚至影响旅游企业的生存。

上述五个方面是相互联系的。一个企业偿债能力很差，收益能力也不会好；收益能力很差，偿债能力也不会好。提高资产运用效率有利于改善偿债能力和收益能力。偿债能力和收益能力下降，必然表现为现金流动状况恶化。

第二节　财务分析方法

进行财务分析，离不开选择适当的分析方法，根据不同的分析目的，选择适当相关的分析信息，找出事物之间的相互关系，揭示旅游企业的经营状况以及财务变动趋势，获取高质量的财务信息，是旅游财务管理财务分析的基本目的。财务分析的方法有很多，常用的有以下四种：趋势分析法、比率分析法、因素分析法及差额分析法。

一、趋势分析法

趋势分析法是根据企业连续几年或几个时期的分析资料，运用指数或完成率的计算，确定分析期间各有关项目的变动情况和趋势的一种财务分析方法。

趋势分析法既可用于对会计报表的整体分析，即研究一定时期报表各项目的变动趋势，也可对某些主要指标的发展趋势进行分析。趋势分析法的一般步骤是：

(1) 计算趋势比率或指数。通常指数的计算有两种方法，一是定基指数，二是环比指数。定基指数就是各个时期的指数都是以某一固定时期为基期来计算的。环比指数则是各个时期的指数以前一期为基期来计算的。趋势分析法通常采用定基指数。

(2) 根据指数计算结果，评价与判断企业各项指标的变动趋势及其合理性。

(3) 预测未来的发展趋势。根据企业以前各期的变动情况，研究其变动趋势或规律，从而可预测出企业未来发展变动情况。

下面举例说明趋势分析方法的应用。

【例 10-1】某旅游公司 2001—2005 年有关销售额、利润、每股收益及每股股息资料如表 10-4 所示。

表 10-4　某旅游公司 2001—2005 年有关销售额、利润、每股收益及股股息

年份 项目	2001	2002	2003	2004	2005
销售额(万元)	9 890	10 200	10 500	13 600	14 800
税后利润(万元)	920	680	860	1060	1 200
每股收益(元)	2.52	0.85	2.12	3.64	3.88
每股股息(元)	1.5	1.65	1.70	1.8	2.20

根据表 10-4 的资料，运用趋势分析法可得出趋势分析表 10-5。

表 10-5　趋势分析表

%

年份 项目	2001	2002	2003	2004	2005
销售额(万元)	100	103.14	106.17	137.51	149.65
税后利润(万元)	100	73.91	93.48	115.22	130.43
每股收益(元)	100	33.73	84.13	144.44	153.97
每股股息(元)	100	110	113.33	120	146.67

在以上计算的基础上,就可以进行观察分析。但是,为更直观清楚地让相关分析人员了解企业的经济活动变化情况,通常,还需要绘制趋势分析图,如图 10-1 所示。

从上面趋势分析表可看出,该企业几年来的销售额和每股股息在逐年增长,特别是 2004 年和 2005 年增长较快;税后利润和每股收益在 2002 年和 2003 年有所下降,2004 年和 2005 年有较大幅度增长。总体状况看,企业自 2001 年以来,2002 年和 2003 年的盈利状况有所下降,2004 年和 2005 年各项指标完成的都比较好。从各指标之间的关系看,每股收益的平均增长速度最快,高于销售、利润和每股股息的平均增长速度。企业几年来的发展趋势说明,企业的经营状况和财务状况不断改善,如果这个趋势能保持下去,2006 年的状况也会较好。

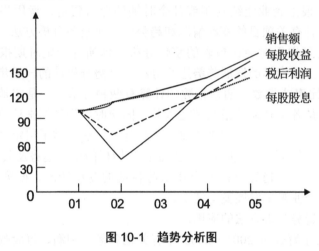

图 10-1　趋势分析图

二、比率分析法

比率分析法是将影响财务状况的两个因素联系起来,通过计算其具体比率,反映事物之间的相互关系,借以揭示企业财务状况和经营成果的一种分析方法。

在财务分析中,财务比率的分解有着特殊意义。财务比率是财务报表分析的特有概念,财务比率分解是财务报表分析所特有的最基本、最重要的方法。企业的偿债能力、收益能力等是用财务比率评价的,对这些能力的分析必须通过财务比率的分解来完成。因此,人们通常都说财务分析就是比率分析。比率分析指标由于分析对象、目的和所处的角度不同,有多种分类形式,但基本的可以分为以下四种。

1. 结构比率

这个指标是就某一个或某类指标与总体指标之比,反映出事物在总体之间的关系,也称为构成比率。其公式为:

$$结构比率 = 某指标的金额 \div 总体指标的金额$$

通过结构指标,可以观察某一具体指标变动对总体的影响,了解个别因素变动对事物的影响程度,掌握经营活动中个别因素变化的规律,从而在经营决策中作出正确的判断。

2. 效率比率

这个指标是某项经济活动投入与产出的比率，反映了成本支出与收入所得的配比关系。常见的效率比率指标有销售收入利润率、成本利润率、资本收益率、资产报酬率、资金利润率等。其公式为：

$$效率比率 = 利润类指标金额 \div 各类成本、费用、收入、资金指标金额$$

通过效率比率指标分析，可以考察企业经营成果，评价企业经济效益，为投资者和管理者提供比较投入、产出情况的依据，了解企业获利能力的高低及其增减变化情况。

3. 相关比率

这个指标是根据经济活动中客观存在的相互依存、相互联系的关系，以某类指标与其相关但又不同的指标进行对比所得的比率，是用倍数或比例表示的分数式，它反映各会计要素的相互关系和内在联系，代表了企业某一方面的特征、属性或能力。通过这个指标可以反映有关经济活动的相互关系，了解具体业务之间的内在关系，考察有联系的相关业务安排是否合理，能否保障企业经济活动顺利进行。例如，流动负债与流动资产相互比较，计算出流动比率，就可以判断企业的短期偿债能力。

4. 趋势比率

这个指标是将不同时期的同类指标的数值进行对比，求出比率。用以分析该项指标发展方向和增减速度，以观察企业经济活动发展趋势和未来变化情况，为改善企业经营管理提供一定的数据。这种方法与前面所提及的趋势分析法存在密切关系，可以说两者是一回事，只是作为单一指标计算使用时就可以将其归为比率法之中。

总的来说，比率分析法的优点是计算简便，结果直观明了，由于比率是相对数，排除了规模的影响，使不同比较对象建立起可比性，因此广泛用于历史比较、同业比较和预算比较。因而被认为是财务分析的最基本或最重要方法。但在采用这一方法时，也应该看到它的不足：第一，比率的变动可能仅仅被解释为两个相关因素之间的内在关系；第二，难以综合反映比率与其计算依据会计报表的联系；第三，比率反映的仅仅是事物变化的某个方面，不能给人们提供财务分析的综合观点。

三、因素分析法

因素分析法也是财务报表分析常用的一种技术方法，它是指把分析对象的影响因素分解，采用一定的程序和方法，确定各影响因素对分析指标差异的影响程度的一种分析方法。因素分析法根据其分析特点可分为连环替代法和差额分析法。

企业的活动是一个有机整体，每个指标的高低，都受不止一个因素的影响。从数量上测定各因素的影响程度，可以帮助人们抓住主要矛盾，进而正确总结经验教训，为今后更好地开展各项工作打下坚实的基础。

1. 连环替代法

连环替代法是因素分析法的基本形式，是为了测定各个经济因素对预定指标完成的影响程度，采用一定的方法依次替代测定各影响因素影响程度的一种分析方法。由于这一方法要按照一定的顺序逐个替代，所以称为"连环替代法"。在实际工作中，某一计划的完成情况，某项预算的执行情况，或者资金运动的情况，总是由多种因素综合作用的结果，各种因素的影响不同，但各种因素之间又存在着某种联系。要揭示出各个因素的影响方向和程度，就要运用因素分析法。其具体方法是：以指标体系为基础，逐次替换每个因素，当某个因素替换时，所有的其他因素不变，由此所产生的差异，就是替换了的那个因素影响的结果，分析的结果，可用绝对值表示，也可以用相对数表示。

1) 连环替代法的程序

(1) 确定分析指标是由哪些因素所构成，各因素排列要遵循正确的顺序，必须符合客观事物的内在联系。确定构成因素就是确定分析指标与其影响因素之间关系，通常是用指标分解法(或称因素分解法)，即将经济指标在计算公式的基础上，进行分解或扩展，从而得出各影响因素与分析指标之间的关系式。例如，资产收益率可以分解如下：

$$资产报酬率 = \frac{息税前利润}{平均资产总额} = \frac{销售净额}{平均资产总额} \times \frac{息税前利润}{销售净额}$$

$$= 资产周转率 \times 销售利润率$$

(2) 确定各因素与分析指标的关系，明确分析对象。

(3) 根据分析目的，将各因素分解，测定每一因素对分析对象变动的影响方向和程度，为进一步深入分析提供方向和依据。

【例 10-2】某宾馆商场 2004 年和 2005 年的有关资产周转率和销售利润率的资料如下：

%

指　　标	2004 年	2005 年
资产报酬率	45	40
资产周转率	2.5	2
销售利润率	18	20

要求：分析各影响因素变动对资产报酬率的影响程度。

第一步：明确关系式和分析对象。

$$资产报酬率 = 资产周转率 \times 销售利润率$$

分析对象：2005 资产报酬率-2004 资产报酬率= 40-45=-5

第二步：依次逐项替代。

2004 年：2.5×18 = 45…………(1)

替代第一个因素：2×18 = 36…………(2)

替代第二个因素：2×20 = 40…………(3)

第三步：确定各因素变动对资产报酬率的影响程度。

资产周转率变动的影响：(2)-(1)= 36-45=-9

销售利润率变动的影响：(3)-(2)= 40-36=4

————————————————————

合计 资产报酬率的综合变动-9+4=-5(与分析对象验证相符)

2) 连环替代法的特点

由上可见，连环替代法具有以下几个特点：

(1) 假定性：每次顺序替代一个因素，也就是在测定某一个因素变动的影响程度，是假定以前各个因素已变动而以后各因素不变为条件的；而且在确定各影响因素的关系时，其排序也是人们主观的一种认识假定。

(2) 连环性：每一个中间环节都是连续重复地比较两次，形成了一系列比较中的连环性。在测定各因素的影响程度时，都是将某个因素替代后的结果与该因素替代前的结果比较，一环连着一环。这样在分析中，连续紧密地对分析对象进行分析，其结果科学合理，也便于检验分析结果的准确性。

(3) 顺序性：在连环替代法使用中，由于因素分解不仅要求确定准确，而且排列顺序也反映了客观事物的内在关系。在连环、环比计算方法下，也确定了必须按一定的顺序，一旦替代顺序的改变，就会改变各因素的影响程度，影响了分析结果。

2. 差额分析法

差额分析法是连环替代法的简化形式。所谓"差额分析法"是指当某一经济指标受几个因素影响时，为测定其中某一因素的影响程度，就以这一因素变化前后的差额，结合其他已变和未变因素的数额，直接求出这一因素影响程度的一种分析方法。

【例10-3】以例10-2资料的有关数据，运用差额分析法分析各因素变动的影响程度：
第一步：明确关系式和分析对象。

$$资产报酬率=资产周转率×销售利润率$$

分析对象：2005资产报酬率-2004资产报酬率=40-45=-5
第二步：测定各因素的影响程度。
资产周转率变动的影响：$(2-2.5)×18=-9$
销售利润率变动的影响：$2×(20-18)=4$
————————————————————————
合计 资产报酬率的综合变动 $-9+4=-5$

在实际的分析中，因素分解法的运用大多使用差额分析法这种简化的形式，连环替代法的特性同样也适应于差额分析法。应该注意，在不同的关系式的基础上，其方法是有所不同的，如果各影响因素之间不是连乘关系时，运用差额分析法的分析方法也会有所变化，在分解关系式存在加减乘除关系时，使用必须慎重。

总的来说，因素分析法在实际的分析中，大多并不是单独使用，而是与比较法结合使用的。比较之后需要分解，以深入了解差异的原因；分解之后还需要比较，以进一步认识其特征。不断地比较和分解，构成了财务报表分析的主要过程。

第三节　财务分析指标

一、偿债能力分析

偿债能力是指旅游企业对各种到期债务偿付的能力。偿债能力反映了企业财务状况的好坏，旅游企业在经营过程中，由于经营的需要，常常也会有大量的负债客观存在。因此，衡量企业偿债能力的财务指标，也是企业经营管理人员、投资者、财务管理人员和债权人关心的一个重要指标。偿债能力的分析通常包括短期偿债能力分析和长期偿债能力分析。

1. 短期偿债能力分析

短期偿债能力是指旅游企业用流动资产偿还流动负债的现金保障程度，是旅游企业目前财务能力，特别是流动资产变现偿付能力的表现。一个企业的短期偿债能力大小，要看流动资产和流动负债的多少和质量状况。

流动资产的质量是指其"流动性"，即转换成现金的能力，包括是否能不受损失地转换为现金以及转换需要的时间。流动负债也有"质量"问题，一般说来，企业的所有债务都是要偿还的，但是并非所有债务都需要在到期时立即偿还，债务偿还的强制程度和紧迫性被视为负债的质量。

短期偿债能力是旅游企业的任何利益关系者都应重视的问题。

(1) 对企业管理者来说，短期偿债能力的强弱意味着企业承受财务风险的能力大小。

(2) 对投资者来说，短期偿债能力的强弱意味着企业盈利能力的高低和投资机会的多少。

(3) 对企业的债权人来说，企业短期偿债能力的强弱意味着本金与利息能否按期收回。

(4) 对企业的其他协作旅游企业和消费者来说，企业短期偿债能力的强弱意味着企业履行合同能力的强弱。

衡量短期偿债能力的指标主要有流动比率、速动比率、保守速动比率和现金比率。

1) 流动比率

流动比率是流动资产与流动负债的比值，反映企业短期偿债能力的强弱。反映了企业每一元流动负债有多少元流动资产作为偿付的保证。

$$流动比率 = 流动资产 \div 流动负债$$

流动比率越高，企业的偿债能力越强，债权人利益的安全程度也越高。通常，流动比率为 2∶1 为财务状况良好，除了能满足日常经营活动的流动资金需要，还有足够的资金偿付到期的短期债务。流动比率过低，说明企业可能在资金周转上存在问题，难以及时偿付到期的短期债务；流动比率过高，也不一定是好的，虽然有足够资金偿付债务，但是，却说明企业在资金的利用上存在一定的不足，当然，这需要结合企业的经营特点和具体情况来看，了解企业的资金使用效率和筹资成本对企业的盈利能力的影响。

流动资产能否用于偿债，要看它们是否能顺利转换成现金。通过报表附注，可以了解各项流动资产的变现能力，并据此对计算口径的调整。

2) 速动比率

速动比率是速动资产与流动负债的比值。所谓速动资产是流动资产扣除存货后的数额，速动比率的内涵是每一元流动负债有多少元速动资产作保障。速动比率的计算公式为：

$$速动比率 = (流动资产 - 存货) \div 流动负债$$

该指标越高，表明企业偿还流动负债的能力越强。在速动资产中减去了变现能力较差且不稳定的存货、待摊费用等项目，所以速动比率比流动比率更能反映流动负债偿还的安全性和稳定性。一般来说，该比率的下限为 1。如果低于 1，表示企业的支付能力存在不足；如果比率高于 1，表示企业有足够的资金偿付短期债务，同时，也说明企业有较多的不能盈利的现款和应收账款。当然，对部分地区有信用消费习惯的旅游企业，则要具体情况具体分析。

虽然大多数旅游企业存货数额并不大，但部分企业由于经营上的需要，还是有一部分存货的，尤其是一些综合经营的旅游企业，存货也客观存在。在计算速动比率时要把存货从流动资产中剔除，其主要原因是：①在流动资产中存货的变现速度最慢；②由于某种原因，存货中可能含有已损失报废但还没作处理的不能变现的存货；③部分存货可能已抵押给某债权人；④存货估价还存在着成本与合理市价相差悬殊的问题。

计算速动比率时，要注意货币资金、短期投资和应收账款的计算口径和计算价格的调整。

速动比率也有其局限性。①速动比率只是揭示了速动资产与流动负债的关系，是一个静态指标；②速动资产中包含了流动性较差的应收账款，使速动比率所反映的偿债能力受到怀疑，特别是当速动资产中含有大量不良应收账款时，必然会减弱企业的短期偿债能力；③各种预付款项及预付费用的变现能力也很差。

3) 保守的速动比率

所谓保守速动比率是指保守速动资产与流动负债的比值，保守速动资产一般是指货币资金、短期证券投资净额和应收账款净额的总和。其计算公式如下：

保守速动比率=(货币资金＋短期证券投资净额＋应收账款净额)÷流动负债

通常，评价保守速动比率的高低，其性质的好坏，应该根据各企业所处的行业特点和企业自身的经营特点，结合企业的历史资料和行业平均水平来判断，对具体计算保守速动比率的具体项目，只要能客观地反映企业存在的问题，揭示企业的实际情况，就可以灵活把握，作为反映企业特点的内部评价指标。

4) 现金比率

现金比率是现金类资产与流动负债的比值。现金类资产是指货币资金和短期投资净额，这两项资产的特点是随时可以变现。现金比率的计算公式如下：

现金比率=(货币资金+短期投资净额)÷流动负债

现金比率反映企业的即时付现能力，就是随时可以还债的能力。企业保持一定的合理的现金比率是很必要的，从稳健角度考虑，现金比率用于评价企业的短期偿债能力最为保险。一般，该比率数值越大越好。

2. 长期偿债能力分析

长期偿债能力是企业偿还长期债务的现金保障程度。企业的长期债务是指偿还期在1年或者超过1年的一个营业周期以上的负债，包括长期借款、应付债券、长期应付款等。分析一个企业长期偿债能力，主要是为了确定该企业偿还债务本金和支付债务利息的能力。

由于长期债务的期限长，企业的长期偿债能力主要取决于企业资产与负债的比例关系，取决于获利能力。通常衡量长期偿债能力的指标有资产负债率、产权比率、有形净值债务率、利息偿付倍数四项。

1) 资产负债率

资产负债率是全部负债总额除以全部资产总额的百分比，也就是负债总额与资产总额的比例关系，也称之为债务比率。资产负债率的计算公式如下：

$$资产负债率=(负债总额÷资产总额)×100\%$$

公式中的负债总额指企业的全部负债,不仅包括长期负债,而且包括流动负债。公式中的资产总额指企业的全部资产总额,包括流动资产、固定资产、长期投资、无形资产和递延资产等。

资产负债率反映在总资产中有多大比例是通过借债来筹资的,也可以衡量企业在清算时保护债权人利益的程度。资产负债率是衡量企业负债水平及风险程度的重要标志。

一般认为,资产负债率的适宜水平是 40%~60%。对于经营风险比较高的企业,为减少财务风险应选择比较低的资产负债率;对于经营风险低的企业,为增加股东收益应选择比较高的资产负债率。

在分析资产负债率时,可以从以下几个方面进行。

(1) 从债权人的角度看,资产负债率越低越好。资产负债率低,债权人提供的资金与企业资本总额相比,所占比例低,企业不能偿债的可能性小,企业的风险主要由股东承担,这对债权人来讲,是十分有利的。

(2) 从股东的角度看,他们希望保持较高的资产负债率水平。站在股东的立场上,可以得出结论:在全部资本利润率高于借款利息率时,负债比例越高越好。

(3) 从经营者的角度看,他们最关心的是在充分利用借入资本给企业带来好处的同时,尽可能降低财务风险。

2) 产权比率

产权比率是负债总额与股东权益总额之间的比率,也称之为债务股权比率。它也是衡量企业长期偿债能力的指标之一,反映了企业资产总额中,债权人资金在企业资产中所占的比例,企业资产对债权人权益的保障程度。其计算公式如下:

$$产权比率=(负债总额÷所有者权益总额)×100\%$$

公式中的"所有者权益"在股份有限公司中是指"股东权益"。

产权比率与资产负债率都是用于衡量长期偿债能力的,具有相同的经济意义。资产负债率和产权比率可以互相换算。

$$产权比率=\frac{负债}{所有者权益}=\frac{负债}{资产-负债}=\frac{负债÷资产}{(资产÷负债)-(负债÷资产)}=\frac{负债÷资产}{1-(负债÷资产)}$$

产权比率越小,表明企业的长期偿债能力越强,债权人的风险较小,但也说明企业未充分发挥负债的财务杠杆作用;如果产权比率越大,说明企业的长期偿债能力越差。一般,产权比率应该小于1。

3) 有形净值债务率

有形净值债务率是企业负债总额与有形净值的百分比。有形净值是所有者权益减去无形资产净值后的净值,即所有者具有所有权的有形资产净值。有形净值债务率用于揭示企业的长期偿债能力,表明债权人在企业破产时的被保护程度。其计算公式如下:

$$有形净值债务率=[负债总额÷(股东权益-无形资产净值)]×100\%$$

有形净值债务率主要是用于衡量企业的风险程度和对债务的偿还能力。这个指标越大,表明风险越大;反之,则越小。同理,该指标越小,表明企业长期偿债能力越强,反之,则越弱。但从企业所有者和经营者的角度看,为了扩大经营规模,获取更多的财务杠杆效益,就应该适度举债,保持适当的负债经营是有益的。评价其好坏,由于各自所处的立场不同,认识也有差别,一般该指标为1比较适当。

4) 利息偿付倍数

利息偿付倍数是指企业经营业务收益与利息费用的比率,也称为已获利息倍数或利息偿付倍数。它表明企业经营业务收益相当于利息费用的多少倍,其数额越大企业的偿债能力越强。其计算公式如下:

利息偿付倍数=息税前利润÷利息费用=(税前利润+利息费用)÷利息费用

或 =(税后利润+所得税+利息费用)÷利息费用

公式中的分子"息税前利润"是指利润表中未扣除利息费用和所得税之前的利润,它可以用"利润总额加利息费用"来测算,也可以用"净利润加所得税、利息费用"来测算。利息偿付倍数指标越高,表明企业的债务偿还越有保障;相反,则表明企业没有足够资金来源偿还债务利息,企业偿债能力低下;因企业所处的行业不同,利息偿付倍数有不同的标准界限。一般公认的利息偿付倍数为 3;从稳健的角度出发,应选择几年中最低的利息偿付倍数指标,作为最基本的标准。

二、营运能力分析

营运能力是指企业营运资产的效率性和充分性。效率性是指使用的后果,是一种产出的概念;充分性是指使用的进行,是一种投入概念。旅游企业营运资产的效率主要指资产的周转率或周转速度。营运能力的分析就是通过对反映企业资产营运效率与效益指标进行计算与分析,评价旅游企业的营运能力,为企业提高经济效益指明方向。

资产的运用效率评价的财务比率是资产周转率,其一般公式为:

资产周转率=周转额÷资产

资产周转率可以分为总资产周转率、分类资产周转率(流动资产周转率和固定资产周转率)和单项资产周转率(应收账款周转率和存货周转率等)三类。

1. 总资产周转率

总资产周转率是指企业一定时期的主营业务收入与资产总额的比率,它说明企业的总资产在一定时期内(通常为一年)周转的次数。其计算公式如下:

总资产周转率=主营业务收入÷总资产平均余额

总资产平均余额=(期初总资产+期末总资产)÷2

总资产周转率也可用周转天数表示,其计算公式为:

总资产周转天数=计算期间天数÷总资产周转率

总资产周转率的高低,取决于主营业务收入和资产两个因素。增加收入或减少资产,都可以提高总资产周转率。

在旅游企业全部资产中,流动资产占的比重较大,周转速度最快的也是流动资产,因此,大多数旅游企业的资产周转速度较一般企业要快,从全部资产周转速度与流动资产的关系,也可以确定影响流动资产周转率的因素。

$$\text{全部资产周转次数} = \frac{\text{销售收入}}{\text{平均流动资产}} \times \frac{\text{平均流动资产}}{\text{平均总资产}}$$

$$= \text{流动资产周转天数} \times \text{流动资产占总资产的比重}$$

由上不难看出,全部资产周转率的快慢取决于流动资产周转率和流动资产所占的比重,企业流动资产比重越大,总资产周转速度就越快,反之则慢,效率则低。

2. 分类资产周转率

1) 流动资产周转率

流动资产周转率是指企业一定时期的主营业务收入与流动资产平均余额的比率,即企业流动资产在一定时期内(通常为一年)周转的次数。流动资产周转率是反映企业流动资产运用效率的指标。其计算公式如下:

$$\text{流动资产周转率} = \text{主营业务收入} \div \text{流动资产平均余额}$$

$$\text{流动资产周转天数} = \text{计算期天数} \div \text{流动资产周转率}$$

流动资产周转率指标不仅反映流动资产运用效率,同时也影响着企业的盈利水平。企业流动资产周转率越快,周转次数越多,表明企业以相同的流动资产占用实现的主营业务收入越多,说明企业流动资产的运用效率越好,进而使企业的偿债能力和盈利能力均得以增强。反之,则表明企业利用流动资产进行经营活动的能力差,效率较低。

2) 固定资产周转率

固定资产周转率是指企业一定时期的主营业务收入与固定资产平均净值的比率。它是反映企业固定资产周转状况,衡量固定资产运用效率的指标。其计算公式为:

$$\text{固定资产周转率} = \text{主营业务收入} \div \text{固定资产平均余额}$$

$$\text{固定资产周转天数} = 360 \div \text{固定资产周转率}$$

固定资产周转率越高,表明企业固定资产一定时间内运用越充分,说明企业固定资产投资得当,固定资产结构分布合理,能够充分地发挥固定资产的使用效率,企业的经营活动越有效;反之,则表明固定资产使用效率不高,提供的生产经营成果不多,企业固定资产的营运能力较差。

3. 单项资产周转率

单项资产的周转率,是指根据资产负债表左方项目分别计算的资产周转率。其中最重要和最常用的是应收账款周转率和存货周转率。

1) 应收账款周转率

应收账款周转率是指企业一定时期的主营业务收入与应收账款平均余额的比值,它意味着企业的应收账款在一定时期内(通常为一年)周转的次数。应收账款周转率是反映企业的应收账款管理水平的指标。其计算公式如下:

$$\text{应收账款周转率(次数)} = \text{主营业务收入} \div \text{应收账款平均余额}$$

$$\text{应收账款周转天数} = \text{计算期间天数} \div \text{应收账款周转率(次数)}$$

或

$$= (\text{应收账款平均余额} \times \text{计算期间天数}) \div \text{主营业务收入}$$

一定期间内,企业的应收账款周转率越高,周转次数越多,表明企业应收账款回收速度越快,企业应收账款的管理效率越高,资产流动性越强,短期偿债能力越强。同时,较高的应收账款周转率可有效地减少收款费用和坏账损失,从而相对增加企业流动资产的收益能力。

2) 存货周转率

旅游企业的部分商场、公司，存在必不可少的经营性存货，其存货周转率的计算就显得非常必要。存货周转率有两种计算方式：一是以成本为基础的存货周转率，主要用于企业资产的流动性分析；二是以收入为基础的存货周转率，主要用于盈利性分析。计算公式分别如下：

成本基础的存货周转率＝主营业务成本÷存货平均余额

收入基础的存货周转率＝主营业务收入÷存货平均余额

以成本为基础的存货周转率，可以更切合实际地表现存货的周转状况；而以收入为基础的存货周转率既维护了资产运用效率比率各指标计算上的一致性，由此计算的存货周转天数与应收账款周转天数建立在同一基础上，从而可直接相加并得出营业周期。

一般而言，影响资产周转率的因素包括：企业经营周期的长短，企业的资产构成及其质量，资产的管理力度以及企业所采用的财务政策等。由于资产周转率指标中的资产数据是一个时点数，极易受偶然因素的干扰甚至是人为的修饰。因此，要弄清企业资产周转率的真实状况，首先应对其进行趋势分析，即对同一企业的各个时期的资产周转率的变化加以对比分析，以掌握其发展规律和发展趋势。然后结合企业的历史资料和同行业先进水平，评价企业的具体问题，找出改善企业经营管理的关键，解决管理中存在的问题

三、盈利能力分析

盈利能力是指企业在一定时期内获取利润的能力。盈利能力的高低是一个相对的概念，就是说，盈利能力是利润相对一定的资金投入和一定的收入而言。利润率越高，说明企业的盈利能力越强。企业的盈利能力对所有的利害关系者来说都非常重要，是企业经营管理水平的最终体现。

从不同的角度看，盈利能力可以用很多指标反映，通常的有净资产收益率、销售毛利率、总资产报酬率、每股收益和市盈率等。

1. 净资产收益率

净资产收益率是指企业本期净利润与净资产的比率，是反映企业资本经营盈利能力的基本指标，也叫净值报酬率或权益报酬率。

净资产收益率＝净利润÷净资产平均余额

净资产平均余额＝(期初净资产+期末净资产)÷2

公式中，净利润是指企业的税后利润；净资产是指企业资产减去负债后的余额，即所有者权益。

净资产收益率是反映企业盈利能力的核心指标，反映了旅游企业的综合盈利能力。因为旅游企业的基本目标是股东价值(或所有者权益)最大化，而净资产收益率就直接反映了资本的增值状况，反映了投入资本与所带来的效益两者之间的相互关系。

2. 销售毛利率

销售毛利率是指企业的毛利占销售收入的百分比。销售毛利是主营业务收入与主

营业务成本之差。销售毛利的计算有绝对数和相对数两种方式，计算公式分别如下：

销售毛利额=主营业务收入-主营业务成本

销售毛利率 =（销售毛利÷销售收入）×100%

该指标反映了每百元主营业务收入中获取的毛利额。毛利率是企业获利的基础，毛利水平越高，说明企业抵补各项期间费用的能力越强，盈利水平越高。旅游企业的毛利水平受多方面因素影响，有自然、地理、人文、政策、气候和行业竞争的影响，最基本的还是两个方面，即客源量和价格。

3. 总资产报酬率

总资产报酬率是指企业一定期限内实现的收益额与该时期企业平均资产总额的比率。它是反映企业资产综合利用效果的指标，也是衡量企业总资产获利能力的重要指标。总资产报酬率也称总资产收益率，其计算公式如下：

$$总资产报酬率 = \frac{收益总额}{平均资产总额} \times 100\%$$

收益总额=税后利润+利息+所得税

平均资产总额=(期初资产总额+期末资产总额)÷2

在确定收益总额中之所以将利息加入，是因为从全部资产的角度，利息是借入资本的等价报酬，它与税金一样也是企业对社会的贡献。总资产报酬率指标集中体现了旅游企业资产运用效率和资金利用效果之间的关系。在旅游企业资产总额一定的情况下，利用总资产报酬率指标可以分析企业盈利的稳定性和持久性，确定企业所面临的风险，可反映企业综合经营管理水平的高低。

在评价总资产报酬率时，需要与企业前期的相关比率、同行业其他企业进行比较，进一步总结经验教训，以利于企业加强经营管理。如果资产报酬率高于同期银行借款利率和社会平均利润率，则说明公司总资产获利能力强。

4. 每股收益

每股收益是评价上市公司的重要指标，是指净利润扣除优先股股息后的余额与发行在外的普通股的平均数之比，该指标反映了每股发行在外的普通股所能分摊的净收益。

$$每股收益 = \frac{净利润 - 优先股股息}{发行在外的普通股加权平均数(流通股数)}$$

因为优先股股东对股利的受领优于普通股股东，因而在普通股股东受益前，需将优先股股利扣除。随着我国股份制企业的不断增多，旅游企业的上市公司也越来越多，这对旅游企业的跨越式发展，开辟了一条全新的道路。一般，每股收益越高，说明企业的盈利能力越强，当然，为更好认识企业的盈利能力，应该与其他企业进行不同时期的每股收益进行对比，结合其他指标进行综合分析，才能得出正确的结论。

5. 市盈率

市盈率是指普通股的市场价格与当期每股收益的比率，可用以判断上市公司股票潜在投资价值。计算公式如下：

市盈率=每股市价÷每股收益

上市公司一段时期连续的市盈率指标反映了上市公司的盈利情况及稳定情况，可在一定程度上说明上市公司经营管理水平和盈利能力，以及今后的发展趋势。通常，在投资分析时，市盈率是分析的首要指标，它客观地反映了目前市场对该上市公司的综合评价，以及该公司今后的市场发展前景。

四、发展能力分析

发展能力是指企业在可预见的未来不断扩大经营规模，获取更多经济收益的潜力，主要包括旅游企业的资产、营业收入、收益等方面的增长趋势和增长速度。从现代企业发展看，企业的价值很大程度上是取决企业未来的获利能力，取决于企业营业收入、收益以及股利的未来增长，可以说提高目前的盈利能力、偿债能力和资产营运效率，都是为了企业未来的发展。因此，从动态的角度分析和预测企业发展能力，是更全面地衡量一个企业的价值的重要方面。

1. 营业增长率

营业增长率是指旅游企业本年营业收入增长额与上年营业收入总额的比率，所谓营业收入是指企业的主营业务收入。营业增长率是表示与上年相比，企业的营业收入增减变动情况，这个指标是评价企业增长状况和企业发展潜力的重要指标。因为，市场竞争条件下，市场是企业生存和发展的空间，企业的营业收入不断增长，说明企业在市场竞争中获取了更大的份额，企业生存和发展的空间也越大。其计算公式为：

$$营业增长率 = 本年营业增长额 \div 上年营业收入总额$$

营业增长率是衡量企业经营状况和市场占有能力、预测企业经营业务发展趋势的重要标志，也是企业扩张增量和存量资本的重要比较。我国现代旅游企业的发展，是随着近几十年人们生活水平的不断提高而不断发展的历史，旅游收入的不断增长，是旅游企业发展的必然表现。营业增长率指标值越高，说明企业的发展越快，旅游市场前景喜人。如果这个指标值较低，小于 0，则说明企业在市场竞争中处于不断衰退的困境，市场份额萎缩，需要及时找出问题的关键所在。

营业增长率指标在实际工作使用时，应结合企业连续几年的营业收入水平、企业市场占有情况、行业未来发展及其企业发展的潜在因素进行前瞻性预测，或结合企业前三年的营业收入增长率作出趋势性分析。另一方面，在分析企业在营业状况的成长性时，必须注意营业增长率是否具有效益性，虽然营业增长率高说明企业取得了市场，但还需要具体分析，判断企业在经营状况方面的未来成长性和可持续成长能力，如果营业收入的增加主要依赖于资产的增加，即营业增长率低于总资产增长率，说明这种情况下的营业增长不具有效益性，同时反映了企业在营销方面未来的成长性并不好，正常情况下，旅游企业的营业增长率应该高于其资产增长率。

2. 总资产增长率

总资产增长率是企业本年总资产增长额与年初资产总额的比率，该指标可以评价企业本期资产规模的增长情况，说明企业经营规模总量上的扩张程度。计算公式为：

$$总资产增长率 = \frac{本年总资产增长率}{年初资产总额} \times 100\%$$

该指标是从旅游企业资产总量扩张方面衡量企业未来的发展潜力，表明企业发展规模增长水平对企业发展后劲的影响。总资产增长率越高,说明企业在本会计期间内经营规模扩展的速度越快,说明企业正处于成长期。在实际运用中,应该注意资产规模扩张的量与质之间的关系,以及对企业后续发展的影响,避免过分依赖数据,忽视客观深入的调查分析。很多时候总资产增长率并不是孤立地越高越好,要评价企业资产规模增长是否适当,必须与企业的营业增长、利润增长等情况结合起来分析。只有在销售增长、利润增长超过资产规模增长的情况下,这种资产规模增长才属于效益型增长,才是适当有效的增长,才有利于企业长远的发展。

3. 资本积累率

资本积累率是指企业本年所有者权益增长额与年初所有者权益额的比率,该指标反映了企业当年资本的积累情况,是评价企业发展潜力的重要指标。

$$资本积率率 = \frac{本年所有者权益增长额}{年初所有者权益额} \times 100\%$$

资本积累率反映了当年企业所有者权益的变动情况,表明了当年所有者权益每百元的增长幅度。旅游企业的不断发展,离不开资本积累过程,资本积累是旅游企业规模不断扩张的源泉,反映了企业发展的后劲与活力。该指标数值越高,说明企业的资本积累越多,企业资本的保全越好,应付经营风险,持续发展的能力就越强。反之,则说明企业在发展中处于不利的困境。

4. 三年利润平均增长率

三年利润平均增长率是反映企业利润连续三年的增长情况,表现了企业的发展趋势和发展后劲。计算公式为:

$$平均增长率 = \left(\sqrt[3]{\frac{年末利润总额}{三年前年末利润总额}} - 1\right) \times 100\%$$

三年前年末利润总额指企业三年前的利润总额数,如果要评价企业 2006 年的绩效状况,则三年前利润总额是指 2003 年利润总额年末数。

利润是企业经营管理的综合表现,是企业积累和发展的基础。三年利润平均增长率指标值越高,说明企业积累得越多,今后的发展能力越强。利用三年利润平均增长率指标,能够反映企业利润增长趋势和效益的稳定程度,较好地体现企业的发展状况和潜力,避免了因个别年份利润的超常增长而带来对企业不正确的评价。

5. 可持续增长率

可持续增长率是企业在保持目前经营策略和财务策略的情况下能够实现的增长速度。企业的价值在于其盈利及其增长能力,而企业的盈利及其增长,一方面主要体现为资产、营业收入以及收益的增长;另一方面主要受企业经营策略和财务策略的影响。经营策略是企业的营销政策和资产营运政策,财务策略是指融资政策和股利政策。企业为了不断地获利和发展,通常要利用以上四个经济杠杆。可持续增长率可以用来衡量企业利用这些经济杠杆获得的持续增长的效果。其计算公式如下:

可持续增长率=净资产收益率×(1-股利支付率)

=销售净利率×资产周转率×权益乘数×(1-股利支付率)

可持续增长率指标的有关数据是根据企业资产负债表和损益表计算而得。从公式可以看出，企业未来一年的收益成长率不可能大于本年净资产收益率，也就是说，当企业不发股利的时候，可持续增长率最多等于净资产收益率。可持续增长率越高，说明企业收益的未来增长速度越快；该指标越低，则说明企业收益的未来增长速度越慢。后面一个变形公式则是说明影响可持续增长率的因素也可以反映为四个方面：销售净利率、资产周转率、权益乘数和股利支付率。从关系式可以看出，前三者的变动与可持续增长率是正向变动趋势，即销售净利率、资产周转率、权益乘数等数值越高，则可持续增长率就越高；而股利支付率却是反向变动趋势，即股利支付率越大，则可持续增长率就越低。总的来说，作为可持续增长策略主要就是企业经营策略分析和财务策略分析。企业的经营策略分析实质上是研究提高旅游企业销售净利率和资产周转率的途径。为实现长远发展目标，旅游企业可以考虑调整企业的财务策略，包括增加权益资本、提高财务杠杆、降低股利支付水平等。

第四节 杜邦分析体系简介

如何实现公司价值最大化是旅游财务管理的重要目标，任何一个公司的生存与发展都依赖于该公司能否创造价值。为了让企业领导者更直观地了解经营成果，就需要一套有效的财务指标体系，以便据此评价和判断企业的经营绩效、经营风险、财务状况、获利能力和发展状况。杜邦财务分析体系(the du pont system)就是一种比较实用和常用的财务比率分析体系。

杜邦财务分析体系法是利用各财务比率指标之间的内在联系，对企业综合经营理财及经济效益进行体系评价的方法。杜邦财务分析体系法也称为杜邦财务分析法，这种财务分析方法从评价企业绩效最具综合性和代表性的指标——净资产收益率和总资产报酬率出发，层层分解至企业最基本生产要素的使用，成本与费用的构成，从而满足经营者通过财务分析进行绩效监控需要，在经营目标发生异动时能及时查明原因并加以修正。在体系中自有资金利润率指标是一个综合性最强的财务比率，是杜邦体系的核心，它等于总资产报酬率与权益乘数的乘积，具体关系如图10-2所示。

杜邦财务分析体系的作用是解释各比率指标变动的原因和变动趋势，为采取相应措施指明方向。按照权益乘数对净资产收益率的分解，对体系中的相互关系可分为以下几个公式：

$$净资产收益率 = \frac{净利润}{所有者权益} = \frac{净利润}{资产总额} \times \frac{资产总额}{所有者权益}$$

$$净值报酬率 = 资产净利率 \times 权益乘数$$

$$资产净利率 = \frac{净利润}{资产总额} = \frac{净利润}{营业收入} \times \frac{营业收入}{资产总额}$$

$$= 营业净利率 \times 资产周转率$$

$$营业净利率 = \frac{净利润}{营业收入} = \frac{营业收入-营业成本-期间费用-税金-其他支出}{营业收入}$$

$$总资产周转率 = \frac{营业收入}{资产总额} = \frac{营业收入}{流动资产+固定资产+长期投资+无形资产+其他资产}$$

所以

$$净资产收益率=营业净利率×总资产周转率×权益乘数$$

$$权益乘数=1÷(1-资产负债率)=平均总资产÷平均净资产$$

权益乘数表示企业的负债程度。权益乘数越大，企业负债程度越高，通常的财务比率都是除数，除数的倒数叫乘数，权益除以资产是资产权益率，权益乘数是其倒数，即资产除以权益。

权益净利率反映公司所有者权益的投资报酬率，具有很强的综合性。由公式可以看出：决定权益净利率高低的因素有三个方面——权益乘数、销售净利率和总资产周转率。三个比率分别反映了企业的负债比率、盈利能力比率和资产管理比率。这样分解之后，可以把权益净利率这样一项综合性指标发生升降的原因具体化，定量地说明企业经营管理中存在的问题，比一项指标能提供更明确的，更有价值的信息。

权益乘数越大，企业负债程度越高，偿还债务能力越差，财务风险程度越高。这个指标同时也反映了财务杠杆对利润水平的影响。财务杠杆具有正反两方面的作用，在收益较好的年度，它可以使股东获得的潜在报酬增加，但股东要承担因负债增加而引起的风险；在收益不好的年度，则可能使股东潜在的报酬下降。当然，从投资者角度而言，只要资产报酬率高于借贷资本利息率，负债比率越高越好。资产净利率是一个综合性的指标，同时受到销售净利率和资产周转率的影响。

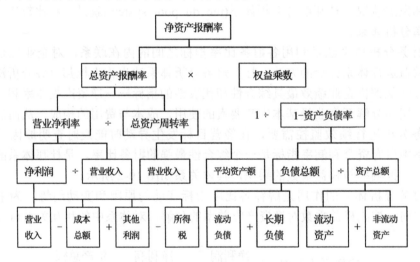

图10-2 杜邦分析结构图

销售净利率高低的分析，需要从销售额和销售成本两个方面进行，这方面的分析是有关盈利能力的分析。这个指标可以分解为销售成本率、销售其他利润率和销售税金率。销售成本率还可进一步分解为毛利率和销售期间费用率。深入的指标分解可以将销售利润率变动的原因定量地揭示出来，如是售价太低，成本过高，还是费用过大。当然经理人员还可以根据企业的一系列内部报表和资料进行更详尽的分析。总资产周转率是反映运用资产以产生销售收入能力的指标。对总资产周转率的分析，则需对影响资产周转的各因素进行分析。除了对资产的各构成部分从占用量上是否合理进行分析外，还可以通过对流动资产周转率、存货周转率、应收账款周转率等有关资产组成部分使用效率的分析,判明影响资产周转的问题出在哪里。

资产净利率把企业一定期间的净利与企业的资产相比较,表明企业资产利用的综合效果。

案例与点评

案例介绍

现以丽江玉龙旅游股份有限公司(简称丽江旅游)上市公司的 2005 年度有关财务报告进行综合财务分析,相关财务报表如表 10-6~表 10-8 所示。

表 10-6　丽江旅游资产负债表

报 告 期	2005-12-31	2005-09-30	2005-06-30	2005-03-31	2004-12-31
资产					
流动资产					
货币资金	182 554 174	188 055 061	190 978 371	220 768 631	226 151 957
短期投资	3 000 000	0	0	0	0
减:短期投资跌价准备	0	0	0	0	0
短期投资净额	3 000 000	0	0	0	0
应收票据	0	0	0	0	0
应收账款	6 419 907	0	9 188 395	0	4 149 233
应收账款净额	4 842 365	6 198 503	7 443 058	1 045 425	4 149 233
其他应收款	7 427 294	0	6 018 967	0	4 988 709
其他应收款净额	5 939 620	6 780 760	5 509 395	5 353 413	4 988 709
减:坏账准备	3 065 215	0	2 254 909	0	
应收款项净额	10 781 986	12 979 263	12 952 453	6 398 838	9 137 942
预付账款	51 887 656	40 684 466	29 120 878	16 998 637	15 221 513
存货	2 606 686	0	2 973 155	0	3 106 169
待摊费用	199 236	587 620	1 104 857	2 116 372	1 292 860
流动资产合计	251 029 738	244 975 219	237 129 714	249 388 147	254 910 441
长期投资					
长期股权投资	17 890 595	17 443 360	17 996 125	18 548 889	19 101 654
长期债权投资	0	0	0	0	
长期投资合计	17 890 595		17 996 125	0	19 101 654
长期投资净额	17 890 595	17 443 360	17 996 125	18 548 889	
固定资产					
固定资产原价	130 747 749	129 845 876	127 918 459	127 908 602	127 039 836
减:累计折旧	63 637 889	61 605 279	59 381 963	56 786 724	54 461 263
固定资产净值	67 109 860	68 240 597	68 536 495	71 121 878	72 578 573

续表

报 告 期	2005-12-31	2005-09-30	2005-06-30	2005-03-31	2004-12-31
固定资产净额	67 109 860	68 240 597	68 536 495	71 121 878	72 578 573
在建工程	725 266	0	1 434 060	0	
在建工程净额	725 266	4 803 192	1 434 060	0	350 000
固定资产合计	67 835 126	73 177 769	70 097 211	71 121 878	72 928 573
无形资产及其他资产					
无形资产	8 215 838	0	8 354 979	0	8 494 120
长期待摊费用	757 780	1 277 040	1 437 319	1 907 137	1 296 664
其他长期资产	0	0	0	0	0
无形资产及其他资产合计	8 973 619	9 562 449	9 792 298	10 349 996	9 790 784
资产总计	345 729 077	345 158 798	335 015 347	349 408 910	356 731 452
负债及股东权益					
流动负债					
短期借款	0	0	0	0	0
应付账款	217 291	182 040	240 421	247 878	730 871
预收账款	480 580	190 486	854 038	163 386	1 746 920
应付工资	3 146 112	134 494	1 396 060	1 229 224	3 730 576
应付福利费	2 741 638	1 633 209	1 879 240	1 865 498	2 188 930
应付股利	0	0	0	21 031 707	
应交税金	16 663 961	11 995 535	7 349 715	13 538 422	16 832 206
其他应交款	11 459 866	17 662 327	14 784 447	10 716 335	10 677 014
其他应付款	7 133 151	5 287 380	2 810 625	2 435 758	2 317 258
预提费用	4 000	40 000	28 000	16 000	4 000
一年内到期的长期负债	0	0	0	6 000 000	6 000 000
其他流动负债	0	4 267	0	4 453	
流动负债合计	41 846 600	37 129 737	29 342 546	57 248 660	44 227 778
长期负债					
长期借款	0	0	15 000 000	15 000 000	15 000 000
长期负债合计	0	0	15 000 000	15 000 000	15 000 000
负债合计	41 846 600	37 129 737	44 342 546	72 248 660	59 227 778
少数股东权益	15 369 692	13 938 591	11 833 215	9 369 890	14 521 498
股东权益					
股本	99 323 048	99 323 048	99 323 048	99 323 048	99 323 048
股本净额	99 323 048	99 323 048	99 323 048	99 323 048	99 323 048

续表

报 告 期	2005-12-31	2005-09-30	2005-06-30	2005-03-31	2004-12-31
资本公积金	135 068 505	135 068 490	135 068 490	135 068 490	135 068 490
盈余公积金	23 821 623	20 062 658	20 062 658	17 740 018	17 740 018
其中：公益金	7 190 977	5 937 989	5 937 989	5 163 775	5 163 775
未分配利润	30 299 608	39 636 275	24 385 391	15 658 803	30 850 625
股东权益合计	288 512 785	294 090 470	278 839 587	267 790 359	282 982 181
负债及股东权益总计	345 729 077	345 158 798	335 015 347	349 408 910	356 731 452

表 10-7　利润简表

项　目	2005-12-31	2005-09-30	2005-06-30	2005-03-31	2004-12-31
主营业务收入	1 0465 568	7 529 429	4 199 161	1 548 798	101 629 263
主营业务利润	8 272 366	5 944 650	3 209 966	1 140 593	81 392 593
利润总额	6 215 077	4 776 499	2 396 887	778 903	61 449 257
净利润	3 830 719	3 097 290	1 572 202	467 279	36 616 353
未分配利润	3 029 961	3 963 628	2 438 539	1 565 880	30 850 625

表 10-8　现金流量简表

项　目	2005-12-31	2005-09-30	2005-06-30	2005-03-31	2004-12-31
经营现金净流量	6 000 448	3 882 335	1 211 110	301 711	123 017 213
投资现金净流量	-4 558 061	-3 139 081	-1 679 413	-304 544	-35 437 581
筹资现金净流量	-5 802 165	-4 552 944	-3 049 055	-535 500	100 463 867
汇率对现金影响	—	—	—	—	—
现金流量净增额	-4 359 778	-3 809 690	-3 517 359	-538 333	147 402 67

企业情况简介：该公司于 2004 年 8 月上市，总股本 9932.30 万股，流通股 3375 万股。丽江所处的滇西北地区是云南省旅游资源最为富集的地方之一。"中国香格里拉生态旅游区"、"三江并流区域"、"茶马古道"均是世界知名的精品旅游区。丽江则是"中国香格里拉生态旅游区"的中心和示范区，是滇西北旅游区的龙头。丽江当地交通、通信等基础设施的快速发展，大大改善了丽江作为旅游目的地的可达性和易达性。云南丽江玉龙雪山省级旅游区是国家 AAAA 级景区，景区面积 300 多平方千米，具有的雪山、现代冰川、高山原始森林、河谷、牧场等自然景观是富有吸引力的旅游目的地。玉龙雪山景区内目前共建有玉龙雪山索道、云杉坪索道和牦牛坪索道三条索道，三条索道分别代表了冰川、森林、草甸三种不同类型的自然景观，目前上述索道公司控股经营，所以公司在玉龙雪山景区的旅游服务中具有鲜明的产品特色优势。

案例点评

1. 2005 末期主营业务收入情况

	主营收入	同比增长	主营成本	同比增长	毛利率	同比增长
按行业						
旅游服务	10 465.57	2.98%	1 633.47	10.42%	84.39%	-1.05%
按产品						
索道运输	10 066.05	3.37%	1 309.27	8.63%	86.99%	-0.63%

  2005 年我国宏观经济继续平稳高速增长，国民收入进一步提高，在此背景下，丽江地区旅游业继续保持良好的增长态势。公司克服了今年第一季度玉龙雪山雪崩造成的大索道停运对公司业绩的不利影响，强化索道安全运营，加强成本控制，使公司年初各项工作目标得以实现。2005 年实现主营业务收入 10 465.57 万元，比 2004 年增长 2.98%，实现主营业务利润 8 272.37 万元，比 2004 年增长 1.63%，实现净利润 3830.72 万元，比 2004 年增长 4.62%。说明企业总体经营活动情况良好。

  2. 各项财务比率指标
  1) 盈利能力指标

表 10-9

	2005 年报	2005 三季	2005 中报	2005 首季	2004 年报
每股收益	0.386	0.310	0.160	0.050	0.370
经营净利率	36.603	41.136	37.441	30.170	36.029
经营毛利率	79.044	78.952	76.443	73.644	80.809
净资产收益率	13.280	10.530	5.640	1.740	12.94
净利润率	36.603	41.136	37.441	30.170	36.029

  从每股收益的趋势分析图 10-3 可以看出，公司的经营能力在上市公司中，从上市至 2005 年末，除 2005 年初，因自然原因，给企业公司业务收益带来影响外，企业的总体经营能力较好，基本能保持每股收益在 0.3 元以上。

  从资产收益率可看出在资金增加的情况下，并没有很好地利用，说明企业的投资能力不强。

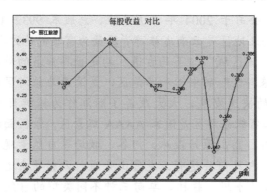

图 10-3

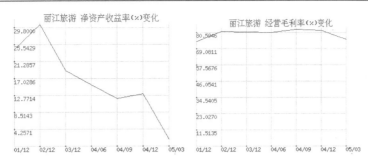

图 10-3 （续）

2) 偿债能力指标

从企业的各项偿债指标看，该公司的偿债能力是比较好的，远超过一般企业的平均水平，如表 10-10 所示。

表 10-10

	2005 年报	2005 三季	2005 中报	2005 首季	2004 年报
流动比率	5.999	6.598	8.081	4.356	5.764
速动比率	5.937	6.526	7.980	4.302	5.693
资产负债比率	12.104	10.757	13.236	20.677	16.603
产权比率	14.504	12.625	15.903	26.980	20.930
应收账款周转率	23.279	14.553	7.245	5.963	23.981

从图 10-4 中可以看出，2005 年与上年相比，部分指标有所降低，但总体是好的。

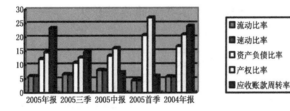

图 10-4

3) 成长能力指标

表 10-11

	2005.12	2005.9	2005.6	2005.3	2004.12	2003.12	2002.12
流动比率	5.999	6.598	8.081	4.356	5.764	2.740	3.350
速动比率	5.937	6.526	7.980	4.302	5.693	2.670	3.220
资产负债比率	12.104	10.757	13.236	20.677	16.603	32.578	15.978
产权比率	14.504	12.625	15.903	26.980	20.930	51.750	19.975
应收账款周转率	23.279	14.553	7.245	5.963	23.981	13.490	15.160

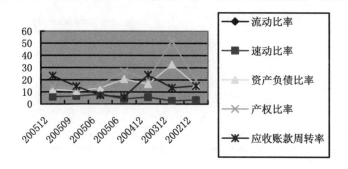

图 10-5

从图 10-5、表 10-11 的指标看，该公司的成长性变化较小，基本与上年保持稳定，说明企业正处于成熟期，发展较为稳定。

3. 丽江旅游杜邦分析

为更好地了解该公司的经营活动情况绘制杜邦分析图如图 10-6 所示。

综合评价：丽江玉龙旅游股份有限公司是丽江最大的旅游服务企业，公司的经营和盈利能力具有连续性和稳定性的特点。从 2005 年的财务完成情况看，总的来说是好的。随着市场竞争的加剧，有垄断优势的公司在经营上更容易获得垄断利润，从而进一步发展壮大，而该公司在占据了丽江旅游的索道运输经营后，具有相对的垄断性，这可以从较高的毛利率看出；该企业的资产报酬率为 10.906 6%，由于运用了财务杠杆的作用，即负债经营，使企业的净资产报酬率提高到 13.08%，说明企业在追求利润的同时，风险并不高。从企业的盈利能力和增长能力看，企业的发展还存在一定的问题，从 2005 年的经营情况看，索道的运量已趋于饱和，难以更好地获取更多的利润，这就需要企业不能仅仅以旅游索道的经营为主营业务，旅游产品不能仅局限于观光旅游，公司业绩不能对旅游市场接待游客数量的依赖较大，对一个完善的发展企业来说，市场的扩展和建设需要进一步加强。

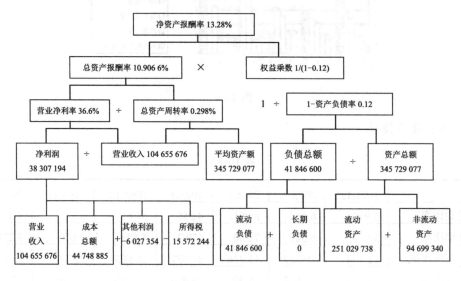

图 10-6 杜邦结构分析图

练习与思考题

1. 旅游企业管理者分析财务报表的目的是什么?
2. 什么是趋势分析?其主要作用是什么?
3. 旅游企业财务信息的主要来源有哪些?
4. 旅游财务报表附注的主要内容是什么?
5. 影响旅游企业总资产变化的因素有哪些?
6. 什么是因素分析法?在使用因素分析法时应注意一些什么特点?
7. 什么是比率分析法?反映企业竞争能力的指标应该如何看?
8. 什么是权益乘数?其反映了企业哪些方面的情况?
9. 财务报表分析有哪些优点和不足?
10. 我国证券市场上的旅游企业有何特点?应该如何正确分析认识?

复习自测题

一、单项选择题

1. 财务报表分析的对象是企业的基本活动,不是指(　　)。
   A. 筹资活动　　　B. 投资活动　　　C. 经营活动　　　D. 全部活动
2. 当法定盈余公积达到注册资本的(　　)时,可以不再计提。
   A. 5%　　　　　B. 10%　　　　　C. 25%　　　　　D. 50%
3. 在财务报表分析中,投资人是指(　　)。
   A. 社会公众　　B. 金融机构　　　C. 优先股东　　　D. 普通股东
4. 流动资产和流动负债的比值被称为(　　)。
   A. 流动比率　　　　　　　　　　B. 速动比率
   C. 营运比率　　　　　　　　　　D. 资产负债率
5. 资产负债表的附表是(　　)。
   A. 利润分配表　　　　　　　　　B. 分部报表
   C. 财务报表附注　　　　　　　　D. 应交增值税明细表
6. 诚然公司报表所示:2000 年无形资产净值为 160 000 元,负债总额为 12 780 000 元,所有者权益总额为 22 900 000 元,计算有形净值债务率为(　　)。
   A. 55.8%　　　B. 55.4%　　　　C. 56%　　　　　D. 178%
7. 理想的有形净值债务率应维持在(　　)的比例。
   A. 3∶1　　　　B. 2∶1　　　　　C. 1∶1　　　　　D. 0.5∶1
8. 资本结构具体是指企业的(　　)的构成和比例关系。
   A. 长期资本与长期负债　　　　　B. 长期债权投资与流动负债
   C. 长期应付款与固定资产　　　　D. 递延资产与应付账款

9. 能够反映公司经济利润最正确和最准确的度量指标是(   )。
   A. 基本的经济增加值　　　　　　　　B. 特殊的经济增加值
   C. 真实的经济增加值　　　　　　　　D. 披露的经济增加值
10. 成龙公司 2000 年的主营业务收入为 60 111 万元，其年初资产总额为 6 810 万元，年末资产总额为 8 600 万元，该公司总资产周转率及周转天数分别为(   )。
   A. 8.83 次，40.77 天　　　　　　　　B. 6.99 次，51.5 天
   C. 8.83 次，51.5 天　　　　　　　　D. 7.8 次，46.15 天

二、多项选择题

1. 下列项目属于资本公积核算范围的是(   )。
   A. 接受捐赠　　　B. 法定资产重估增值　　　C. 提取公积金
   D. 对外投资　　　E. 股本溢价
2. 财务报表分析具有广泛的用途，一般包括(   )。
   A. 寻找投资对象和兼并对象　　　B. 预测企业未来的财务状况
   C. 预测企业未来的经营成果　　　D. 评价公司管理业绩和企业决策
   E. 判断投资、筹资和经营活动的成效
3. 以下(   )属于企业在报表附注中进行披露的或有负债。
   A. 已贴现商业承兑汇票　　　B. 预收账款
   C. 为其他单位提供债务担保　　D. 应付账款
   E. 未决诉讼
4. (   )指标可用来分析长期偿债能力。
   A. 产权比率　　　　　　　　B. 资产负债率
   C. 有形净值债务率　　　　　D. 流动比率
   E. 酸性测试比率
5. 企业的长期债务包括(   )。
   A. 应付债券　　　　　　　　B. 摊销期长的待摊费用
   C. 长期应付款　　　　　　　D. 长期债券投资
   E. 长期借款
6. 在计算速动比率时要把存货从流动资产中剔除是因为(   )。
   A. 存货估价成本与合理市价相差悬殊
   B. 存货中可能含有已损失报废但还没作处理的不能变现的存货
   C. 存货种类繁多，难以综合计算其价值
   D. 存货的变现速度最慢
   E. 部分存货可能已抵押给某债权人
7. 导致企业的市盈率发生变动的因素是(   )。
   A. 企业财务状况的变动　　　B. 同期银行存款利率
   C. 上市公司的规模　　　　　D. 行业发展
   E. 股票市场的价格波动
8. 在分析获取现金能力的情况时，可以选用的指标主要有(   )。

A. 现金流量适合率   B. 全部资产现金回收率
C. 每元销售现金净流入   D. 每股经营现金流量
E. 现金满足投资比率

9. 企业的收入包括( )等多种类别。
 A. 投资收入   B. 其他业务收入   C. 补贴收入
 D. 营业外收入   E. 主营业务收入

10. 影响应收账款周转率下降的原因主要是( )。
 A. 赊销的比率   B. 客户故意拖延   C. 企业的收账政策
 D. 客户财务困难   E. 企业的信用政策

三、综合计算题

1. 兴云旅游公司是综合经营旅游企业，下面是部分资产负债表资料：

表 10-12 资产负债表(部分)

万元

项 目	2006 年	2005 年	行业标准
现金	36 000	42 000	24 000
银行存款	1 05 000	1 800 000	1 200 000
短期投资——债券投资	200 000	150 000	100 000
其中：短期投资跌价准备	5 000	1 200	800
应收票据	40 000	50 000	65 000
应收账款	500 800	484 000	160 000
其中：坏账准备	15 024	1 936	10 800
原材料	32 050	42 000	36 000
应付票据	480 000	450 000	190 000
应付账款	220 400	330 000	443 800
应交税金	35 000	90 000	140 000
预提费用	54 000	32 000	80 000

要求：
(1) 计算流动比率、速动比率、现金比率，进行同业比较分析，并作出评价。
(2) 进行多期比较分析，并简要评价。

2. 海外旅行社 2006 年 12 月 31 日的资产负债表摘录如下：
补充资料：
(1) 年末流动比率 2.8；
(2) 产权比率 0.6；
(3) 以销售额和年末存货计算的存货周转率 12 次；
(4) 以销售成本和年末存货计算的存货周转率为 10 次；
(5) 本年毛利 116 000 元。

表 10-13　海外旅行社资产负债表

万元

资　产	金　额	负债及所有者权益	金额
货币资金	34	应付账款	
应收账款净额		应交税金	36
存货		长期负债	
固定资产净额	364	实收资本	320
无形资产净值	26	未分配利润	
总计	568	总计	568

要求：

(1) 计算表中空缺项目的金额。

(2) 计算有形净值债务率。

(3) 某企业连续三年的资产负债表中相关资产项目的数额如表 10-14 所示。

表 10-14　资产负债表相关资产项目

万元

项　目	2004 年末	2005 年末	2006 年末
流动资产	2 200	2 680	2 680
其中：应收账款	944	1 028	1 140
存货	1 060	928	1 070
固定资产	3 800	3 340	3 500
资产总额	8 800	8 060	8 920

3. 已知 2006 年主营业务收入额为 20 900 万元，比 2005 年增长了 15%，其主营业务成本为 8 176 万元，比 2005 年增长了 12%。试计算并分析：

要求：

(1) 该企业 2005 年和 2006 年的应收账款周转率、存货周转率、流动资产周转率、固定资产周转率、总资产周转率。

(2) 对该企业的资产运用效率进行评价。

4. 资料：已知某企业 2000 年、2001 年有关资料如表 10-15 所示。

表 10-15　相关资料

万元

项　目	2000 年	2001 年
销售收入	280	350
其中：赊销成本	76	80
全部成本	235	288
其中：销售成本	108	120
管理费用	87	98

续表

项　目	2000 年	2001 年
财务费用	29	55
销售费用	11	15
利润总额	45	62
所得税	15	21
税后净利	30	41
资产总额	128	198
其中：固定资产	59	78
现金	21	39
应收账款(平均)	8	14
存货	40	67
负债总额	55	88

要求：运用杜邦分析法对该企业的净资产收益率及其增减变动原因进行分析。

第十一章 旅游企业国际财务管理

【本章导读】

随着我国经济与世界经济的不断接轨、我国人民生活水平的不断提高,在我国的经济发展中旅游业的国际化越来越处于一种重要的地位,与国际间资本交流,客源的相互往来越来越多,在旅游管理过程中也必然涉及国际间的筹资、投资、国际间的外汇结算和跨国公司财务管理。因此,本章就国际财务管理的相关知识做一个简单的介绍。

【关键词】

国际财务管理　出口信贷　外汇风险　国际直接投资　经济风险　抵免法　国际税收协定

【知识要点】

1. 了解国际财务管理特点和研究内容。

2. 了解国际筹资管理方式。

3. 了解国际纳税管理。

4. 熟悉外汇交易和风险分析。

5. 了解国际避税和反避税。

第一节　国际财务管理概述

一、国际财务管理的概念

国际财务管理是指企业在社会经济活动中跨国经济业务活动较多，由此而产生的处理相关涉外财务活动及其经济关系的一项经济管理活动。与国内财务管理相对应，国际财务管理是财务管理的一个分支，它是以国际惯例和国际经济法为准绳，处理跨国公司业务和国际经济活动及其关系的一项管理工作。随着国际经济的发展，各国经济活动的国际化，各国之间产品、劳务交流日益增加，国际金融的不断发展，作为旅游企业也必然涉及国际资金的运动，这种国际间的财务筹资活动、投资活动、分配活动及其相互关系如何正确认识和处理，就是国际财务管理的基本内容。

二、国际财务管理的特点

国际财务管理与国内财务管理的基本原理和方法基本上是一致的，但由于国际经济活动涉及的环境有较大差异，各国的政治经济体制、金融市场的管理办法、文化环境各异，必然在国际财务管理中有其一定的特殊性。

1. 所处的理财环境更为复杂

因为国际企业从事的国际性经济业务，从筹资、投资、营销、管理和分配都往往涉及不同的国家和地区，理财空间的扩展将使企业财务管理面临不同制度、经济、法律、文化、市场竞争的影响，对象的多样性使得国际财务管理比国内财务管理更为复杂。

2. 国际投资和财务活动的风险较大

在国际经济环境中，除了面对与国内理财的相同风险外，还面临以下四种风险。

1) 国际政治风险

在国际经济交往活动中，由于所在国的政治不稳定，或者面临战争，就会给国际企业带来不利的影响，使国际企业出现重大损失，甚至导致破产。比如两国处于战争状态或关系恶化时，双方政府互相冻结堆放在本国的一切资产，或债务国单方面宣布停止还债，没收债权国资产。

2) 汇率风险

对国际企业而言，由于涉及国际结算，必然面临所涉国的货币政策和汇率的影响，如汇率变动，就会影响国际企业应收、应付账款和资金价值的起伏。例如，2005年 7 月 21 日起，我国开始实行以市场供求为基础、参考一揽子货币进行调节、有管理的浮动汇率制度。自此，人民币汇率告别了自亚洲金融危机以来事实上的与美元保持固定汇率的做法，人民币汇率开始波动起来。有汇率波动就有汇率风险，如果人民币升值2%，对于进口商来说，已经签订的进口合同，尽管支出的美元数量没有变化，但是若该进口商是通过人民币购汇后再支出，此次人民币升值 2%就使得进口商节约了 2%的人民币成本，相反，若是出口，出口商得到的美元不会减少，但是结汇后的人民币却比人民币升值2%前减少了 2%，造成了损失。

3) 法律风险

随着国际经济在不断发展，国际间各国的贸易交流，既是各国利益互补，也是各国利益竞争的过程。出于一些国家和地方保护的需要，诸如反倾销调查、歧视管制、提高关税、查封等法律手段也是影响国际企业经营的因素。

4) 文化价值差异风险

财务管理在处理各种财务活动时涉及各种因素，其中，人的因素就受到不同文化、价值观念的影响。众所周知，文化是一个民族建立在自己的信仰、价值和规范体系之上的一种生活方式和观念。它不仅影响我们的言行举止，也影响到我们的评价体系。因此，在国际财务管理活动中，就需要协调好各方面关系，进行必要沟通，相互了解，避免因文化、观念的不同而发生的各种冲突。

5) 自然风险

自然风险是指自然灾害、自然环境恶化等不可控制因素引起的导致公司投资损失的可能性。旅游企业很大程度上是"靠天气吃饭"的行业，自然气候对人们出游、交通和选择旅游地点有着密切的关系，在国际旅游管理中，自然因素的影响关系到国际企业经营状况和盈利水平，如在东南亚海啸后，泰国的旅游业就受到很大的影响。

三、国际财务管理的内容

1. 外汇风险管理

外汇风险是指汇率变动对国际企业商务活动潜在利润、净现金流量和市场价值变动的影响。外汇风险指的是汇率变动对公司债务价值变动的影响，其典型的表现为是以外币表示的应收、应付款造成的。外汇风险可能会给企业带来收益，也可能造成重大损失。国际企业的财务管理人员只有掌握了外汇风险管理的程序和方法，才能趋利避害。作为国际财务管理，外汇风险管理是最根本的内容。

2. 国际筹资管理

国际筹资是指在国际金融市场上，运用各种金融手段，通过各种相应的金融机构而进行的资金融通。随着国际资本流动速度的加快，对资金需求的增加，国际融资越来越成为一国融资的重要手段之一。国际经济全球化其中很重要的就是国际资本的流动全球化，国际财务管理的一个主要内容就是对筹集资金的管理。

3. 国际投资管理

国际投资是为获取更多资本收益，将筹集到的资金用于国际企业的生产经营活动。通常，国际企业投资有直接投资和间接投资之分。与国内企业的投资方式和决策方法基本相同，但国际投资所涉及的领域更为广阔，影响因素较多，风险较大。因此，在国际投资时，需要认真分析研究投资对象方方面面的情况，对投资对象所处的政治环境、经济环境、社会环境、自然环境以及国际竞争环境深入调查分析，确保国际投资的安全性和效益性。

4. 国际纳税管理

随着国际化和跨国公司的迅猛发展，跨国纳税人因各国纳税法规客观差异的不同，如何合法避税而不重复纳税也是国际财务管理的一个重要内容。

第二节 国际筹资管理

随着现代市场经济的发展，企业的发展越来越离不开资本，作为现代企业如何筹集到更多的资金直接关系到企业的发展规模、企业法人资产保值增值和股东财富最大化。与国内企业一样，国际企业在发展过程中如何筹集到合适的资金，是现代资本运营的一个重要方面。

一、国际筹资渠道

国际企业的筹资渠道主要有四个方面：国际商业银行、国际性或区域性经济组织、外国政府和国际资本市场。

二、国际筹资方式

国际企业凭借各自的国际联系和经济实力，可以从国内融资，也可以从国外或国际金融市场融资。国际企业的资金通常来自内部资金和外部资金两方面，来自于外部的资金主要是母国的资金、东道国的资金、第三国的资金、国际金融市场的资金等。

国际筹资方式方面，主要有国际银行贷款、国际金融机构贷款、股票筹资、国际债券筹资、引进外资、国际租赁等方式。

1. 国际信贷

1) 国际商业银行信贷

国际银行信贷是指借款人为支持某一项目，在国际金融市场上向外国银行或国际金融结构借入资金的信贷行为。目前，国内筹措国际银行贷款主要通过中国银行、交通银行、投资银行、建设银行、工商银行、农业银行、中信银行以及经国家批准的省市级国际信托投资公司等银行和非银行金融机构对外筹措。

2) 国际银团贷款(辛迪加贷款)

国际银团贷款也称为辛迪加贷款，是指由一家或几家银行牵头由不同国家银行参加，联合向借款者共同提供巨额资金的一种贷款。贷款金额从几亿美元到数十亿美元不等。辛迪加贷款的贷款期限一般为5~10年，有时甚至更长。辛迪加贷款的优点在于贷款资金使用比较自由，一般不受贷款银行限制，借款人可以将贷款用在任何国家的任何用途上，并且贷款资金供应充足，融资量大，贷款的风险也比较小。但是，辛迪加贷款也存在一定的缺点，比如，贷款利率以及筹资费用比较高，其贷款期限较短等。

3) 外国政府贷款与出口信贷

外国政府贷款是一国政府向另一国政府提供的，具有一定赠与性质的优惠贷款。根据经济合作与发展组织(OECD)的有关规定，政府贷款主要用于城市基础设施、环境保护等非营利项目，若用于工业等营利性项目，则贷款总额不超过200万特别提款权。贷款额在200万特别提款权以上或赠与成分在80%以下的项目，须由贷款国提交OECD审核。

出口信贷是指一国政府为促进本国产品设备出口，向进口国提供低于市场利率的贷款，其前提条件是购买贷款国的生产设备。很多情况下出口信贷都与政府贷款或商业银行贷款共同混合使用。

2. 股票筹资

股票筹资是现代企业通过证券市场获取资金的有效途径，目前，国际筹资中的股权筹资有三种。

1) 人民币特种股票

发行人民币特种股票，是我国企业筹措外资的一个新渠道，有利与缓解企业外汇短缺问题，同时，外资的介入，也会带来一些先进的企业管理经验，有利于提高我国国际企业的经营管理水平。

2) 通过 H 股境外上市

发行境外上市股票是指国内的股份公司向境外证券交易所提出上市申请，经允许在该地区公开发行股票，并在该地区股票交易所挂牌交易的筹资活动。目前，我国股份公司发行境外上市股票主要是在香港特区证券市场，如中国交通银行就是于 2005 年 6 月在香港联合交易所成功上市。

3) 证券存托凭证(DR 筹资)

证券存托凭证(Depositary Receipts，DR)，是指可以流通转让的、代表投资者对非本国证券所有权的证书，是一种推动国际股票市场全球化，广泛吸引投资者，进一步消除国际资本流动障碍的新的股权筹资工具。它是由本国银行开出的外国公司证券保管凭证。投资者通过购买存托凭证，拥有外国公司的股权。这种方式是为便于证券跨国交易和结算而设立的原传统证券的替代形式。目前发行和销售的存托凭证有美国存托凭证 ADR，全球存托凭证 GDR，国际证券存托凭证 IDR 以及欧洲证券存托凭证 EDR 和中国香港证券存托凭证 HKDR。其中，美国存托凭证 ADR 出现最早，运作规范，流通量最大，最具有代表性。

3. 国际债券筹资

国际债券筹资是发行国外债券，是指一国政府及其所属机构、企业、私人公司、银行或国际金融机构等在国际债券市场上以外国货币面值发行的债券。国际债券主要分为外国债券和欧洲债券两种。在国际债券市场上发行债券是利用外资的重要形式。我国发行国际债券始于 20 世纪 80 年代初期。1982 年 1 月，中国国际信托投资公司在日本东京资本市场上发行了 100 亿日元的债券，期限 12 年，利率 8.7%，采用私募方式发行。随后，在 20 世纪 80 年代中后期，福建投资信托公司、中国银行、上海国际信托投资公司、广东国际信托投资公司、天津国际信托投资公司、财政部、交通银行等，也先后在东京、法兰克福、中国香港、新加坡、伦敦发行国际债券，发行币种包括日元、港元、德国马克、美元等，期限均为中、长期，最短的 5 年，最长的 12 年，绝大多数采用公募方式发行。20 世纪 90 年代以后，随着我国综合国力的不断提高，我国的国际债券信用等级在不断上升，1996 年，我国政府成功地在美国市场发行 100 年期扬基债券。近年中国外汇储备不断增加，主权评级也较高，前景评级上调至正面，这将有利于降低中国政府的借贷成本。

4. 引进外资

1) 三来一补

"三来一补"是指来料加工、来样加工、来件装配和补偿贸易的统称。

所谓来料加工、来样加工、来件装配是指由外商提供原料、技术、设备，由中国内地企业按照外商要求的规格、质量和款式，进行加工、装配成产品交给外商，并收取加工劳务费的合作方式。

补偿贸易，主要是指先由外商提供技术、设备、专利权以及各种劳务，我方进行生产，待有关项目竣工投产后，进口方用该项目的产品或双方商定的其他办法进行偿还。补偿贸易原则上要用所产产品偿还，即"直接清偿"；若用双方商定的其他商品或办法偿还的，就属于"间接清偿"。

2) 中外合资

中外合资经营企业是指由中国投资者和外国投资者共同出资、共同经营、共负盈亏、共担风险的企业。企业的组织形式是有限责任公司。

这种方式是我国利用外资的较高级形式。既可长期而又稳定地利用外资，又无须动用外汇，还可以引进先进的生产技术，产品外销有保障，有利于提高我国企业生产经营的企业管理水平。

3) 中外合作经营

中外合作经营企业一般是由中方合作者提供场地、厂房和现有可利用的设备、设施、劳动力和劳动服务等为合作条件，而国外合作者则提供资本、技术和先进设备等为合作条件。合作各方的投资者提供的合作条件，一般不以货币折算为股份，不以合作各方的投资额计股。合作各方对收益分配或风险、债务的分担，合作各方应享有的权利、义务，企业管理方式以及合作期满的清算办法，都应在合作经营企业的合作合同中明确确定。

国际企业的筹资管理涉及如何有效利用全球范围的各种资金渠道、选择资金成本较低的筹资方式、母公司向子公司供应资金的方式、资金供应过程中的风险管理等。在筹资环节，还得注意对账户的集中管理，各项目及子公司的资金使用预算管理，以提高资金使用效率。重要的是对资金成本做比较判断，这里需要比较各国不同的利息、股息预提税规定。

第三节 国际投资管理

国际投资是一种游离于本国经济，以营利为目的对他国的证券商品、金融、衍生商品及其产业等进行投资的一种资本组合。国际投资在当今世界经济全球化、市场统一化的条件下，在一个国家的社会经济生活中将显得更加重要和经常化。

一、国际投资环境

投资环境，是指在投资过程中影响企业生产经营活动的综合条件。具体来说，就是一个国家或地区接受和吸引外商前来直接投资所具备的条件。从不同的角度，可以对投资环境作不同的分类。

1. 从地域范围上划分，可分为宏观投资环境和微观投资环境

宏观投资环境是指整个国家范围内影响投资的各种因素的总和；微观投资环境是指一个地区范围内影响投资的各种因素的总和。各个地区的投资环境是国家宏观投资环境的构成部分，因此，各地区投资环境的改善也能促进国家宏观投资环境的改善。

2. 从投资环境所包含因素的多少来划分，可分为狭义的投资环境和广义的投资环境

狭义的投资环境主要指投资的经济环境，包括一国经济发展水平、经济发展战略、经济体制、基础设施、外汇管制、市场的完善程度、物价和经济的稳定状况等；广义的投资环境除包括狭义的投资环境外，还包括政治、法律、社会文化等对投资可能发生直接、间接影响的各种因素。通常所说的投资环境主要指广义的投资环境。

3. 从投资环境的属性划分，可分为自然投资环境和人为投资环境

自然投资环境主要指自然地理条件，如有观赏和游玩价值的自然山水、有开采价值的矿产资源等；人为投资环境主要指生产性、生活性及社会性基础设施等。对东道国来说，既要重视对自然投资环境的利用，更要重视人为投资环境的改善，如人为环境"迪士尼乐园"对旅游者影响还是很大。

二、国际投资方式

国际投资可分为国际直接投资和国际间接投资，前者又可分为国际政府直接投资、国际私人直接投资和国际组织直接投资，后者可再分为国际政府间接投资、国际私人间接投资和国际组织间接投资。

1. 国际直接投资

国际直接投资是指投资者以控制企业部分产权、直接参与经营管理为特征，以获取利润为主要目的的资本对外输出。在境外直接投资一般有这么几种形式：①采取独资企业、合资企业和合作企业等方式在国外建立一个新企业；②通过并购获取对方企业的所有权；③通过证券市场收购外国公司的股份，控制或影响该企业。在国际上究竟控股率达到多少比例才算是直接投资，目前尚无统一的标准。按国际货币基金组织的定义，只要拥有25%的股权，即可视为直接投资；按美国规定，凡拥有外国企业股权达10%以上者均属直接投资。

2. 国际间接投资

国际间接投资也可称为国际证券投资，是指在国际证券市场上发行和买卖外国企业或政府发行的中长期有价证券所形成的国际资本流动，其目的是获取利息或红利的投资行为。通常所讲的国际间接投资也就指股票投资和债券投资两类。

国际间接投资和国际直接投资相比，二者有很明显的区别。国际直接投资是一种经营性投资，无论投资者在哪一行进行投资，都以取得企业的经营控制权为前提条件；而国际间接投资是以取得一定的收益为目的持有国外有价证券的行为，一般不存在对企业经营管理权的取得问题，即使是在取得股权证券进行投资的情况下，也不构成对企业经营管理的有效控制。

三、国际投资风险

国际投资风险是指某一特定时间内国际投资所产生的实际收益偏离期望收益值的程度，偏离程度越大，投资的风险程度越大；偏离程度越小，投资的风险程度越小。国际投资与一般的国内投资相比，由于受各国不同经济、政治、法律等因素的影响，使得国际投资决策更为复杂。国际贸易投资与经济增长密切相关，经济波动是未来国际贸易投资面临的首要风险。

1. 国际投资风险的识别

国际投资风险识别方法多种多样，一般需视国际投资项目的特殊性和公司运用识别方法的便利性做具体的选择。下面介绍几种常见的风险识别方法。

1) 风险调查法

风险调查法是通过一定形式调查公司内、外部人员对某具体的国际项目面临的风险种类以及每种风险对投资项目影响程度的认识，以此识别国际投资风险。头脑风暴法和德尔菲法是调查法的典型运用。

2) 风险模拟法

国际投资风险的影响因素较多，需要一种能够识别关键因素及其影响的方法，风险模拟法正是为适合这种需要而产生的。模拟法通过建立一定形式的模型来说明风险的影响因素及其同风险变化的关系，在此基础上再说明各种形式的风险对投资项目的影响程度。幕景论证法是风险模拟法的一种具体化运用，它通过图表、曲线等手段对国际商务项目的未来状态予以描述，重点说明当某些因素变化时整个项目的情况会出现哪些变化，会有什么样的风险。

3) 风险情报法

这是利用国际研究机构，如一些大银行、大公司公开发表的报告来进行国际投资风险的识别工作，但风险情报法主要限于国家风险的识别。美国纽约的国际报告集团、国际金融界权威杂志《欧洲货币》、《机构投资家》、国际商业公司、日本公司债研究所等都定期公布它们对国家风险论证与预测的结果。

2. 国际投资风险估计

风险估计是国际投资风险管理的第二阶段，其主要内容是对风险事故发生概率的估计，并在概率估计的基础上进行风险损失估计。

概率估计具有不同的形式，或者是客观估计，或者是主观估计。这是因为投资风险事故的发生概率可能是客观概率，也可能是主观概率，客观概率的概率值是客观存在的，不以公司投资者的主观意志为转移。一般来说，根据大量实验用统计方法计算的或根据概率的古典定义计算的概率值都是客观概率；而主观概率只是决策者对风险事故发生的概率做出主观估计，其概率值因为决策者不同而不同。用客观概率对投资风险加以估计是客观估计；用主观概率对投资风险加以估计就是主观估计。在国际商务风险估计的论证中，有时既不是完全用客观概率，也不是完全用主观概率，而是用主客观概率综合论证的结果，即合成概率来进行风险估计，因而表现出合成估计的特性来。

3. 国际投资风险控制

风险识别和风险估计的最终目的在于风险控制。国际投资风险控制就是公司通过各种经济、技术手段回避、分散或转移国际投资风险，将风险控制在本公司所能够承担的一定范围之内的行为。

1) 风险回避

某些国际投资项目面临的风险形势及风险事故发生的可能性程度或概率值事先是可以预料的，公司只要改变投资的国别、时间等因素，或干脆取消该商务项目，就可以避免这些事故的发生以及随之而来的风险损失。不过，公司不进行国际投资活动，就不能获得国际投资的利益，以不进行国际投资的方式来回避国际商务风险并非明智之举。一般情况下，公司只是通过变更投资地点和投资时间的方式，对某投资项目所面临的无法转移的特定的国家风险、政治风险采取风险回避的态度。

2) 风险分散

公司一般通过两种措施来分散其国际投资风险。其一，投资分散化，就是"不把全部鸡蛋放在一个篮子里"，即不把国际商务项目集中于某一特定国家或地区、或某一特定部门上，而是实现国际商务地域、行业、产品的多元化，"四面出击"从而提高企业抵御风险的能力；其二，联合投资，共担风险，如与项目所在国政府或大中型公司合营等。

3) 风险转移

风险转移分为保险转移和非保险转移。保险转移是指公司支付保险费，向保险公司投保，将国际商务的部分风险转移给保险公司，例如，在公司向项目所在国保险公司投保以后，发生火灾、地震等自然风险的损失就有相当一部分由保险公司承担；非保险转移是指公司不向保险公司投保而利用其他途径把国际商务的部分风险转移出去，从而达到风险控制的目的，公司进入期货市场套期保值等，都可以将风险转移。

第四节 国际企业纳税管理

随着我国经济的不断发展和加入世贸组织，我国对外经济活动日益扩大，不仅各种类型的外商投资企业在我国纷纷建立，国内企业也开始走出国门，积极从事国际贸易和国际投资，参与国际竞争。在跨国投资经营中，国际企业纳税管理显得十分必要和迫切。

一、国际纳税概述

国际税收关系是国际经济关系中一个重要的组成部分，随着国际经济交往的不断发展，资本的国际性流动、劳务的提供及科学技术的交流等，都会引起各种投资所得和营业所得的实现越来越多地超越国家的范围。国际税收基于有关国家对跨国纳税人征税的重叠而产生，它体现的是涉及主权国家之间的税收分配关系，如国家之间税收政策的影响、征税的多寡和税收分配的协调等。

1. 国际纳税的研究对象

国际纳税的研究对象为：各国政府为协调对跨国纳税人的稽征管理，跨国纳税人的重叠交叉课征和各自涉外税收负担政策等方面所采取的单边、双边和多边措施，以及由此产生的各国政府处理与其他国家政府之间税收分配关系的准则和规范。

2. 国际纳税的研究范围

国际纳税是由于对跨国纳税人征税而引起的，那么，对跨国纳税人的什么进行征税、征什么税才会引起国家之间税收权益变化，才构成国际税收活动，这些就构成了国际税收的研究范围。关于各国课税的税种，包括所得税、财产税、增值税、消费税、关税等。

国际纳税的研究范围，不仅涉及跨国所得课税和跨国财产课税，而且应包括跨国商品课税，即无论是所得税、一般财产税，还是对商品和劳务征税以及关税，都在国际税收的研究范围之内。

3. 国际纳税的研究内容

了解研究范围是认识研究的广度，而明确研究内容反映的是认识问题的深度。国际纳税的研究内容主要包括：税收管辖权的确立、国际重复课税的免除、国际避税与反避税、国际税收协定、国际收入和费用的分配等。

1) 税收管辖权问题

税收管辖权是一国政府在税收领域的主权，即一国政府在行使主权课税方面所拥有的管理权力。它是国际税收中一个根本性的问题，国际税收中双重纳税的发生、国家之间税收分配关系的协调和其他许多问题，都同税收管辖权有密切关系。所以，研究国际税收首先要了解税收管辖权。

2) 避免国际间双重课税问题

国际双重课税是指两个或两个以上国家，对同一跨国纳税人或不同跨国纳税人所发生的同一征税对象课征同样的税收，即发生了重叠征税。国际双重课税产生的主要原因，是由于各国税收管辖权存在着重叠与交叉的结果，它给国际经济的发展增设了障碍，后果严重，影响很大：一方面由于国际双重征税加重了跨国纳税人的税收负担，使其难以从事跨国经营活动，不利于资金的国际流动和运用；另一方面国际双重征税影响商品、劳动、资本和技术等经济要素的国际流动，对国际资源配置产生阻碍。所以，避免国际双重征税是国际税收研究中一个最为实际的问题，也是国际税收研究所要达到的目的之一。

3) 国际避税与反避税问题

国际避税是指跨国纳税人利用各国在税法规定上的缺陷，通过人和资金、财产的国际流动，以达到其减轻税收负担的不违法行为。国际避税是国际税收中的一种普遍现象，其结果将导致纳税人税负不公。在税收的征管活动中，对税务当局而言，国际避税是一个十分棘手的问题。

由于国际避税影响各国政府的财政收入，因此，各国都采取积极的措施，对国际避税加以防范和制止，这被称为反避税。针对各种避税的手法，研究和制定有效的防范措施，堵塞国际税收活动中的漏洞，也是国际税收研究的重要内容。

4) 国际税收协定问题

国际税收协定，是指两个或两个以上的主权国家，为了协调相互之间在处理跨国纳税人征税方面的税收关系，依据国际关系准则，通过谈判所签订的一种协议或条约。国际税收协定属于国际法的范畴，它对有关国家具有国际法的约束力，是国际税收的法律制度。

世界上最早的税收协定是 1843 年比利时和法国政府签订的税收协定，该协定主要是为了解决两国政府在税务问题上的相互合作和情报交换等问题。100 多年以来，为适应国际税收关系不断发展的需要，国际税收协定从单项向综合、从双边向多边迅速发展。特别是 20 世纪中叶以来，国家与国家之间签订税收协定十分活跃，并且不断扩大。据统计，目前国际上已经生效的税收协定有 2000 多个，并且形成了具有世界性意义的两个国际性税收协定范本：由联合国专家小组提出的《发达国家与发展中国家避免双重征税的协定范本》(简称联合国范本)和由经济合作与发展组织提出的《关于对所得和财产避免双重征税的协定范本》(简称经合组织范本)。两个范本的内容、结构大体相同，用以指导各国税收协定的签订。通过研究国际税收协定，确定解决国际税收问题的措施和方法，以消除由于税收问题而引起的矛盾和冲突。

5) 国际收入和费用的分配

国际收入和费用的分配，是指跨国纳税人(关联企业)里收入和费用的分配原则和方法。通常而言，一个跨国公司的总机构同其分支机构之间，母公司同子公司之间，以及同一跨国公司内一个分支机构或子公司同其他分支机构或子公司之间，都是互相有关联的，这些都被称之为关联企业。跨国纳税人的国际收入与费用应该怎样在相关的国家之间进行分配，是一个十分复杂和重要的问题。

对国际关联企业来说，通常利用各国税制存在的差异，以本身利益最大化为目标，对其国际收入和费用的分配进行全盘考虑，使其收入在最有利的地点和最有利的时间获得，使其费用在最有利的地点和时间发生，借以逃避一部分应纳税款，获取更大的经济利益。其手段通常是利用各关联企业所在国所得税税率高低差异，采取转让定价的方式来实现。由于关联企业的转让定价涉及相关国家的税收收入，所以关联企业之间转让定价的调整和规范也是国际纳税研究的重要内容。

以上几个方面的内容只是国际纳税关系中的一些基本问题，国际纳税还涉及其他内容，如关税、关税壁垒和对外关系中的税收优惠等。

二、避免双重纳税

世界上各个国家当不同的税收管辖权，相互交错，对同一跨国纳税人的同一所得征税时，这个纳税人的所得就可能被两个或两个以上的国家同时进行两次或两次以上的课征，出现双重纳税的现象。国际双重课税是各国税收管辖权交叉的结果，国际双重征税的根源就在于跨国经济活动。从现实层面上考察，目前居民税收管辖权和来源地税收管辖权是两种基本的国际税收管辖权。任何一个主权国家都有权从维护本国利益的角度出发，对税收管辖权做出自主的选择。而从各国管辖权的实施现状来看，兼采两种税收管辖权的较为普遍。于是，不同国家的税收管辖权就会发生冲突，导致对同一纳税人的同一笔所得出现双重纳税的结果。

1. 双重纳税的产生原因

1) 不同税收管辖权产生的国际双重征税

目前，世界各国行使的税收管辖权有地域税收管辖权、居民税收管辖权和公民税收管辖权，这三种税收管辖权中的任何两种，若同时对同一跨国纳税人的同一所得征税，都会发生国际双重课税。比如，某人是 A 国的公民，但因其长期居住在 B 国而被 B 国认定为 B 国的居民，全年总所得 100 万美元，A 国行使公民税收管辖权，税率为 40%，对该人来自全世界范围的所得课征所得税 40 万美元；而 B 国则行使居民税收管辖权，税率为 33%，对该纳税人来源于全世界的所得征所得税 33 万元。A 国的公民税收管辖与 B 国的居民税收管辖权在这个跨国纳税人身上重叠，出现双重征税，共计 73 万美元。

2) 同种税收管辖权重叠产生的国际双重征税

从理论上讲，两个或多个国家都实行同一种税收管辖权征税，是不会产生双重征税的。假如 A 国和 B 国全行使地域税收管辖权，各自对本领土内的所得征税，不会造成国际双重征税。再如，C 国和 D 国同样行使居民税收管辖权，各自对本国居民征税，也不会造成国际双重征税。但在国际税收实践中，由于许多国家对一些概念的理解和判定标准不同，因而在行使同一种税收管辖权时，也会发生国际双重征税。

2. 避免国际双重纳税的方法

要避免国际间双重课税，一是可以采取单边免除方法，即一国政府单方面采取措施，免除本国纳税人的双重负担，而不需要取得对方国家的同意；二是可以采取双边免除方式，即两个国家之间通过签订双边税收协定不协调双方各自的跨国纳税人的税收负担，免除国际双重征税。前者具体方法主要有免税法和抵免法，后者具体方法主要有以下三种。

1) 免税法

免税法是居住国政府对本国居民来源于非居住国政府的跨国收益、所得或一般财产价值，在一定的条件下，放弃行使居民管辖权，免予征税。免税法以承认非居住国地域管辖权的唯一性为前提。免税方法包括两种具体形式：

(1) 全额免税法。它是指居住国政府对本国居民纳税义务人征税时，允许其从应纳税所得中扣除其来源于国外并已向来源国纳税的那部分所得。这种方法在国际税收实际中极少被采用，主要在行使收入来源地管辖权的国家和地区，如巴哈马、百慕大、委内瑞拉、多米尼加、海地、巴拿马、哥斯达黎加等，其中大部分国家和地区是国际上通称的"避税港"。

(2) 累进免税法。它是指采取累进税制的国家，虽然从居民纳税人的应税所得中扣除其来源于国外并已经纳税了的那部分所得，但对其他所得同样确定适用税率时仍将这部分免税所得考虑在内，即对纳税人其他所得的征税，仍适用依据全部所得确定的税率。虽然行使两种税收管辖权，但对来源于国外的所得，也是实行有限定条件的免税。如法国，规定纳税人来源于国外的所得可以免税，但纳税人必须将其缴纳非居住国税款以后的全部所得汇回法国，并在股东之间作为股息分配。

2) 抵免法

抵免法是指居住国政府，允许本国居民在本国税法规定的限度内，用已缴非居住国政府的所得税和一般财产税税额，抵免应汇总缴纳本国政府税额的一部分。该方法的指导思想是承认收入来源地管辖权的优先地位，但不放弃居民管辖权，即"别国先征，本国补征"。一国政府对本国居民的国外所得征税时，允许其用国外已纳税款抵扣在本国应缴纳的税额。但抵扣法的实行通常都附有"抵扣限额"规定。

抵免法分为两种类型：一是全额抵免，即本国居民在境外缴纳的税款，可以按照本国税法规定计算出的应缴税款，予以全部免除；二是普通抵免，即本国居民在汇总境内、境外所得计算缴纳所得税或一般财产税时，允许扣除其来源于境外的所得或一般财产收益按照本国税法规定计算的应纳税额，即通常所说的抵免限额，超过抵免限额的部分不予扣除。

全额抵免和普通抵免的区别在于普通抵免要受抵免限额的限制。当国外税率高于本国税率时，只能按照国内税法计算的抵免额，来抵免在国外已缴纳的税款，而全额抵免则不受此限制。

在国际税收关系的实践中，抵免法是一种普遍运用的方法。

3) 国际税收协定

国际税收协定是各国政府间通过签订税收协定，主动在一定范围内限制各自的税收管辖权，是避免国际重复征税较为通行的一种做法。国家间的税收协定属于国际经济法范畴，是以国家为主体，以国家间税收权益关系为调整对象的法律规范，是经缔约国双方或多方按照国际法有关主权和平等的原则，通过谈判，以书面形式签订的协定或条约。

截至 2005 年 11 月底，我国总共对外谈签了 87 个税收协定，目前已生效执行的税收协定已有 78 个。这些税收协定的执行，消除了国家间双重征税壁垒，促进了我国"走出去"战略的实施，为我国与这些国家的经济技术合作奠定了法律基础。例如，2005 年，国家税务总局通过与税收协定缔约对方主管当局的协商，为我国某航空公司挽回了约 2 000 万人民币的境外损失，为某金融企业避免了约 6 亿人民币的境外损失，帮助我国某国有大企业减轻了在某亚洲国家的不合理税收负担，解决了部分国有金融机构在境外获得利息的免税问题。

三、国际避税与反避税

国际避税是指跨国应纳税人以合法的方式，利用各国税收法规的漏洞和差异或利用国际税收协定中的缺陷，通过变更其经营地点、经营方式以及人和财产跨越税境的流动、非流动等方法来谋求最大限度地减轻或规避税收负担的行为。这里"税境"的含义是指税收管辖权的界限，它不像国境那样，在地理位置上能找到一个明显的界线或标志，如果一国坚持属地主义原则，税境就等于国境。

1. 国际避税方式

由于避税的不违法性，避税在国际投资和贸易中成为一种广泛存在的现象，一般有以下几种方式。

1) 通过人的流动回避税收管辖权

国际税收管辖权以居所为通常的管辖判断标准，通过居所地的变化，特别是利用居所时间的标准，通过人的流动躲避一国的税收管辖权，则实现了避税的目的。比如，一家在法国注册的公司可以是中国的居民公司，而在中国注册的法国公司可以是法国居民公司。由此可见，公司在别国税收管辖权范围内可以作为居民公司对待，同时也不应妨碍该公司母国也将其作为居民公司看待。因此，利用居所变化躲避纳税义务的一个核心就是消除使其母国或行为发生国成为控制和管理地点的所有实际特征，实现公司居所"虚无化"。

例如，法国斯弗尔钢铁股份有限公司以下列手段和方式避免在英国具有居所和成为英国纳税义务人：

(1) 该公司中的英国股东不允许参加管理活动，英国股东的股份与影响和控制公司管理权利的股份分开。他们只享有收取股息、参与分红等权利。

(2) 选择非英国居民做管理工作，如经理、董事会的成员等。

(3) 不在英国召开董事会或股东大会，所有与公司有关的会议、材料、报告等均在英国领土外进行，档案也不放在英国国内。

(4) 以英国电报、电讯等有关方式发布指标、命令。

(5) 为应付紧急情况附带发生的交易行为等特殊需要，该公司在英国境内设立一个单独的服务性公司，并按照核定的利润率缴纳公司税，以免引起英国政府的极端仇恨。事实表明，法国斯弗尔钢铁股份有限公司的这些做法十分正确有效。据报道，从 1973 年到 1985 年这几年期间，该公司成功地回避了英国应纳税款 8137 万美元。

2) 转让定价避税方式

各国税率存在高低，跨国公司内部贸易通常按照企业内部的转让价格进行，将利润从子公司转移到低税率的母公司或其他子公司以躲避东道国的外汇管制和达到避税的目的，一般有以下几种方式。

(1) 收入分配，利用不同国家之间的税收水平差异，尽量降低由高税率国家向低税率国家销售货物、转让技术或者资金流动的价格，同时提高由低税率国家向高税率国家输出货物、技术和资金的价格。例如，一家总部设在国外、分部设在国内的加工制造企业，总部有意提高原材料成本价格，增大负债，在售价不变的情况下，使收益减低，甚至出现亏损，在亏损后，还会增加投资，常年如此，相关数据显示，截止到 2004 年 5 月份，我国批准的外商投资企业已经达到了 48 万家。而根据 2003 年的年度所得税汇算清缴情况，这些外商投资企业的平均亏损面达到 51%～55%。而这些外资企业却越亏越投资，这是一种背离经济规律的现象。

(2) 成本不合理分摊，将与某特定的分支机构实际上无关的销售、管理、运输等事项的费用全部计算在分支机构中，从而降低分支机构的盈利水平，以实现避税的目的。例如，外商利用人们不了解设备和技术的真实价格，从中抬高设备价格和技术转让价格，将企业利润向境外转移。它们在抬高设备价款的同时，把技术转让价款隐藏在设备价款中，以躲避特许权使用费收入应纳的预提税。

(3) 通过常设机构以上述方式避税。

(4) 税收协定的滥用，跨国纳税人在与其投资收入来源有互惠税收协定的国家组建一个公司，作为中介投资者获得直接投资无法享有的税收优惠。

(5) 利用避税港避税。在国际避税地建立公司，然后通过避税地的公司与其他地方的公司进行商业、财务运作，把利润转移到避税地，靠避税地的免税收或低税收减少税负。例如，新西兰 L 公司为躲避本国的所得税，将其年度利润的 70%转移到巴哈马群岛的某一子公司，由于巴哈马群岛是世界著名的自由港和避税港，税率比新西兰低35%～50%，因此，新西兰 L 公司每年可以有效地躲避 300 万～470 万美元的税款。

3) 利用关联交易，高进低出

进口材料作价高于国际市场价格，出口产品外销定价低于国际市场价格，即所谓"高进低出"的避税方式。通过这种方式，将企业的利润两头向境外转移。这种手段占到避税金额的 60%以上。

4) 利用国际贷款，贷款利率大大高于国际市场利率，从而加大利息成本

目前外商投资中国的资金中，60%以上是借贷资金，即便是一些实力雄厚的国际公司也向境内外银行借大量资金，利用税前列支利息，达到少交或免交企业所得税的目的。

5) 利用一些创新金融工具，也就是避税产品，从而达到避税目的

全球"四大"之一的毕马威会计师事务所惹上官司，罪名就是滥用避税产品。毕马威提供的一项引人注目的避税产品是针对银行客户，手法是通过让银行设立基金公司以逃避税收。据美国税务部门的检查，至少 9 家美国银行依据毕马威的避税产品创立投资基金，涉及金额数百亿美元。具体手法是，这些银行将它们的部分贷款组合及其他资产转入新设立的基金，并将被转入的贷款组合及资产产生的利息和其他收入当做股息支付给自己。然而这些基金虽是筹集投资资本的合法工具，但显然只存有避税目的，因为除了避税外基本没有实质业务。这些基金将银行的贷款组合利息收入转化成了免税的股息。这些银行以此策略避税达数十亿美元，其中，仅美国银行就通过这种手段避税近 8亿美元。通过这种避税方法，银行逃避了 60%的所得税。

2. 国际反避税措施

国际避税的存在，对国际经济交往和有关国家的财权利益以及纳税人的心理都产生了不可忽视的影响。因此，有关国家针对跨国纳税人进行国际避税所采用的各种方法，采取相应的措施加以限制。国际反避税的措施主要有以下几个方面。

(1) 防止通过纳税主体国际转移进行国际避税的一般措施：①对自然人利用移居国外的形式规避税收，有的国家规定，必须属于"真正的"和"全部的"移居才予以承认，方可脱离与本国的税收征纳关系，而对"部分的"和"虚假的"移居则不予承认。如德国规定，纳税自然人虽已失去本国居民身份，但仍有经济联系的，应连续对其征收有关的所得税，视其为特殊的"非居民"。②对法人利用变更居民或公民身份的形式规避税收负担，有的国家对法人的国际转移给予有条件的允许。荷兰曾规定，准许本国企业在战时或其他类似祸害发生时迁移到荷属领地，而不作避税处理，但对于其他理由的迁移，一般认为是以避税为目的，而不予承认，仍连续负有纳税义务。

(2) 防止通过征税对象国际转移进行国际避税的一般措施：国际关联企业之间的财务收支活动、利润分配形式体现着"集团利益"的特征，对这种避税活动给予限制，关键是应坚持"独立竞争"标准，即按照有关联的公司任何一方与无关联的第三方公司，

各自以独立经济利益和相互竞争的身份出现,在相同或类似的情况下,从事相同或类似的活动所应承担或归属的成本、费用或利润来考察、衡量某个公司的利润是否正常,是否在公司之间发生了不合理的安排。凡是符合"独立竞争"标准的,在征税时就可以承认,否则,要按照这一标准进行调整,这样就可以达到防止避税的目的。

(3) 转让定价调整:对关联企业之间销售货物或财产的定价问题,一直是防止国际避税的一个焦点。其中关键环节是确定一公平的价格,以此作为衡量纳税人是否通过转让定价方式,压低或抬高价格,规避税收。

(4) 防止利用避税地避税的措施:针对国际避税地的特殊税收优惠办法,一些国家从维护自身的税收权益出发,分别在本国的税法中相应作出规定,以防止国际避税发生。其中美国的防范措施规定最复杂,也最典型。美国《国内收入法典》规定,只要在国外某一公司的"综合选举权"股份总额中,有 50%以上分属于一些美国股东,而这些股东每人所持有的综合选举权股份又在 10%以上时,这个公司就被视为被美国纳税人控制的外国公司,即外国基地公司。而且这个股权标准只要外国一家公司在一个纳税年度中的任何一天发生过,该公司当年就被视为外国基地公司。在上述条件下,凡按股息比例应归到各美国股东名下的所得,即使当年外国基地公司未分配,也均应计入各美国股东本人当年所得额中合并计税,这部分所得称为外国基地公司所得,共应缴外国税款可以获得抵免,以后这部分所得实际作为股息分配给美国股东时,则不再征税。

(5) 加强征收管理:近几十年来,许多国家从以下几个方面加强了征收管理,制定了比较严密的税收管理制度:①纳税申报制度,严格要求一切从事跨国经济活动的纳税人及时、准确、真实地向国家税务机关申报自己的所有经营收入、利润、成本或费用列支等情况;②会计审计制度,与纳税申报制度密切相关的是如何对跨国纳税人的会计核算过程及结果进行必要的审核,以检查其业务或账目有无不实、不妥以及多摊成本费用和虚列支出等问题;③所得核定制度,许多国家采用假设或估计的方法确定国际税纳人的应税所得。征税可以基于一种假设或估计之上,这不是对税法的背弃,而是在一些特殊的情况下采取的有效办法。如在纳税人不能提供准确的成本或费用凭证,不能正确计算应税所得额时,可以由税务机关参照一定标准,估计或核定一个相应的所得额,然后据以征税。

第五节　外汇风险管理

一、外汇与外汇交易

外汇,就是外国货币或以外国货币表示的能用于国际结算的支付手段。我国 1996 年颁布的《外汇管理条例》第三条对外汇的具体内容作出如下规定:外汇是指:①外国货币,包括纸币、铸币;②外币支付凭证,包括票据、银行的付款凭证、邮政储蓄凭证等;③外币有价证券,包括政府债券、公司债券、股票等;④特别提款权、欧洲货币单位;⑤其他外币计值的资产。

外汇交易,就是同时买入一对货币组合中的一种货币而卖出另外一种货币。外汇是以货币对形式交易,例如欧元/美元(EUR/USD)或美元/日元(USD/JPY)。

外汇交易主要原因有两个：大约每日的交易周转的 5% 是由于公司和政府部门在国外买入或销售他们的产品和服务，或者必须将他们在国外赚取的利润转换成本国货币；而另外 95%的交易是为了赚取盈利或者投机。

外汇交易市场，也称为"Forex"或"FX"市场，是世界上最大的金融市场，平均每天超过 1 兆美元的资金在当中周转。目前世界主要的外汇交易市场包括欧洲的伦敦、法兰克福、巴黎、苏黎世外汇市场，北美的纽约，亚洲的东京、中国香港、新加坡外汇市场，澳洲的悉尼、惠灵顿市场，这些市场时间上相互延续，共同构成了全球不间断的外汇市场，其中以伦敦外汇市场的交易量为最大，因此欧洲市场也是流动性较强的一个市场，而纽约外汇市场波动幅度经常较大，主要是由于美国众多的投资基金的运作以及纽约市场上经常会发生一些对于外汇影响较大的事件，例如美联储利率决定，公布美国重要经济数据等。

在外汇交易中，一般存在着以下几种交易方式。

1. 即期外汇交易

即期外汇交易又称为现货交易或现期交易，是指外汇买卖成交后，交易双方于当天或两个交易日内办理交割手续的一种交易行为。即期外汇交易是外汇市场上最常用的一种交易方式，即期外汇交易占外汇交易总额的大部分，主要是因为即期外汇买卖不但可以满足买方临时性的付款需要，也可以帮助买卖双方调整外汇头寸的货币比例，以避免外汇汇率风险。

2. 远期外汇交易

跟即期外汇交易相区别的是指市场交易主体在成交后，按照远期合同规定，在未来(一般在成交日后的 3 个营业日之后)按规定的日期交易的外汇交易。远期外汇交易是有效的外汇市场中必不可少的组成部分。20 世纪 70 年代初期，国际范围内的汇率体制从固定汇率为主导转向以浮动汇率为主，汇率波动加剧，金融市场蓬勃发展，从而推动了远期外汇市场的发展。

3. 外汇期货交易

随着期货交易市场的发展，原来作为商品交易媒体的货币(外汇)也成为期货交易的对象。外汇期货交易就是指外汇买卖双方于将来时间(未来某日)，以在有组织的交易所内公开叫价(类似于拍卖)确定的价格，买入或卖出某一标准数量的特定货币的交易活动。在这里，有几个概念读者可能有些模糊，解释如下。①标准数量：特定货币(如英镑)的每份期货交易合同的数量是相同的，如英镑期货交易合同每份金额为 25 000 英镑。②特定货币：指在合同条款中规定的交易货币的具体类型，如 3 个月的日元，6 个月的美元等。

4. 外汇期权交易

外汇期权常被视作一种有效的避险工具，因为它可以消除贬值风险以保留潜在的获利可能。在上面我们介绍远期交易，其外汇的交割可以是特定的日期(如 5 月 1 日)，也可以是特定期间(如 5 月 1 日至 5 月 31 日)。但是，这两种方式双方都有义务进行全额的交割。外汇期权是指交易的一方(期权的持有者)拥有合约的权利，并可以决定是否执行(交割)合约。如果愿意的话，合约的买方(持有者)可以听任期权到期而不进行交割，卖方无权利决定合同是否交割。

二、外汇风险的种类

外汇风险(exchange risk)，又称汇率风险，是指由于汇率的变化，对公司的以外币表示的现金流的本币价值产生的影响。按照汇率变化所影响的对象分类，外汇风险分为交易风险、经济风险和会计风险三种类型。

1. 交易风险

交易风险(transaction risk)是指汇率变化对公司特定的外汇交易的收益的影响，通常在以下不同的情况下出现：

(1) 在商品劳务的进出口交易中，合同日与实际付款时，由于汇率变动对收付款双方利益会产生影响。例如，我国某旅行社与外方某公司签订合同，规定以美元计价，团款为 200 000 美元，支付期为 2 个月后。合同签订时，美元的卖出价为 US＄1：￥8.30；2 个月后，美元的卖出价为 US＄1：￥8.10，此时，该旅行社只需支付人民币 1 620 000 元，少付 40 000 元。

(2) 在国际结算中，债权债务的清偿，由于汇率变动对收付款双方利益会产生影响。如我国某旅游集团在美国发行 5 年期债券，总额 500 万美元，用于支持国内某大型旅游项目的开发。发行日汇率为 US＄1：￥8.25；到期时，汇率为 US＄1：￥8.10，实际只需人民币 40 500 000 元，这就是人民币升值给集团带来的 1 000 000 元的收益。

2. 经济风险

经济风险(economic risk)，又称经营风险，是指汇率变化影响企业的生产经营的销售、价格和成本，从而对企业未来外币现金流的净现值的影响。应该注意，经济风险中的汇率变化仅指意料之外的汇率变化，而不包括意料到的汇率变化。因为企业在经营决策时，在评价未来的获利情况时，已经将汇率变化的状况考虑在内，这种意料到的影响并不构成风险。对于企业来说，经济风险比较重要，因为其影响是长期性的，对企业的不利影响较为长久。

例如，美国汽车公司是一家生产和销售均在美国本土进行的国内企业，它所使用的原料和劳工也全部来自美国。因此，它不存在任何的会计风险和交易风险。但是，该公司的主要产品是经济型的小汽车，这一市场存在来自德国、韩国和日本进口小汽车的激烈竞争。由于美元的贬值，该公司可以提高其产品在市场上的竞争；反之，若美元升值，则将对其销售产生不利影响。

3. 会计风险

会计风险(accounting risk)，又称折算风险，是指汇率变化对由公司财务报表的各个项目所决定的收益的影响。与经营风险、交易风险不同，折算风险是一种存量风险。当跨国公司的子公司的资产和负债不以历史汇率折算时，合并会计报表的资产负债表和利润表就会受这一期间汇率波动的影响。会计风险仅仅表明外汇风险对账面价值的影响，并不一定与实际影响相一致。

三、外汇风险的控制

外汇风险是指由于各国货币的国际汇价的变动而引起的企业以外币表示的资产、负债、收入、费用的增加和减少,产生收益或损失,从而影响当期的利润和未来的现金流量的风险。

避免外汇风险的方法很多,通常企业可以从以下几方面来防止和避免外汇风险:

(1) 跨国公司在进行交易时首先要选择好计价的货币,何时可采用提前收付、拖延收付,多种货币组合等方法来防止风险。

(2) 公司在双方签订合同时,可以采取保值措施,以此来防止外汇风险。

(3) 在进行交易时选择好结算的方法。

(4) 利用外汇与借贷投资业务,来防止外汇风险。

案例与点评

案例介绍

全球最大的、拥有最多旅游品牌和销售业务的美国"胜腾"旅游服务集团,其总部设在美国,并在英国、法国、中国分设 A、B、C 三家子公司。假设英国的 A 公司为在法国的 B 公司提供一批旅游产品,按 A 公司所在国的正常市场价格,成本为 260 万元,这批旅游产品以 300 万元出售给 B 公司;再由法国的 B 公司加工后转售给中国的 C 公司,B 公司利润率 20%;各国税率水平分别为:英国 50%,法国 60%,中国 30%。胜腾集团为逃避一定税收,采取了由 A 公司以 280 万元的价格卖给中国的 C 公司,再由 C 公司以 340 万元的价格转售给法国的 B 公司,再由法国 B 公司按价格 360 万元在该国市场出售。

案例分析

1. 在正常交易情况下的税负

英国的 A 公司应纳所得税 = (3 000 000 − 2 600 000) × 50% = 200 000(元)

法国的 B 公司应纳所得税 = 3 000 000 × 20% × 60% = 360 000(元)

则胜腾旅游服务集团应纳所得税额合计 = 200 000 + 360 000 = 560 000(元)

2. 在非正常交易情况下的税负

英国的 A 公司应纳所得税 = (2 800 000 − 2 600 000) × 50% = 100 000(元)

法国的 B 公司应纳所得税 = (3 600 000 − 3 400 000) × 60% = 120 000(元)

中国的 C 公司应纳所得税 = (3 400 000 − 2 800 000) × 30% = 180 000(元)

则胜腾旅游服务集团应纳所得税额合计 = 100 000 + 120 000 + 180 000 = 400 000(元)

比正常交易节约税收支付:560 000 − 400 000 = 160 000(元)

这种避税行为的发生,主要是由于英、法、中三国税负差异的存在,给纳税人利用转让定价转移税负提供了前提。(资料来源:编者根据相关材料整理而成)

练习与思考题

1. 国际财务管理的特点是什么？
2. 国际财务管理有哪些内容？
3. 什么是国际直接投资？为什么在国际投资中大多是直接投资方式？
4. 国际筹资的方式有哪些？
5. 国际纳税管理的目的是什么？应贯彻什么原则？
6. 什么是外汇和外汇交易？如何认识外汇交易的风险？
7. 如何避免双重纳税？国际企业应如何进行税务策划合理避税？

复习自测题

一、选择题

1. 国际理财环境具有以下(   )特点。
    A. 涉及地域范围广，内容庞杂
    B. 环境稳定性差，更易受到自然因素和人为因素的影响
    C. 其风险比国内财务管理的风险大
    D. 是一个庞杂的不规则系统，涉及范围广，内容多
2. 国际企业通常面临下列(   )风险。
    A. 通货膨胀风险　　B. 外汇风险　　C. 政治风险　　D. 经营管理风险
3. 国际筹资与国内筹资的相同点包括(   )。
    A. 国际市场的资金来源渠道更为广泛
    B. 这两种筹资方式均需考虑资金成本
    C. 这两种筹资方式均存在风险
    D. 国际筹资方式较国内筹资方式更为灵活
4. 国际投资按投资形式和性质划分(   )。
    A. 货币投资　　B. 直接投资　　C. 资产投资　　D. 间接投资
5. 交易风险主要包括(   )。
    A. 商品交易的外汇风险　　　　　B. 外汇借款的风险
    C. 社会风险　　　　　　　　　　D. 财务风险
6. 关于外汇风险的表述中，错误的有(   )。
    A. 外汇风险是事前的不确定性
    B. 外汇风险是由外汇汇率变动所引起的
    C. 外汇风险包括交易风险、折算风险、经济风险
    D. 外汇风险管理的目的是降低风险，将风险降到零
    E. 外汇风险是本币和外币这两个因素共同影响的结果

7. 国际上常用的避税方法有( )。
   A. 累积征税法   B. 免税法   C. 抵扣法   D. 税收协定法
8. 国际投资风险控制方法中风险转移的办法有( )。
   A. 索赔   B. 保险   C. 在期货交易中操作   D. 政府补贴
9. 关于免税法下述表达正确的有( )。
   A. 免税法包括全额免税法和累进免税法
   B. 实际累进免税法通常会比全额免税法课税要少
   C. 全额免税法在根据应税所得选用税率时，完全不计入免税所得和财产价值
   D. 累进免税法在确定适用税率时，要将免税所得和财产价值并入计算
10. 下列方式中哪些是利用国际转移价格避税的( )。
    A. 高价转让商品给高税率国家的子公司
    B. 低价转让商品给高税率国家的子公司
    C. 高价转让商品给低税率国家的子公司
    D. 低价转让商品给低税率国家的子公司

二、综合计算题

1. 我国某国际旅游企业从中国银行贷款 500 万美元，年利率 6%，期限一年。借款时汇率为 1∶8.20，在还贷时有以下三种情况：①汇率不变；②汇率上升为 1∶8.25；③汇率降为 1∶8.10。

   试就三种不同情况，确定汇率变动对国际旅游企业的影响。

2. 某国际旅游企业从美国进口一批商品，价款计 10 万美元，一个月后交货付款。签约日汇率为 US＄1＝RMB8.2，若预计一个月后的汇率为 US＄1＝RMB8.28。目前一个月美元的远期汇率为 US＄1＝RMB 8.23。

   试问应如何操作才能达到套期保值的目的。

3. 某国际旅游集团总公司设在美国，并有一分公司设在中国。在 2006 年度，总公司的经营所得为 200 万元，分公司取得经营所得 80 万元。如果我国的所得税税率是：100 万元以下，按 20%计征；100 万~250 万元，按 25%计征；250 万元以上，按 30%计征。中国的所得税率为 30%。分公司已向中国缴纳所得税 24 万元。

   试就三种情况计算母公司应缴纳的所得税：
   (1) 全额免税法下，母公司应缴纳的所得税；
   (2) 累进免税法下，母公司应缴纳的所得税；
   (3) 抵免法下，母公司应缴纳的所得税。

附　录

一、复利终值系数表（FVIF 表）

n\i(%)	1	2	3	4	5	6	7
1……	1.010	1.020	1.030	1.040	1.050	1.060	1.070
2……	1.020	1.040	1.061	1.082	1.103	1.124	1.145
3……	1.030	1.061	1.093	1.125	1.158	1.191	1.225
4……	1.041	1.082	1.126	1.170	1.216	1.262	1.311
5……	1.051	1.104	1.159	1.217	1.276	1.338	1.403
6……	1.062	1.126	1.194	1.265	1.340	1.419	1.501
7……	1.072	1.149	1.230	1.316	1.407	1.504	1.606
8……	1.083	1.172	1.267	1.369	1.477	1.594	1.718
9……	1.094	1.195	1.305	1.423	1.551	1.689	1.838
10……	1.105	1.219	1.344	1.480	1.629	1.791	1.967
11……	1.116	1.243	1.384	1.539	1.710	1.898	2.105
12……	1.127	1.268	1.426	1.601	1.796	2.012	2.252
13……	1.138	1.294	1.469	1.665	1.886	2.133	2.410
14……	1.149	1.319	1.513	1.732	1.980	2.261	2.579
15……	1.161	1.346	1.558	1.801	2.079	2.397	2.759
16……	1.173	1.373	1.605	1.873	2.183	2.540	2.952
17……	1.184	1.400	1.653	1.948	2.292	2.693	3.159
18……	1.196	1.428	1.702	2.206	2.407	2.854	3.380
19……	1.208	1.457	1.754	2.107	2.527	3.026	3.617
20……	1.220	1.486	1.806	2.191	2.653	3.207	3.870
25……	1.282	1.641	2.094	2.666	3.386	4.292	5.427
30……	1.348	1.811	2.427	3.243	4.322	5.743	7.612
40……	1.489	2.208	3.262	4.801	7.040	10.286	14.974
50……	1.645	2.692	4.384	7.107	11.467	18.420	29.457
n\i(%)	1	2	3	4	5	6	7
1……	1.080	1.090	1.100	1.110	1.120	1.130	1.140
2……	1.166	1.188	1.210	1.232	1.254	1.277	1.300
3……	1.260	1.295	1.331	1.368	1.405	1.443	1.482
4……	1.360	1.412	1.464	1.518	1.574	1.630	1.689
5……	1.469	1.539	1.611	1.685	1.762	1.842	1.925
6……	1.587	1.677	1.772	1.870	1.974	2.082	2.195

续表

n\i(%)	8	9	10	11	12	13	14
7……	1.714	1.828	1.949	2.076	2.211	2.353	2.052
8……	1.851	1.993	2.144	2.305	2.476	2.658	2.853
9……	1.999	2.172	2.358	2.558	2.773	3.004	3.252
10……	2.159	2.367	2.594	2.839	3.106	3.395	3.707
11……	2.332	2.580	2.853	3.152	3.479	3.836	4.226
12……	2.518	2.813	3.138	3.498	3.896	4.335	4.818
13……	2.720	3.066	3.452	3.883	4.363	4.898	5.492
14……	2.937	3.342	3.797	4.310	4.887	5.535	6.261
15……	3.172	3.642	4.177	4.785	5.474	6.254	7.138
16……	3.426	3.970	4.595	5.311	6.130	7.067	8.137
17……	3.700	4.328	5.054	5.895	6.866	7.986	9.276
18……	3.996	4.717	5.560	6.544	7.690	9.024	10.575
19……	4.316	5.142	6.116	7.263	8.613	10.197	12.056
20……	4.661	5.604	6.727	8.062	9.646	11.523	13.743
25……	6.848	8.623	10.835	13.585	17.000	21.231	26.462
30……	10.063	13.268	17.449	22.892	29.960	39.116	50.950
40……	21.725	31.409	45.259	65.001	93.051	132.78	188.88
50……	46.902	74.358	117.39	184.57	289.00	450.74	700.23

n\i(%)	15	16	17	18	19	20	25	30
1……	1.150	1.160	1.170	1.180	1.190	1.200	1.250	1.300
2……	1.323	1.346	1.369	1.392	1.416	1.440	1.563	1.690
3……	1.521	1.561	1.602	1.643	1.685	1.728	1.953	2.197
4……	1.749	1.811	1.874	1.939	2.005	2.074	2.441	2.856
5……	2.011	2.100	2.192	2.288	2.386	2.488	3.052	3.713
6……	2.313	2.436	2.565	2.700	2.840	2.986	3.815	4.827
7……	2.660	2.826	3.001	3.185	3.379	3.853	4.768	6.276
8……	3.059	3.278	3.511	3.759	4.021	4.300	5.960	8.157
9……	3.518	3.803	4.108	4.435	4.785	5.160	7.451	10.604
10……	4.046	4.411	4.807	5.234	5.696	6.192	9.313	13.786
11……	4.652	5.117	5.624	6.176	6.777	7.430	11.642	17.922
12……	5.350	5.936	6.580	7.288	8.064	8.916	14.552	23.298
13……	6.153	6.886	7.699	8.599	9.596	10.699	18.190	30.288
14……	7.076	7.988	9.007	10.147	11.420	12.839	22.737	39.374
15……	8.137	9.266	10.539	11.974	13.590	15.407	28.422	51.186

续表

n\i(%)	15	16	17	18	19	20	25	30
16……	9.358	10.748	12.330	14.129	16.172	18.488	35.527	66.542
17……	10.761	12.468	14.426	16.672	19.244	22.186	44.409	86.504
18……	12.375	14.463	16.879	19.673	22.091	26.623	55.511	112.46
19……	14.232	16.777	19.748	23.214	27.252	31.948	69.389	146.19
20……	16.367	19.461	23.106	27.393	32.429	38.338	86.736	190.05
25……	32.919	40.874	50.658	62.669	77.388	95.396	264.70	705.64
30……	66.212	85.850	111.07	143.37	184.68	237.38	807.79	2620.0
40……	267.86	378.72	533.87	750.38	1051.7	1469.8	7523.2	36119
50……	1083.7	1670.7	2566.2	3927.4	5988.9	9100.4	70065	497929

二、复利现值系数表(PVIF 表)

n\i(%)	1	2	3	4	5	6	7	8	9
1……	0.990	0.980	0.971	0.962	0.952	0.943	0.935	0.926	0.917
2……	0.980	0.961	0.943	0.925	0.907	0.890	0.873	0.857	0.842
3……	0.971	0.942	0.915	0.889	0.864	0.840	0.816	0.794	0.772
4……	0.961	0.924	0.888	0.855	0.823	0.792	0.763	0.735	0.708
5……	0.951	0.906	0.863	0.822	0.784	0.747	0.713	0.681	0.650
6……	0.942	0.888	0.837	0.790	0.746	0.705	0.666	0.630	0.596
7……	0.933	0.871	0.813	0.760	0.711	0.665	0.623	0.583	0.547
8……	0.923	0.853	0.789	0.731	0.677	0.627	0.582	0.540	0.502
9……	0.914	0.837	0.766	0.703	0.645	0.592	0.544	0.500	0.460
10……	0.905	0.820	0.744	0.676	0.614	0.558	0.508	0.463	0.422
11……	0.896	0.804	0.722	0.650	0.585	0.527	0.475	0.429	0.388
12……	0.887	0.788	0.701	0.625	0.557	0.497	0.444	0.397	0.356
13……	0.879	0.773	0.681	0.601	0.530	0.469	0.415	0.368	0.326
14……	0.870	0.758	0.661	0.577	0.505	0.442	0.388	0.340	0.299
15……	0.861	0.743	0.642	0.555	0.481	0.417	0.362	0.315	0.275
16……	0.853	0.728	0.623	0.534	0.458	0.394	0.339	0.292	0.252
17……	0.844	0.714	0.605	0.513	0.436	0.371	0.317	0.270	.0231
18……	0.836	0.700	0.587	0.494	0.416	0.350	0.296	0.250	0.212
19……	0.828	0.686	0.570	0.475	0.396	0.331	0.277	0.232	0.194
20……	0.820	0.673	0.554	0.456	0.377	0.312	0.258	0.215	0.178
25……	0.780	0.610	0.478	0.375	0.295	0.233	0.184	0.146	0.116
30……	0.742	0.552	0.412	0.308	0.231	0.174	0.131	0.099	0.075
40……	0.627	0.453	0.307	0.208	0.142	0.097	0.067	0.046	0.032
50……	0.608	0.372	0.228	0.141	0.087	0.054	0.034	0.021	0.013

续表

n\i(%)	10	11	12	13	14	15	16	17	18
1……	0.909	0.901	0.893	0.885	0.877	0.870	0.862	0.855	0.847
2……	0.826	0.812	0.797	0.783	0.769	0.756	0.743	0.731	0.718
3……	0.751	0.731	0.712	0.693	0.675	0.658	0.641	0.624	0.609
4……	0.683	0.659	0.636	0.613	0.592	0.572	0.552	0.534	0.516
5……	0.621	0.593	0.567	0.543	0.519	0.497	0.476	0.456	0.437
6……	0.564	0.535	0.507	0.480	0.456	0.432	0.410	0.390	0.370
7……	0.513	0.482	0.452	0.425	0.400	0.376	0.354	0.333	0.314
8……	0.467	0.434	0.404	0.376	0.351	0.327	0.305	0.285	0.266
9……	0.424	0.391	0.361	0.333	0.300	0.284	0.263	0.243	0.225
10……	0.386	0.352	0.322	0.295	0.270	0.247	0.227	0.208	0.191
11……	0.350	0.317	0.287	0.261	0.237	0.215	0.195	0.178	0.162
12……	0.319	0.286	0.257	0.231	0.208	0.187	0.168	0.152	0.137
13……	0.290	0.258	0.229	0.204	0.182	0.163	0.145	0.130	0.116
14……	0.263	0.232	0.205	0.181	0.160	0.141	0.125	0.111	0.099
15……	0.239	0.209	0.183	0.160	0.140	0.123	0.108	0.095	0.084
16……	0.218	0.188	0.163	0.141	0.123	0.107	0.093	0.081	0.071
17……	0.198	0.170	0.146	0.125	0.108	0.093	0.080	0.069	0.060
18……	0.180	0.153	0.130	0.111	0.095	0.081	0.069	0.059	0.051
19……	0.164	0.138	0.116	0.098	0.083	0.070	0.060	0.051	0.043
20……	0.149	0.124	0.104	0.087	0.073	0.061	0.051	0.043	0.037
25……	0.092	0.074	0.059	0.047	0.038	0.030	0.024	0.020	0.016
30……	0.057	0.044	0.033	0.026	0.020	0.015	0.012	0.009	0.007
40……	0.022	0.015	0.011	0.008	0.005	0.004	0.003	0.002	0.001
50……	0.009	0.005	0.003	0.002	0.001	0.001	0.001	0	0

n\i(%)	19	20	25	30	35	40	50
1……	0.840	0.833	0.800	0.769	0.741	0.714	0.667
2……	0.706	0.694	0.640	0.592	0.549	0.510	0.444
3……	0.593	0.579	0.512	0.455	0.406	0.364	0.296
4……	0.499	0.482	0.410	0.350	0.301	0.260	0.198
5……	0.419	0.402	0.320	0.269	0.223	0.186	0.132
6……	0.352	0.335	0.262	0.207	0.165	0.133	0.088
7……	0.296	0.279	0.210	0.159	0.122	0.095	0.059
8……	0.249	0.233	0.168	0.123	0.091	0.068	0.039
9……	0.209	0.194	0.134	0.094	0.067	0.048	0.026

续表

n\i(%)	19	20	25	30	35	40	50
10……	0.176	0.162	0.107	0.073	0.050	0.035	0.017
11……	0.148	0.135	0.086	0.056	0.037	0.025	0.012
12……	0.124	0.112	0.069	0.043	0.027	0.018	0.008
13……	0.104	0.093	0.055	0.033	0.020	0.013	0.005
14……	0.088	0.078	0.044	0.025	0.015	0.009	0.003
15……	0.074	0.065	0.035	0.020	0.011	0.006	0.002
16……	0.062	0.054	0.028	0.015	0.008	0.005	0.002
17……	0.052	0.045	0.023	0.012	0.006	0.003	0.001
18……	0.044	0.038	0.018	0.009	0.005	0.002	0.001
19……	0.037	0.031	0.014	0.007	0.003	0.002	0
20……	0.031	0.026	0.012	0.005	0.002	0.001	0
25……	0.013	0.010	0.004	0.001	0.001	0	0
30……	0.005	0.004	0.001	0	0	0	0
40……	0.001	0.001	0	0	0	0	0
50……	0	0	0	0	0	0	0

三、年金终值系数表(FVIFA表)

n\i(%)	1	2	3	4	5	6	7
1……	1.000	1.000	1.000	1.000	1.000	1.000	1.000
2……	2.010	2.020	2.030	2.040	2.050	2.060	2.070
3……	3.030	3.060	3.091	3.122	3.153	3.184	3.215
4……	4.060	4.122	4.184	4.246	4.310	4.375	4.440
5……	5.101	5.204	5.309	5.416	5.526	5.637	5.751
6……	6.152	6.308	6.468	6.633	6.802	6.975	7.153
7……	7.214	7.434	7.662	7.898	8.142	8.394	8.654
8……	8.286	8.583	8.892	9.214	9.549	9.897	10.260
9……	9.369	9.755	10.159	10.583	11.027	11.491	11.978
10……	10.462	10.950	11.464	12.006	12.578	13.181	13.816
11……	11.567	12.169	12.808	13.486	14.207	14.972	15.784
12……	12.683	13.412	14.192	15.026	15.917	16.870	17.888
13……	13.809	14.680	15.618	16.627	17.713	18.882	20.141
14……	14.947	15.974	17.086	18.292	19.599	21.015	22.550
15……	16.097	17.293	18.599	20.024	21.579	23.276	25.129
16……	17.258	18.639	20.157	21.825	23.657	25.673	27.888
17……	18.430	20.012	21.762	23.698	25.840	28.213	30.840

续表

n\i(%)	1	2	3	4	5	6	7
18……	19.615	21.412	23.414	25.645	28.132	30.906	33.999
19……	20.811	22.841	25.117	27.671	30.539	33.760	37.379
20……	22.019	24.297	26.870	29.778	33.066	36.786	40.995
25……	28.243	32.030	36.459	41.646	47.727	54.865	63.249
30……	34.785	40.588	47.575	56.085	66.439	79.058	94.461
40……	48.886	60.402	75.401	95.026	120.80	154.76	199.64
50……	64.463	84.579	112.08	152.67	209.35	290.34	406.53

n\i(%)	8	9	10	11	12	13	14	15
1……	1.000	1.000	1.000	1.000	1.000	1.000	1.000	1.000
2……	2.080	2.090	2.100	2.110	2.120	2.130	2.140	2.150
3……	3.246	3.278	3.310	3.342	3.374	3.407	3.440	3.473
4……	4.506	4.573	4.641	4.710	4.779	4.850	4.921	4.993
5……	5.867	5.985	6.105	6.228	6.353	6.480	6.610	6.742
6……	7.336	7.523	7.716	7.913	8.115	8.323	8.536	8.754
7……	8.923	9.200	9.487	9.783	10.089	10.405	10.730	11.067
8……	10.637	11.028	11.436	11.859	12.300	12.757	13.233	13.727
9……	12.488	13.021	13.579	14.164	14.776	15.416	16.085	16.786
10……	14.487	15.193	15.937	16.722	17.549	18.420	19.337	20.304
11……	16.645	17.560	18.531	19.561	20.655	21.814	23.045	24.349
12……	18.977	20.141	21.384	22.713	24.133	25.650	27.271	29.002
13……	21.495	22.953	24.523	26.212	28.029	29.985	32.089	34.352
14……	24.215	26.019	27.975	30.095	32.393	34.883	37.581	40.505
15……	27.152	29.361	31.772	34.405	37.280	40.417	43.842	47.580
16……	30.324	33.003	35.950	39.190	42.753	46.672	50.980	55.717
17……	33.750	36.974	40.545	44.501	48.884	53.739	59.118	65.075
18……	37.450	41.201	45.599	50.396	55.750	61.725	68.394	75.836
19……	41.446	46.018	51.159	56.939	63.440	70.749	78.969	88.212
20……	45.762	51.160	57.275	64.203	72.052	80.947	91.025	102.44
25……	73.106	84.701	98.347	114.41	133.33	155.62	181.87	212.79
30……	113.28	136.31	164.49	199.02	241.33	293.20	256.79	434.75
40……	259.06	337.89	442.59	581.83	767.09	1013.7	1342.0	1779.1
50……	573.77	815.08	1163.9	1668.8	2400.0	3459.5	4994.5	7217.7

n\i(%)	16	17	18	19	20	25	30
1……	1.000	1.000	1.000	1.000	1.000	1.000	1.000
2……	2.160	2.170	2.180	2.190	2.200	2.250	2.300

续表

n\i(%)	16	17	18	19	20	25	30
3……	3.506	3.539	3.572	3.606	3.640	3.813	3.990
4……	5.066	5.141	5.215	5.291	5.368	5.766	6.187
5……	6.877	7.014	7.154	7.297	7.442	8.027	9.043
6……	8.977	9.207	9.442	9.683	9.930	11.259	12.756
7……	11.414	11.772	12.142	12.523	12.916	15.073	17.583
8……	14.240	14.773	15.327	15.902	16.499	19.842	23.858
9……	17.519	18.285	19.086	19.823	20.799	25.802	32.015
10……	21.321	22.393	23.521	24.701	25.959	33.253	42.619
11……	25.733	27.200	28.755	30.404	32.150	42.566	56.405
12……	30.850	32.824	34.931	37.180	39.581	54.208	74.327
13……	36.786	39.404	42.219	45.244	48.497	68.760	97.625
14……	43.672	47.103	50.818	54.841	59.196	86.949	127.91
15……	51.660	56.110	60.965	66.261	72.035	109.69	167.29
16……	60.925	66.649	72.939	79.850	87.442	138.11	218.47
17……	71.637	78.979	87.068	96.022	105.93	173.64	285.01
18……	84.141	93.406	103.74	115.27	128.12	218.05	371.52
19……	98.603	110.29	123.41	138.17	154.74	273.56	483.97
20……	115.38	130.03	146.63	165.42	186.69	342.95	630.17
25……	249.21	292.11	342.60	402.04	471.98	1054.8	2 348.8
30……	530.31	647.44	790.95	966.7	1 181.9	3 227.2	8 730.0
40……	2 360.8	3 134.5	4 163.21	5 519.8	7 343.9	30 089	120 393
50……	10 436	15 090	21 813	31 515	45 497	280 256	165 976

四、年金现值系数表(PVIFA表)

n\i(%)	1	2	3	4	5	6	7	8	9
1……	0.990	0.980	0.971	0.962	0.952	0.943	0.935	0.926	0.917
2……	1.970	1.942	1.913	1.886	1.859	1.833	1.808	1.783	1.759
3……	2.941	2.884	2.829	2.775	2.723	2.673	2.624	2.577	2.531
4……	3.902	3.808	3.717	3.630	3.546	3.465	3.387	3.312	3.240
5……	4.853	4.713	4.580	4.452	4.329	4.212	4.100	3.993	3.890
6……	5.795	5.601	5.417	5.242	5.076	4.917	4.767	4.623	4.486
7……	6.728	6.472	6.230	6.002	5.786	5.582	5.389	5.206	5.033
8……	7.652	7.325	7.020	6.733	6.463	6.210	5.971	5.747	5.535
9……	8.566	8.162	7.786	7.435	7.108	6.802	6.515	6.247	5.995
10……	9.471	8.983	8.530	8.111	7.722	7.360	7.024	6.710	6.418

续表

n\i(%)	1	2	3	4	5	6	7	8	9
11……	10.368	9.787	9.253	8.760	8.306	7.887	7.449	7.139	6.805
12……	11.255	10.575	9.954	9.385	8.863	8.384	7.943	7.536	7.161
13……	12.134	11.348	10.635	9.986	9.394	8.853	8.358	7.904	7.487
14……	13.004	12.106	11.296	10.563	9.899	9.295	8.745	8.244	7.786
15……	13.865	12.849	11.938	11.118	10.380	9.712	9.108	8.559	8.061
16……	14.718	13.578	12.561	11.652	10.838	10.106	9.447	8.851	8.313
17……	15.562	14.292	13.166	12.166	11.274	10.477	9.763	9.122	8.544
18……	16.398	14.992	13.754	12.659	11.690	10.828	10.059	9.372	8.756
19……	17.226	15.678	14.324	13.134	12.085	11.158	10.336	9.604	8.950
20……	18.046	16.351	14.877	13.590	12.462	11.470	10.594	9.818	9.129
25……	22.023	19.523	17.413	15.622	14.094	12.783	11.654	10.675	9.823
30……	25.808	22.396	19.600	17.292	15.372	13.765	12.409	11.258	10.274
40……	32.835	27.355	23.115	19.793	17.159	15.046	13.332	11.925	10.757
50……	39.196	31.424	25.730	21.482	18.256	15.762	13.801	12.233	10.962

n\i(%)	1	2	3	4	5	6	7	8	9
1……	0.909	0.901	0.893	0.885	0.877	0.870	0.862	0.855	0.847
2……	1.736	1.713	1.690	1.668	1.647	1.626	1.605	1.585	1.566
3……	2.487	2.444	2.402	2.361	2.322	2.283	2.246	2.210	2.174
4……	3.170	3.102	3.037	2.974	2.914	2.855	2.798	2.743	2.690
5……	3.791	3.696	3.605	3.517	3.433	3.352	3.274	3.199	3.127
6……	4.355	4.231	4.111	3.998	3.889	3.784	3.685	3.589	3.498
7……	4.868	4.712	4.564	4.423	4.288	4.160	4.039	3.922	3.812
8……	5.335	5.146	4.968	4.799	4.639	4.487	4.344	4.207	4.078
9……	5.759	5.537	5.328	5.132	4.946	4.472	4.067	4.451	4.303
10……	6.145	5.889	5.650	5.426	5.216	5.019	4.833	4.659	4.494
11……	6.495	6.207	5.938	5.687	5.453	5.234	5.029	4.836	4.656
12……	6.814	6.492	6.194	5.918	5.660	5.421	5.197	4.988	4.793
13……	7.103	6.750	6.424	6.122	5.842	5.583	5.342	5.118	4.910
14……	7.367	6.982	6.628	6.302	6.002	5.724	5.468	5.229	5.008
15……	7.606	7.191	6.811	6.462	6.142	5.847	5.575	5.324	5.092
16……	7.824	7.379	6.974	6.604	6.265	5.954	5.668	5.405	5.162
17……	8.022	7.549	7.102	6.729	6.373	6.047	5.749	5.475	5.222
18……	8.201	7.702	7.250	6.840	6.467	6.128	5.818	5.534	5.273
19……	8.365	7.839	7.366	6.938	6.550	6.198	5.877	5.584	5.316
20……	8.514	7.963	7.469	7.025	6.623	6.259	5.929	5.628	5.353
25……	9.077	8.422	7.843	7.330	6.873	6.464	6.097	5.766	5.467

续表

n\i(%)	10	11	12	13	14	15	16	17	18
30……	9.427	8.694	8.055	7.496	7.003	6.566	6.177	5.829	5.517
40……	9.779	8.951	8.244	7.634	7.105	6.642	6.233	5.871	5.548
50……	9.915	9.042	8.304	9.675	7.133	6.661	6.246	5.800	5.554

n\i(%)	19	20	25	30	35	40	50
1……	0.840	0.833	0.800	0.769	0.741	0.714	0.667
2……	1.547	1.528	1.440	1.361	1.289	1.224	1.111
3……	2.140	2.106	1.952	1.816	1.696	1.589	1.407
4……	2.639	2.589	2.362	2.166	1.997	1.849	1.605
5……	3.058	2.991	2.689	2.436	2.220	2.035	1.737
6……	3.410	3.326	2.951	2.643	2.385	2.168	1.824
7……	3.706	3.605	3.161	2.802	2.508	2.263	1.883
8……	3.954	3.837	3.329	2.925	2.598	2.331	1.922
9……	4.163	4.031	3.463	3.019	2.665	2.379	1.948
10……	4.339	4.192	3.571	3.092	2.715	2.414	1.965
11……	4.486	4.327	3.656	3.147	2.752	2.438	1.977
12……	4.611	4.439	3.725	3.190	2.779	2.456	1.985
13……	4.715	4.533	3.780	3.223	2.799	2.469	1.990
14……	4.802	4.611	3.824	3.249	2.814	2.478	1.993
15……	4.876	4.675	3.859	3.268	2.825	2.484	1.995
16……	4.938	4.730	3.887	3.283	2.834	2.489	1.997
17……	4.988	4.775	3.910	3.295	2.840	2.492	1.998
18……	5.033	4.812	3.928	3.304	2.844	2.494	1.999
19……	5.070	4.843	3.942	3.311	2.848	2.496	1.999
20……	5.101	4.870	3.954	3.316	2.850	2.497	1.999
25……	5.195	4.948	3.985	3.329	2.856	2.499	2.000
30……	5.235	4.979	3.995	3.332	2.857	2.500	2.000
40……	5.258	4.997	3.999	3.333	2.857	2.500	2.000
50……	5.262	4.999	4.000	3.333	2.587	2.500	2.000

参考文献

[1] 杨敏，段九利. 旅游财务管理实务. 北京：清华大学出版社，2006.
[2] 华瑞. 旅游饮食服务企业会计业务一本通. 北京：企业管理出版社，2004.
[3] 扬荫稚. 餐饮企业财务管理. 北京：高等教育出版社，2004.
[4] 刘淑莲. 财务管理. 大连：东北财经大学出版社，2007.
[5] 严金明，谢东风. 酒店理财. 北京：清华大学出版社，2004.
[6] 尤金·F.布朗格姆. 财务管理理论与实践. 北京：清华大学出版社，2005.
[7] 大为·斯科特. 现代财务管理基础. 北京：清华大学出版社，2004.
[8] [美]Stephen A. Ross，Randolph W. Westerfield，Jeffrey F. Jaffe 著. 吴世农，沈艺峰等译. 公司理财. 北京：机械工业出版社，2003.
[9] 郭复初. 新编财务管理学. 北京：清华大学出版社，2006.
[10] 熊楚熊，刘传兴. 公司理财学原理. 北京：清华大学出版社，2005.
[11] 段九利，郭志刚. 现金流量管理规范操作. 北京：中国时代经济出版社，2005.
[12] 段九利，张晶敏. 旅游企业财务管理. 北京：中国旅游出版社，2009.
[13] 张新民. 企业财务报告分析. 北京：高等教育出版社，2005.
[14] 段九利. 企业如何掌控现金流. 北京：中国市场出版社，2007.
[15] 谢彦君. 基础旅游学. 北京：中国旅游出版社，2004.
[16] 汤谷良. 高级财务管理. 北京：中信出版社，2006.
[17] [英]苏珊·豪娜，约翰·斯沃布鲁克，张勤译. 国际旅游管理案例分析. 沈阳：辽宁科学技术出版社，2005.